예레미야 연구

2019년 6월 9일 초판 1쇄

예레미야 연구

지은 이 / 윤병상
펴낸 곳 / 도서출판 컨콜디아사
기독교한국루터회 총회 출판국
편집 · 디자인 / 주대범
교열 / 김현주 · 장우호

출판등록 / 1959년 8월 11일 (제3-45호)
서울시 용산구 소월로 2길 21-11 / 루터교센터
대표전화 / 02) 3789-7452
팩스 / 02) 3789-7457
이메일 / concor@chol.com

값 / 18,500원

ISBN 978-89-391-0157-9

예레미야 연구

윤병상

2019

도서출판
컨콜디아사

The Study of Prophet Jeremiah

by

Yoon, Byung-sang

Seoul, Korea, 2019

Concordia Press

그리스도인으로
부끄럽지 않게 사는 길을 몸소 보여주신
아버지 고 윤봉락 권사님께
이 책을 바칩니다

■■■ 머 리 글

지역교회를 섬기던 일을 놓은 지 2년이 지났습니다. 남들은 70세까지 잘 버틴다는 담임목사직을 65세가 되는 주일에 내려놓았습니다. 은퇴 변辨을 이런저런 핑계를 들어 찾아보지만 딱히 내세울 것이 없습니다. 그저 '이만하면 됐어'라는 저의 생각에 가족들이 동의해주었기 때문이었습니다.

그렇다고 목사직까지 내려놓은 것은 아니었습니다. 하나님께서 주신 사명이기에 그럴 수도 없는 것입니다. 지금도 전 여전히 목사입니다.

달라진 것이 있다면 오직 성경만 들려있던 제 손에 고향집 텃밭을 가꾸느라 가끔씩 쟁기가 들려질 뿐입니다. 예전과 다름없이 매주일 사랑하는 후배 목사님이 담임하고 있는 교회에서 성도들에게 하나님의 말씀을 가르치고 있습니다.

그러나 여전한 저의 고백은 하나님의 말씀은 제게 항상 생소하다는 것입니다. 알지 못하는 것을 아는 척 가르칠 수 없는 노릇이고, 무엇보다도 스스로 답답해서 신앙의 선배님들의 옥고들을 살피고 있습니다. 눈은 점점 침침해지지만 주님이 부르시는 그날까지 말씀 연구는 계속해 볼 작정입니다.

성경 중 새로운 부분을 공부하는 것도 무척 재미있습니다만 앞서 공부했던 것을 돌이켜볼 때 새로운 은혜를 받습니다. 예전에 느끼지 못했던 감동을 경험합니다. 그래서 『인물로 본 창세기 연구』에 이어 두 번째 책을 출판하는 만용을 부리기로 했습니다.

『예레미야 연구』는 제가 목회하던 팔복교회에서 약 2년 반 동안 매주 수요일 저녁 성경공부시간에 성도님들과 함께 공부했던 내용을 정리한 것입니다. 2015년 12월 16일부터 2017년 5월 3일까지는 제가 강의를 하였고, 은퇴한 후에는 원고를 보내어 저의 든든한 후임이신 오세조 목사님이 마무리 강의를 한 것입니다.

이 책은 대단한 신학적 연구서적은 아닙니다. 부족한 가운데 은혜 받으며 배운 것을 말씀을 사모하시는 성도님들이 계시기에 성심껏 전한 내용입니다. 혹여나 내용 중 오해되는 것이 있으면 모두 저의 부족 때문임을 이해하여 주시기 바랍니다.

이 책이 나오기까지 감사할 분들이 많습니다. 원고를 교정해 주신 중앙교회 정우호 집사님과 김현주 권사님, 편집을 책임져주신 40년 신앙의 동지 주내범 장로님, 추천의 글을 주신 늦깎이 신학도의 길잡이인 박일영 목사님, 축하의 글을 주신 저의 자부심인 유윤종 박사님, 무엇보다도

'회인불권 誨人不倦' 네 글자를 저의 일평생 좌우명으로 주시고 격려의 글을 주신 관옥觀玉 이현주 목사님, 기꺼이 출판을 허락해주신 루터교 총회장이신 김은섭 목사님과 출판부 직원들에게 감사드립니다.

또한 은퇴라는 구실로 중단한 강의를, 보내준 원고로 끝까지 교인들께 나눠주신 오세조 목사님과 수요저녁마다 말씀의 은혜를 함께 나눴던 팔복교회 성도님들께 감사드립니다.

끝으로 일평생 목회자의 아내로 묵묵히 가정을 책임져준 사랑하는 아내 이관삼과 은퇴한 저를 무진장 아끼고 돌보는 사랑하는 두 딸 지현과 지영, 그리고 신앙 안에서 얻은 듬직한 아들 사위 박세희, 생각하는 것만으로도 기쁨을 주는 사랑스런 세 손녀 이지후, 박지안, 박지윤, 그 누구보다도 일평생 눈물의 기도로 양육해주신 어머니 심관옥 장로님에게도 고맙다는 말씀을 전합니다.

2019년 성령강림절을 맞이하며
국토정중앙 양구 비봉산 기슭 작은 집에서

윤 병 상 목사

▪▪▪ 격려하는 글

관옥 이 현 주

존경하는 윤병상 목사님의 성서 에세이『예레미야 연구』원고를 미리 읽어봅니다.

오랜 세월 제가 멀리서 지켜본 윤 목사님은 한국루터교회 목회자, 다른 목회자가 아니라 부지런히 공부하는 목회자, 자신의 말과 생각을 삶으로 일치시키는 노력에 평생을 바쳐온 목회자입니다.

예언자의 사명은 근사한 말과 논리로 사람들을 설득하는 게 아니라 때로는 전하기 싫은 내용이라 하더라도 하나님의 말씀을 자기가 들은 대로 전하는 것입니다.
그래서 받게 되는 고난이 있으면 참 예언자는 그것도 기꺼이 감수하지요.

독자들은 이 책에서 예언자 예레미야와 더불어 그의 발자취를 또박또박 밟아가며 하나님이 오늘 한국교회에 주시는 아프도록 통렬한 말씀을 전하는 또 다른 예언자 한 분을 만나게 되실 것입니다.
하나님의 크신 은총이라 하지 않을 수 없네요. 고맙습니다.

■ ■ ■ 추천하는 글

박 일 영 전 루터대학교 총장 / 신학박사

'하나님의 말씀'은 다중적인 의미를 갖고 있다. 일반적으로 우리는 성경 전체를 하나님 말씀으로 받아들인다. 동시에 말씀은 다양한 양식으로 우리를 만난다. '율법'을 통해서, 혹은 이스라엘 역사에 직접 간섭하시는 형식으로, 혹은 예언자들의 선포와 삶을 통해 우리는 하나님의 말씀을 만난다.

하나님의 말씀은 '약속'과 '성취'라는 구도를 통해 하나님의 뜻과 그분의 신실하심을 증명하기도 하며, 늘 하나님의 말씀을 왜곡하는 악하고 완고한 인간의 본성을 드러내는 측면에서 늘 '심판'과 '구원'의 성격을 띠기도 한다.

하나님의 말씀인 성경은 역설적으로 인간은 늘 하나님의 말씀을 왜곡시키고 있음을 폭로한다. 임박한 심판 앞에서 축복만을 노래하고, 절망의 상황 가운데서는 정작 하나님이 준비하고 계신 구원의 약속을 보지 못한다. 하나님 말씀을 문자로, 억압적인 율법으로 변질시키고, 하나님의 말씀을 맡은 지도자들과 율법학자들은 말씀을 자신들을 위한 도구로 왜곡시키기까지 한다.

선지자 예레미야는 선포의 내용과 그의 삶에 있어서 가장 그리스도를 닮은 선지자로 기억되고 있다. 예레미야는 멸망을 앞두고 있으면서도 '하나님이 세우신 예루살렘과 성전이 있는데, 누가 우리를 넘어뜨리랴'는 거짓 안도安堵에 빠져 있었던 백성들에게 시온과 성전이 파괴되리라는 선포를 함으로 갖은 수난을 겪어야 했다.

예수님은 '말씀 자신'으로서 우리 곁에 한 인격으로 오신 분이었다. 그러나 하나님의 말씀에 헌신하고 있다고 자부하던 사람들이 정작 하나님 말씀 자신을 십자가에 못 박은 사실은 하나님의 말씀과 인간과의 관계를 잘 설명해 주고 있다.

마르틴 루터의 종교개혁은 다시 왜곡되었던 하나님의 말씀을 참된 하나님 말씀으로 회복하는 일로 관철된 사건이었고, 또 그러함으로써 종교개혁은 가능했다.
'오직 말씀만으로'라는 슬로건으로 개혁을 이끌었던 루터는 말씀을 그의 시대적 현장과 자신의 삶의 한 복판에서 스스로 살아 있는 말씀으로 체험하였고, 그러하기에 그가 실교와 글과 서신 등을 통해 말한 성경 말씀들은 문자로서의 말씀이 아니라, 그리스도의 인격 가운데 살아 있는 것과 같은 참 하나님의 말씀으로서의 역동성을 지닌 것이었다.

이번에 윤병상 목사님이 목회 현장에서 교육 자료로 준비한 『예레미야 연구』는 여러 면에서 뜻이 깊다.

우선 말씀을 심각하게 왜곡하는 인간의 본성을 가장 잘 드러내고 있는 예레미야 선지자를 선택한 것이 뜻이 있다.

또한 루터가 '목회자', '설교자'라는 자신의 삶의 자리에 충실하며 하나님의 말씀에 생명력을 부여한 것을 기억할 때, 목회 현장에서 교인 한 사람 한 사람을 향해 준비한 말씀 연구는 그 자체로서 살아 있는 말씀의 성격을 갖는다. 구약을 전공하고, 특별히 예언자들을 사랑한 윤병상 목사님의 예언자 읽기는 학문성과 실존적 깊이를 함께 지니고 있다.

그리고 역사적, 신학적으로 균형 잡힌 관점의 틀에서 각 구절을 차례대로 다루며, 그 구절에 대한 적절한 참고 사항과 해석을 첨가하는 방식으로 써 내려간 이 책은 쉽게 예레미야를 접할 수 있도록 도움을 준다.

무엇보다 주어진 목회의 과제에 헌신적인 마음가짐이 없었다면 나오기 불가능했을 이 저서가 목회자들에게 큰 격려가 되기를 바란다.

■ ■ ■ 축하드리는 글

유 윤 종 평택대학교 피어선 신학전문대학원 구약학 교수, 신학대학원장 / Ph.D

저는 청년시절 윤병상 목사님께 구약성경을 처음 배웠던 제자들 가운데 한사람입니다. 윤병상 목사님과 10분만 대화해 보면 그가 이 세상의 어떤 분보다 구약성경을 사랑하고 연구하는 분임을 느낄 수 있습니다.

저는 약 10년간의 유학생활을 거쳐 20년간 구약성서 학자로 지내왔지만 구약성서에 대한 사랑과 열정에 있어서 윤병상 목사님을 따라갈 수 없습니다.

말씀 연구에 대한 사랑과 열정이 너무 깊어 윤병상 목사님은 서둘러 목회를 정리하고 고향 양구로 내려가셨습니다. 그곳에서 이제 본격적으로 말씀과 사랑에 빠져있다는 소식을 접합니다.

항암치료도 받고, 한쪽 시력마저 잃었지만 그 어떤 시련도 말씀에 대한 그의 사랑과 열정을 멈추게 할 수 없습니다.

눈물의 예언자로 알려진 예레미야는 윤병상 목사님이 가장 사랑하는 예언자임을 저는 잘 알고 있습니다. 강직하지만 연약한 사람들과 생명체에 대해 누구보다 따뜻한 마음을 가진 윤병상 목사님은 수난과 조롱 가운데서도 하나님에 대한 말씀의 확신 가운데 과감하게 선포했던 예레미야와 닮은 점이 매우 많습니다.

구약성서에 나오는 예레미야는 신약성서의 예수님과 가장 많이 닮아 있습니다. 윤병상 목사님은 누구보다 예수님의 뜨거운 가슴과 따뜻한 마음을 사랑하면서 자신의 정체성을 예레미야와 일치시킨 분입니다. 예레미야의 삶과 선포된 메시지에 담긴 영성을 그 누구보다 사랑했고 그 감동을 선포해왔습니다.

윤병상 목사님께서『예레미야 연구』를 출판한다는 이야기를 듣고 매우 기뻤습니다. 난해한 책이지만 '제자(학자)의 혀'(사 50:4)를 선물로 받는 분임을 알고 있기에 누구보다도 예레미야를 목회적 관점에서 잘 이해하고 해석할 수 있다고 믿기 때문입니다.

이 책을 통해 저는 예수 그리스도의 수난에 담긴 영성을 읽을 수 있었습니다. 예레미야는 하나님의 뜻 가운데서 의롭게 살고자 하지만 사회 공동체의 의를 위해 수난당하는 그리스도인들을 대표합니다.
따라서 이 책은 참된 그리스도인들이 흘려야 하는 눈물의 의미를 찾고자 하는 분들에게 그 길로 안내하리라 확신합니다.

목 차

●●●예레미야를 시작하며

예레미야서는 총 52장으로 이루어져 있다.

총 66장인 이사야서보다 장수章數로는 적지만 실제 분량은 구약에서 가장 긴 예언서다. 예레미야서는 제자 바룩 Baruch이 예레미야가 들려주는 예언을 받아 기록한 것이라고 전해진다.(렘36:4)

예레미야 Jeremiah라는 이름은 '여호와께서 던지다, 급히 보내다'라는 의미가 있다. 이 이름이 암시하듯 예레미야의 시대(렘1:2, 기원전 640~609년 통치한 요시야가 왕이 된 지 13년 되던 해)는 하나님의 말씀을 속히 들어야 할 급박한 상황이었다.

외세(바벨론)의 침략은 눈앞에 다가왔는데도 하나님을 의지하려 하지 않고 이방민족(이집트)을 의존하려 하고 거짓 예배와 우상숭배를 일삼으면서 하나님의 뜻인 사회정의를 뒷전에 두고 있었기 때문이다.

예레미야는 이런 이스라엘 백성들에게 하나님의 심판을 외쳤다. 회개하지 않으면 곧 멸망당할 것임을 애타게 부르짖었다. 그러나 백성들은 그의 외침을 외면했다. 오히려 그로 인해 심한 핍박과 저주를 받아야 했다. 유다 백성들이 가지고 있던 신앙으로는 예레미야의 민족 멸망 선포는 받아들일 수 없었기 때문이었다.

유다 백성들은 **'다윗계약신앙'**을 가지고 있었다. 나단 선지자를 통해 약속하신 다윗왕조와 하나님의 집인 예루살렘 성전이 영원히 존립할

것이라는 약속이 그것이다.(삼하7:8~17 참조)

이들은 어리석게도 자신들이 하나님의 계약(시내산계약=모세계약) 백성임을 망각하고 언약의 말씀을 어기고 우상숭배와 악행을 저지르고 있었다. 그러면서도 심판의 때가 왔다고 회개를 촉구하는 예레미야의 선포를 외면한 채 성전 제사를 드리고 있다는 그릇된 안도감에 빠져 있었다.

예레미야는 다윗계약신앙에 의해 성전제사를 유지하는 것은 구원의 담보가 될 수 없으니(렘7:1~15, 26장) 속히 회개하여 올바른 생활태도와 마음의 제사를 갖추라고 외쳤다.

그렇게 할 때 하나님께서 **'새 언약'**을 통해 심판받는 당신의 백성을 새로 모아 새로운 공동체를 이룩해주신다는 희망찬 미래도 함께 제시하였다. 그러나 백성들은 끝내 그를 외면하였다.

예레미야는 동족들에게 온갖 고초를 당해야 했고 그들이 멸망으로 치달아 가는 것을 온몸으로 함께 겪을 수밖에 없었다. 성전은 파괴되고 동족은 바벨론으로 포로가 되어 끌려가는 것을 보면서 비통의 눈물을 흘려야 했다. 그래서 그를 **'눈물의 선지자'**라고 부르기도 한다.

예레미야는 선지자로서 하나님이 주신 사명을 위해 최선을 다해 살았음에도 고난과 고초의 연속인 삶을 살아야 했다. 고향 사람들에게 살해 위협을 받았고(렘11:21), 성전 경호책임자인 바스훌 Pashhur에게 폭행을 당하고(렘20:1~6) 차꼬(나무고랑)에 채워진 채 성전 한 장소에 감금되기도 했다.(렘20:2~3) 또 예루살렘 성전 설교로 인해 종교지도자들과 백성들에게 포위되어 처형당할 위기를 맞기도 했다.(렘26:11)

또 하나님의 심판의 말씀을 두루마리에 기록한 일로 체포될 상황에서 간신히 몸을 피하기도 했다.(렘36:26) 심지어 민족배반자로 몰려 매를 맞고 서기관 요나단 Jonathan의 집 지하 감옥에 갇히기도 했다.(렘37:11~15) 그리고 끝내는 강제로 이집트로 끌려가 그곳에서 죽게 된다.(렘43:4~7) 그래서 그를 **'수난의 선지자'**라고 부르기도 한다.

그러나 그의 이름 예레미야를 '여호와가 높일 것이다'라는 의미의 히브리어 '이르메야후'의 준말로 보기도 하기에, 그는 그의 삶이 비록 고통의 연속이었으나 여호와께서 자신을 높일 것이라는 확신 때문에 모든 어려움을 견딜 수 있었을 것이다.

멸망하는 동족의 아픔을 제 몸에 짊어진 채 살아야 했던 그의 삶은 예수 그리스도를 상징한다고 할 수 있겠으며, 또한 모든 믿는 자들이 겪어야 할 고난을 상징하기도 한다.

예레미야서는 그릇된 성공과 안정만을 추구하는 우리 기독교 신앙관에 근본적인 문제를 제기한다. 하나님을 믿으면 반드시 복을 받게 된다거나, 좀 더 고상한 차원에서 그 복이 물질적 복은 아니더라도 마음의 참된 평안을 얻게 된다는 정도의 믿음은 예레미야의 처절한 생애 앞에서는 그저 무색해질 따름이다.

예레미야서는 이와 같은 우리의 기본신앙을 송두리째 뒤흔들어 놓는다. 유다 백성들이 예레미야가 선포한 말씀을 철저하게 거부했던 것처럼 우리도 예레미야의 선포를 거부했을 것이다. 이제 우리는 무엇이 여호와를 신뢰하는 것인지, 어떻게 살아가는 것이 하나님의 사람다운 삶인지, 세상에 왜 교회가 존재해야 하는지, 우리가 무엇을 믿고 살아야 할 것인지 등에 대하여 예레미야서를 통해 다시 확인받아야 한다.

그러나 예레미야서에서는 암울한 심판의 말씀만 있는 것이 아니다. 심판 뒤에 곧 희망의 메시지가 이어지고 있다. 하나님이 베푸시는 구원과 심판은 그의 백성들을 향한 하나님 사랑의 양면이다. 그러나 구원의 희망은 결코 회개 없는 심판을 말하지 않는다. 공의로우신 하나님의 심판이 전제되지 않은 거짓 선지자들의 위로는 있을 수 없다. 하나님의 말씀대로 살지 않는 불의한 자에 대한 심판을 배제한 위로는 위로가 아니라 마약일 뿐이다. 예레미야의 위로 메시지는 심판을 배제한 위로가 아니라 오히려 극심한 심판 너머에 오는 하나님의 은혜이다.

이제 눈물의 선지자, 수난의 선지자 예레미야서를 깊이 있게 연구하여 그가 전한 진정한 위로의 메시지를 통하여 오늘 우리들의 삶을 돌아보기로 한다.

●●●구 조

1. 예루살렘을 향한 멸망 선포_ 렘1:1~25:38

건잡을 수 없을 정도로 타락한 예루살렘 백성들에게 하나님의 심판을 알리며 회개를 촉구한다.

특히 성전설교(렘7장)을 통해 전통신앙으로 인한 그릇된 안도감에서 벗어나야 한다고 강조한다.

하나님의 심판은 영원한 죽음의 형벌이 아닌 새로운 백성을 일으키기 위한 과정임을 상기시키고(렘18, 19장) 거짓 선지자들의 정체를 밝히며 악한 길에서 돌이킬 것을 경고한다.(렘23장)

2. 하나님의 심판과 새로운 계약_ 렘26:1~35:19

그릇된 안정을 예언하는 거짓 선지자들에 대항하여 하나님의 심판으로 인한 유다의 멸망을 선언한다.(렘26장 성전설교, 렘27~28장 거짓 선지자들과의 갈등)

그러나 유다 심판 이후에 하나님께서 새로운 계약을 맺고 새 공동체를 일으키리라는 희망도 제시한다.(렘33장)

이 새 계약은 더 이상 율법이나 형식적인 종교의식에 의지하지 않으며 인간의 진정한 회개와 하나님의 용서로 가능함을 알린다.

3. 예루살렘의 함락과 예레미야의 수난- 렘36:1~45:5

예레미야의 회개 요구를 거부한 유다는 결국 바벨론의 침략으로 멸망하여 예루살렘이 파괴되고 여호야긴 Jehoiachin과 함께 많은 사람들이 포로로 잡혀가게 된다. 또 바벨론이 세운 총독 그달랴 Gedaliah를 죽인 사람들에 의해 이집트로 끌려간다.(예레미야의 수난사 렘37~44장)

4. 이방나라에 대한 하나님의 주권 선포_ 렘46:1~51:64

모든 민족과 나라는 **하나님의 주권** 아래 있음을 선포한다.

이집트(렘46장), 블레셋(렘47장), 모압(렘48장) 암몬, 에돔, 다메섹, 아라비아, 엘람(렘49장), 바벨론(렘50~51장)에 대한 심판을 예언함으로써 세악 백성인 유다의 구원과 귀환에 대한 희망을 선포한다.

5. 유다를 향한 희망의 말씀_ 렘52:1~34

예레미야의 예언대로 시드기야 Zedekiah가 바벨론에 의해 두 눈이 뽑힌 채 포로로 잡혀가나 먼저 포로로 잡혀간 여호야긴이 바벨론에 건재해 있음을 보여줌으로써 유다에게 희망이 있음을 알린다.

●●●예레미야서의 표제 렘 1:1

선지서들은 대부분 첫머리에 그 선지서를 대표하는 표제가 붙어있다. 예를 들어, 사1:1에는 이사야가 본 '이상'(하존 – 환상, 계시), 욜1:1, 호1:1, 미1:1, 습1:1에는 '~에게 임한 여호와의 말씀', 또 나1:1, 합1:1, 말1:1에는 심판을 선언하는 의미의 '경고'(마샤, 견책, 짐)라는 표제가 붙어 있다.

예레미야서의 표제는 **'예레미야의 말씀들'**이다.(아모스도 동일함)

히브리 본문에 의하면 맨 처음 나오는 말이 '예레미야의 말씀들(다바르)'이라는 두 단어다. 그런데 이 예레미야의 말씀들은 예레미야 자신의 말씀이 아니라 그에게 임한 '여호와의 말씀'이다.(2절)

'여호와의 말씀'(다바르 야훼)이라는 용어는 예언서에 여러 번 언급되는 단어로(구약성서에 233번, 가장 많이 언급되는 곳은 에스겔 60번, 예레미야 52번임) 하나님의 뜻을 드러내는 말이다.

다바르(말씀)는 단순히 입에서 나오는 말 이상의 의미를 나타내는 단어다. '말이 씨가 된다.'는 표현처럼 '다바르'는 행동과 사건을 일으키는 실체라는 의미가 있다.

따라서 여기서 예레미야의 말이란 자신의 말이 아닌 여호와로부터 임한 말씀이므로, '예레미야의 말씀'(1절)이라는 표제가 의미하는 것은 여호와를 통해 전달받은 '말씀'뿐 아니라, 그 말씀을 통하여 예레미야에게 일어난 '사건들'이라는 의미가 포함되어 있다.

여호와의 말씀(다바르)은 단순한 언어가 아니다. 역동적인 능력이다.(히 4:12) 그래서 그 말씀은 말씀을 받은 사람을 변화시키고 행동하게 만들고 그 행동으로 사건을 일으키는 것이다.

태초에 하나님이 이르시되(아마르) '빛이 있으라!'고 하시니 그 말씀(다바르)은 능력으로 나타났다. 말씀을 받은 사람은 그 말씀을 귀로 듣는 것이 아니라 가슴으로 들음으로 삶이 변화되는 것이다. 그래서 선지자들은 상징적 행동을 통해서 하나님의 말씀을 전하기도 하였다.

'여호와의 말씀이 예레미야에게 임하였다(2절)'는 말씀은 하나님의 말씀이 예레미야 개인과 깊이 관련되어 있음을 나타낸다. 예레미야서는 유독 선지자 개인의 삶을 상세히 전하고 있는데, 이런 점에서 예레미야의 삶 자체를 하나님의 메시지로 볼 수 있겠다.

예레미야라는 이름은 '이르메야후'의 준말로 '여호와께서 집어 던지다' 또는 '여호와께서 일으켜 세우신다.'라는 의미이다. 예언자 예레미야는 예레미야서 외에 대하35:25, 36:12, 21~22, 단9:2, 스1:1에 언급되고 있으며, 왕하23:31, 렘52:1, 렘35:3, 대상5:24, 12:4, 10, 13, 느10:2, 12:1, 12, 34 등에 나오는 인물은 동명이인同名異人이다.

예레미야는 제사장 출신 힐기야 Hilkiah(왕하22:8 이하의 힐기야와 동일인물이 아님)의 아들로 베냐민 지파에 속한 아나돗 Anathoth(렘1:1, 11:21) 출신이다. 아나돗은 예루살렘에서 북동쪽으로 4km 떨어진 곳으로 원래 베냐민 지파의 땅이었으나 레위인들에게 제공된 성읍 중 하나다.(수21:18, 대상6:60)

또한 솔로몬과 아도니야 Adonijah가 왕위계승 쟁탈을 벌일 때 제사장 아비아달 Abiathar이 아도니야 편에 섰다가 반대편인 솔로몬이 등극하게 되자 제사장직에서 파면되어 축출당했던 곳이다.(왕상2:26~27)

다윗 시대까지 아비아달은 사독 Zadok과 함께 제사장직을 수행하던 한 축이었다. 제사장 아비아달은 왕상2:27에 의하면 '실로 Shiloh'가 파괴되기까지 봉직하던 엘리 Eli 가문의 마지막 생존자였다.(삼상2:27~36) 실로는 북 왕국에 속한 성읍으로 여로보암 Jeroboam에게 왕국을 세우게 될 것을 예언했던 아히야 Ahijah도 실로 사람이다.(왕상11:29~39)

특히 예레미야의 아버지가 제사장 힐기야라는 것으로 미루어 아비아달의 후손일 가능성이 높다.

이와 같은 그의 출신 배경은 그가 아론 Aron계 제사장에 의해 보존되고 있던 북 왕국의 신앙전통인 출애굽 전승을 가지고 있음을 나타낸다.

예레미야는 북 왕국 신앙전승을 견지하는 입장에 있었으므로 남 유다의 현실을 보며 예루살렘 성전의 영원성을 믿는 신앙을 비판하는 위치에 있다.(렘7:1~16, 26장의 성전설교 참조)

또한 그는 비록 무너져버린 북 왕국이지만 그 왕국의 후손임을 의식하면서 살았기에 후에 북 왕국 후손들에게도 하나님의 일방적인 구원을 선포한다.(렘31:15~20)

●●●시대적 배경 렘1:2~3

예레미야가 여호와의 말씀을 받은 해는 요시야 Josiah 통치 13년이었다.(렘1:2, 기원전 626년) 그는 요시야의 아들 여호야김 Johoiakim 시대부터 요시야의 또 다른 아들 시드기야의 통치 11년 말까지 활동하였는데 그 해 오월에 예루살렘이 함락될 때까지였다.(렘1:3)

히스기야 Hezekiah의 종교개혁 이후 왕위에 오른 므낫세 Menasseh가 종교적으로 부패하였고 그를 이은 아몬 Amon조차 므낫세와 동일하게 여호와를 버리고 악행을 일삼자 신복들이 아몬을 살해한다.

그러나 부유한 백성들(암 하아레츠)이 아몬을 살해한 사람들을 다시 죽이고 왕위를 요시야에게 넘기게 되는데 그때 요시야의 나이 8세였다.(왕하21:19~22:1)

그때 북쪽의 아시리아는 바벨론에 의해 쇠퇴의 길을 걷고 있었는데 이러한 국제상황은 아시리아의 영향권 아래 있던 요시야와 유다 백성들에게는 그 그늘에서 벗어날 절호의 기회였다.

요시야18년(기원전 622년)에 성전을 수리하다가 율법책(원신명기서 12~26장)을 발견한 것을 계기로 종교개혁이 단행되었다.(기원전 621년, 왕하22:3~23:30)

그리고 아시리아는 기원전 612년에 마침내 바벨론에 의해 멸망당하고 만다. 그러나 요시야는 북쪽 바벨론의 남진정책을 막고자 북진하는 이집트왕 느고 Necho II를 므깃도 Megiddo에서 막다가 전사하고 만다.(기원전 609년)

백성들은 요시야에 이어 그의 아들 여호아하스 Jehoahaz를 왕위에 앉히지만 이집트왕 느고는 3개월 만에 그를 폐위시키고 요시야의 다른 아들 엘리아김 Eliakim을 여호야김으로 개명하여 왕으로 세웠으며 여호아하스는 이집트에 포로로 끌려가 그곳에서 생을 마감한다.(왕하 23:34)

여호야김은 처음에는 친이집트 정책을 펼쳤으나 바벨론이 이집트와 펼친 칼케미스 Charchemish 대전을 승리로 이끌며 강대국으로 부상하자 충성의 대상을 이집트에서 바벨론으로 옮겼다.

그러나 여호야김은 바벨론의 느부갓네살 Nebuchadnezzar이 이집트 원정 전투에서 별다른 승리를 거두지 못하자 바벨론을 배반한다.(왕하 24:1) 이에 느부갓네살이 주변 봉신국들을 모아 예루살렘을 침공한다. 여호야김은 예루살렘이 포위되었을 때 자연사했을 것으로 추측한다.(기원전 598년)

여호야김의 사망 후 왕권은 그의 18세 된 아들 여호야긴에게로 넘어갔다.(왕하24:6~9) 그러나 그는 3개월 만에 바벨론에 항복하였다.(왕하 24:10~12, 기원전 598년 3월 16일) 이때 느부갓네살은 여호야긴 외에 많은 왕족, 귀족, 백성의 지도자들과 함께 에스겔 Ezekiel을 바벨론으로 잡아갔다.(1차 포로, 겔1:1~3 참조)

바벨론은 여호야긴 대신에 그의 삼촌 맛다니야 Mattaniah를 시드기야로 개명하여 왕위에 앉혔다.(왕하24:17)

그러나 시드기야도 바벨론에 반기를 들었기에 느부갓네살은 예루살렘을 공격하는 보복을 감행했고, 3년을 버티던 시드기야는 도망치다 여리고 Jericho에서 잡혀 아들들이 살해되는 참극을 목격하고 두 눈이 뽑힌 채 바벨론으로 끌려갔다.(왕하25:1~6, 렘39:6~7 참조)

이로써 유다왕국은 완전히 멸망하였으며 수많은 지도자들이 처형되고 포로로 잡혀갔다. 이것이 주전 587년에 일어난 2차포로 사건이다.(왕하25:12~17)

렘1:2~3에는 예레미야의 활동시대가 요시야 13년부터(기원전 626년) 예루살렘이 함락되는 해(기원전 587년)까지라고 기록되어 있으므로 약 40년 가량 선지자로 활동하였음을 알 수 있다.

특히 이 시대는 유다 왕국의 운명이 급격히 기울어 끝내 멸망을 당하였던 때이다. 예레미야서에는 요시야, 여호아하스의 통치 때가 아닌 여호아김의 즉위부터 시드기야 시대가 집중적으로 언급된다. 렘1:3에도 여호아김과 시드기야 두 왕의 이름이 특별히 거명되고 있다.

그러나 예레미야의 활동은 예루살렘 멸망 이후에도 계속되었다.(렘40~44장 참조)

당시 유다 백성들은 다윗왕조의 영속성이라는 다윗계약신앙을 고수하고 있었다. 백성들은 멸망의 순간까지 다윗왕조와 예루살렘 성전에 대한 희망을 버리지 못했다.

그러나 그들은 회개해야 살 수 있다는 예레미야의 외침을 듣지 못했으며 결국 왕국 멸망과 성전 초토화라는 비극을 맞이했던 것이다.

●●●예레미야의 소명 기사 렘1:4~10

선지자(예언자預言者)란 누구인가? 5절에는 '열방의 선지자先知者'라고 하여 '앞일을 미리 알아서 알려주는 사람'이라는 의미 같지만 히브리어로는 '나비 navi'다.(출4:14, 7:1 참조)

즉 하나님의 말씀을 대신 전하여 주는 사람代言者이다. 따라서 4절에서 보듯이 예언자는 '하나님의 말씀'(네움 야훼)이 임하여야 비로소 활동이 시작된다.(8, 15, 19절 참조, '다바르 야훼'와 동의어)

'네움 야훼' 는 구약성서에 269번 언급되었는데 예레미야에 가장 많이 175번 언급되었다. 선지자가 되는 것은 시대적인 요청이나 가정 환경, 자신의 주관적인 확신, 또는 개인적인 신비스런 신앙 경험 등에 의한 것이 아니다. 오로지 하나님을 만나는 체험에서 시작된다.

'여호와의 말씀이 네게 임하니라'(4절)는 것은 하나님의 말씀을 받았다는 의미요, 하나님의 말씀이 예레미야의 삶 속을 뚫고 들어왔다는 뜻이다. 그럴 때 인생의 대전환이 시작된다.

이제부터는 자신의 삶을 자신의 의지대로 살 수 없다. 하나님의 말씀을 전하는 '하나님의 사람'이 된다. 인생의 목적과 방향이 순식간에 바뀌는 것이다. 그리고 그것은 철저하게 하나님의 주도권에 의해 시작되는 것이다.

'내가 너를 모태에 짓기 전에 너를 알았고 네가 배에서 나오기 전에 너를 성별하였고 너를 여러 나라의 선지자로 세웠노라 하시기로' (5절)

5절에서 강조되는 것은 '내가 너를 ~'이라는 표현이다. 여호와께서 예레미야를 복중에서 빚어내기 전에 아셨고, 태어나기 전부터 성별하셨고, 열방(만민)의 선지자로 세웠다고 하신다.

모든 주도권이 여호와께 있다. 그것도 '복중에 짓기 전에', '태에서 나오기 전에' 즉 이미 아득한 옛날부터 하나님의 뜻과 계획에 의해서라는 것이다.(사49:1, 마1:18~25, 눅1:26~38, 갈1:15) 따라서 그 어떤 인간적 요소도 완전히 배제된다. 철저한 하나님의 일방적인 선택이다.

'알다'라는 히브리어 '야다'는 지적인 앎을 넘어서는 의미다.

종주국과 봉신국과의 관계를 나타내거나(삼하7:20), 남녀의 결혼으로 한 몸이 되는 것(창4:1, 삼상1:19)을 의미할 때 사용된다. 즉 밀접한 관계를 의미한다.(창18:19, 대상17:18, 호5:3, 나1:7 참조)

'구별하다'라는 히브리어 '카다쉬'는 '성별하다, 거룩하게 하다'는 뜻으로 완전한 도덕적인 성결을 의미하는 것이 아니라 일상적인 쓰임새를 벗어나 하나님께서 자신의 성품에 맞도록 별도로 떼어놓는다는 의미다.

그러므로 '거룩'은 내게 있는 어떤 것이 아니라 하나님과의 관계 속에서 생기는 것이다. 비록 죄인이고 부족하지만 하나님의 사람으로 구별하셨고 선택하신 것이다.(요15:16)

'세우다'(나탄)라는 말은 다양한 의미로 사용되는 단어로 '적재적소에 두다, 필요에 따라 주다'라는 의미다.

예레미야는 하나님의 도구로 사용된 사람이다. 그가 남보다 온선하거나 의롭기 때문이 아니고, 또 제사장 가문 출신이기 때문이 아니며, 그 어떤 다른 자격이 있기 때문도 아니다.

그는 오직 하나님의 일방적이고 신비스런 의도와 섭리로 선택되어

일하도록 세워진 사람이다. 열방(고임)의 선지자! 즉 이스라엘뿐 아니라 주변 여러 나라에 하나님의 말씀을 전하는 일을 위해서 세워진 사람이다.

이런 차원에서 여호와는 이스라엘만의 하나님이 아니요, 모든 민족, 온 우주의 하나님이시며(암9:7 참조), 이스라엘의 운명은 주변나라의 국운과 밀접한 관련이 있음을 알 수 있다. 그래서 하나님의 사람 예레미야는 다른 민족에게도 하나님의 말씀을 전한다.(렘46~51장)

하나님의 일방적인 선택에 의해 하나님의 도구로 부름 받았다면 자신의 그 어떤 조건과 자격을 근거로 하나님의 부르심을 거부할 수 없으며 해서도 안 된다. 선택과 사명의 근거가 우리 쪽에 있지 않고 하나님의 주권에 있기 때문이다.

그런데 예레미야는 하나님의 부르심에 거부 반응을 보였다.

'슬프도소이다. 주 여호와여 보소서 나는 아이(나아르 - 어린 사내아이 또는 젊은이라는 뜻, 삿8:14 참조)라 말할 줄을 알지 못하나이다'(6절)

슬프도소이다(아하)의 문자적 의미는 '아!'라는 외침으로 공포와 절망감을 나타낸다.(렘4:10, 14:13, 32:17) 예레미야가 하나님의 부르심 앞에 느낀 감정이다. 두려움을 느낀 그는 하나님의 부르심을 거부하였다. 예의를 갖춘 정중하고 겸손한 거절인 것 같다,

그러나 실제 자신이 어리기 때문에 웅변술이 없다는 의미가 아니다. 하나님의 대언자로서 자격과 역량이 미달된다고 생각한 것이다. 맡겨진 책임과 직책을 감당하기에 역부족이라는 것이다.(출3:11, 4:10, 6:12, 30. 왕상3:7 참조)

특히 여호와께서 그에게 맡기신 말씀은 평강이 아니라 재앙이었고, 생명이 아니라 죽음이었다. 이런 말을 어찌 백성들이 좋아하겠는가? 당연히 거부하고 그런 말을 하는 그를 죽이려 할 것인데, 어찌 두렵지 않겠는가? 피하고 싶고 도망가고 싶고 살고 싶다는 뜻이다.

이에 여호와는 즉시로 답변하시고 설득하신다. '너는 아이라 말하지 말고 내가 너를 누구에게 보내든지 너는 가며 내가 네게 무엇을 명령하든지 너는 말할지니라'(7절)

무슨 말씀인가? 선지자는 청중을 말로 설득하는 사람이 아니다. 말을 잘해야 하는 사람이 아니라는 뜻이다. 선지자란 여호와가 보낸 곳에 가서, 여호와가 명령하신 대로 전하는 대언자일 뿐이라는 의미이다.

선지자는 자신이 가고 싶은 곳에 가고 자기가 하고 싶은 말을 하고, 청중이 듣기 원하는 말을 하는 사람이 아니다. '보냄 받은 장소'에서 '주어진 말씀만 전달'하는 사람이다.(렘23:9~40 거짓 선지자 참조)

청중이 말을 듣던 듣지 않던 주저 없이, 물러섬 없이 전하기만 하면 된다.(겔2:7) 선지자의 책임은 그가 받은 말씀을 왜곡하지 말고 가감없이 그대로 전하는 것뿐이다.(렘26:2) 전달자에게는 '전달력' 이나 '설득력' 보다 '말씀의 정확성'이 중요할 뿐이다.

예레미야는 조국 이스라엘이 멸망할 것을 가감없이 전해야 했다. 이 말씀을 전하므로 돌팔매질을 당할 수 있고, 잡혀서 옥에 갇힐 수 있다. 실제로 그는 죽음의 위협을 당했다.(렘11:21) 또 매국노라는 누명을 쓰기도 했다.(렘37:4~15) 그러나 그 어떤 고난 속에서도 청중의 반응과 상관없이 전해야 했던 것이다.

이제 여호와께서 예레미야가 두려워하지 않아도 될 이유를 밝히신다.

> '너는 그들 때문에 두려워하지 말라 내가 너와 함께 하여 너를 구원하리라 나 여호와의 말이니라 하시고' (8절)

여기서 '그들'은 18절에 언급된 유다 임금들, 고급 관리들, 제사장들, 지방 유지들이다. 예레미야는 이들이 박해할 것을 알고 있었다. 이들은 여호와의 말씀과 동떨어진 생활을 하면서, 그릇된 안도감에 빠져있던 사람들이다. 예레미야는 이들이 멸망할 것이라는 심판의 말씀에 어찌 반응할 것인지를 알고 있었던 것이다.

그런데 여호와께서 함께하시어 구원해주시겠다고 하신다. 이 말씀은 여호와의 약속이며 예레미야가 선지자의 사역을 감당할 삶의 원천이 되는 말씀이다.(렘1:19 반복)

여기서 중요한 것은 '하나님이 함께하여 구원하신다'는 말씀은 그에게 고난이 없도록 해주시겠다는 말씀이 아니다. 오히려 고난이 있더라고 견딜 수 있게 해주시고, 죽이려 해도 죽일 수 없게 해주시어 끝까지 말씀 전달의 사역을 감당케 하시겠다는 뜻이다. 어떤 고난이 닥친다 해도 할 일을 하고 가야 할 길을 가게 해주시겠다는 것이다.

이것이 바로 사역자가 가져야 할 적극적이고 긍정적인 사고이다.(빌4:12~13 참조)

예레미야가 자신을 돌아본다면 '나는 아이라 말할 줄 모릅니다'고 할 수밖에 없다. 자신이 가진 역량, 지식, 자원, 재능은 하나님의 일을 하기에 너무나 부족하다. 이런 예레미야에게 하나님은 그의 눈을 자신에게서 하나님께로 돌리라고 하신다. 이것은 마치 아브라함이 눈을 들어 밤하늘의 별들을 보며 자손번성의 약속의 실체가 하나님임을 깨달아 믿었던 것과 같다.(창15:1~6)

시선을 나에게서 하나님께로 돌리면 거기에 능력이 있음을 발견한다. 여호와는 모세에게도 '내가 반드시 너와 함께 하리라'(출3:12)고 하셨고, 예수님은 제자들에게 '세상 끝날까지 너희와 항상 함께 있으리라'고 약속해 주셨다.(마28:20)

이 믿음으로 순종하기만 하면 하나님이 뒷일은 책임지실 것이다.

두려움에 사로잡혀 있던 예레미야를 격려하시며 함께하시겠노라고 약속하신 여호와는 이제 예레미야가 무슨 말을 전해야 할지 일러주신다.(9절)

손을 내밀어 예레미야의 입에 대시며 말씀을 네 입에 두셨다고 하는 것은 이제 예레미야의 말은 '사람'의 말이 아니라 '여호와 하나님의 말씀'이라는 '상징적 행위'이다. 예레미야의 입이 하나님의 입이 되었다는 것이다.(렘15:19, 겔3:1~3 참조)

선지자는 자기가 하고 싶은 말이 아니라 하나님이 주시는 말씀만 대언해야 하기에 전하는 그 말씀이 하나님의 말씀인지를 늘 살펴야 하며 또한 그 어떤 고난의 상황에서도 담대하여야 한다.(마10:19~20)

이제 여호와는 예레미야가 행할 일이 무엇인지를 단적으로 요약해 주신다.

우선 예레미야를 열방 만국 위에 세우셨다.(10절 상)

여기서 '세우다'(파카드)는 감독자로 일을 맡긴다는 뜻이다.(창39:4, 민1:50, 왕하25:23, 렘40:5 참조) 예레미야서에는 이 단어의 명사형(파키드)이 렘20:1(총감독)과 렘29:26(감독관)에 나타나는데, 이들은 예레미야를 괴롭히고 학대하고 핍박하는 인물의 직함이다.

하나님이 세운 감독자를 사람이 세운 감독자가 핍박을 하였다는 의미이다. 이런 점에서 예레미야서는 하나님이 세운 감독자와 사람이 세운 감독자 사이의 갈등을 서술하고 있다고 볼 수 있다.

예나 지금이나 세상 감독자들에 의해 하나님이 세운 감독자들이 핍박을 받을 수밖에 없다. 어둠이 빛을 싫어하기 때문이다.

예레미야는 하나님의 대리자로 이스라엘만의 감독자가 아니라 모든 나라를 감독하는 사람이다. 예레미야가 열방의 감독자라는 것은 그들을 지배하고 좌지우지하는 감독자라는 말이 아니다.

열방이 이스라엘을 멸망시키고 좌지우지했지만 예레미야는 그 선포하는 말씀을 통하여 열방이 여호와 하나님의 도구라는 사실을 알리며, 열방도 죄로 말미암아 진멸될 것임을 알리고 있다. 열방을 향해 전하는 예레미야의 말씀이 곧 하나님의 뜻대로 이루어짐으로써 어떤 열방도 하나님 앞에서는 아무 것도 아님을 알리고 있다.

열방의 감독자로서 예레미야의 사역은 여섯 개의 동사로 나타난다.(10절하)

그 중 4개는 부정적이고 파괴적인 행동, 곧 심판과 파멸을 나타내며(뽑고 - 파괴하고 - 파멸하며 - 넘어뜨리다), 2개는 긍정적이고 건설적인 행동, 곧 회복과 구원을 나타낸다.(세우고 - 심는다)

중요한 사실은 네 개의 부정적 동사가 먼저 언급된 뒤에 두 개의 긍정적 동사가 나오는데, 이는 심판이 있은 후에 구원이 있음을 의미한다.

예레미야 사역의 우선 과제는 무엇보다 **기존의 질서와 안정**을 부수고 파괴하는 것이다. 앞으로 분명하게 나타나겠지만, 예레미야는 먼저 사람들이 굳게 믿고 있었던 예루살렘 성전과 다윗계약이라는 기존 신앙을 무너뜨리고 뿌리 뽑았다. 이와 같은 기존의 신앙을 무너뜨리는 것은 결코 쉬운 일이 아니었다.

이 일로 예레미야는 사람들로부터 배척을 당하고 갇히고 살해위협을 당할 수밖에 없었다. 그러나 그릇된 것들이 부서져야만 새로운 것들이 세워질 수 있으므로 예레미야는 그렇게 외칠 수밖에 없었던 것이다.

하나님은 아무 것도 남아 있지 않은 절망과 허무 속에서 비로소 새로운 희망을 창조할 수 있음을 알려주고 계시다. 이와 같은 **'파괴와 건설'**이라는 주제는 예레미야서에 계속 반복(렘12:14~17, 18:7~9, 24:6, 42:10)되면서 **옛 것**(부정한 것)이 무너져야 **새 것**(거룩한 것)이 세워진다는 사실을 강조한다.

●●● 예레미야가 본 첫번째 환상 렘1:11~12

예레미야가 전할 두 가지 환상이 나온다. 예언자들은 환상을 통해 하나님의 계시를 보곤 하였다. 선지자를 로에 Roe(선지자, 또는 선견자, 삼상9:9 참조) 또는 호제 Hoze(환상가 또는 선견자, 암7:12 참조)라고도 부르는데, 이 말은 모두 '보다'(라아)라는 단어에서 파생되었다. 아모스도 다섯 가지의 환상을 본 예언자다.(암7:1~9, 8:1~3, 9:1~4 참조)

살구나무(샤케드, 감복숭아)는 겨울이 지난 후 제일 먼저 꽃을 피우는 나무다. 살구나무는 아론의 지도력을 상징하였기에(민17:8) 아나돗 출신 정통 제사장 계열인 예레미야에게는 특별한 나무였을 것이다. 그런데 여호와는 살구나무를 보이시고 비슷한 발음이지만 의미가 다른 단어를 통하여 당신의 뜻을 알려주신다.

'내가 내 말을 지켜 그대로 이루려 함이라'(12절하)는 '내가 내 말을 이루려고 지켜보고 있노라'는 뜻으로 '지켜보다'(쇼케드)가 비슷한 발음이지만 다른 뜻을 가지고 있다. 즉 하나님께서 하신 말씀을 지켜 그대로 이루실 것을 알려주신 것이다.

여호와께서 하신 말씀은 무엇인가? 9~10절에서 손을 예레미야의 입에 대시며 '보라 내가 내 말을 네 입에 두었노라'고 하신 바로 그 말씀이다. 이로써 자신은 어려서 말할 줄 모른다고 여호와의 소명을 거부하려 했던(6절) 예레미야로 하여금 자신이 선포하는 하나님의 말씀이 미래에 반드시 실현될 것임을 보증하심으로써 선지자의 일에 뛰어들게 하셨다.

예레미야가 하는 선지자의 일은 오로지 여호와께서 이끌어가심을 알게하고 철저하게 여호와의 심부름꾼임을 확인한 것이다. 말씀(다바르)을 맡기신 여호와께서 처음부터 마지막까지 그 말씀을 이루실 터이기에 말씀을 맡아 전하는 그는 시키는 대로만 하면 된다. 하나님은 7절의 말씀을 환상을 통해 반복하신 것이다.

오늘날 하나님의 말씀에 대한 신뢰성이 과연 우리들에게 있는가? 예수님은 마5:17~19에서 '율법 폐기론자들'에 대해 경고하신다. 하나님의 말씀을 신뢰하는 것이 신앙의 기본이다. 그리고 그 말씀대로 사는 것이 신앙인의 삶이다.(마6:25~34)

선지자를 '호제', 또는 '로에'라고 부르는 것으로 보아 선지자에게 '보는 것'은 매우 중요함을 알 수 있다. 하나님은 선지자들에게 무엇인가를 보여주심으로써 당신의 뜻을 알리셨다. 이사야는 주께서 높이 들린 보좌에 앉아 계시는 것을 보았고(사6:1), 아모스는 제단 위에 서신 주님을 보았다.(암9:1) 이 때 사용된 '보았다'는 단어가 모두 '라아'다. 이런 '봄'은 일반적으로 환상 중에 본 것으로 이해하며 예레미야도 환상 중에 살구나무를 본 것으로 이해하지만 사실 본문에는 그것을 뒷받침할 근거가 없다. 따라서 그냥 일상 중에 살구나무를 볼 때 여호와께서 말을 걸어오신 것으로 볼 수도 있다.

중요한 것은 환상 중이냐 아니냐가 아니라 무엇을 보는 중에 하나님의 음성을 들을 수 있느냐는 것이다. 모세는 호렙산 떨기나무(스네)를 볼 때 하나님을 만났다.(출3:1~4)

평범한 활자로 인쇄된 성서를 읽을 때 하나님을 뵙고 그분의 말씀을 듣는다. 내게 말씀을 걸어오시는 분을 만나는 것이 중요하다.

●●●예레미야가 본 두번째 환상 렘1:13~16

예레미야가 두번째로 본 것은 끓는 가마가 북에서 남으로 기울어진 것이다. 내용물이 남쪽으로 쏟아지게 되는 형상이다. 14절에 따르면 이 환상은 이제 곧 북쪽에서부터 온 세상에 재앙이 미치게 되었음을 상징한다.

북쪽(차폰)은 구약성서나 고대 근동문서에서 강력하고 신화적인 영역을 일컫는 단어다. 겔38:15에서 이스라엘을 위협하는 마곡 땅의 왕 곡의 고국이 북쪽 끝이라는 언급은 그들이 지닌 악마적이고 신화적인 힘이 막강하다는 의미이다.

또 바알의 처소를 차폰 산이라고 한 것 역시 바알의 힘이 막강함을 의미한다. 그러나 성경은 오직 여호와가 참 하나님이시며 온 세상의 왕 되심을 증언하고 있다.(시48:1~2 참조)

북쪽에서 내려오는 재앙은 이스라엘에게 매우 위협적인 것으로, 역사적으로 볼 때 아람, 아시리아, 바벨론 제국이 북쪽에 있던 위협 요소였다.

15절에는 북방왕국들이라는 복수로 나타나 있는데 이것은 예레미야 당시 신흥 비벨론 제국이 주변 동맹국들과 연합하여 침공하는 것을 뜻한다.

그러나 14절과 15절을 비교하면 이 재앙을 일으키는 당사자가 누구인지 분명해진다. 북쪽의 강대국이 아니라 여호와 하나님이 주체시며 그들은 그냥 여호와의 심판을 수행하는 도구일 뿐이다. 15절의 '내가 ~ 부를 것인즉'과 19절의 '여호와의 말이니라(네움 야훼)'로 끝맺어서 이 모든 주체가 여호와 하나님이심을 나타내고 있다.

그런데 왜 이런 재앙이 유다에게 임하게 되었을까? 그 이유가 16절에 나온다. 한 마디로 여호와를 저버렸기 때문이다! 그들은 다른 신들에게 분향하고 자기 손으로 만든 것에 절을 했다. 이것은 출20:3~4의 제 1, 2계명을 어긴 것이다.

여호와가 그들을 선택하여 당신의 백성으로 삼았는데 그들이 여호와를 저버렸으므로 그들은 더 이상 여호와 백성일 수 없게 된 것이다.(출 19:5~6 참조)

예언자들의 심판의 기준은 근본적으로 여호와와 이스라엘 백성과의 관계 파괴로 본다.

이는 암3:2에도 잘 나타나 있다. '내가 땅의 모든 족속 가운데 너희만을 알았나니, 그러므로 내가 너희 모든 죄악을 너희에게 보응하리라'

'알다'(야다)는 '계약을 맺다(베리트)' 라는 의미로 종주권 계약 양식에서 정치적 용어로 사용되어 '섬기라'는 뜻이다. 그리고 그렇지 못할 때 그 대가를 치러야 함이 강조된다.(창15:7~18, 렘34:17~22 참조)

이스라엘은 여호와의 백성으로 택함 받은 특권이 있지만 그 특권에는 책임이 반드시 따른다. 즉 선택해 주신 여호와를 온전히 섬겨야 한다.

그런데 이들이 여호와를 저버렸다. 이것은 단순히 종교적 타락만을 의미하지 않는다. 다른 신들을 섬기는 행위에는 여호와를 의지하기보다 '이방신을 섬기는 외세'를 의지해서 자신의 안전을 유지해보겠다는 정치적 타락이 내포된 것이다. 예레미야 당시 유다는 남쪽 이집트와 북쪽의 바벨론에 양다리를 걸치면서 국가의 안정을 꾀했다.

●●●예레미야 소명의 재확인과 여호와의 격려 렘1:17~19

여호와는 예레미야에게 허리를 동이라고 하신다. 길게 통으로 짜서 걸치고 있는 겉옷을 허리띠로 졸라매서 두 다리를 자유롭게 움직이도록 하라는 뜻이다.

육체노동을 하거나 전쟁터에 나갈 때 민첩한 발놀림과 몸놀림이 가능하도록 하기 위한 옷차림이다. 우리 말로는 '소매를 걷어 올리라'는 표현이다. 임전태세를 갖추고 일어나 여호와께서 하신 말씀을 전하라고 하신다.

말씀을 전하는 일을 전쟁하듯 하라는 뜻이다. 이것은 예레미야가 전하는 여호와의 말씀을 듣지 않고 반대하는 자들이 있다는 것을 전제로 한다.

이들이 누군가? 왕과 족장들인 정치지도자들이요, 제사장과 같은 종교지도자들이요, 모든 백성들이다.(18절) 이들은 여호와의 말씀을 거부할 것이다.

그런 수밖에 없는 것이 예레미야는 그들의 죄와 멸망을 외칠 것이며(10절), 그들은 하나님을 떠난 사람들이기에 말씀을 들으려 하지 않기 때문이다. 특히 예루살렘에 재앙이 임한다는 선언을 그들의 신앙으로는 결코 받아들일 수 없었기 때문이다.(시48:8 참조)

그래서 여호와는 예레미야에게 전쟁하듯 단단히 맞서라고 하신 것이다. 두려워하지 말고 맞서라고 하신다. 그들이 예레미야를 치나(닐함, 전쟁한다는 의미) 이기지 못할 것이라고 말씀하신다. 그들은 예레미야가 전하는 여호와의 말씀을 따르지 않으면서 전쟁하듯 예레미야에게 싸움을 걸어올 것이라고 하신다.

그러나 두려워 말라고 하신다.(17절) 그들이 이기지 못할 것이라고 하신다.(19절)

예루살렘은 여호와가 불러들이는 북방의 제국 앞에 속수무책으로 침략당하겠지만(15절) 여호와의 말씀을 전하는 예레미야는 그를 공격하는 원수들에게 완벽한 방어를 갖춘 성읍이 될 것이라는 말씀이다.(18절)

이것이 어떻게 가능한가? 여호와께서 함께하여 구원해 주시기 때문이다.(19절)

선지자의 힘은 오직 그에게 주신 여호와의 말씀에서 나온다. 선지자 개인은 보잘 것 없지만 그의 입을 통해 나오는 말씀은 하나님의 말씀이며, 그 말씀이 능력으로 나타날 것이다.

아무리 그 말씀으로 인해 어려움을 당한다 해도 말씀을 주신 여호와가 그와 함께하시고 그를 지켜주시기 때문이다. 선지자의 희망과 능력은 오로지 여호와께 있다.

오늘날에도 하나님의 말씀을 대언하는 선지자 직분을 감당하는 목회자들은 자신이 전하는 말씀이 하나님의 말씀인지를 엄격히 확인해야 하며, 대상을 두려워하지 않는 가운데 여호와의 말씀만을 전해야 한다.(겔2:1~7, 3:4~11 참조)

또한 선지자의 입술에서 나오는 말씀은 하나님의 말씀이기에 회중은 그 말씀의 권위를 인정하여 받아들여야 한다.(삼하12:7~13의 다윗과 암7:10~13의 아마샤 비교)

●●●광야생활 회상 렘2:1~3

렘1장이 예레미야의 소명과 선포할 메시지의 핵심이 무엇인가를 알려주었다면, 렘2장부터는 메시지의 구체적인 내용이 소개된다. 우선 '가서 예루살렘의 귀에 외칠지니라'는 명령이 나온다.(2절)

예레미야가 선포할 말씀은 예루살렘의 반역에 대한 폭로와 책망이다. 그런데 여호와는 이들의 반역을 더 선명하게 부각시키기 위해 이스라엘의 광야시절을 회상시킨다.(2절)

광야(미드발)는 고대근동에선 전쟁에서 패배한 신들이 쫓겨나는 형벌과 죽음의 장소요, 독사와 전갈에게 생명의 위협을 당하는 위험한 땅이다. 6절에는 그곳을 '사막과 구덩이 땅, 건조하고 사망의 그늘진 땅, 사람이 거주할 수 없는 땅'이라 하였다.

그런데 여호와는 예레미야를 통해 이 광야시절을 이스라엘이 당신과 밀접한 관계를 맺은 때라고 하신다. 그때에 이스라엘은 '청년(네우림, 렘1:7의 아이라는 '나아르'와 동일한 의미) 때의 인애'(헤세드, 성실, 충절)와 '신혼 때의 사랑'으로 씨 뿌리지 못하는 광야에서 여호와를 따랐다는 것이다.(2절, 호세아도 광야시절을 타락한 이스라엘이 돌아갈 때로 여긴다. 호2:14~15 참조)

이스라엘 역사를 통해 볼 때 이 사막은 불평과 불만으로 하나님을 원망하다가 심판을 받아 죽음을 당했던 곳이다. 그런데 여호와는 이 광야시절을 이스라엘이 여호와를 잘 따르던 때로 기억하신다. 젊은 날 서로를 향한 변함없는 신실함으로(청년 때의 인애), 또 신혼 때의 사랑으로 따를 때였다는 것이다. 어찌된 말씀인가?

출애굽하여 가나안 땅에 이를 때까지 이스라엘의 역사를 살펴보면 광야시절은 여호와를 잘 따를 때라기보다는 계속 하나님을 거스르고, 불평하고, 그러다가 많은 심판도 받았던 때라고 할 수 있다.

이스라엘이 광야에서 불평하다 심판받은 사건의 예들은 무수히 많다.(출15:22~25 마라의 쓴 물, 출16:1~20 만나와 메추라기, 출17:1~7 르비딤-맛사의 반석의 물, 출32:1~29 금송아지 사건, 민11:4~9 에레브의 탐욕, 민14:1~12 가나안 땅 정탐 후 백성들의 반란, 민20:1~13 신 광야에서 물이 없다고 불평, 모세가 가나안에 들어가지 못하게 됨, 민21:4~9 사막에서의 원망 불뱀과 놋뱀 사건 등)

그런데 청년의 인애와 신혼의 사랑으로 따랐다니 무슨 말인가? 광야시절은 이스라엘이 불평과 불만의 때였다. 그런데 백성들이 그렇게 한 것은 그들에게 여호와는 삶의 전부였기 때문이었다. 여호와의 도움이 없이는 결코 생존할 수 없었기에 여호와를 찾았고, 불평했고, 기도했고, 도움을 요청했던 것이다. 신혼의 때에 다툼이 많은 것은 그때 서로가 서로에게 생의 전부이기 때문이다.

이렇게 불평불만을 터트리며 도움을 요청하는 백성들의 요구를 여호와는 들어주셨다. 한 번도 외면하신 적이 없으시다. 이런 차원에서 광야시절이야말로 청년 때의 인애와 신혼 때의 사랑으로 여호와를 따르던 때였다는 뜻이다.

여호와는 흠 없는 온전하고 완전한 좇음을 말씀하신 것이 아니다. 비록 부족하고 흠이 있지만 다른 신이 아닌 여호와 당신을 찾고 따르는 것을 긍정적으로 인정하신 것이다.

광야시절에 이스라엘은 '여호와를 위한 성물', 곧 '하나님의 소산 중 **처음 열매**'였다.(3절) 이스라엘이 여호와의 성물이라는 것은 여러 민족들 가운데 따로 구별하여 당신의 소유물(백성)로 삼으셨다는 뜻이다.

이것은 이스라엘이 다른 민족보다 윤리적으로나 종교적으로 더 낫다는 의미가 아니라, 이스라엘을 당신이 사용하시려는 목적으로 당신께 속하게 하셨다는 뜻이다. 이것은 이스라엘의 품성을 말하는 것이 아니라, 하나님의 도구로 선택된 특별한 권리를 의미한다.(출19:5~6)

여호와의 소산 중 처음 열매라는 의미는 무엇인가? 고대 근동 농경문화에서는 처음 수확한 곡식은 양식을 위한 추수와 구분하여 감사의 표시로 하나님(신)께 바쳐야 했다.

첫 곡식은 제사장과 그 직계 외에는 손을 대지 못하고 다른 용도로 사용하지 못하였다. (출23:19, 레위22:10~16) 이스라엘은 모든 민족들 가운데 바로 그런 존재(맏물), 곧 거룩한 위치에 있는 백성이다.

그래서 이를 '삼키는 자'는 벌을 받게 된다. 이스라엘을 괴롭히고 공격하는 자는 이스라엘을 자기 백성으로 삼으신 여호와를 괴롭히는 자가 되기에 재앙을 받지 않을 수 없다.

그런데 이스라엘을 삼키는 자는 누구인가? 이스라엘이 출애굽 했을 때 추격했던 바로의 군대(출14장)와 아말렉(출17장)을 연상할 수 있으나 오히려 이스라엘을 당신의 성물로 삼으신 여호와의 뜻을 저버리게 한 이스라엘 내의 부정한 지도자들을 가리킴을 간과해서는 안 된다.

앞으로 이들의 죄악상과 처벌이 구체적으로 언급된다.

●●●이스라엘의 죄상과 하나님의 심판 렘2:4~13

광야시절 여호와를 잘 따르던 이스라엘이 가나안에 들어온 후 사랑의 관계를 깨고 여호와를 떠났음을 말하는 부분이다. 이스라엘은 우상숭배라는 종교적 타락(4~13, 20~27)과 여호와가 아닌 이방세력을 통해 안전을 얻으려는 정치적 타락(14~19, 36~37) 두 가지를 범했다.

예레미야의 선포는 2절에서는 예루살렘 거민들이 대상이었으나, 4절에서는 야곱 집과 이스라엘 집 모든 가족으로 대상이 확장된다. 즉 당시의 유다와 예루살렘뿐 아니라 이미 멸망한 북 이스라엘까지 말씀 선포 대상이 된다. 과거와 현재 모두를 아우르며 이렇게 말씀하신다.

'너희 조상들이 내게서 무슨 불의함을 보았기에 나를 멀리 하고 가서 헛된 것을 따라 헛되이 행하였느냐' (5절)

과거 광야시절 하나님은 이스라엘과 함께하셨고 모든 요구를 다 들어주셨다. 그리하여 약속하신 젖과 꿀이 흐르는 가나안 땅으로 들이셨다. 여호와께서는 이스라엘 조상들에게 잘못하신 것이 없으시다. 그런데 이들이 여호와를 떠나 허탄한 것을 따라 헛되이 행하였다.

이 말은 '아무 것도 아닌 것(헤벨, 전1:2의 헛된 것, worthlessness)을 뒤쫓다가 아무 것도 아니게 되었다(하발, worthless)'는 의미이다. 여기서 '아무 것도 아닌 것'은 가나안의 풍요종교인 '바알'을 말한다. 바알은 허무하고 아무런 의미가 없는 것이라는 말씀이다. 바알이 비를 주관하여 풍요롭게 해준다고 해서 그를 따랐지만 결국 무익하고 헛된 것이었다.

예레미야는 다시 광야시절 여호와의 보살핌(구원 행위)과 가나안 땅을 허락해준 것을 회상시키며 조상들과 마찬가지로 그들이(예레미야 시대의 사람들) 여호와를 찾지 않았음을 상기시킨다.(6~7절)

여호와는 가나안 땅을 선물로 주시고 그 땅의 열매와 아름다운 것을 먹게 하셨다.(신8:7~9) 그러므로 이스라엘은 그 땅에서 하나님의 백성으로 합당한 삶을 살아야 했다.(신12:1)

이것이 여호와께 땅을 허락받은 은혜에 대한 보답이다. 그런데 출애굽과 광야에서 인도하신 은혜를 저버린 조상들처럼 그 후손들도 약속의 땅과 허락받은 은혜를 저버리고 여호와를 배반하여 바알을 따랐다. 더 이상 여호와만을 찾지 않았다.

특히 예레미야는 8절에서 지도자들을 질책한다.

> '제사장들은 여호와께서 어디 계시냐 말하지 아니하였으며
> 율법을 다루는 자들은 나를 알지 못하며 관리들도 나에게 반역하며
> 선지자들은 바알의 이름으로 예언하고 무익한 것들을 따랐느니라' (8절)

첫째는 제사장들이다. 이들은 제사 집행과 함께 법을 가르칠 책임이 있는 사람들이다. 하나님의 뜻을 계시한 '토라'를 해석함으로써 백성들에게 그 뜻을 알려주어야 했다. '율법을 다루는 자들'은 곧 제사장들을 의미한다. 그런데 이들이 하나님을 알지도 못하며 '여호와가 어디 계시느냐?'며 찾지도 않는다.

둘째는 관리들이다. 이들은 백성들을 정치적으로나 종교적으로나 안전하게 보살펴야 할 사람들이다. 이것이 하나님으로부터 그들이 받은 임무이다. 그런데 이들이 여호와를 반역했다는 것은 공의를 행치 않고

가난하고 억울한 자들의 신원을 보호하지 않았음을 의미한다.

셋째는 선지자들이다. 선지자들은 응당 여호와의 이름으로 여호와의 말씀을 전해야 하는 사람들이다. 그런데 바알의 이름으로 예언하며 바알을 추종하고 있다. 이스라엘의 비극이 아닐 수 없다. 지도자라는 사람들이 여호와를 저버리고 여호와의 뜻을 거역하였으니 백성들은 어찌 될 것이며 이스라엘 공동체는 어찌 되겠는가?(겔22:30~31 참조)

그 결과는 붕괴요 멸망이다.

이제 여호와께서 지금 세대와 다음 세대들과도 싸우시겠다고 하신다.(9절) '싸우다'(리브)는 소송을 거시겠다는 뜻이다. 자자손손이 여호와를 거스르므로 법정에서 잘잘못을 따지시겠다고 하신다. 결국 심판을 받을 수밖에 없다는 뜻이다.

여호와는 명령문 형식으로 이스라엘이 그들의 잘못을 스스로 확인하도록 하신다.(10절)

깃딤 섬들에 건너가 보고 게달에도 사람을 보내어 보라고 하신다. 깃딤 Kittim은 키프로스 Cyprus 섬 주민을 말한다. 지중해 동쪽 지역의 주민들 전부를 가리키기도 한다.(민24:24) 그러니까 이스라엘을 중심으로 보면 서쪽 끝을 가리킨다.

게달 Kedar은 시리아–아라비아 광야에 사는 아랍부족을 가리킨다. 따라서 동쪽 끝을 말한다. 그러므로 깃딤과 게달에 가보라는 것은 동서東西, 이곳저곳을 가보라는 의미이다.

또 깃딤과 게달 사람들은 장사꾼이었다.(겔27:21) 그런데 이들에게 가보라는 것은 물물교환으로 먹고 사는 사람들일지라도 그들의 신神만큼은 교환하지 않음을 보고 오라는 뜻이다.

그런데 하물며 유일신이신 여호와의 백성이 자신들을 지극정성으로 돌보고 인도하신 여호와를 버리고 헛되고 무익한 것(바알)을 섬기느냐고 따지신다.(11절) 이 일은 역사상 찾아볼 수 없는 유일무이唯一無二한 사건이며, 하늘이 이 일을 보고 놀랄 정도라고 하신다.(12절) 하늘도 놀랄 죄악을 이스라엘이 저지른 것이다.

그러니 어찌 여호와께서 이스라엘과 싸우지 않으시랴? 잘잘못을 따져 심판하지 않으시랴?

여호와는 이스라엘이 당신을 저버리는 두 가지 악을 행하였다고 하신다. 생수의 근원이 되는 당신을 저버린 것과 스스로 웅덩이를 판 것인데 그 웅덩이는 물을 가둘 수 없는 터진 웅덩이다.(13절) 이스라엘은 생수의 근원인 여호와를 저버리고 물을 담을 수 없는 터진 웅덩이인 바알을 선택했다. 바알은 아무런 유익을 줄 수 없기 때문에 터진 웅덩이일 뿐이다. 그래서 바알을 따를 때 결코 생명을 얻을 수 없다.

그들을 출애굽 하게 하였고 광야를 거쳐 가나안에 이르게 하신 여호와만이 생명의 근원이신 것이다.

●●●이방제국을 의존하는 이스라엘 렘2:14~19

예레미야는 이스라엘이 가나안에 들어온 후 여호와 하나님을 떠나 무익한 바알을 섬긴 종교적 죄악을(렘2:4~13) 먼저 지적한 후 본문에서는 이방제국을 의지하여 안정을 추구하려고 한 정치적 죄악을 지적한다.

예레미야는 14절에서 이스라엘에게 묻는다. '이스라엘이 종(에베드)이냐 씨종이냐 어찌하여 포로(노략물)가 되었느냐'고. 이 말은 렘2:3절을 회상시켜주는 말이다.

이스라엘은 '여호와를 위한 성물 곧 소산 중 첫 열매'로 그를 삼키는 자는 누구든지 하나님의 재앙을 피할 수 없다. 과거 한 때 이집트의 노예였으나 여호와는 그들을 해방시켜 자유하게 해주었고 그들과 시내산 계약을 맺어 당신의 백성으로 삼으셨다.(출19:5~6)

그런데 그런 그들이 어찌 강대국에 둘러싸여 주변 강대국의 위협에 전전긍긍하는 신세가 되었단 말인가? 어찌 다시 팔려간 노예가 되었단 말인가? 아니 그 이상으로 날 때부터 자유민이 될 희망이 전혀 없는 씨종이 되었다는 말이냐?

'씨종'이란 '집에서 태어난'(옐리드 바이트) 종으로, 대대로 종노릇하는 사람을 뜻한다. 하나님의 성민인 이스라엘이 주변 강대국의 종(먹이)처럼 되어 버렸다.

주변 이방제국들은 젊은 사자들처럼 굶주린 배를 채우려고 호시탐탐 그들을 노려 이스라엘 땅을 황무지로 만들었고 성읍들을 아무도 살지 않는 곳으로 만들었다.(15절)

이것은 이미 폐허가 된 북 이스라엘을 지칭함과 동시에 이제 이방제국의 침략 대상이 된 유다를 향한 말씀이다. 예레미야가 활동하던 시대(렘1:2~3)에 이스라엘은 북쪽의 바벨론과 남쪽의 이집트, 두 제국 사이를 기웃거리며 그들의 속국처럼 되어 버렸다.

16절의 '놉과 다바네스의 자손도 네 정수리를 상하였으니'에서 '놉'(멤피스의 다른 이름)과 '다바네스'는 이집트의 부와 세력을 상징하는 대표적인 도시다. 이들이 이스라엘의 정수리를 상하게 한다는 것은, 이스라엘의 머리를 양이 풀을 뜯어 먹듯이 머리카락을 뜯어먹어 대머리로 만들리라는 것이다.

이것은 수치의 극치다. 여호와 하나님의 성민이 왜 그 영광을 빼앗기고 외세에 농락당하는 수치를 겪게 되었을까?

그런데 이런 수치를 당하게 된 원인은 외부에 있는 것이 아니라 내부에 있었다.(17절) 이스라엘이 스스로 하나님과의 계약을 위반하고 떨어져 나갔기 때문이다. 그것이 무엇인지 18절에서 밝힌다.

그들이 '시홀'(나일강의 한 지류나 또는 나일 삼각주에 있던 한 호수의 이름일 것으로 보이는데 일반적으로 나일강 전체를 가리키는 말로 사용됨)의 물을 마시려고 이집트로 가고, '그 강물'(히브리어 '나하르'는 강을 의미하며 유프라테스 강을 뜻함, 창31:21, 36:37 참조)을 마시려고 아시리아 길로 향했기 때문이다. 이것은 이스라엘이 나일강이 흐르는 이집트와 유프라테스강이 흐르는 아시리아에게 도움을 요청하였음을 의미한다.

예레미야가 활동하던 시대에 유다 조정은 당면한 위기를 정치적으로 해결하기 위해 이집트와 바벨론 사이를 오가며 도움을 청했다. 이것이 문제이다. 이스라엘은 하나님의 백성이기에 신앙적으로 하나님을 온전히 섬기면 그들의 정치적 운명은 안전했다.

그들에게 닥친 불행과 재앙은 그들이 여호와를 배반했기 때문이지 외세가 강력하기 때문이 아니었다. 그런데 여호와 아닌 제국의 힘을 빌려 안전을 추구하고 있으니 아무리 애를 써도 풍전등화와 같은 그들의 운명을 돌이킬 수는 없었다.

예레미야는 19절에서 그 사실을 분명히 밝힌다. '네 악이 너를 징계하겠고 네 반역이 너를 책망할 것이라', '네 하나님 여호와를 버림과 경외함이 없는 것이 악이며 고통인 줄을 알라'고 말한다. 여호와가 그들과 맺은 계약을 파기하여 그들을 돌보지 않으시는 것이 아니라 그들이 하나님을 버렸고 경외하지도 않기에 그들의 운명이 그렇게 된 것이다.

예레미야는 이것이 '주 만군의 여호와의 말씀'임을 밝힌다.(19절하)

'만군의 여호와'(야훼 체바오트)는 예레미야서에 80회 이상 사용된 말로 이스라엘의 하나님을 가리키는 호칭이다.

다윗이 블레셋의 골리앗과 싸울 때에도 '만군의 여호와'의 이름으로 맞섰고(삼상17:45), 다윗 왕국이 강성해진 것도 '만군의 여호와'께서 함께 계시기 때문이며(삼하5:10), 엘리사가 이스라엘이 모압과의 전쟁에서 승리할 것을 예언한 것도 '만군의 여호와'의 사심으로 하였다.(왕하3:14)

이와 같이 '만군의 여호와'는 이스라엘의 하나님으로 이스라엘 편에서서 싸우시고 도와주시는 분이시다.(시24:7~10, 46:7, 48:8, 59:5, 80:4,7,14, 19, 84:1,3,8,12 참조)

이처럼 이스라엘의 하나님 여호와는 '만군의 여호와'이신데 그를 의지하지 않고 이방제국을 의지하고 있으니 그들이 안전할 수 있겠는가? 예레미야는 이스라엘이 이방제국에 의해 심판받게 된 것이 '만군의 여호와'께서 하신 말씀으로 전하고 있다.

●●●이스라엘의 종교적 타락 렘2:20~28

이 부분에서 예레미야는 다시 이스라엘의 종교적 타락상을 밝힌다. 그들이 여호와 하나님을 떠난 것을 세 가지를 들어 지적한다.(20~21절)

첫째, '네가 옛적부터 네 멍에를 꺾고 네 결박을 끊으며 말하기를 나를 순종하지 아니하리라'고 한 것이다. 이것은 이스라엘이 여호와 하나님과의 계약을 헌신짝처럼 버리고 더는 여호와를 주인으로 섬기지 않겠다고 거부했음을 뜻한다. 도대체 이스라엘이 누구였으며 여호와께서 그들을 어떻게 도와주셨는데 이렇게 하느냐고 말씀하신다.

이스라엘은 과거 이집트의 노예였다. 이런 그들을 해방시켜 그들을 당신의 백성으로 삼으시고('야다'), 가나안 땅을 선물로 허락해 주셨고 팔레스틴의 종주국으로 세워주셨다.

여호와가 바라셨던 것은 오직 당신을 섬기는 것밖에 없었다. 이것은 여호와를 위한 것이 아니라 이스라엘을 위한 것인데, 그들이 여호와께 순종하지 않겠다며 배반한 것이다.

둘째, '모든 높은 산 위와 모든 푸른 나무 아래서 몸을 굽혀 행음한 것이다' 이것은 바알 신전에서 성창들과 행음한 것을 의미한다.

높은 산, 푸른 나무 아래는 바알 신전이 세워진 곳이다. 그런데 바알 종교의 풍요제의는 신의 행위를 모방하여 풍요를 더한다고 했기에 이스라엘이 이것에 유혹되어 바알 신전에서 행음한 것이다.

셋째, '내가 너를 순전한 참 종자 곧 귀한 포도나무로 심었거늘 내게 대하여 이방 포도나무의 악한 가지가 된 것이다'(21절상) '귀한 포도'(소레크)는 밝고 붉은 빛이 나는 고급 포도를 말한다.(사5:2 참조)

시80:8~11에 이스라엘은 이집트에서 옮겨지고 약속된 땅(가나안)에 심겨져 좋은 열매를 맺게 된 포도나무로 비유되고 있다. 이렇듯 여호와는 이스라엘이 가나안 땅에서 좋은 포도가 되길 바라셨다. 그런데 질이 나쁘고 쓸모없는 이방 포도(야생포도)가 되고 말았다.

에스겔은 예레미야보다 한술 더 떠서 좋은 열매를 맺지 못하는 포도나무는 불쏘시개 외에는 별 소용이 없다고 선언한다.(겔15:1~8)

예레미야는 22절에서 이들의 타락(죄악상)이 아무리 강력한 표백제를 사용해도 지울 수 없는 얼룩과 같다고 말한다. 그런데도 이스라엘은 자신들이 무슨 잘못을 저질렀느냐고 반문한다.(23절)

> '네가 어찌 말하기를 나는 더럽혀지지 아니하였다
> 바알들의 뒤를 따르지 아니하였다 하겠느냐
> 골짜기 속에 있는 네 길을 보라 네 행한 바를 알 것이니라
> 발이 빠른 암낙타가 그의 길을 어지러이 달리는 것과 같았으며' (23절)

'나는 더럽혀지지 아니하였다, 바알들의 뒤를 따르지 아니하였다'고 한다. 무슨 말인가? 분명 이스라엘은 바알을 따른 것인데, 백성들 스스로 보기에는 그렇지 않다고 한다.

이것은 이들이 겉으로는 여전히 여호와를 부르고 여호와께 제사하였으므로 노골적으로 드러내며 바알을 따르지 않았다는 주장이다. 겉으로는 여호와를 부르나 실제로는 헛되고 무익한 바알을 따르고 있었으면서 말이다.

입술로는 여호와를 찬양하면서 삶으로는 바알을 좇았기에 이런 주장이 나올 수 있다. 이것은 마치 입으로는 '주여 주여' 하면서 하나님의 뜻대로 행치 아니한 사람과 같다.(마7:21 참조)

이렇게 자신의 타락을 부정하는 이스라엘에게 예레미야는 '골짜기 속에 있는 네 길을 보라'고 한다.(23절중) 이 골짜기는 예루살렘 밖에 있는 '힌놈 Hinnom' 골짜기로 인신제사를 드리는 이방종교 제사가 많이 행해진 대표적인 장소이다.(왕하23:10)

이스라엘은 발 빠른 암낙타가 이리저리 날뛰듯이, 거친 광야에 익숙한 들암나귀가 성욕이 동하여 헐떡거리듯이, 그 길로 행하였다.(23~24절) 이스라엘은 수컷을 찾아 발광하는 야생 짐승처럼 바알종교에 빠져들었다.

이것은 향락적인 바알종교에 빠져서 이스라엘이 성적으로 타락했음을 의미한다. 이스라엘의 바알 숭배는 음욕의 노예가 되어 욕정을 채우는 수단이었던 것이다.

그리고 그의 욕정은 가라앉힐 수 없어 '그것을 찾는 자들이 수고하지 아니하고 그 발정기에 만나리라' 즉 수컷은 발정한 암컷을 애써 찾지 않아도 때가 된 암컷을 어디에서나 만날 수 있었다. 성적으로 타락한 이스라엘은 아무 때나 바알을 찾아가 성욕을 채울 수 있었다.

25절은 23~24절의 이스라엘 타락을 다시 확인시켜 준다. 사막에서 헤매다 보면 신발이 닳아서 맨발이 튀어나오고 갈증을 느끼게 된다. 그래서 그렇게 하지 말라고 했지만 이스라엘은 말을 듣지 않고 끝끝내 바알을 따라갔다. 한번 바알에 맛들인 우상숭배는 헤어나기 불가능할 정도로 치명적임을 나타낸다.

그런데 더욱 한심스러운 사실은 백성의 지도자라는 왕들, 지도자들(관리들), 제사장들, 선지자들이 수치를 당하였다는 점이다.(26절)

이들은 백성들을 옳은 길로 인도해야 할 사람들이다. 오직 여호와를 섬기며 여호와의 백성으로서의 본분을 다하도록 지도해야 할 사람들이다. 그런데 이들이 수치를 당하였다는 것은 이들 역시 바알 종교에 유혹되어 타락했으며, 아울러 이들로 말미암아 이스라엘 백성 전체가 타락하게 되었음을 의미한다.

지도자라는 사람들이 나무를 향하여 '너는 나의 아버지'라 하고, 돌을 향하여 '너는 나를 낳았다'고 한다.

바알 신을 상징하는 나무 막대기(생산능력을 나타내는 남근 모양)를 향해 자기들의 아버지라 하고, 바알의 여신 아세라의 상징인 돌기둥을 향해 자기들을 낳은 어머니라고 하니 얼마나 한심스러운가?

이들은 실제로 살아있는 분, 이스라엘을 이스라엘 되게 하신 분이 여호와임을 잊고 있었다. 그래서 여호와께 등을 보이고 얼굴을 보이지 않으면서 어려움을 당하면 바알에게 '일어나 우리를 구원하소서'라고 말하고 있다.

그러나 결과는 뻔하다. 그 바알이라는 것들, 나무 막대기와 돌기둥은 그들이 만든 것으로 결코 이스라엘을 도울 수 없다. 그들을 도울 분은 오직 여호와 하나님밖에 없기 때문이다. '바알이 이스라엘의 성읍만큼 많아도'(28절) 즉 바알 예배 처소와 그 신상들이 온 이스라엘에 편만해 있어도 이들은 이스라엘에 아무런 도움이 되지 못한다.

종교가 부흥했으나 도움이 되지 못하는 것이라면 이야말로 허무한 것이요, 이것을 좇다가는 허망하게 될 뿐이다.(2:11)

●●● 이스라엘을 향한 여호와의 소송 렘2:29~37

이 부분은 이스라엘의 여러 가지 죄악을 다시 거론하면서 책망하는 말씀이다.

앞서 여호와는 이스라엘 백성과 싸우시겠다(리브)고 하였다.(2:9) 즉 소송을 거시겠다, 법정에서 시시비비를 가리시겠다고 한다. 그래서 그들의 죄악에 대해 심판하시겠다고 말씀하신다.

그런데 이제는 유다백성이 여호와께 대항하겠다고 한다. 죄를 범해 놓고 대항한다는(29절) 적반하장의 태도로 나온다. 무슨 말씀인가?

그들은 지금 여전히 자신들이 여호와께 무슨 잘못을 저질렀는지 깨닫지 못하고 항변하며 자신들의 무죄를 법정에서 주장하고 있다.(29절, 35절 참조) 그들의 죄가 얼마나 심각한지 잿물로 씻고 또 씻어도 씻기지 않을 정도인데 그것을 인정하지 않고 무죄를 주장하고 있으니, 그 무죄를 주장하는 것이 더 심각한 죄악이라 하겠다.

이에 여호와는 더 이상 논란을 펼 것도 없이 그들이 잘못했다는 판결을 내린다. '너희가 다 내게 잘못하였느니라'(29절하)

이어 이들의 잘못이 어떤 것인지 구체적으로 밝힌다.(30절)

'헛되이 내가 너희 자식을 때렸구나, 징계를 그들이 받지 않았도다'

즉 훈계를 위해 징벌을 주어도 효과가 없다. 여호와가 그들을 돌이키게 하려고 여러 가지로 징벌을 내렸지만 전혀 말을 듣지 않았다. 때려도 고쳐지지 않는 패륜아가 된 것이다.

이들의 칼이 멸망시키는 사자처럼 그들의 선지자들을 삼켰다(죽였다)고 말한다. 선지자들을 통해 전달되는 여호와의 말씀에 귀 기울이기는 커녕 오히려 그 말씀을 전하는 선지자들을 죽인 것이다.

대표적인 예로 여호야김이 선지자 우리야 Uriah를 처단하였고(렘 26:20~23 참조), 예레미야 자신도 죽음 직전에 이르는 위기를 겪게 된다.

이런 패역한 이스라엘에게 여호와가 따져 물으신다.

'내가 이스라엘에 광야가 되었었느냐? 캄캄한 땅이 되었었느냐?'(31절 상) 여기서 '광야'와 '캄캄한 땅'이란 고난과 위험을 의미한다. 이스라엘이 여호와를 자신들에게 아무 유익이 되지 못한 존재로 여긴다는 뜻이다.

이것이야말로 여호와께 대한 배은망덕이다. 여호와가 그들을 얼마나 돌봐주었는데 이렇게 대접한다는 것은 있을 수 없는 일이다.

그러면서 이들은 '우리는 자유로이 떠돌아다닐 것이다 다시는 당신에게 가지 않겠다'고 한다.(31절하) 여호와를 떠나면 곧 죽음인데, 그토록 보살펴준 여호와를 이제 떠나 스스로 죽음의 길로 가겠다니 얼마나 안타까운 일인가? 그래서였을까 이런 이스라엘을 여호와는 여전히 '내 백성'이라고 부르고 있다.

32절 이하에서는 이렇게 여호와를 떠나 자유하겠다는 이스라엘이 하는 행동이 무엇인지를 밝힌다.

우선 일반적으로 처녀가 패물(노리개)을 잊지 못하고, 신부가 고운 옷(가슴 띠)을 잊을 수 없건만 하나님의 백성 이스라엘은 오랫동안 여호와를 잊고 있었음을 밝힌다.(32절)

'패물'과 '고운 옷'은 사랑하는 사람으로부터 받은 증표를 의미한다. 남녀 관계에서도 사랑의 증표를 간직하여 그 사람을 잊지 못하는데, 이스라엘은 수없이 많은 사건을 통해 여호와의 사랑을 받았음에도 그것을 전부 잊고 있다. 오히려 당신이 우리에게 해준 것이 무엇이냐고 하면서 여호와를 광야와 캄캄한 땅처럼 여기고 있다.(31절 상 참조)

그렇게 여호와를 떠난 그들에게 '네가 어찌 사랑을 얻으려고 네 행위를 아름답게 꾸미느냐?'고 말씀하신다.(33절 상) 여기서 '행위'(데레크)라는 말의 원래 의미는 '길'이다. 아름다운 길을 만들려고 꽃을 심어 가꾸듯이 이스라엘이 자기 행위를 치장한다는 뜻이다.

이처럼 이스라엘 백성들이 자기 행위를 치장하는 것은 이미 앞에서 살펴본 바알을 숭배하는 것(20~28절)과 34절의 무죄한 자를 죽이는 일과 또 자신의 무죄 주장 등과 관련해 볼 때 결국 그들의 종교적 치장이라고 할 수 있다.

즉 그들의 생활은 이렇게 속은 불의로 가득 차 있으면서 겉으로는 열심히 성전제사에 드리는 겉치레를 하고 있음을 말한다. 아울러 정치적으로는 이집트와 아시리아에게 잘 보여 도움을 얻으려는 태도까지 포함된다.

그런데 그런 행위를 악한 여자들에게까지 가르치고 있다.(33절하)

여기서 악한 여자들이란 일반 창녀를 의미하는 것으로, 그런 여자들도 이스라엘의 위장(겉치레)을 본으로 삼는다는 뜻이다.

34절에는 위에서 언급한 이스라엘이 저지른 종교적, 정치적 범법행위와 함께 사회적 범법사실을 지적한다. '그들의 옷자락에 죄 없는 가난한 자들의 피가 묻었다'고 한다.

그런데 희생된 자들은 담 구멍을 뚫은 자들이 아니라는 것이다. 계약법전에 의하면 도둑이 뚫고 들어오는 것을 보고 그를 쳐 죽이면 무죄다.(출22:2) 그들이 죽인 가난한 사람은 담 구멍을 뚫은 도적이 아니라 무죄한 사람이다. 정당성 없이 무죄한 사람이 피를 흘렸다.

그래서 여호와께서는 이스라엘을 책망하신다.

그럼에도 불구하고 이스라엘은 자신이 무죄하기에 진노를 받지 않는다고 하고, 죄를 짓지 않았다고 한다.(35절) 이스라엘은 지금 죄가 없다고 하는 죄를 짓고 있다.(요9:41 참조)

죄 없다고 하면 스스로 자신을 속이는 것이며 또 진리가 그 속에 있지 않는 것이고(요일 1:8), 범죄하지 않았다고 하면 하나님을 거짓말하는 자로 만드는 것이며 그의 말씀이 우리 속에 있지 아니한 것이다.(요일 1:10) 그런데 이스라엘은 이렇게 자신을 속이고 하나님을 거짓말하는 자로 만들고 있다.

그러면서 여호와께 대항하고 있다.(29절) 그러니 어찌 훈계해도 그들이 말을 듣겠는가. 오히려 그 훈계의 말을 전하는 선지자들을 죽일 뿐이다.(30절)

뻔뻔함과 패역함의 극치를 보여 주고 있다. 이런 사람에게는 회개와 반성이 있을 수 없다. 그러니 용서도 있을 수 없다. 결국 돌아오는 것은 하나님의 심판이다.

이스라엘에 대한 여호와의 심판은 범죄사실에 대한 심판이 아니라 그 범죄사실을 인정하지도 않고 반성도 없고 회개도 없는 패역함에 대한 심판이다.

이러면서도 그들은 자신들의 길을 바꾸어 부지런히 돌아다니고 있다.(36절) 이렇게 이스라엘이 길을 바꾸는 것은 36절 하반절에서 언급한 '네가 앗수르로 말미암아 수치를 당함 같이 또한 애굽으로 말미암아 수치를 당할 것이라'는 말씀에서 보듯이 이방제국의 힘을 의지하기 위해 이곳저곳을 기웃거리는 모양을 말한다.

이스라엘은 아시리아가 쇠약해지자 그들과의 계약을 파기하고 이집트에 붙었다. 손바닥 뒤집듯이 이집트에 충성을 맹세하고 그의 속국이 되었다. 그러나 이집트 역시 그들을 보호해줄 수 없다.

이스라엘은 결국 '두 손으로 네 머리를 싸고 거기서도 나갈 것이다.'(37절상) 두 손으로 머리를 싸맨다는 것은 수치와 절망과 후회를 나타내는 행동이다.

믿고 의지했던 이집트마저 이스라엘을 돕기는커녕 오히려 포로로 잡아가 제멋대로 부렸다. 실제로 요시야가 므깃도 전투에서 이집트의 느고에게 전사하였을 때 그의 뒤를 이은 여호아하스는 이집트의 포로로 잡혀갔고, 여호야김은 엄청난 양의 조공을 이집트에 바쳐야 했다.(왕하 23:28~35 참조)

이스라엘은 패역으로 인해 이와 같은 비참한 현실을 맞이할 수밖에 없었다.

'네가 의지하는 자들을 나 여호와가 버렸으므로 네가 그들로 말미암아 형통하지 못할 것임이라'(37절하)

놀라운 선언이다. 이스라엘이 의지하던 이방제국들이 이스라엘을 버려 수치를 당하게 된 것이 아니라 그 이방제국을 여호와께서 버려 그들이 이스라엘을 도울 수 없게 되었다는 말씀이다.

이 선언은 이스라엘이 진정 의지할 분이 누구인지를 알려주고 있다. 이방제국이 아니라 여호와 하나님이시다. 그런데 여호와를 저버리고 결코 도움이 되지 못하는 이방제국 사이를 기웃거리고 있으니 어찌 이스라엘이 온전할 수 있겠는가. 17~19절에서 언급했던 대로 제 발등을 제가 찍은 결과이다.

여호와 하나님을 떠나 다른 것을 의지하고 믿다가 제 발등을 찍는다. 사람을 믿고, 세상 권세를 믿고, 재물을 믿다가는 그것들로부터 버림을 받는다. 그것이 바로 여호와의 심판이다.

●●●이스라엘의 진정성 없는 회개 렘3:1~5

예레미야는 1절에서 신24:1~4을 전제로 유다백성에게 질문한다.

> '그들이 말하기를 가령 사람이 그의 아내를 버리므로
> 그가 그에게서 떠나 타인의 아내가 된다 하자 남편이 그를 다시 받겠느냐
> 그리하면 그 땅이 크게 더러워지지 아니하겠느냐 하느니라
> 네가 많은 무리와 행음하고서도 내게로 돌아오려느냐 여호와의 말씀이니라' (1절)

남편에게 버림받은 아내를 다시 받아들이겠는가? 여기에 대한 대답은 당연히 '아니요'다. 재결합은 있을 수 없다.

근거가 되는 신24:1~4에는 수치되는(에르바, '하체', '벌거숭이'를 뜻하며 성적으로 부정한 행위를 의미함) 일로 이혼당한 여인이 다른 남자와 결혼했다가 그 후부後夫에게도 이혼당하거나, 또는 후부가 죽었을 경우에 전 남편은 그 여인과 재혼하지 못하도록 되어 있다.

이것은 여호와께 가증한 일로 기업으로 주신 땅을 더럽히는 일이다. 이런 법령은 이혼당한 여인의 두 번째 결혼을 보호하기 위한 취지였다. 즉 아내가 남편의 재산처럼 여겨지던 시절에(출20:17 참조), 또 결혼과 이혼의 주도권이 남자에게 있던 때에 전 남편이 내어보낸 아내에 대한 소유권을 주장하여 좌지우지 못하도록 한 조치다.

이런 남편과 아내의 관계를 여호와와 이스라엘의 관계로 이해할 때 여호와를 떠나 행음한(바알을 섬긴) 이스라엘과 여호와의 관계는 회복될 수 없다.

더구나 이스라엘의 행음은 다른 한 남편의 아내가 되었다거나, 한 남자와 부정한 관계를 맺은 것이 아니다. 1절 하반절에는 '많은 무리와 행음했다'고 말하며, 2절에는 이들의 행음이 지나치게 이루어져 행음하지 않은 곳이 없을 정도라고 한다.

그래서 '네 눈을 들어 헐벗은 산을 보라'고 한다. 바알성소는 주로 푸른 나무가 있는 산에 위치해 있다.(신12:2, 왕상14:23, 왕하16:4, 17:10, 대하18:4, 렘2:20, 3:6, 13 참소) 그런데 민둥산을 보라는 것은 그들이 푸른 나무 아래에서만이 아니라 그곳도 부족하여 심지어 나무 없는 민둥산에서까지 바알을 섬겼음을 의미한다. 얼마나 심각하게 타락하였는지 알 수 있다.

이스라엘은 강도짓을 하기 위해 길가에서 숨어서 지나가는 행인들을 호시탐탐 노리는 광야의 아라바 사람(유목민)처럼 부정한 짓을 할 기회를 열심히 찾아다녔다.

'이렇게 심각한 부정을 저지르고도 여호와께 돌아오겠다(슈브, 회개라는 의미가 포함되어 있음)는 말이냐?'(1절하)

이 질문은 회개의 불가능함을 지적하는 것이 아니라 회개의 진정성을 묻는 것이다. '네 멋대로 나를 버리고 그렇게 부정한 짓을 많이 한 주제에 아무 일도 없었던 것처럼 간단하게 나에게 돌아오겠다고 하면 다 되는 줄 아느냐?'는 뜻이다.

결코 가능하지 않다. 만약 여호와가 받아들이신다면 그것은 '값싼 은혜'가 될 뿐이다. 은혜는 죗값이 치러져야 하는 것이다. 하나님의 용서는 독생자의 십자가 죽음이라는 무거운 대가로 이루어진 것이다.

음란한 행위를 한 이스라엘이 진정한 회개도 없이 여호와께 돌아가는 일은 불가능하다고 하겠다.

이스라엘의 이런 부정으로 땅이 더럽혀졌다.(1~2절, 레위18:25, 신24:4, 호4:2, 3, 암4:6~10 참조) 곧 하나님의 심판이 자연현상을 통해 이루어졌다.(3절) 여호와께서 이스라엘에게 주신 약속의 땅인 가나안은 젖과 꿀이 흐르는 곳으로 물이 풍부하고 풍요로운 결실을 얻게 하는 땅이다.(신8:7~9) 그런데 이제 단비(10~11월의 이른 비)가 그치고 늦은 비(3~4월에 내리는 비)가 내리지 않게 되었다.

비는 바알이 주관하는 것이 아니라 여호와가 주관하시는 것이다. 이제 풍요로운 결실은 기대할 수 없게 되었다. 이와 같은 현상은 이스라엘의 부정에 대한 하나님의 심판이요 저주다.(왕상 17~18장의 엘리야 시절의 가뭄도 바알숭배에 대한 하나님의 심판이다.) 그런데 이스라엘은 뻔뻔스럽게 부정한 짓에 대해 부끄러운 줄 모르고 있다.(3절하)

자연재해가 인간의 타락에 대한 하나님의 심판이라는 사실은 노아의 홍수 사건에 잘 나타난다.(창6:11~13 참조) 땅이 더럽혀져서 하늘에 비가 멈춘 것은 자연 자체에 문제가 있는 것이 아니라 이스라엘에 문제가 있기 때문이다.

신토불이身土不二, 몸(사람)과 땅(자연)은 하나이기에 사람이 병들면 자연이 병들기 마련이다. 순서는 사람이 먼저다. 땅이 병들어서 사람이 병드는 것이 아니라 사람이 타락해서 자연재해가 발생한다. 사람을 고치면 자연 질서는 자연히 회복된다.

인간은 하나님의 모든 피조물(자연)을 다스리는 왕과 같은 존재로 창조되었다.(창1:26~28의 하나님의 형상으로서의 창조) 인간이 자연을 제대로 다스리지 못하면 자연은 황폐해질 수밖에 없다. 생태계 위기는 인간 위기다. 인간성 회복에 먼저 눈을 돌리지 않는 한 생태계 회복은 불가능하다. 이런 차원에서 기독교인들이 하나님 앞에서 진정한 회개를 할 필요가 있다.

그러나 이스라엘은 진정한 회개가 없었다.(4~5절)

> '네가 이제부터는 내게 부르짖기를 나의 아버지여
> 아버지는 나의 청년 시절의 보호자이시오니' (4절)

'이제부터는'은 '이제까지'로 번역해야 한다. 이스라엘은 이제까지 여호와를 '나의 아버지' 또는 '청년시절의 보호자'로 불렀다. '보호자'(알루프)는 서로 익히 잘 알고 있는 사이를 뜻한다. 하나님께 '하나님 저를 잘 아시잖아요?' 할 수 있는 사이다.

지금 이스라엘은 렘2:2에 언급된 '청년 때의 인애(성실)과 신혼 때의 사랑', 즉 좋은 관계를 유지히였던 옛 시절을 들먹이면서 '하나님께서 계속 진노하시겠는가? 노여워하시겠는가?' 하고 있다.

이것은 얼핏 보면 하나님께 대한 존경과 신앙고백이 담겨 있는 것 같지만 입술의 소리일 뿐 진정한 회개가 아니다. 오히려 하나님을 모독하는 것이다. 자비하신 여호와 하나님을 필요에 따라 이용하려는 속셈이다. 겉과 속이 다른 외식적인 행동이다.

특히 5절의 '노여움을 한없이 계속하시겠으며 끝까지 품으시겠나이까?'라는 말은 시편에 기록된 고난 받는 의인의 기도를 떠올리게 한다.(시6:3, 35:17, 79:5, 80:4 참조) 이들은 지금 자신들을 애매하게 고난 받는 의인으로 여기면서 진정한 회개 없이 하나님의 처분을 바라고 있다. 그러면서 할 수 있는 온갖 악을 서지르고 있다.(5절, 10절하)

회개는 입술로 하는 것이 아니다. 고백의 차원이 아니라 실천의 차원이다. 마음과 몸(생활)을 하나님께로 돌이키는 것이다.(욜2:12~13)

> '여호와의 말씀에 너희는 이제라도 금식하고 울며 애통하고 마음을 다하여 내게로 돌아오라 하셨나니 너희는 옷을 찢지 말고 마음을 찢고 너희 하나님 여호와께로 돌아올지어다 그는 은혜로우시며 자비로우시며 노하기를 더디하시며 인애가 크시사 뜻을 돌이켜 재앙을 내리지 아니하시나니' (욜2:12~13)

•••북 왕국보다 더 나쁜 남 왕국 렘3:6~11

6~10절은 요시야 왕(기원전 639~609년) 때 예레미야에게 임한 여호와의 말씀이다.

예레미야는 북 이스라엘과 남 유다를 자매관계로 이해하며 북 이스라엘의 패망의 역사를 교훈으로 삼지 않는 남 유다를 질타하고 있다.

북 이스라엘은 6절에 언급된 대로 바알숭배를 일삼은 백성이었다. 아합 Ahab과 시돈 Sidon 왕 엣바알 Ethbaal(바알이 함께 있다는 의미)의 딸 이세벨 Jezebel의 결혼으로 바알숭배가 만연되었다.(왕상16:30~33)

그러므로 엘리야 Elijah(여호와가 하나님이시다는 의미), 엘리사 Elisha(하나님이 구원하신다는 의미)의 활동이 전개될 수밖에 없었다.

여호와께서는 돌아오기를 바라셨지만 그들은 돌아오지 않았다. 결국 여호와께서는 간음한 여인을 내쫓듯 그들을 내쫓았다.(8절) 이것은 북 왕국의 멸망을 의미한다.(왕하17:7~18, 기원전 722년)

그런데 이런 북 왕국의 배역으로 인한 심판을 남 유다는 지켜보았다.(6~7절) 자매(북 이스라엘)의 패망을 보았으나 남 유다는 조금도 두려워하지 않고 그 행음을 그대로 따라 하였고 돌이키지 않았다.(8~10절) 돌아오는 체하였을 뿐이다.(10절하)

그러니 남 유다의 죄가 더 크다고 하겠다.

'배역한 이스라엘은 반역한 유다보다 더 의로움이 나타났다'(11절)는 말은 북 이스라엘은 배역한 결과 패망하였지만 그러한 전례를 본 적이 없었다. 그러니 북 이스라엘의 패망 사건을 목도目睹하고도 돌아오지 않은 남 유다보다는 낫다는 말이다.

즉 북 이스라엘의 역사적 경험을 통해 경고를 받고도 돌아오지 않은 남 유다가 더 나쁘다는 뜻이다.(겔16:51~52 참조)

남북 왕조 이스라엘의 잘못은 여호와 하나님을 저버리고 바알을 숭배한(행음) 배역背逆이다. '배역'(므슈바)은 '돌아오다'(슈브)에서 파생된 말이다. 하나님을 떠나 바알을 향한 것이 배역(잘못 돌아간 것이다)이기에 여호와께 돌아오라는 의미이다. 이스라엘이 향할 곳은 바로 여호와이지 바알이 아니라는 뜻이다.

역사(History)는 하나님의 활동무대요, 모든 역사적 사건에는 하나님의 뜻이 담겨 있다.(눅13:1~5) 역사적 사건을 통해 하나님의 뜻을 발견하는 것이 역사를 공부하는 이유다.

북 이스라엘의 멸망은 남 유다의 운명을 예시하는 전조요 경고였다. 돌아서지 않고 계속 배역할 때(여호와가 아닌 허무한 것으로 방향을 돌릴 때) 동일한 망국의 운명을 맞이할 것임을 알아야 한다.

역사를 통해 하나님의 뜻을 발견하는 눈이 필요한 이유다.

●●●북 이스라엘의 회개와 소망 렘3:12~18

예레미야는 북 이스라엘의 멸망(기원전 722년)과 남 유다의 멸망(기원전 587년) 사이에 활동했다.(렘1:1~3) 본문은 요시야의 통치시대를 배경으로 한 것으로 보인다.(6절 참조)

요시야는 기원전 722년 이스라엘이 아시리아에 멸망한 후 아시리아의 세력이 바벨론에 의해 약화되는 틈을 타서 영토 확장 정책을 펼쳐 이스라엘의 옛 영토의 일부를 회복하였다.(왕하23:15~20 참조)

이때 예레미야는 여호와의 말씀을 전하며 북 이스라엘에게 요시야의 종교개혁에 동참할 것을 요청한다. '배역한 이스라엘아 돌아오라 나의 노한 얼굴을 너희에게로 향하지 아니하리라 나는 긍휼이 있는 자라 노를 한없이 품지 아니하느니라'(12절)

배역한 아내가 다시 돌아오기를 간절히 기다리는 애끓은 남편의 심정으로 비유되어 있다. 이와 같은 요청은 렘3:1에서 보듯이 '율법'(신24:1~4)에도 어긋나는 일이요, 사회 관습상 창피한 일이지만 그래도 여호와는 그들이 돌아오기를 간절히 요청한다. 여호와가 긍휼하신 하나님이시기 때문이다.(호11:8~9 참조)

여기서 '긍휼'(헤세드)은 렘2:2에 언급된 '사랑'이다. 여호와의 사랑은 율법을 초월하신다. 여호와는 율법으로는 불가능한 것도 가능하게 하

시는 분이시다.(롬8:3 참조)

그런데 회개가 받아들여지기 위해 전제되어야 할 것이 있다. 그것은 죄를 자복하는 것이다.(13절) 여호와를 배반하고 모든 푸른 나무 아래서 이방신을 섬긴 잘못, 곧 '네 길'(잘못 갔던 길)을 인정하고 철저하게 고백하는 것이 우선 되어야 한다.

북 이스라엘은 그들의 멸망이 자신들의 잘못에 대한 죄의 값(사40:2)이며, 하나님의 심판이 정당했음을 인정해야만 한다.

여호와가 이스라엘에게 다시 돌아오기를 요청하는 것은 여호와가 그들의 남편이기 때문이다.(14절)

> '여호와의 말씀이니라 배역한 자식들아 돌아오라 나는 너희 남편임이라
> 내가 너희를 성읍에서 하나와 족속 중에서 둘을 택하여
> 너희를 시온으로 데려오겠고' (14절)

'나는 너희 남편임이라'는 히브리 원문은 '나는 너희 바알이다'이라 되어있다. 히브리어에는 대문자와 소문자가 없기 때문에 '바알'이라는 단어가 '남편' 또는 '주인'도 되고 가나안 농업종교의 '바알'도 된다.

따라서 본문은 두 가지 의미를 내포하고 있다. 즉 그들이 '바알'을 신으로 여겨 따라갔지만 사실 신은 오직 '여호와'라는 것이며, 여호와만이 참 바알(남편, 주인)이라는 것이다.

오늘날 우리가 믿는 하나님은 누구이며, 누가 우리의 주인(남편)이신가? 누가 우리의 삶의 안전과 행복을 지켜 주시는 분이신가? 그릇된 것을 따라가지 말라. 우리 의식주 문제를 해결해주시는 분은 하나님이시지 물질(재물)이 아니다.(마6:19~34 참조, 특히 25절의 '그러므로'는 19~24절과 25~34절을 연결하는 부사다.)

이렇게 이스라엘이 남편인 여호와께 돌아오게 되면 그들을 성읍과 족속 중에서 하나 둘 시온으로 데려오겠고(14절하) 또 여호와의 마음에

합하는 목자, 곧 그들을 지식과 명철로 양육할 지도자를 세워줄 것이다.(15절)

이것은 북 이스라엘과 남 유다 왕국의 연합을 의미한다. 오랫동안 반목과 질시로 나누어졌던 두 나라가 이제는 한 민족으로 재결합할 것이다. 그동안 북 이스라엘은 여로보암 1세로부터 모든 지도자들이 우상을 숭배하며 여호와를 떠났으므로 하나님의 심판으로 멸망하였지만 이제라도 회개하면 올바른 지도자가 세워져 민족통합도 이루어질 것이라고 말씀하신다.

그때에는 더 이상 '여호와의 언약궤'(아론)를 말하지도, 생각지도, 기억하지도, 찾지도, 만들지도 않을 것이다.(16절) 언약궤는 광야 유랑 기간 동안 여호와 하나님의 임재를 상징하는 것이었다.(the visible symbol of the presence of the invisible God.)

언약궤는 사사 시대에는 중앙 성소(실로)에 모셔 있다가 블레셋에게 탈취당한 후 되돌려 받아 기럇여아림 Kiriath jearim 아비나답 Abinadab의 집에 있던(삼상7:1~2 참조) 것을 다윗이 예루살렘의 한 장막 안에 안치하였다.(삼하6:17 참조) 이후 솔로몬이 예루살렘 성전을 건축하고 그곳에 모셨다.(왕상8장)

그런데 다시 언약궤를 찾지 않게 될 것이라는 것은 예루살렘이 여호와의 보좌라고 일컬음을 받고 열방이 그곳으로 모이고 남과 북이 하나로 통합되기 때문이다.(17~18절)

더 이상 광야시절과 같은 유랑은 없고 하나님이 허락하신 약속의 땅에서 평안과 번영의 삶을 누리게 될 것이다. 이것은 여호와 하나님께로 돌아오는 이스라엘을 향하신 여호와의 꿈을 제시한 것이다.

그러나 언약궤는 기원전 587년 바벨론에 의해 예루살렘이 초토화될 때 소실되었다. 그 이후에 언약궤에 대한 언급은 어디에도 없다. 결국 북 이스라엘은 돌아오지 않았고, 남 유다마저 하나님의 심판으로 멸망이라는 비운을 맞게 된다.

●●●이스라엘을 향한 진정한 회개 요청 렘3:19~25

구약에서는 하나님과 이스라엘의 관계를 '남편과 아내', 또는 '아버지와 아들'(호11:1)의 관계로 묘사한다. 이 두 관계를 잘 나타내는 사람이 예언자 호세아다.

렘3:4~5에서 바알을 따랐던 이스라엘이 자연재해를 만났을 때 여호와를 '나의 아버지'라고 부르면서도 자녀로서의 합당한 본분을 행하지 않았음을 지적했다.

그런데 본문에서 여호와는 당신이 이스라엘의 아버지로서의 의무를 성실하게 수행하신 분이라고 하신다. '나는 어떻게든지 너를 자식으로 여겨 허다한 나라 중 가장 아름다운 땅을 갖게 하고 네가 나를 아버지라 부르며 나를 떠나지 않게 되길 바랐다'(19절)고 말씀하신다.

이것은 아버지로서 아들을 향한 간절한 바람이다. 그래서 가나안 땅을 허락하시고 그곳에서 큰 민족이 되기까지 인도하셨다. 그런데 이스라엘은 바람난 아내가 남편을 속이고 떠났듯이 여호와를 속였다.(20절)

> '그런데 이스라엘 족속아 마치 아내가 그의 남편을 속이고 떠나감같이 너희가 확실히 나를 속였느니라 여호와의 말씀이니라' (20절)

이스라엘 역사 속에 계속된 우상숭배의 모습을 생각해보라.

가나안 땅에 정착한 이스라엘은 그들을 인도하신 여호와를 저버리고 바알을 따랐다. 히스기야와 요시야의 종교개혁 때를 제외하곤 이스라엘 역사가 온통 여호와에 대한 배역으로 물들어 있다.

그러기에 고난을 겪게 되었고 그럴 때마다 이스라엘은 '헐벗은 산'에서 애곡하며 도움을 요청했다.(21절) 그러나 안타깝게도 여호와의 이름을 부르며 도움을 요청하지만 그 장소와 무대가 바알 숭배의 산당으로(렘3:2 참조), 순수한 신앙이 아닌 양다리를 걸치고 있는 배역한 혼합종교의 모습에 불과하다.(왕상18:21 참조) 이를 아시는 여호와는 다시 한 번 진정한 회심을 촉구하신다.(22절상)

22절하~25절은 이스라엘의 고백문이다. 그러나 이 고백문이 이스라엘의 것인지, 아니면 예레미야를 통해 이스라엘에 제시된 하나님께 바쳐질 고백문인지는 분명하지 않다. 어쨌든 이 고백문에서 이스라엘은 자신들의 잘못을 솔직히 인정하고 진정 구원의 주체가 여호와임을 시인해야 한다.

이스라엘은 그동안 작은 산들과 큰 산 위에서 떠드는(소란한 행위로 바알종교의 향락적 제의 모습을 나타냄) 무리에게 바랐던 것이 허사(허무한 것)였음을 고백한다. 바알은 결코 이스라엘을 구원할 수 없다. 진정한 이스라엘의 구원은 여호와께 있다.(23절) 그들의 역사 전체가 불순종한 수치스런 역사였음을 시인하였다.

24절의 '부끄러운 그것'은 25절의 '수치'와 동일한 의미로 '바알 숭배'를 말한다. 가나안 정착 초기인 청년의 때부터 바알을 숭배해 온 것이 이제는 조상들의 산업인 양 떼와 소 떼를 삼켰고 아들과 딸들을 삼켰다고 한다.

이스라엘은 본디 유목인으로 정착생활을 하지 않으며 목축업을 주업으로 삼았다. 그러나 하나님의 축복(약속의 성취)으로 가나안에 들어와 정착 생활을 하게 되면서 농업이 주업이 되었고 농업종교의 신인 바알을 섬기게 되었다. 그 결과 그들의 아들과 딸들, 곧 모든 백성들이 타락하게 됐다. 특히 아들과 딸들을 삼켰다는 것으로 미루어 바알종교는 성창과 미동을 내세워 남자와 여자를 가리지 않고 모두 타락하게 만들었음을 짐작할 수 있다.

그것을 25절에서 '수치 중에 눕고 치욕(불명예)이 덮을 것이다'고 말한 것이다. 하나님의 백성으로서 바알 숭배야말로 수치 중에 수치요 불명예 중에 불명예가 아닐 수 없다.

이처럼 솔직하고 겸손한 고백문은 루터교 예배의식문의 죄의 고백(우리는 죄에서 벗어날 수 없음을 고백하나이다. 우리는 생각과 말과 행위로 죄를 지었으며 원하는 선은 행치 아니하고 원하지 않는 악을 행하였나이다. 우리는 마음을 다하여 주를 사랑하지도 않았으며 내 이웃을 내 몸과 같이 사랑하지도 않았나이다.)보다 구체적이다.

이런 고백의 기도야말로 하나님께서 진정으로 듣고 싶어 하시는 내용일 것이다. 하나님께 잘못을 고백하는 것은 구체적이어야 한다. 자신의 죄를 구체적으로 고백할 수 있는 사람은 그 잘못이 진정 하나님 앞에서의 범죄임을 깨닫고 인정하는 신앙적 의식이 살아있는 사람이리라.

W.W. Baird, The Spirit Among Pyeng Yang Students, 1907, 5월 보고서

1907년 평양 대부흥회의 통회의 광경. 1월 14일 월요일, 블레어 Blair 선교사가 이끄는 평양 교회 부흥회에서 고전12:27절을 읽고 '우리는 다 그리스도의 몸이요, 그의 한 지체들이라'는 설교로 부흥회 불길이 시작되어, 그 다음 주일 반부터 교인들은 밤새워 통곡하며 기도했고 그 통회의 눈물은 성령의 임재에 압도되는 넘치는 영혼의 찬양의 물결을 이루었다.

저런 고백들! 그것은 마치 지옥의 지붕을 열어젖힌 것이나 다름없다.

살인, 강간, 그리고 상상할 수도 없는 모든 종류의 불결과 음욕, 도적, 거짓, 질투……. 부끄러움도 없이!

사람의 힘이 무엇이든 이런 고백을 강제할 수는 없을 터이다라고 평했다.

●●●고백에 대한 하나님의 답변 렘4:1~2

배역한 북 이스라엘에게 회개를 요청하며 여호와 하나님께 바쳐질 고백문을 제시한(렘3:22~25) 예레미야는 이어 여호와의 말씀을 전한다.(렘4:1~2)

'네가 돌아오려거든 내게로 돌아오라!' 이스라엘은 여호와께 배역하고(므슈바) 바알에게 돌아갔었다. 그러니 이제 여호와께 돌아오라(슈브)는 언어 유희적 표현이다. 이스라엘의 문제는 여호와가 아니라 바알에게로 돌아선 것이었다. 그러므로 어디로 돌아가는 것이 옳은지를 바로 알고 돌아서야 한다.

회개의 요청은 올바른 방향전환, 즉 여호와를 향하여 돌아서는 것을 의미한다. 여호와의 목전에서 가증한 것을 버리고 마음이 요동치 아니하는 것이다.(렘4:1) 방황하지 않는 것이다. 여호와와 바알 사이에서 머뭇거리지 않고 오로지 여호와만을 섬기는 것이다.(왕상18:21 참조)

> '엘리야가 모든 백성에게 가까이 나아가 이르되 너희가 어느 때까지 둘 사이에서 머뭇머뭇 하려느냐 여호와가 만일 하나님이면 그를 따르고 바알이 만일 하나님이면 그를 따를지니라 하니 백성들이 말 한 마디도 대답하지 아니하는지라' (왕상18:21)

신앙은 이것이냐 저것이냐의 문제이지 양다리를 걸쳐서는 안 된다. 회색 빛깔은 용납되지 않는다. 한 사람이 두 주인을 섬길 수 없다.(마6:24)

'한 사람이 두 주인을 섬기지 못할 것이니
혹 이를 미워하고 저를 사랑하거나 혹 이를 중히 여기고 저를 경히 여김이라
너희가 하나님과 재물을 겸하여 섬기지 못하느니라' (마6:24)

또 여호와 앞에서 현존의 삶을 변화시켜 **진실**(에메드)과 **공평**(미쉬파트)과 **정의**(체다카)를 지켜나가기로 맹세해야 한다.(렘4:2) 진실은 '믿을 만함'을 의미한다. 공평과 정의는 둘 다 '공의', '정직'의 뜻을 내포하여 하나님이 올바르게 여기시는 행동을 의미한다.

그러므로 이러한 맹세는 여호와 하나님과 언약을 맺은 대로 오직 여호와 하나님만을 섬기며 올바르게 살겠다는 다짐이다.

계약갱신(covenant renewal)을 하는 것이다. 그렇게 하면 열방이 너로 인하여 축복과 영광을 받게 될 것이라고 하신다.(2절하) 이것은 아브라함을 통해 이방 모든 민족이 복을 받게 될 것이라는 하나님의 원초적 구원목표가 이루어질 것이라는 것과 같은 맥락이다.(창12:1~3 참조)

회개를 요청하는 궁극적인 목표는 이스라엘만이 아니라 온 세계의 구원을 위한 것이요, 이스라엘은 그 일을 위한 거룩한 수단임을 의미한다. 이스라엘의 정체성에는 단순히 하나님의 백성이라는 특권만이 아니라, 모든 민족에게 축복과 영광을 전해줘야 할 중재자로서의 책임이 함께 있다.

그리고 이런 세계적 사명을 위해 이스라엘은 여호와께 돌이키야만 한다.(마5:13~16 참조)

●●●예루살렘을 향한 여호와의 요청 렘4:3~4

렘4:1의 '이스라엘'을 북 이스라엘로 봐야 하는지, 또는 이스라엘 백성 전체로 봐야 하는지는 논란이 있다. 렘3:6절 이하와 연결시켜 볼 때는 북 이스라엘을 지칭하는 것이지만, 일반적으로 북 이스라엘을 지칭할 때는 '이스라엘 집안' 또는 '에브라임'이라고 하므로 여기서 이스라엘을 북 이스라엘만으로 한정하기는 어렵다.

3~4절은 '단단함'이라는 상징적 개념을 이용한 남 유다와 예루살렘 주민을 향한 말씀이다. 여호와는 이들에게 지극히 상식적인 말씀을 하신다. **묵은 땅**을 갈고, 가시덤불에 파종하지 말라고 하신다.(3절)
'묵은 땅'이란 한 번도 경작하지 아니한 땅으로 이런 땅에는 씨앗이 뿌리내릴 수 없다. 단단한 땅은 부서져야 파종된 씨앗이 자라나 결실을 맺을 수 있다.(호10:12 참조)
또 가시덤불이 있는 광야의 단단한 흙에 뿌려진 씨앗은 싹이 돋아난다 해도 성장에 방해를 받기에 결실을 맺을 수 없다. 그러므로 씨뿌리기를 피해야 한다.

이 말씀은 4절에 언급된 '마음의 할례'에 대한 은유적 표현이다. 할례를 행하되 마음 가죽을 베어내라는 것이다. 할례(무울)는 단순히 생식

기 표피를 자르는 의식이 아니라 하나님께 생명을 맡긴다는 계약(고백)의 표시다.(창17:10~14 참조)

그러므로 마음의 할례를 행하라는 것은 형식적인 신앙이 아닌 내면의 진실한 신앙을 가져야 함을 의미한다.(신10:16, 30:6 참조)

딱딱하게 굳은 마음을 가진 사람은 살아 계신 하나님과 깊은 관계를 맺을 수 없다. 순수하고 진실한 마음으로 하나님께 생명을 바치고 하나님의 뜻에 순종해야만 한다. 외적인 제도와 의식에 갇힌 신앙을 부숴버리고 내면의 변화에 따른 삶의 신앙을 살아야 한다.(렘4:2 참조)

예루살렘 성전에서의 제사나 입술의 고백만이 아닌 마음의 변화를 통한 생활 속 실천이 있어야 할 것이다. 이것은 이미 모세를 통해서도 강조되었다.(신10:12~19, 30:1~8 참조)

그렇게 될 때 악한 행실로 인한 하나님의 분노가 더 이상 아무도 끌 수 없는 불꽃(예언서에는 하나님의 심판이 끌 수 없는 불꽃으로 비유되어 있음, 렘7:20, 17:27, 21:12, 사1:31, 암5:6)처럼 타오르지 않게 될 것이다.(4절하)

사실 유다는 그의 자매인(렘3:11) 이스라엘보다 더 죄가 많다. 역사적 경험을 통해서도 돌아오지 않았기 때문이다.(렘3:8) 돌아오지 않으면 하나님의 돌이킬 수 없는 무서운 징벌이 문전에 대기하고 있게 된다.

●●●북쪽 민족의 침략을 통한 하나님의 심판 렘4:5~8

렘4:5부터 렘6:30까지는 임박한 재난에 대한 메시지를 다양하게 선포한다. 돌아오라는 하나님의 권유를 거부한 유다에게 여호와께서 내리실 재앙이 임하는 모습이다.

예레미야는 나팔을 불고, 큰 소리로 외치기를 '모이라, 견고한 성으로 들어가자, 시온을 향하여 깃발을 세우라, 도피하라, 지체하지 말라'고 하였다.(5~6절)

나팔은 전쟁 등 급박한 국가적 재난을 알리는 위험 신호다. 들에 있다가 이 나팔 소리를 들은 사람은 요새화된 안전한 성 안으로 피해야 한다. '깃발'은 높은 산에 세워져 경고를 알린다. 사람들은 그 깃발을 보고 재난이 임한 것을 알 수 있다.

그런데 시온을 향하여 깃발을 세우라는 것은 '시온으로!'라고 쓴 깃발을 세우라는 것으로 안전한 곳이 예루살렘 성임을 알리는 것이다.

예레미야의 이와 같은 선포는 6절 하반절의 '내가 북방에서 재난과 큰 멸망을 가져오리라'는 언급에서 알 수 있듯이 북쪽 민족이 침략했음을 의미한다. 이스라엘은 북쪽으로부터 여러 번 침략을 당해 이미 기원전 722년에 침략한 아시리아에 의해 북 왕국이 멸망했고 예레미야가 생존하던 때에는 바벨론의 침략이 빈번했다.

이스라엘 민족에게 북쪽은 언제나 정치적으로 위험을 주는 상징적 방향이었다. 6절 하반절의 '북쪽으로부터 오는 재난과 큰 멸망'은 7절의 '사자', '나라들을 멸하는 자'라는 언급으로 보아 바벨론 제국을 의미한다.

그런데 예레미야는 이 바벨론 제국의 침략을 적군이 침략한다고 하지 않고 '내(여호와)가 일으키신다'고 하였다. 유다와 예루살렘의 위협의 근원이 단순히 바벨론 제국이 아니라 여호와라는 의미이다. 민족의 재난과 큰 멸망이 여호와의 주도권 아래에 있다는 뜻이다.

여호와께서 식욕이 왕성하고 난폭한 힘을 가신 사자와 같은 이방 세력, 이미 여러 민족을 파괴한 강력한 이방 제국을 당신의 백성인 유다와 예루살렘 거민을 심판하여 땅을 황폐하게 만들고 성읍을 쑥대밭으로 만드는 도구로 사용하실 것이라고 말씀하신다.(7절)

예레미야는 이런 하나님의 말씀을 선포하면서 유다를 향해 회개를 촉구한다.

> '이로 말미암아 너희는 굵은 베를 두르고 애곡하라
> 이는 여호와의 맹렬한 노가 아직 너희에게서
> 돌이키지 아니하였음이니라' (8절)

'굵은 베'는 히브리어로 '삭'을 말하는데 회개의 표시로 입거나(욘 3:5,6,8 단9:3, 느9:1, 시69:11, 대상21:16, 에4:1,2,4) 죽은 사람을 위한 애도를 표할 때 입었다.(창37:34, 삼하3:31, 사15:3, 렘6:26, 48:37, 49:3, 겔27:31, 암8:10, 시35:14, 애2:10) 그러므로 여호와께 회개하며 민족 멸망을 슬퍼하라는 의미이다.

예레미야는 유다 백성이 굵은 베를 두르고 애곡하면 여호와의 맹렬한 노를 돌이킬 수 있으리라는 희망을 품고 있다. 그래서 여호와가 북쪽 민족을 도구 삼아 유다에게 큰 재앙을 내릴 일이 임박한 때에, 지금이라도 여호와께 잘못을 고백하고 민족멸망에 대해 슬퍼하면 여호와의 진노가 멈춰질 것이라고 말하고 있다.

'여호와의 맹렬한 노가 아직 너희에게서 돌이키지 아니하였음이니라'라는 예레미야의 말은 백성들이 자신들의 잘못을 인정하지 않으며(렘2:23) 뻔뻔스럽게 '여호와의 진노가 참으로 내게서 떠났다'(렘2:35)고 하는 것과 정반대의 말이다.

특히 8절의 '이는 여호와의 맹렬한 노가 아직 너희에게서 돌이키지 아니하였음이니라'에서 '너희에게서'는 히브리어 본문에 '우리에게서'로 기록되었다.(개역개정판, 공동번역에는 제대로 번역하였고 난외주에서 밝힌다.)

이것은 예레미야가 유다백성들에게 하나님의 재앙을 제3자의 입장에서 전하는 것이 아니라 백성과 자신을 하나님의 심판을 받을 동일한 운명공동체로 여기고 있음을 나타내는 표현이다.(렘4:13, 6:26, 9:18 참조)

그러니 예레미야가 어찌 민족의 불행한 운명을 내다보며 눈물을 흘리지 않을 수 있었을까? 온갖 고난 속에서 애타는 심정으로 간곡히 회개하라고 외칠 수밖에 없었다.

예언자는 단지 하나님의 말씀을 전달하는 사람이 아니라, 들으려하지 않는 백성과 연대감을 가지고 최후까지 운명을 함께하는 사람이리라. 그러니 예수처럼 기꺼이 십자가를 져야 하지 않을까?

●●● 교조주의적 신앙의 문제 렘4:9~10

여호와께서는 맹렬하게 분노하셔서 북방 민족을 도구로 유다 성읍을 황폐하게 하실 것이라는데(6~8절), 그때에 왕과 지도사들은 낙심하고 제사장들은 놀라고 선지자들은 소스라치게 놀랄 것이라고 한다.(9절)

왕, 지도자들, 제사장, 예언자들 이들 모두는 백성들을 이끄는 사람들이다. 백성들은 이들을 믿고 따랐는데 하나님이 내리시는 재앙 앞에 백성들은 물론이요, 이들조차 속수무책이다.

이런 상황에서 예레미야가 여호와께 외친다. '주 여호와여 주께서 진실로 이 백성과 예루살렘을 크게 속이셨나이다 이르시기를 너희에게 평강이 있으리라 하시더니 칼이 생명에 이르렀나이다'(10절)

무슨 말씀인가? 지도자들이 놀란 이유가 여기에 있다. '너희에게 평강이 있으리라'고 하신 말씀은 다윗왕조신앙(삼하7장)에 근거한 예루살렘의 안전과 평강이다.

그런데 북방 민족을 통해 재앙이 닥칠 것이라니 그럼 여호와가 백성을 속인 것이 아닌가? 그렇다면 어찌 여호와 하나님을 믿을 수 있겠는가? 백성의 지도자들은 바로 이런 다윗왕조신앙에 근거해서 백성들에게 평강을 가르쳐 왔고, 백성들도 그 가르침으로 안전하다고 믿어왔다. 그런데 믿는 도끼에 발등을 찍히는 것이 아닌가?

맞다. 하나님께서 나단을 통해 다윗에게 예루살렘은 영원하리라고 약속하셨다. 그러므로 이스라엘 민족은 자신들은 안전하다고 믿을 수 있다.

그러나 문제는 지도자들이 자신을 돌아보지 않고, 이 신앙을 그릇된 안보논리에 적용하며 해이하게 살았던 것이다. 다윗 때 약속하신 '**과거**'만을 돌아보면서 '현재' 자신들의 모습을 살피지 않았다. 자신들의 삶은 엉망이면서 교조적인 신앙에 빠져 안전하다고 억지 확신에 차있었다.

예레미야는 이렇게 잘못된 신앙에 사로잡혀 하나님이 자신들을 속였다고 하는 백성들의 하소연을 10절의 기도로 대신했다. 지도자들조차 놀라는 현실에서 예레미야가 할 수 있는 것은 하나님께 기도하는 것 뿐이었다.

오늘날도 '의인은 믿음으로 살리라'(sola fide, sola gratia), 독생자를 주셨으니 누구든지 그를 믿으면 멸망하지 않고 영생을 얻으리라(요3:16), 주 예수 그리스도 외에는 우리를 구원할 다른 이름을 주시지 않았다, 주 예수를 믿으라 그리하면 너와 네 집이 구원을 얻으리라!'

그래서 믿는다. 아멘! 하지만 이것이 머리로 받아들이는 교리적 신앙으로 그치고 삶의 변화가 뒤따르지 않는다면 문제가 심각하다.(마7:21~23, 약2:19~26)

●●●죄의 결과로서의 이방 침략 렘4:11~18

예레미야는 11절 이하에서 북방 민족의 침략을 사막에서 불어 닥치는 뜨거운 열풍으로 비유한다.

당연히 이 바람은 곡식을 키질하라고 부는 바람도 아니고, 알곡을 가려내라고 부는 바람도 아니다. 올라오는 구름처럼, 회오리바람 같은 병거를 지니고 독수리 같이 빠른 말들을 가진 대적할 수 없는 막강한 세력을 가진 이방민족의 침략이다. 하나님의 심판이다.(11~13절)

여기서 주목할 사항은 예레미야가 이스라엘을 '내 딸 백성' 즉 하나님의 딸이라고 불렀다는 것이다.(11절)

> '그때에 이 백성과 예루살렘에 전할 자가 있어서
> 뜨거운 바람이 광야에 있는 헐벗은 산에서
> 내 딸 백성에게 불어온다 하리라
> 이는 키질하기 위함도 아니요 정결하게 하려 함도 아니며' (11절)

이스라엘이 딸이라면 여호와는 그의 부모다. 그렇다면 벌을 내릴 수 없지 않을까? 어찌 당신의 딸에게 모든 것을 태우는 열풍과 같은 이방민족의 침략을 허락할 수 있을까?

그러나 예레미야가 하나님의 딸인 이스라엘이 심판을 받을 수밖에 없음을 말하고 있는 것은 이스라엘의 문제 때문이다. 이스라엘이 하나님의 딸인 것은 맞다.(출19:4~6, 조건이 요청된다.)

그러나 지금 그들은 하나님 백성으로서의 거룩함을 상실했다. 하나님과 언약을 어긴 화냥년이 되어 버린 것이다. 여호와는 그들을 여전히 당신의 딸로 인정하지만 그들이 여호와의 딸이 되기를 거부한 것이며, 그러기에 심판은 불가피한 것이다.

그래서 악을 제거하고 살길을 찾으라고 간절히 권면하고 있다.(14절)

15절의 '단 Dan'은 갈릴리 북쪽에 위치한 북 왕국 이스라엘 최북단 성읍이며 에브라임 Ephraim 산은 요단 서쪽 산지, 곧 북 왕국 이스라엘 남쪽 끝을 가리킨다.

북에서 남으로 재앙이 밀려오고 있음을 의미한다. 적군이 예루살렘 인접지역까지 이미 쳐내려 왔다는 당혹스런 소식이다.

이렇게 먼 땅에서 와서 유다 성읍을 에워싸 공격하려고 소리 지르는 이방 세력들이 와 있는 긴급한 상황을, 그들이 온 것은 밭주인처럼 보호하기 위해서가 아니라 예루살렘을 파괴하기 위해서임을 여러 민족과 예루살렘에게 알려야 한다.(16~17절)

이제 유다의 운명은 풍전등화와 같다. 벗어날 가능성이 희박하다. 어떻게 북쪽 민족(바벨론 제국)의 포위망을 벗어날 수 있으랴?

놀라운 사실은 이 바벨론 제국의 침략이 우연하게 일어난 것이 아니다. 유다 스스로 불러들인 결과이다.(18절 상) 자승자박自繩自縛이다.

이 침략은 '너의 악함(라아) 때문이며 그 고통이 네 마음에까지 미치는 것이라'고 하신다.(18절)

즉 바벨론의 유다 침략은, 그 어떤 정치적, 국제적 이유나 또는 지정학적 이유 때문이 아니라 여호와 하나님께 대한 유다의 죄악 때문이다.

유다의 죄

1. 종교적 죄악 : 바알 등 이방신을 섬긴 다신숭배 (혼합종교의 죄)

렘2:5,17,19,25,28,32 / 3:21 / 5:7,12 / 6:19. 9:3,14 등

이방제국을 의지하는 것은 그들 신을 모셔와 숭배하는 것과 관련 있다.(왕하16:5~16 참조)

2. 윤리적 죄악

렘4:22 - 악을 행하기에는 지각이 있으나 선을 행하기에는 무지하다.

렘5:27~28 - 지배계급, 지도자들의 부귀영화, 사치, 불의 자행함.

렘7:6 - 고아, 과부, 이방인과 같은 약자, 가난한 자, 소외자를 학대함.

렘8:6 - 정직한 언어가 없고 악행에서 떠나는 반성이 없다.

렘9:3 - 거짓과 사기, 진실성 없이 권세를 휘두름.

특히 렘22:13~17 - 지도자들이 역사적 위기 속에서도 자신들만의 부귀영화를 추구함. 정의, 진실, 양심, 성실한 삶을 저버리고, 착취, 부정, 사치, 억압, 폭행만 일삼음.

여호와 계명의 핵심은 공적윤리를 추구하는 것이었다. 즉 더불어 사는 것을 최고의 윤리로 강조한다.(이웃사랑) 그러나 바알숭배는 개인주의, 향락주의, 물질숭배를 하게 하면서 이웃에 대해 무관심하게 만든다. 그러므로 사회적 죄악은 종교적 죄악에 따라 나타나는 결과였다.

●●●예언자의 고통 렘4:19~22

예레미야의 슬픔은 렘4:19~22, 6:24~26, 8:18~9:1, 9:17~22, 14:1~17, 20:14~18에 기록되어 있다.

그의 슬픔은 한 개인이 당하는 일상의 슬픔이나 어떤 사건의 고통에 따른 것이 아니라, 민족적 수난을 한 몸에 짊어진 슬픔이었다.

19절에서 예레미야는 '슬프고 아프다 내 마음 속이 아프다'라고 하는데, 히브리어 표현은 '메아이 메아이'로 이 말은 '배' 또는 '창자'를 뜻하는 '메에'에서 나온 말이다.

'나의 배', '나의 배'라고 직역할 수 있다. 유대인들에게 배와 창자는 사람의 감정을 주관하는 장소로(심장은 지성의 장소임) '나의 배, 나의 배'라는 말은 배와 창자가 뒤틀려서 견딜 수 없을 때 터져 나오는 소리, '아이고 아이고' 이다.

슬픔 때문에 애가 탄다, 애간장이 끊어지는 고통이 있다는 뜻이다. '마음이 답답하다(히브리어 "하마"는 일렁거리다는 뜻)'는 말은 가슴이 가만히 있지 못할 정도로 울렁거려서(다른 표현으로 답답함) 데굴데굴 구르는 모습이다.

예레미야의 격양된 슬픔의 이유는 '나팔 소리와 전쟁의 경보'를 들었

기 때문이다.(19절하)

패망(세베르, 파멸을 의미함)에 패망이 연속되어 온 땅이 탈취당하고 자기의 천막과 휘장이 갑자기 황폐해졌다. 천막과 휘장은 유목생활의 경험으로 비춰 볼 때 생존의 안식처이다. 이제 그런 것이 사라지는 생존의 위기에 처하게 되었다.(20절)

어느 때까지 전쟁의 깃발을 보고 나팔 소리를 들어야 하는가 탄식하는 중에도 전쟁은 계속되고 있다.(21절)

22절은 여호와께서 이런 위기를 겪고 있는 자기 백성의 어리석음을 한탄하시는 내용이다.

참으로 내 백성은 나를 알지 못하는(야다, 인격적인 관계를 갖지 못하는) 우준한 자(에빌)요, 지각이(나본, 총명) 없는 미련한 자(샤칼, 우매한 자), 악을 행하는 데는 지각이 있고 선을 행하는 데는 무지하다고 안타까워하신다.

여호와의 백성이라는 유다가 참으로 어리석고 지각이 없고 미련하고 답답하다. 도대체 하나님이 무엇을 원하시는지 헤아리지도 못하고 행하지도 않는다. 그러니 재난이 임박했음에도 평강만 노래하고 있다.

예레미야는 여호와의 심판말씀을 백성들에게 전할 뿐 아니라 그것이 지금 일어나는 것처럼 온몸과 마음으로 괴로워하고 있다. 그는 말씀 선달자임에도 여전히 심판받는 백성의 한 사람으로 그 백성의 고통을 뼛속까지 느끼고 있다.

그의 고통은 동포와 함께 살고, 함께 죽고자 하는 이른바 동고동락의 괴로움이다. 개인적 괴로움을 초월한 민족적 괴로움을 온몸으로 느끼고 있다.(출32:32, 롬9:1~2참조)

●●●예레미야가 본 환상과 유다의 참혹한 현실 렘4:23~31

예레미야는 민족적인 수난을 온 몸으로 받아들인 예언자였다.

그래서 '슬프고 아프다, 내 마음속이 아프고 내 마음이 답답하다'고 애간장이 끊어지는 고통을 읊었다.(19절)

그럼에도 어리석은 백성들은 하나님이 무엇을 원하시는지 헤아리지도 못하고 행하지도 않는다.(22절) 민족의 운명이 풍전등화 같음에도 불구하고 평강만 노래하고 있다.

이런 상황에서 예레미야가 환상을 본다. 23~26절 네 절은 '내가 본즉'(라이디)이라는 말로 시작된다. 그런데 예레미야가 본 환상은 창1장의 창조과정을 '뒤로 감기'(rewind)하는 것과 같다.

23절은 땅이 혼돈하고 공허한 것은 창조 이전의 상황(chaos)이다.(창1:2) 또 빛이 없다는 것은 빛이 창조되기 전의 상황이다.(창1:3)

24절은 산들이 진동하는 것은 윗물과 아랫물을 나누시고 아랫물을 한 곳에 모이게 하사 뭍을 드러내게 하시기 이전 상황이다.(창1:6~10)

25절은 사람과 새들이 없는 것은 각종 풀과 씨 맺는 열매를 있게 하시고 마지막에 인간을 창조하신 것을 되돌리는 상황이다.(창1:11~27)

26절은 땅이 황무지가 되었고 모든 성읍이 하나님의 맹렬한 진노로 무너지게 된 것은 하나님이 인간을 창조하신 후 이 세상에 살도록 하

신 창조의 질서가 무너진 상황이다.(창1:28~31)
'보시기에 참 좋다'고 하신 하나님의 뜻이 이제 완전히 무너졌음을 뜻한다.

이와 같은 환상은 앞으로 닥칠 유다의 패망을 극적으로 보여주는 동시에 유다의 배역이 곧 자연 질서의 붕괴로까지 이어짐을 의미한다. 그리고 이런 혼돈은 하나님의 진노의 말씀으로 이루어지는데(26~27절) 하나님께서 진노하시게 된 이유는 물론 이스라엘의 반역(종교적 반역과 윤리적 반역-18절의 이스라엘의 악함 참조) 때문이다.
27절의 '온 땅이 황폐할 것이나 내가 진멸하지는 아니할 것이다'는 말씀에는 이스라엘을 향한 하나님의 연민이 나타난다. 아직 희망이 있다. 아직 완전히 끝장내지는 않으시겠다는 말씀이다.
학자에 따라서는 포로기 이후 바벨론의 대대적인 침략에도 이스라엘에 살아남은 자들이 있었다는 상황을 반영하기 위해 후대 편집자들이 삽입한 것으로 보기도 하지만 여전히 돌아오기를 바라시는 포기할 수 없는 이스라엘을 향한 하나님의 연민을 의미하는 것이리라.

창조의 질서가 혼돈으로 바뀌게 될 하나님의 계획, 즉 패역한 이스라엘을 붕괴시키시려는 하나님의 계획은 결코 늦춰지거나 바뀌질 성질의 것이 아니다.(28절)
즉 잘못에 대한 심판은 반드시 진행된다. 하나님이 당신의 계획을 거두시는 분이라면, 죄에 대해 감상적으로 행동하시는 분이시라면 예수님이 이 세상에 오실 필요도 없으셨을 것이며 십자가 사건도 없었을 것이다.
더군다나 이스라엘은 그 순간까지도 돌아오지 않고 있는 상황이다. 진정 자식을 사랑하는 아버지라면 잘못에 대해 질책하여 버릇을 고쳐놓을 것이다. 그러므로 이스라엘을 향한 진노의 심판은 반드시 진행될 수밖에 없다.

예레미야는 29~31절에서 임박한 재난의 위험을 은유적으로 묘사하고 있다. 29절에는 기병과 활 쏘는 자의 함성으로 주민들이 삶의 터전, 곧 성읍을 버리고 혼비백산하는 모습이 그려진다.

30절에서는 29절의 성읍을 버리고 도망치는 주민들과는 전혀 다른 사람들이 있는데 '붉은 옷을 입고 금장식으로 단장하고 눈을 그려 꾸미는 화장하는 여인'이다. 이런 여인은 화장한 창녀를 의미한다.

이것은 마치 오므리 Omri 집안(특히 아합)을 숙청하기 위해 칼을 빼어 든 예후 Jehu 장군을 화장하고 맞이한 이세벨의 모습과 같다.(왕하9:30 참조)

누구를 지칭하는 것일까? 예루살렘 지도층을 의미한다. 특히 친바벨론주의자들을 지칭하리라. 이들은 예루살렘은 결코 무너지지 않을 것이라고 신앙적으로 믿었고 바벨론이 그들을 보살필 것이라고 믿었다. 그러나 헛된 일이다. 그들이 우호적인 관계라고 믿는 연인 바벨론이 그들을 끝내 죽일 것이다.(30절하)

31절에서 예루살렘은 해산하는 여인으로 묘사된다. 전쟁 중에 여인들은 성욕에 굶주린 군인들의 추행 대상이었다. 그래서 숨어야 하고 소리를 내어서는 안 된다.

그런데 해산하는 여인의 단말마 같은 소리를 내었으니 발각되어 욕을 당할 수밖에 없다. 임신한 여인까지도 무자비하게 욕을 당하고 살해되었던 고대 근동의 전쟁의 참혹함을 예루살렘이 당하게 될 것이다.

●●●하나님과 예레미야의 대화 렘5:1~6

본문은 소돔과 고모라의 죄를 심판하기 위해 그곳으로 향하던 여호와께서 아브라함을 만나 그 사실을 알리면서 대화하신 것을 연상시킨다.(창18:16~33 참조)

1~2절은 여호와께서 예레미야에게 하신 말씀이고, 3~6절은 예레미야가 여호와께 드린 말씀이다.

하나님은 예레미야에게 예루살렘 성에서 '공의(미쉬파트)를 행하며 진리(에무나)를 구하는 자를 한 사람이라도 찾아보라'고 하신다. 그리하여 찾으면 당신의 진노의 심판을 거두시겠다고 하신다.(1절)

예루살렘은 하나님의 거처인 시온 성전이 있는 곳이요, 그곳에는 무수히 많은 종교지도자들이 활동하고 있다. 그리고 이들은 지금 철저히 하나님의 약속을 믿고 있다.

그런데 공의를 행하며 하나님의 올바른 뜻을 구하는 자를 한 사람이라도 찾으라고 하신다. 이것은 예루살렘에는 종교인이라고 자처하는 사람들은 부지기수지만 진정으로 하나님의 뜻을 알고 실천하는 사람은 한 명도 없음을 의미한다.

하나님을 자신들의 평안을 보장해주는 분으로 일방적으로 믿으면서(다윗계약신앙) 그분의 뜻은 외면하고 있다.

그래서 예루살렘 사람들 중에 여호와의 사심으로 맹세할지라도(즉 '여호와께서 살아 계시는 한'이라고 말하면서 어떤 맹세를 해도) 그것은 다 거짓 맹세이다. 하나님을 우롱하고 있는 것이다.

이것은 마치 믿음으로 구원 얻는다고 하면서도 행함이 없는 사람들과 같음을 말한다.(약2:14~26 참조) 이로써 왜 하나님이 이스라엘을 향하여 단호하게 심판하실 수밖에 없는지 알 수 있다.

아브라함 때 소돔은 의인 '열 명'이 없어 멸망하였는데 지금 예루살렘에는 의인 '한 명'을 찾았으나 찾을 수 없다. 예루살렘이 소돔보다 더 악하다는 것을 알 수 있으며 그러니 어찌 하나님의 심판이 불합리하다고 할 수 있겠는가?

3~6절에서 예레미야는 하나님의 심판이 옳다는 것을 인정하며 하나님께 아뢴다.

3절 '여호와여 주의 눈이 진리를 찾지 아니하시나이까?' 여호와께서 찾으시는 것은 진리를 추구하는 사람(신용을 지키는 사람)이다. 그런데 아무리 찾아봐도 찾을 수 없었다. 하나님의 뜻을 실천하는 사람이 예루살렘에 없다는 사실을 인정한 것이다.

이것은 자신의 경고를 받아들이지 않은 예루살렘 사람들의 완고한 태도를 봐서도 충분히 내릴 수 있는 결론이다. 예루살렘 사람들에게는 하나님의 책벌조차도 아무런 효력을 발생하지 못하였고, 그 얼굴이 얼마나 단단한지 회개하기를 거부하고 있다.(3절하)

예레미야는 우선 일반백성 가운데 의인을 찾아보려고 하였다. 곧 비천한 자(달림)로서 교육을 받지 못한(우준한) 사람들이다. '달림'(가난한 자)은 농부들, 수공업자들을 가리키는데 이들은 하루의 생계유지가 급선무이기에 하나님의 뜻(법)을 알고자 하는 일에는 관심이 없었다.(4절)

이런 사람들이 공의(미쉬파트)를 행하며, 진리(에무나)를 구하는 것에(1절) 무지할(무관심) 수밖에 없는 것은 어느 정도 인정할 수 있다.

그래서 예레미야는 '귀인'(그돌림, 지도자들)을 찾아갔으나 마찬가지였다.(5절) '그돌림'은 궁중 관리들, 제사장들, 예언자들을 가리킨다. 이들은 부유하고 배운 사람들이요, 백성의 지도자들이다.

이런 사람들은 소위 여호와의 길, 하나님의 법을 아는 사람들이다. 이들의 책무는 비천한 자들과 달리 하나님의 뜻을 알고 실현하는 것이다.(미3:1 참조)

그런데 이들조차 모두 그 멍에를 꺾고 결박을 끊었다.(5절하)

지도자라는 사람들이 공의를 행하고 진리를 구하는 하나님의 뜻을 멍에로 여겨 결박을 끊어버린 것이다. 하나님의 뜻(계약, 율법)이 이스라엘을 살리는 것임을 거부하고 제 맘대로 행하였다.

하나님의 법은 생명을 위한 규범이다. 결코 멍에가 아니다. 마치 교통법규가 질서와 생명유지를 위해 만들어진 것처럼 하나님의 법은 이스라엘의 생명을 위해 허락하신 것이다. 그런데 고삐 풀린 망아지처럼 제 맘대로 들뛰게 되니 그들의 운명이 어찌 되겠는가.

백성들을 인도할 지도자들이 그 모양이니 민족의 운명이 어찌 되겠는가? 사자나 이리가 그들을 공격하여 멸하듯이, 그들의 멸망도 불 보듯 훤하게 보인다.(6절)

예루살렘의 멸망에는 일반 백성들의 잘못보다 지도자들의 책임이 크다. 지도자들이란 일반 백성들보다 여러 면에서 특권을 누리며 사는 사람들이다. 그 특권과 함께 그들에게는 백성을 인도해야 할 의무가 있음을 잊어서는 안 된다.(레위4:3, 13~14 참조)

●●●그릇된 안도감에 사로잡혀 있는 유다 렘5:7~19

예루살렘은 더 이상 구원 받을 곳이 되지 못했다. 의인 한 사람도 찾을 수 없는 곳이 되었다. 비천한 사람들(달림)뿐 아니라 귀인들도(그돌림, 지도자들) 하나님의 뜻을 알려고 하지도 않고 실행하지도 않았다. 심판은 불가피게 되었다.(렘5:1~6)

여호와는 7~9절에서 유다에 만연한 죄를 다시 언급한다.

7절 '내가 어찌 너를 사하겠느냐?' 하나님의 백성이라 해도 용서할 근거가 없다는 말씀이다. 그들이 여호와를 버리고 신 아닌 것들(바알)로 맹세하였기 때문이다. 맹세하다(솨바)는 '선서하다'라는 의미로 섬기고 충성할 것을 다짐하는 것이다.

게다가 여호와가 유다를 배불리 먹여주었건만 오히려 행음하기 위해 창기의 집에 모였다. 바알종교의식을 빙자하여 성적 쾌락을 추구하는 광란의 모임을 가졌음을 의미한다.

이와 같은 백성들의 행위는 짝짓기에 발광하는 튼튼한 종말(숫말)같이 남의 아내를 향해 힝힝거리는 모습을 연상시킨다.(8절) 무절제한 욕망을 충족하기 위한 몸부림을 묘사한 것으로, 말馬은 왕과 귀족들의 전유물이었고, 말의 속성은 '자신을 드러내는 교만'이다. 이런 행위는 특히 지도자들(그돌림)의 모습이며, 그들은 부끄러움을 모르고 자신들의 그런 행위조차 자랑스럽게 여기고 있음을 나타낸다.
이제 하나님의 심판이 불가피하게 되었다. 여호와께서 보복하실 수 밖에 없다.(9절) 9절은 7절의 반복이다.

10절에서 이와 같은 여호와의 심판은 다시 분명히 나타난다. 여호와께서 이방인 군대를 통해(10절에서 '너희는' 유다를 침공한 이방군대를 일컬음) 이스라엘의 가지를 꺾어 버리실 것이다. '가지'는 포도나무 가지를 일컫는데(렘48:32 참조) 포도원은 예루살렘을 가리키고(렘2:21, 사5:1~7 참조) 그 가지는 예루살렘 주민을 가리킨다.

예루살렘 주민들이라면 유다인들 중에 핵심이요, 사타가 인정하는 가장 거룩한 자들이다. 그런데 이들이 '여호와의 것이 아니다' 고 말씀하시는 것으로 미루어 이들의 행위가 얼마나 부패하였는지 짐작할 수 있다. 그럼에도 가지만 꺾으시겠다는 것은 예루살렘에 대한 심판으로 하나님과 유다백성의 관계를 완전히 끝맺지는 않으시겠다는 뜻이다.(렘5:18에도 언급됨) 유다 백성들을 향한 여호와 하나님의 여전한 연민을 볼 수 있다. 오래 기다리시는 하나님의 사랑의 표현이리라.

이렇게 예루살렘 사람들이 패역했으니 어찌 이스라엘이 패역하지 않을 수 있겠는가? 11절에서 '이스라엘의 집과 유다의 집이 내게 심히 반역하였다'고 말씀하신다.

12~13절에는 이런 부패한 백성들이 어떻게 하고 있는지를 밝힌다.

그들이 여호와를 인정치 아니하며 말하기를 '여호와께서는 계시지 아니하니 재앙이 우리에게 임하지 아니할 것이요, 우리가 칼과 기근을 보지 아니할 것이라'고 말한다.(12절)

이는 하나님의 존재를 인정하지 않으면서, 아울러 하나님이 역사에 개입하시어 당신의 뜻을 펼치시는 것 역시 인정하지 않는다는 뜻이다. 그러기에 예레미야가 선언한 '하나님의 심판'이 결코 자신들에게 미치지 않을 것이라고 장담하고 있다.

이는 자신들에게 하신 '영원히 다윗왕국을 지켜주시는 것과 시온을 보존해주신다'는 약속이 지켜지지 않고 심판이 임한다면 그런 일은 여호와의 일이 아니라고, 여호와는 결코 그런 분이 아니라고 제멋대로 믿는 어리석은 모습이다. 여호와가 계신다면 당신의 백성들을 심판하시겠느냐는 그릇된 안도감에 빠져 있는 모습이다.

13절에는 이런 그릇된 신앙에 빠지게 된 데에는 선지자들의 잘못이 크다고 말한다.

선지자들을 '바람'('루아흐'는 호흡, 숨, 영, 바람이라는 의미)이라고 한 것은 이들에게 하나님의 말씀이 없기에 여기서는 부정적인 의미로 '헛된 바람'만 있을 뿐임을 뜻한다. 거짓 예언자들이 그랬다. 이들이 하나님의 말씀을 전한다고 했지만 실제로는 백성들에게 헛된 바람만 불어넣었을 뿐이다. '괜찮다, 걱정하지 말라, 심판은 없다'고 했다. 알맹이 없이 공연히 허세만 부린 것이다. 그러니 백성들이 망할 수밖에 없다.

그렇다면 백성들은 예언자들로 인한 일방적인 피해자인가? 거짓 예언자들에게 일방적으로 속아 멸망당한 것이 아닌가? 이에 대해 예레미야는 '아니다'고 대답한다.(렘5:30~31)

유다 땅에 기막힌 일, 놀라 기절할 일이 있는데 선지자들은 거짓을 예언하고 제사장들은 제 뜻대로 가르치고 다스리며 내 백성은 그것을 좋게 여기니 결국 망할 수밖에 없지 않느냐고 한다. 백성들도 거짓 평안(구원)을 의도적으로 기대하고 즐긴 것이다. 거짓 예언자들과 거짓 제사장들의 가르침을 백성들도 좋아한 것이다. 백성들도 편승했기에 멸망의 책임을 지도자들에게만 돌릴 수는 없다.(딤후4:3~4, 행17:11 참조)

어찌되었든 예언자는 하나님의 말씀을 전하는 사람이다. 예레미야처럼 백성들이 듣든지 안 듣든지, 고난과 박해를 당할지라도 오직 전하라고 하시는 말씀을 전하면 된다.(겔2:1~7 참조)

오늘날 예언자와 같은 직분을 수행해야 할 목회자는 하나님의 말씀을 제대로 알아야 하고 그 말씀을 전해야 한다. 그렇지 않으면 백성이 망하게 된다. 목회牧會란 회중을 치는(기르는) 일이다. 목牧은 소牛를 채찍으로 복攴(부리는, 두드리는) 일인데 목회자의 채찍은 '하나님의 말씀'

이다.

14절에서 여호와는 예레미야를 통해 당신을 다시 '만군의 하나님'(야훼 체바오트)이라고 하며, 거짓 선지자들이 헛된 말을 지껄이므로(12~13절) 예레미야의 입에 있는 당신의 말씀(디바르)을 불로 삼아 나무와 같은 백성들을 살라버리시겠다고 하신다.

만군의 하나님 여호와는 언제나 이스라엘을 도우시는 분이셨다. 그런데 이제는 오히려 그들을 심판하시겠다고 한다. 여호와께서 변덕스러운 분이기 때문이 아니라 백성들이 여호와를 버렸기 때문이다.

그들의 심판은 곧 예레미야를 통해 전달되는 여호와의 말씀으로 인한 것이다. 이것은 여호와의 말씀이 능력이 있음을 의미한다. 여호와의 말씀에는 살리기도 하시고 죽이기도 하시는 능력이 있다. 창조의 능력과 소멸의 능력을 갖추고 있다.

그래서 히브리서 기자는 히4:12에서 이렇게 말했다.

> '하나님의 말씀은 살아 있고 활력이 있어 좌우에 날선 어떤 검보다도 예리하여
> 혼과 영과 및 관절과 골수를 찔러 쪼개기까지 하며
> 또 마음의 생각과 뜻을 판단하나니' (히4:12)

우리에게 여호와의 말씀은 언제나 생명의 말씀으로 들려야 한다.

15~18절은 여호와께서 이스라엘을 이방 민족의 침략이라는 방법으로 심판하실 것을 알린다. 이방 민족은 원방에서 오는 나라로 강하고 오래된 나라다. 그들은 알아듣지 못하는 방언을 써서 말을 이해할 수 없다. 그 화살통은 열린 무덤이고 그들은 용사인데, 이 말은 그들이 쏘는 화살은 백발백중 사람을 맞춰 죽인다는 뜻이다.

또 그들은 백성들의 자녀들, 추수 곡식과 양식, 양 떼와 소 떼, 포도나무와 무화과나무 열매를 먹을 것이다.(개역성경과는 달리 히브리어 원문에는 '먹는다'를 네 번 사용하여 자녀들까지를 목적어로 취급하고 있다.)

그리고 너희가 믿는 견고한 성들을 칼로 다 파멸할 것이다. 이렇게 유

다 공동체가 붕괴될 것임을 말씀하였다. 그러나 18절에서 다시 완전한 붕괴는 아니라는 하나님의 여전한 연민을 읽을 수 있다.

유다 백성은 12절에서 재앙이 자신들에게 임하지 않고 칼과 기근을 보지 않을 것이라고 믿었으나 이런 믿음은 완전히 뒤집어졌다. 거짓 선지자들에 의해 만들어진 유다 백성들의 신앙이 얼마나 헛된 바람과 같은지 알 수 있다.

19절에서 백성들이 어찌하여 여호와께서 이런 재앙을 퍼부으시냐고 항의할 때에 예레미야의 대답은 분명하다. 이스라엘이 자기 땅에서 여호와를 저버리고 이방신들을 섬겼기 때문이다. 그 결과 이스라엘은 그들의 땅이 아닌 곳에서 이방인들을 섬기게 될 것이다. 유다백성들이 포로로 잡혀갈 것을 의미하는 말이다.

이스라엘이 살고 있는 땅은 가나안 땅으로 이 땅은 본디 그들의 것이 아니었다. 여호와 하나님께서 선조들에게 약속하신 것이 성취되어 살게 된 축복의 땅이다. 그 땅에서 평안히 살 수 있는 조건은 하나님의 백성으로서 여호와의 뜻에 순종하는 것이다.(신6:10~25, 8:11~20 참조)

그런데 그 땅을 주신 여호와를 저버린다는 것은 결국 그 땅을 포기하겠다는 것이며, 그러니 이제 이들은 자기 땅이 아닌 곳에서 여호와가 아닌 이방인들을 섬길 수밖에 없게 된 것이다.

유다 백성들을 심판할 하나님의 도구는 북쪽의 바벨론이라는 사실과 이들의 예루살렘 침략으로 인한 유다 왕국의 붕괴(기원전 587년)와 바벨론 포로생활(기원전 587~538년)이 예고된 것이다.

여호와가 주시는 복을 누리면서 여호와를 섬길 것인가? 아니면 여호와의 심판을 받으면서 자신을 억압하는 이방인들을 섬길 것인가? 이것은 오늘날 성도들에게도 동일하게 적용되는 일이다.

우리가 가진 모든 것이 하나님의 축복임을 믿고 감사하며 온전히 여호와 하나님을 섬기지 않으면 모든 것을 잃고 악한 것들에게 억압을 당하게 된다.

●●●백성들의 패역함 렘5:20~31

이 부분은 '백성'(am)이라는 주제로 세 단락으로 구성되어 있는 것이 특징이다.

이스라엘 모든 백성의 패역함(20~25절), 지도자들로 인한 공동체성 파괴(26~29절), 지도자들의 불의함(30~31절)으로 나누어 볼 수 있다.

이스라엘 모든 백성의 패역함(20~25절)

여기서 예레미야는 야곱 집안과 유대 집안 곧 이스라엘 전체 백성들에게 여호와의 말씀을 들으라고 명한다.

21절에서 '듣는다'(쉐마)가 두 번 연속하여 나오는데. 히브리어 본문에서는 첫 단어가 '들을지어다'(쉐마)로 렘2:4에서와 동일하게 사람들의 관심을 집중시키는 표현이다.

'쉐마'는 신명기 신학의 핵심 단어로 기본적으로 이스라엘이 하나님과 맺은 계약을 듣고 순종하여 오직 여호와 하나님만을 섬기도록 하는 것을 의미한다.

그러므로 본문에서 '들어라'고 하는 것은 이스라엘이 지금 여호와가 아닌 다른 신을 섬기고 있으므로 하나님을 온전히 섬길 것을 촉구하는 외침이다. 백성들은 어리석고 지각이 없으며 눈이 있어도 보지 못하며 귀가 있어도 듣지 못하는 사람들이다.(21절)

도대체 이스라엘 백성이 어떻게 하였기에 어리석고 무지하다는 말인가?

여호와 하나님은 바닷물이 땅을 넘지 못하게 하시며(22절, 시104:9 참조) 이른 비와 늦은 비를 주관하시고 추수의 기한도 정해 놓으신 분이시다.(24절)

고대 근동, 특히 가나안 종교에서 큰 물, 바다를 가리키는 얌 yam은 혼돈의 신으로 신격화되었다. 그런데 여호와는 그 바다의 한계를 두심으로 더 이상 혼돈이 흉용하지 못하게 통제하고 계시는 분이시다.

또 그들은 비를 주관하여 농산물의 풍요를 가져다주는 존재를 가나안 신 바알 Baal로 믿었지만 자연 질서를 주관하시는 분은 여호와 하나님이시다.(왕상17~18장의 엘리야의 활동이 이를 강조함)

이렇게 여호와 하나님이 자연 세계의 모든 것을 주관하시는 분인데도 백성들이 그 하나님을 두려워하지 않고 있다.(렘5:22) 여기서 '두려움'이란 구약성서가 강조하는 하나님을 경외하는(야레) 것이다. 그러므로 이스라엘의 무지는 '하나님을 경외하지 않는 것'으로 나타난다.

그들이 하나님의 음성을 듣지 않고 하나님이 창조하시고 지배하시는 자연 세계를 바르게 보지 않는 것이 바로 하나님을 경외하지 않는 것이다. 성서의 지혜(호크마)는 '여호와를 경외하는 것이 지식의 근본이다'(잠1:7)라는 것을 알려준다. 또 '일의 결국을 다 들었으니 하나님을 경외하고 그 명령을 지킬지어다 이것이 모든 사람의 본분이니라'(전12:13)고 하였다.

그런데 어리석고 무지한 이스라엘 백성은 하나님을 배반하고(23절), 자연을 주관하시는 하나님을 경외하지 말자고 한다.(24절) 그러면서 여호와 대신에 가나안 풍요의 신 바알을 숭배하고 있다. 그러니 이들의 허물(아온, 바르지 못한 행동)과 죄(핫탓, 표적에서 빗나가서 벗어난 것)가 결국 스스로 '좋은 것'이 오는 것을 막는 결과를 만든 것이다.(25절)

여기서 '좋은 것'이란 24절과 관련하여 볼 때 '이른 비, 늦은 비' 또는

'추수 기한'등을 연상시켜 농사가 잘 되어 풍요롭게 되는 것을 의미한다. 그러므로 여호와를 저버리고 바알을 통하여 풍요를 얻어 보려 하지만 결국은 재앙밖에 얻을 것이 없게 된다.

이스라엘은 이집트 땅에서 나와 먹을 양식과 마실 물이 매우 귀했던 거친 광야에서는 살아남기 위해 여호와를 의지하였는데 약속의 땅 가나안에 이르러서 농사를 짓고 땅에서 나는 것을 먹으며 안정된 생활을 하게 되자 바알이 비도 주고 농사를 잘 짓게 해주어 풍요를 가져다준다고 믿고 따랐음을 꾸짖는 말씀이다.

여호와 하나님은 이리저리 떠돌며 살아가는 유목민들만의 하나님이 아니라 한곳에 정착생활을 하는 농부들의 하나님도 되심을 이스라엘이 깨달아야 했다.

이어서 이들이 여호와를 저버리고 바알을 숭배함으로 발생되는 문제가 무엇인지 밝히고 있다.

새 언약의 백성인 그리스도인들은 하나님을 두려워하여 경외하고 있는가? 눈이 있어도 보지 못하며 귀가 있어도 듣지 못하는 어리석고 지각이 없는 사람은 아닌가?

백성의 지도자들로 인한 공동체성 파괴(렘5:26~29)

이스라엘 중에 악인이 있다고 하신다. 여기서 악인이란 여호와 하나님보다는 이웃 사람들에 대한 악인이다. 그럼에도 불구하고 여호와 하나님께 대한 경외심을 포기한 이들의 악함은 바알신앙에 빠져 사회적 죄악이라는 결과로 나타나게 된다.

이들의 죄악상은 사냥꾼의 행동으로 비유되었다. 사냥꾼은 나뭇가지나 덤불 속에 덫을 놓고 자신을 감춘 후 사냥감이 걸려들기를 기다리다 낚아챈다. 그리고 조롱에 노획물을 가득 담아 기분 좋게 집으로 돌아온다. 다름 아닌 속임수로 이웃을 해쳐서 자신의 이득을 꾀하는 자들이다. 이들이 구체적으로 누구인가?

28절에 따르면 이들은 자기 이익을 얻으려고 고아와 빈민의 송사를 공평하게 하지 않는 지도자들이다.

고아와 가난한 사람들은 하나님께서 특별히 보살펴주어야 할 사람으로 특정하신 이들이다. 이들을 돌보는 것이 선민으로서의 거룩한 책무였다. 십계명을 포함하여 율법에는 이들을 보살펴야 함이 강조되었다. (출22:21~27, 레위19:33~37, 신10:17~19, 신24:17~22 참조)

그런데 지도자들이 허물(25절), 죄(25절), 속임(27절) 등의 불공정한 착취 행위로 거부가 되고 살찌고 윤택하게 되었다. 이것은 하나님의 선민으로서 계약정신을 위반한 것이다. 하나님의 백성이라는 공동체성을 파괴하고 철저히 개인적 이기주의에 사로잡힌 것이다.

이런 일이 자행될 수 있었던 것은 바로 여호와를 경외하지 않고 바알을 숭배했기 때문이다. 예레미야가 가나안에 들어와 정착생활을 하면서 시작된 바알숭배를 적극적으로 반대하며 여호와께 돌아오기를 강조한 이유가 여기에 있다.

창조주 하나님은 이스라엘 백성을 선택하시어 그들을 통해 이 땅에 인류공동체 전체가 평안하고 번영하기를 원하셨다. 그러나 이스라엘 백성들은 하나님을 거스르는 배역을 했다. 이스라엘은 심판받을 수밖에 없었다.(29절) 심판은 피할 수 없는 일이 되었다.

모든 종교는 나름대로 고유한 가치관을 가지고 있다. 그러므로 어떤 종교를 가지느냐에 따라 개인과 사회에 특정적인 가치관이 형성된다. 왜 꼭 여호와 하나님만을 섬겨야 하느냐는 것은 여호와 신앙이 추구하는 가치관이 이 땅에 진정한 평화공존을 이루기 때문이다.

백성의 지도자들의 불의함(렘5:30~31)

26~29절의 지도자들의 불공정한 착취행위에 이어 30~31절에서는 '무섭고(샴마, 무서운 것) 놀라운 일' 이 일어나고 있다고 말씀하신다. 즉 예언자와 제사장들을 포함하는 종교 지도자들이 사명을 제대로 이행하지 않고 있다는 것이다.

예언자들은 렘1:7에서 볼 수 있듯이 하나님의 말씀을 백성들에게 바르게 전해야 하는 의무가 있는데 오히려 거짓을 예언하고(렘23:9~40에 자세히 언급, 심판의 말씀보다는 허황된 그릇된 평안만을 전하였음), 제사장들은 종교의식을 통해 백성들이 바르게 하나님을 섬기도록 안내하고 가르쳐야 할 사람들인데 오히려 자신들에게 주어진 권세로 백성들을 부리고 짓밟고 있다.

31절을 '제사장들은 그들(바로 앞에 나온 예언자들)이 시키는 대로 다스렸다'로 번역할 수 있는데 당시 제사장들이 예언자들과 한 통속이 되어 그들의 하수인 노릇을 했다는 뜻이다.

제사장들 역시 생활과 분리된 형식적인 제사를 묵인하며 예언자들과 거짓 평안을 도모하였다는 뜻이다. 그러니 어떻게 백성들이 여호와 하나님께 대한 진리를 알 수 있겠는가?

안타까운 것은 '내 백성은 그것을 좋게 여겼다'는 것이다. 백성들도 예언자들과 제사장들의 그릇된 모습을 좋아했다. 이런 점에서 종교 지도자들이 바른 길에서 벗어난 것은 백성들의 잘못된 요구에 응하고자 한 데서 비롯되었다고 할 수 있다.(딤후4:3~4, 사30:9~11 참조)

백성들은 예언자들과 제사장들의 잘잘못에 대한 평가에는 관심이 없고 자기들에게 좋은 대로 듣기를 원했고, 듣기 좋은 말로 가르침 받기를 즐겨한 것이다. 그러니 이스라엘에 무슨 희망이 있을 수 있으랴?

'마지막에는 너희가 어찌 하려느냐?'(31절하)

끝날이 오면 그들이 할 것이 무엇이 있겠는가? 자멸할 수밖에 없다.

오늘날 교회도 목회자들이 참되게 하나님의 말씀을 전하며 교회를 섬기면 어려움이 있더라도 교회는 교회다울 수 있다. 그러나 듣기에 좋은 잘못된 말씀을 전하면 교인들이 따르기 마련이고 결국에는 교인 개인뿐 아니라 교회 전체가 망하게 될 것이다.

●●●예루살렘 침공 예언 렘6:1~8

예루살렘은 유다의 수도로 가장 견고한 성이다. 다윗이 왕위에 오르고 나서야 비로소 점령할 수 있었던 가나안의 난공불락의 천연요새였다.(삼하5:6~9 참조)

그래서 앞서 예레미야는 예루살렘이 가장 안전한 곳이니 북방(바벨론)의 침략을 예언하며 이 성으로 피하라고 권고했었다.(렘4:5~6) 그러나 이제는 예루살렘조차도 결코 안전한 곳이 아니다. 이곳 주민들도 피신해야 할 처지가 되었다.

예레미야는 1절에서 베냐민 자손들에게 예루살렘에서 떠나 피신하라고 외친다. 베냐민 자손은 예레미야 지파사람들로(렘1:1) 아마 북방의 침략에 대비하여 예루살렘에 피신해 와 있었던 것 같다.

'드고아 Tekoa(예루살렘 남쪽 오십여 리 떨어진 곳의 마을)에서 나팔을 불고 벧학게렘 Beth–haccherem(정확한 위치를 확인할 수 없는 곳으로 이곳 역시 남쪽 마을로 추정함)에서 깃발을 들라'는 것은 북방 민족의 침략에 대비해 두 지역이 예루살렘보다 남쪽에 위치해 있으니 이곳으로 도피하라는 말이다. 이렇게 예루살렘조차 안전한 곳이 못 되었으니 이제 유다 민족의 운명은 풍전등화와 같게 되었다.

2~5절은 평화로운 예루살렘이 전쟁에 휩싸이게 될 것을 언급하고 있

다. '아름답고 우아한 딸 시온'은 예루살렘을 가리키는데, 이제 '목자들'이 와서 그곳을 자기 양들을 치는 처소로 삼게 된다고 한다. '목자들'이란 북방에서 내려온 왕들을 의미하며 이들이 예루살렘을 자기들의 영토로 삼을 것이라는 말이다.

이들에게 '이곳을 침공할 준비를 하라!'는 소리가 들린다. '준비를 하라'는 히브리어는 '카데쉬'인데 이것은 성전聖戰에 앞서 행하는 종교의식을 의미한다.

고대 근동에서는 전쟁을 신의 전쟁으로 여겨 전쟁 전에 종교의식을 행하였고, 전쟁은 무자비하게 진행되었다. 이제 북방의 적이 예루살렘을 아침부터가 아니라 정오부터 공격하겠다고 하는데, 이것은 예루살렘 점령이 별로 어렵지 않으며, 혹 예상 외로 전투가 길어지더라도 밤중에는 그곳을 점령하여 초토화시킬 수 있다는 뜻이다.(3~5절)

여기서도 재차 강조되는 것은 이와 같은 북방 민족의 침략이 '여호와로 말미암아' 진행된다는 사실이다. 예루살렘 성곽 주변의 나무를 베어서 목책을 만들어 난공불락의 요새처럼 되어 있는 성벽을 넘어 들어가도록 명령하시는 분이 여호와 하나님이시라고 한다.(6절, 2절에도 언급되어 있다.)

예루살렘이 멸망하는 이유는 그 성에 포학暴虐한 것만 있기 때문이다.(6절하) 샘에서 물이 솟아 넘쳐나는 것처럼 악이 넘쳐나고, 폭력과 탈취의 소리가 들리고, 보이는 것은 질병과 살상뿐이다.(7절) 기득권자들의 횡포와 악행으로 약자들이 고통 받는 모습이다.(렘5:26~28 참조)

8절에서 여호와는 예루살렘 파멸을 가슴 아파하시며 훈계를 받을 것을 권면한다. 예레미야가 전하는 말씀대로 그들이 여호와께로 돌이킬 것을 간절히 바라고 계신다.

> '예루살렘아 너는 훈계를 받으라 그리하지 아니하면 내 마음이 너를 싫어하고 너를 황폐하게 하여 주민이 없는 땅으로 만들리라' (8절)

●●●심판의 경고를 무시한 백성 렘6:9~15

9~15절은 여호와와 예레미야의 대화로 구성되어 있다.

여호와는 예레미야에게 추수가 끝난 후 포도를 따는 사람이 알뜰히 따기 위해 나무를 살피듯이 이스라엘 백성 중에 **'남은 자'**(remnant)가 있는지를 살피라고 명령한다.(9절)

'남은 자'란 소돔 성의 멸망을 피할 수 있는 열 명의 '의인'과 같이 타락한 사회에서도 믿음을 지키는 거룩한 여호와의 백성을 말하며, 이스라엘의 운명을 책임질 본분을 다하는 신실한 사람을 의미한다.

그러나 포도나무 덩굴에는 아무 것도 없었다. 예레미야가 전한 심판에 대한 경고의 말씀을 듣고 돌이킨 사람은 아무도 없었다. 백성들이 '할례 받지 못한 귀'를 가지고 있어 여호와의 말씀을 욕으로 여기고 즐겨하지 않았다.(10절)

'귀의 할례'라는 표현은 '입술의 할례'(출6:12, 30절에는 입이 둔하다고 표현되어 있음)와 '마음의 할례'(레위26:41, 신10:16, 30:6)와 더불어 이스라엘이 하나님과의 관계를 나타낼 때 사용된 용어다.

'할례'란 여호와의 백성이 되겠다고 고백하는 언약의 표징으로(창17:9~14 참조) 입술이나 귀 또는 마음이 온전히 하나님께 합당하여야 함을 의미한다. 그러므로 '귀가 할례 받지 못했다'는 것은 하나님의 말씀에 귀 기울이지 않고 순종하지 않는 것을 의미한다. 여호와의 말씀이 '쇠귀에 경經 읽기' 식이 되어 버린 것이다.

예레미야가 전한 말은 하나님의 말씀(다바르)이다. 그 말씀은 유다 백성을 향한 부정적인 심판의 말씀이 아니라 그들을 사랑하시어 구원하시기 위한 긍정적인 경고의 말씀이었다.

그러나 이들이 듣지 않았으니 어찌 심판을 피할 수 있겠는가? 이제 하나님의 진노가 쏟아져 내려올 수밖에 없게 되었다.

앞에서는 심판이 주로 지도자들에게 내려진다고 했으나(렘5:5, 26~31절) 이제는 아이들, 청년들, 남편과 아내, 나이 는 사람과 늙은이까지 모든 백성들이 다 포함된다.(11절)

결국 여호와께서 '손을 펴신 즉' 모든 백성이 나라를 잃게 되었다.(12절) 출애굽 때에는 여호와의 '펴신 손'이 구원의 징표였는데(신26:8 참조) 이제는 여호와의 펴신 손이 재앙의 징표가 되었다.

13~15절은 이렇게 여호와의 말씀에 귀를 닫고 있는 백성들이 하는 일이 무엇인지 밝힌다.

> '이는 그들이 가장 작은 자로부터 큰 자까지 다 탐욕을 부리며
> 선지자로부터 제사장까지 다 거짓 행함이라' (13절)

모든 백성들이 너나 할 것 없이 오로지 자신의 이익만을 탐하고 있다. 물질적인 탐욕에 사로잡혀 있다. 잔인한 이기주의와 물질 숭배주의에 빠져 있는 것이다. 이것은 바알종교의 영향으로 여호와의 뜻을 정면으로 거부하는 모습이다.

'더불어, 함께' 살아야 할 그들이 오로지 자신만을 위한 물질적 욕망에 사로잡혀 있으니 어찌 거룩한 여호와의 백성으로 살아갈 수 있겠는가?

더 놀라운 점은 이런 백성들의 잘못을 고쳐줘야 할 종교적 지도자들인 선지자와 제사장들도 다 거짓을 행하고 있다는 점이다.

이들은 백성의 상처(쉐베르, 공동체가 심각하게 붕괴된 상태를 의미함, 뼈가 부러진 것으로 번역할 수 있음)를 건성으로 다루고 있다, 별 것 아닌 것으로 여기고 있다.

그러면서 '평강하다, 평강하다'고만 말한다. '태평성대로다!'라고 한다. 부끄러운 줄도 모른다. 그러니 어찌 이들이 백성들과 함께 거꾸러지지 않을 수 있겠는가.(14~15절)

이들은 돌팔이 의사와 같이 죽어 가는 백성들의 심각한 질병을 제대로 진단하지 못했을 뿐 아니라 그릇된 안도감에 빠지게 하여 오히려 죽음에 이르도록 방치하고 있다.

유다 왕국의 멸망 원인은 모든 백성들에게 있겠지만 일차적으로 백성들을 제대로 인도해야 할 지도자들의 잘못이 가장 크다고 할 수 있다. 이들이 올바로 서있어 백성들을 이끌었다면 백성들의 생명은 보존될 수 있었다.

오늘날도 예레미야가 그리운 시대이다.

●●●생명은 제사가 아닌 말씀에의 순종 렘6:16~21

여호와께서는 백성이 생존할 수 있도록 두 가지 권면을 하신다.

첫째는 '옛적 길, 곧 선한 길이 어디인지 알아보고 그리고 행하라'고 하신다.(16절) 옛적 길, 곧 선한 길이란 과거 모세를 통해 주신 율법(토라)을 의미한다. 이 토라는 하나님의 뜻이 무엇인지를 알려주며 생명에 이르게 하는 길이다.

둘째는 파수꾼의 나팔 소리를 들으라고 하신다.(17절) 파수꾼이란 예언자를 일컫는다.(겔3:17~21) 여호와는 예언자(예레미야)를 보내 하나님의 말씀(율법)을 전하여 생명을 얻도록 경고했다.

그러나 이들은 율법도 거부하고 예언자의 말씀도 듣지 않았다. 그 결과는 여호와께서 내리시는 재앙이다.(18~19절)

하나님의 말씀(율법)에 순종하느냐 거부하느냐가 '생명과 죽음', '복과 화'를 결정하는 근거다.(신28장, 30:15~20 참조)

일찍이 다윗은 이 율법을 즐거워하는 사람이 복 있는 사람이라고 고백했고(시1:1~2) 이 율법을 정금보다 더 귀하게 여겨서 지혜로운 사람이 될 것을 권면하였다.(시19:7~14)

그러나 유다백성들은 하나님의 율법과 예언자가 전하는 말씀 듣기를 거부하고 대신 호화로운 제사만 드렸다.

이들이 드리는 시바 Sheba의 유향(왕상10:1~13, 겔27:22)은 당대 최고의 향으로 제사 때 기쁨의 분위기를 나타내는 데 사용되었으며(출30:34~38), 원방에서 들여온 향품은 아마도 인도에서 온 귀한 향료였을 것이다. 그런데 이런 귀하고 값진 것으로 제사를 드려도 여호와께서 받아주시지 않으신다.

말씀에 순종하지 않는 제사는 하나님이 기뻐하지 않으시기 때문이다.(삼상15:22) 하나님의 뜻을 실천하는 생활이 거부되는 제사는 하나님이 원하시는 것이 아니다.

하나님은 물질로 드려지는 예배보다 삶으로 드려지는 예배를 기뻐하신다. 삶으로 드리는 예배가 하나님이 기뻐하시는 신앙생활이다.(롬12:1 참조)

●●●북방 적군의 위협 렘6:22~26

여호와의 말씀에 귀를 기울이지 않으면서 귀한 향품으로 드리는 제사로 안전하다고 믿는 유다백성에게 내려질 여호와의 심판은 안전이 아니라 멸망이라고 말한(렘6:19~21) 예레미야는 이어 그들을 멸망시킬 북방의 적군의 위세를 22~26절에서 다시 언급한다.

곧 그들은 활과 창을 잡았고, 잔인하여 사랑이 없으며 그 목소리는 바다처럼 포효하며, 우수한 기마 병력을 갖추고 있다. 이들의 목적은 오직 '딸' 시온을 치는 것이다.

그리하여 예레미야는 북방의 적군으로 인한 멸망의 참상을 여성의 고통으로 묘사한다. 해산하는 여인의 고통(24절)과 같고 독자를 잃어 잿더미 위에서 통곡하는 어머니(26절)로 표현한다.

이런 막강한 북방 적군의 전력 앞에 유다는 속수무책이다. 그래서 밭에도 나가지 말고 길로도 행치 말라고 말한다. 외출을 삼가고 피신처에서 꼼짝 말라고 한다. 대적의 칼이 사방을 공포로 몰아넣고 있기 때문이다.

●●●선지자의 역할 렘6:27~30

여호와는 예레미아에게 선지자로서의 역할을 재확인시킨다.

여호와는 불순물과 금속이 섞여 있는 혼합물인 유다에게서 순도 높은 은을 얻고자 예레미야를 '살피는 자'(조사관)로 세워 그들이 과연 쓸모 있는 은을 갖고 있는지 시험해보도록 하셨다.(27절)

27절의 '요새'(미브차르)는 '조사관'(므바체르)이라는 의미로 번역해야 하는데 '살피는 자'라는 말을 반복한 것으로 볼 수 있고, '살피는 자' 곧 '선지자'는 '난공불락의 존재'라는 의미를 나타낸 것이라고 보기도 한다.

어쨌든 선지자는 유다 백성에게 하나님의 말씀을 전하며 회개를 촉구했으나 백성들은 그의 충고와 경고를 무시하고 악행만 일삼았다.(28절) 풀무를 더욱 세차게 돌려 납이 불에 담금질 받아도, 단련하는 자(선지자)의 일은 헛되었다. 순도 높은 은을 얻는 일은 실패했다.

유다 백성 중에 악한 길에서 돌아오는 순수한 하나님의 사람들이 없었다. 그리하여 이제 그들은 '버려진 은'이라 불릴 것이다. 여호와께서 그들을 북방의 적을 통해 징벌하실 것이다.(30절)

회개 없이 하나님의 징벌을 피할 수 없는 것이요, 징벌하시기 전 여호와 하나님은 회개하도록 선지자의 말씀을 통해 수없이 권고하셨다.

●●●성전 설교 렘7:1~15

예레미야의 성전 설교는 렘7장과 렘26장 두 곳에 나타나 있다.

그러나 두 번 설교한 것으로 보지 않고 렘7장에는 설교 내용이 기록되어 있고 렘26장은 렘7장의 설교 내용을 요약하고 백성들의 반응까지 기록되어 있다고 본다.

또 렘7장에는 설교한 곳이 '여호와의 집 문'으로 되어 있고(2절), 렘26장에는 '여호와의 성전 뜰'로 나타난다.(2절) 성전 설교가 행해진 때는 요시야의 아들 여호야김(기원전 609~59년)의 즉위 초(렘26:1)이다.

요시야는 종교개혁(기원전 621년)을 일으킨 위대한 왕으로 예배성소의 단일화를 위해 지방의 모든 성소들을 폐쇄시키고 오직 예루살렘 성전만을 합법적인 제의 장소로 남게 했다.(왕하23:5~8, 신12:17~28 참조)

신앙의 순수성을 유지하기 위한 정책으로 이로써 유다 백성들이 하나님을 만날 제의장소는 예루살렘밖에 없었다. 그러나 요시야는 이집트의 바로 느고와의 므깃도 전투에서 전사하였다.(왕하23:29) 백성들은 그의 아들 여호아하스(렘22:10~12에는 살룸으로 불림)를 왕으로 세웠으나 즉위 3개월 만에 느고는 그를 폐위시키고 다른 아들 여호야김(원 이름은 엘리야김)을 왕위에 앉혀 이집트의 꼭두각시로 만들었다.(왕하23:34)

여호야김은 즉위하자마자 백성들에게 과중한 세금을 거둬 이집트에 조공을 바친(왕하23:35) 제2의 솔로몬과 같은 전형적인 폭군이요 잔인

하고 이기적이며 탐욕적인 인물로 평가된다.(렘22:13~19)

유다 왕국은 영원할 것이라고 믿고 있던 유다 백성들은 예루살렘 성전에 모여 큰 예배를 드렸다.(렘26장에 모든 백성, 지도자들, 장로들, 방백들이 모두 모여 예배드렸다는 것은 큰 절기 예배임을 나타낸다.)

이 상황에서 여호와는 예레미야에게 성전 문(성전 뜰) 어귀에서 말씀을 선포하라고 하신다. 그가 선포한 말씀의 주제는 두 가지로 요약될 수 있다. 즉 '해야 할 일'과 '하지 말아야 할 일'이다.(3~4절)

3절은 그 내용이 5~7절에 확장되어 있고, 4절은 8~11절에 확장되어 있다. 3~4절에 의하면, 해야 할 일은 '너희 길과 행위를 바르게 하라'는 것이며, 하지 말아야 할 일은 '예루살렘 성전을 여호와의 성전(헤칼 야웨)이라고 부르지 말라'는 것이다.

우선 하지 말아야 할 일, 곧 예루살렘 성전을 '여호와의 성전'(헤칼 야웨)으로 부르지 말아야 한다는 것이 무슨 의미인가? 이것은 부정적인 의미가 내포되어 있다. 구약에는 예루살렘 성전은 '여호와의 집'(벧 야웨)으로 불렀다.(255회 나타남, 열왕기 상에 22회, 열왕기 하에 52회, 예레미야에 33회, 역대기 상에 20회, 역대기 하에 75회, 이사야에 9회 등)

그런데 당시 백성들이 '여호와의 집'이 아닌 '여호와의 성전'이라고 부른 것은 그들의 잘못된 사고가 반영된 것이다. 집(벧)에 비해 성전(헤칼, 궁전)은 '크다'는 의미를 내포한다. 하나님의 집을 크고 화려하고 웅장한 모습으로 표현하는 것은 이방종교에서 볼 수 있는 신전 개념이다.

본디 여호와의 성전은 소박하다.(출20:22~26 참조) 그러나 이방종교에서는 웅장하고 화려하게 신전을 짓고 그곳에 신을 모셔(가둬)놓고 그곳에서 신을 봉양하면 그 신으로부터 안전을 보장받는다고 믿는다.

그러나 여호와는 신전에 갇혀계시거나 봉양받고 그 대가로 안전을 보장해주는 분이 아니다.(사66:1, 행7:48 참조) 그런데 당시 유다백성들은 다윗계약신앙에 확고히 서서 성전예배만 드리면 안전(구원)이 보장된다고 믿고 있었다.(10절, '우리가 구원 얻었다!'고 했다.) '여호와의 성전이라' 삼창(4절)을 부르면 된다고 믿었던 것이다.

'너희는 이것이 여호와의 성전이라, 여호와의 성전이라,
여호와의 성전이라 하는 거짓말을 믿지 말라' (4절)

그러나 예레미야는 이는 거짓말이니 믿지 말라고 한다.(4,8절)

하나님의 전이 하나님의 거처가 되는 것은, 건물의 외양이 아니라 하나님의 임재 여부 때문이며, 이미 그런 호화찬란한 궁전과 같은 곳에는, 그리고 그릇된 안전신앙이 있는 곳에는 여호와는 임재하지 않으신다. 그릇된 안전보장 신앙에 예레미야가 철퇴를 가한 것이다. 예수님이 '성전을 헐라'고 하신 이유도 이 때문이었다.(요2:13~22 참조)

둘째, 해야 할 일은 '**길**(데렉-사람이 살아가는 태도와 방식)과 **행위**(마할랄-사람의 행실)를 바르게 하는 것'이다. 이것은 성전 안에서의 행동이 아닌 일상의 삶이다. 길과 행위를 바르게 하라는 말씀이 무슨 의미인지는 5~7절에 구체적으로 언급되어 있다.

이웃들 사이에 '정의'(미슈파트)를 행하는 것이다. 곧 이방인과 고아와 과부를 압제하지 않고 무죄한 자의 피를 흘리지 않으며 다른 신들을 따르지 않는 것이다.(6절) 그렇게 할 때 하나님께서 백성을 '이곳에 거하게 하신다.'고 말한다.

'이곳에 거하게 하신다'는 말씀은 '성전에 살게 하리라', '유대 땅에 살게 하리라' 또는 '내(여호와)가 너희와 함께 성전에서 살리라'고 번역할 수 있다. 어쨌든 안전을 약속하신 것이다.

특히 5절에는 '만일 ~이면'이라는 조건이 있다. 이것은 '시내산 계약신앙'을 강조한 것이다.(출19:5~6 참조) 하나님의 백성이 되는 것, 그러므로 구원(안전)을 보장 받는 것은 하나님의 말씀(계약)에 순종해야 가능하다. 특히 사회적 약자(히브리)를 보살펴줘야 한다. 예배와 삶이 분리되어서는 안 된다.(사1:10~17 참조)

그런데 백성들은 행함이 없이 성전에서 예배만 드리고 있었다 그러자 예레미야는 '이 집이 너희 눈에는 도둑의 소굴로 보이느냐?'(11절) 고 묻는다. 예레미야에게는 성전이 '도둑의 소굴'로밖에 안 보인 것이다.

백성들이 성전에 와서 열심히 예배를 드리면서, 하는 짓은 하나님의 계명을 우습게 여겨 온갖 죄악들, 곧 도둑질, 살인, 간음, 거짓맹세, 우상숭배를 저지르는 일이다.(9절) 그러면서도 그릇된 안전 신앙에 빠져 있으니 그런 일이야말로 부당한 방법으로 재물을 탐하는 도둑 심보가 아닐 수 없다. 예레미야는 '여호와의 집'(벧 야훼)이라는 말 대신에 그냥 '이 집'(하바이트 하제)이라고 '여호와'를 생략함으로써, 그들이 하나님을 예배하므로 안전하다고 믿는 성전은 더 이상 여호와와 상관이 없는 건물일 뿐이라고 냉소적인 표현을 사용하였다.

그리하여 예루살렘이 '실로 Shiloh'처럼 될 것이라고 하였다.(12절)

실로는 일찍이 솔로몬이 예루살렘 성전을 짓기 전까지 언약궤가 안치되었던 곳이고(삿18:31, 21:19, 삼상1:3, 4:3, 시78:60) 그곳에서 제사장으로 일하던 '엘리'는 솔로몬과 왕위 쟁탈전을 벌이던 '아도니야'를 지지하다가 제사장직에서 쫓겨나 아나돗에 살게 된 아비아달의 조상이며 예레미야는 그의 후손이다.

그리고 실로는 엘리의 아들들의 부패(홉니와 비느하스의 사망과 이가봇 사건, 삼상4장 참조)와 이후 북 이스라엘의 죄악으로 이스라엘 역사 속에 사라져 버린 곳이다.(시78:56~60 참조)

그런데 예루살렘도 이와 같이 비참하게 멸망당할 것이라고 말한다.

예레미야의 설교는 큰 소동을 일으키기에 충분했다. 유대인들이 믿고 안전을 보장 받았던 다윗왕조신앙을 송두리째 거부했으니 말이다. 그러나 예레미야는 유대인들이 하나님의 약속만을 믿었을 뿐 그 약속을 받은 백성으로서 삶의 태도가 부정함을 깨우쳐준 것이다. 하나님의 백성으로 선택되었다는 축복에는 **거룩한 책임**이 뒤따라야 한다.

오늘날 우리들은 '믿음으로 구원받은 사람'이다. 행위로는 결코 하나님 앞에 우리의 의를 내세울 수 없다. 그러나 예수 그리스도를 입으로 시인하고 믿기만 하면 되는 것이 아니라 성도답게 살아야 한다. 곧 그리스도이신 예수님의 가르침대로 살아야 한다.(마7:21~27)

●●● 거부된 예레미야의 중보기도 렘7:16~20

예레미야는 렘7:1~15의 성전설교를 통해 하나님의 백성으로서 올바른 생활(선민으로서의 책임)을 하지 않으면서 성전제사를 통해 평안을 얻을 수 있다고 생각하는 백성들에게 심판이 있을 것임을 강하게 전했다. 그리고 예루살렘은 장차 이미 무너진 실로처럼 될 것이라고 예언하였다.

그러나 예레미야는 백성들의 심판을 제 3자의 입장에서 담담히 전한 예언자가 아니었다. 그는 렘4:19~22에서 확인할 수 있듯이 백성들의 운명을 온 몸과 마음으로 함께 괴로워하는 눈물의 예언자였다.(메아이 메아이, 슬프고 아프다 내 마음 속이 아프다.) 그냥 백성들에게 심판만을 선언하지는 않았다. 백성들을 위해 중보기도를 드렸다.

본문은 이와 같이 백성들에게 여호와의 심판을 예고한 예레미야가 백성의 불행한 운명을 위해 하나님께 '중보기도'를 드리는 내용이다.

아브라함처럼(창18:22 이하) 어떻게 해서라도 백성이 멸망되는 것을 유보시켜보려고 했다.

그러나 이에 대한 여호와의 응답은 냉혹하다. 백성을 위해 기도하지 말라고 하신다. 듣지 않으시겠다는 것이다.(16절)

그 이유 또한 분명하다. 성전설교를 통해 나타난 대로 백성들이 길과 행위를 바르게 하지 않고 형식적인 예배만 드리고 있기 때문이다.(17절)

여호와는 당신의 분노를 일으키게 하는 백성들의 불의를 한 가지 더 밝히신다. '하늘의 여왕'(Queen of Heaven, 누구인지 정확히 알 수 없으나 반월형 곡창지대 사람들이 섬기던 풍요여신, '아낫', '아스다롯'일 것으로 추정)을 섬기는 일이다.(18절)

'과자'(카와님)를 하늘의 여왕 신상모양으로 만들거나 그 형상을 새긴 것으로 본다. 성전에서는 공적제의가 잘못 드려지고 있었고, 가정에서는 여호와의 뜻에 반하는 우상숭배가 만연했다.

이런 백성들의 행위는 실상 여호와를 격노시킬 뿐 아니라 자신들이 수치를 당하는 결과를 낳게 될 것이다.(19절)

그리하여 여호와는 마치 뜨거운 불처럼 모든 생명체를 소멸시키겠다고 하신다.(20절)

●●●제사가 아닌 말씀에의 순종 요구 렘7:21~28

이렇게 예레미야의 중보기도조차 거부하신 만군의 여호와 이스라엘의 하나님은 백성들에게 '너희 희생제물과 번제물의 고기를 아울러 먹으라'고 하셨다.(21절)

백성들이 바치는 예물을 받지 않으시겠다는 말씀이다. 그들의 성전 제의가 생활과 분리된 형식적 제사였기 때문이다.

이스라엘의 번제(올라)는 제물을 완전히 태워 향기로운 예물로 드리는 것이었다.(레위1:3~17 참조) 여호와 앞에 남김없이 봉헌한다는 의미로 **'온전한 제사'**(신33:10, 시52:21)로 불렸다.

제물은 소, 양, 염소 중 흠 없는 수컷으로 드렸다. 가장 원기왕성하고 귀하고 값진 것을 드린 것이다. 가난한 사람도 산비둘기나 집비둘기를 드림으로써 할 수 있는 대로 정성을 다하여 봉헌하는 제사였다.

그런데 그 번제물을 다른 희생제물과 함께 먹어치우라는 것은, 그들의 제사가 '온전한 제사'가 아니라 대충 형식만 있는 제사였기에 고기가 남았다는 것이요, 그러니 이런 제물을 여호와께서 열납하시지 않겠다는 뜻이다.(행5:1~11 참조)

다시 한 번 여호와는 희생제사보다 중요한 것이 말씀 순종임을 밝히셨다. 여호와는 이스라엘을 이집트에서 이끌어내실 때에 제사에 대해 언급하지 않으셨고 오직 말씀에 순종할 것을 강조하셨다.
말씀에 순종할 때 하나님의 백성이 되고 복을 받게 될 것이라고 하셨다.(22~23절, 출19:1~6, 십계명에도 제의에 대한 언급이 없다.)

> '사실은 내가 너희 조상들을 애굽 땅에서 인도하여 낸 날에
> 번제나 희생에 대하여 말하지 아니하며 명령하지 아니하고' (22절)

특히 '듣는다'(쉐마)는 것은, 하나님 백성 계약에 최우선적인 일이었다.(신6:4 참조) 그런데 백성들은 여호와의 말씀에 귀를 기울이지 않았다. 들어야 할 말씀에 불순종하였다. '그들이 듣지 않았다'라는 구절이 네 번이나 반복되어 나온다.(24, 26, 27, 28절)

여호와께서 말씀을 전하는 예언자를 부지런히 보내었으나 백성들이 거부했다.(25절, 엘리야, 엘리사, 아모스, 호세아, 제1 이사야, 미가는 예레미야에 앞서 보냄 받은 예언자다.)
백성들은 제멋대로 사악한 마음을 따라 강퍅하게 행하여 하나님께 등을 돌린 것이다.(24절) 목이 뻣뻣한 백성이 되어 조상들보다 더 악을 행하였고(26절), 예레미야가 아무리 말씀을 전해도 듣지 않고 불러도 응답하지 않았다.(27절)
그리하여 이스라엘은 더 이상 여호와의 훈계를 받아들이지 않는 백성이요 그들의 입에는 진실이 없다고 하신다.(28절) 지독히도 말을 듣지 않으니 더 이상 하나님의 계약백성이 아니요, 그러므로 여호와의 심판은 당연한 것이다.(조건적 계약인 모세계약신앙의 입장에 서 있다.)

●●●불순종의 비참한 결과 렘7:29~8:3

이제 이런 백성들에게 임할 심판이 선언된다.

우선 '예루살렘아 너의 머리털을 베어버리라'고 말씀하신다.(29절)

머리를 기르는 것은 성별의 표시였다.(나실인이 상징적 인물, 민6:5, 삿13:5, 7, 16:17, 삼상1:11 참조) 그리고 예루살렘 백성은 이스라엘 성민들 중의 성민이다. 그런데 머리털을 베어버리라는 것은 이젠 그들이 여호와의 성민이 아니며 여호와의 보살핌을 바라지 말라는 뜻이다.

그리고 '벗은 산 위에서 통곡하라'고 선언하신다.(29절)

벗은 산이 어떤 곳인가? 바알을 숭배하는 높은 곳, 푸른 나무가 더 이상 없어 발가벗겨진 곳에서도 바알을 의지했던 곳이 아니던가?(렘3:2, 21절) 그런데 바알은 그들을 돌보지 못하는 거짓 신이며 여호와께서 심판하셨기에 그곳에서 애곡할 수밖에 없는 것이다.

이렇게 심판하실 수밖에 없는 이유는 그들이 성전에까지 가증한 것을 두어 더럽혔고 힌놈의 아들(벤 힌놈, 예루살렘 남편 골짜기) 골짜기에 도벳(벽난로, 화로라는 의미, 아마 도시의 쓰레기를 소각하던 곳이었으리라 짐작함) 사당을 건축하여 그 자녀를 불살랐기 때문이다.

유아 인신희생제사는 '몰록'에게 아이의 생명을 바치는 가장 비윤리적인 이방제의로 여호와께서 철저히 금지시키신 것이었다.(레위18:21, 신18:10, 왕상11:7, 왕하16:3, 21:6, 23:10, 겔20:26~36 참조)

아이의 생명은 여호와의 선물 중 가장 값진 것이다. 여호와의 백성이 이방종교의식에 따라 어린이의 생명을 제물로 드리는 것은 용납될 수 없는 일이었다.(31절)

도벳에 자리가 없을 만큼 매장되었기에 이제 벤 힌놈은 '살육의 골짜기'라 불릴 것이며, 백성의 시체는 새와 짐승의 밥이 될 것이다.(33절) 그리고 '그때에' 유다 성읍과 예루살렘 거리에 기쁨의 소리가 끊어지게 하실 것이다.(34절)

이것은 결혼식의 즐거운 소리가 끊어질 것이라는 의미로, 결혼의 기쁨은 아기의 탄생에 대한 행복한 기대 때문인데, 인신희생제사를 드리고 있으니 그러한 희망을 빼앗기게 될 것이다. 그리고 땅은 이제 황폐하게 될 것이다. 이제 대代가 끊어지게 되니 당연한 결과이리라.

더 나아가 '그때에' 사람들이(이들은 유대 땅을 점령한 적들을 의미함) 죽은 자들까지 모욕을 줄 것이다.(렘8:1~2) 히브리인들은 무덤을 죽은 자의 평화로운 휴식처로 여겼으며 매장이 안 되는 것을 저주받은 것으로 여겼다.(왕상16:4 참조) 그런데 점령자들이 왕들, 방백들, 제사장들, 예언자들, 예루살렘 거민의 뼈를 묘실에서 끄집어내어 그들이 섬기던 해, 달, 별들에게 쬐이게 하고 다시는 거두지 못하게 하여 지면에 분토(도멘, 똥, 또는 거름의 의미)가 되게 할 것이다. 적들이 자신들의 힘을 과시하면서 패배한 희생자들을 모독하는 행위였다.

이들은 일월성신을 숭배하는 죄를 저질렀으니 이런 비참한 상황을 맞이할 수밖에 없는 것이다. 이 상황에서 유다에서 쫓겨나 이방에 흩어져 남아 있는 자들조차도 '사는 것보다 죽는 것이 낫다'고 할 것이다.(3절) 이와 같은 유다의 운명은 성전설교에서 밝혔던 대로 백성들의 삶이 여호와의 말씀과는 무관했기 때문이다.

이런 심판은 옛 이스라엘에게만 국한되는 것이 아니다. 오늘날 이미 '믿음으로 구원 얻었다'면서 은혜만을 강조하고 거룩한 성도로서의 책무를 소홀히 하는 성도들에게도 임할 수 있는 일임을 기억해야 한다. 믿음과 행위, 예배와 생활(윤리)은 결코 분리될 수 없다.

●●●자연의 이치를 거부하는 백성 렘8:4~7

예레미야는 성전설교에서 예루살렘의 멸망을 기정사실로 선언하였다. 성전제사를 통해 평안을 믿었던 백성들에게 예레미야의 설교는 청천벽력과 같았다. 그러나 예레미야는 이들이 멸망할 수밖에 없는 이유를 본문에서 다시 밝힌다.

예루살렘 백성이 하나님을 떠나는 것은 자연의 순리를 저버린 행위이다. 사람이 넘어지면 일어나는 법이고, 떠났으면(슈브) 다시 돌아오는(슈브) 법인데 예루살렘 백성은 떠나면(슈브) 항상 떠나있음(므슈바)을 고집하고 거짓된 것에 사로잡혀서 돌아오기를(슈브) 거절하고 있다. (4~5절)

다섯 번이나 '회개하다, 돌이키다'라는 의미의 '슈브'가 반복되면서 그들이 여호와를 저버렸다는 사실을 강조한다. 한 두 번이 아니라 늘 하나님께 적극적으로 반항하며 하나님의 말씀을 지독하게도 거부하는 모습이다.

하나님은 그들의 삶을 살펴보셨다. 귀를 기울여 들어보셨다.(6절)

그러나 결과는 안타까움뿐이다. 그들은 정직을 말하지 않았으며 '내가 이런 일을 저지르다니!'라고 자신의 잘못을 뉘우치지도 않는다. 마치 전쟁터로 내달리는 말처럼 모두가 제가 행하였던 대로 행할 뿐이다.

그리하여 여호와는 관심을 자연세계로 돌리셨다.(7절) 대표적인 철새인 공중의 학, 산비둘기, 제비, 두루미는 자연의 이치에 따라 정확히 올 때에 맞춰 돌아오지만, 여호와의 백성은 여호와의 규례를 알지 못하고 있다.

미물인 철새들도 하나님의 피조물로서 하나님이 정해놓으신 자연의 이치대로 행동하건만, 하나님의 백성인 예루살렘 사람들은 그들을 당신의 백성으로 선택하시며 지키라고 하신 규례를 거부하고 있다. 이들은 짐승만도 못한 존재들이다.(사1:3 참조)

짐승이나 사람(인간)이나 하나님의 피조물이라는 사실은 동일하다. 그러나 짐승에게는 본능을 주셨고, 사람에게는 본능과 함께 그 본능을 통제하는 양심을 주셨다.

그러므로 동물은 본능에 따라 살고 인간은 양심에 따라 살아야 한다. 그렇게 살 때 비로소 사람이 만물의 영장이 될 수 있다. 그 양심으로 인해, 사람은 하나님(신)을 찾게 되고 신의 뜻을 묻고 그 뜻대로 살게 되어 있는 존재이며, 그럴 때 비로소 사람으로서의 삶을 사는 것이다.(Homo Religiosus, 종교적 존재)

우리들의 양심은 과연 하나님을 향해 있는가?

●●●소유가 아닌 실행해야 할 하나님의 말씀 렘8:8~13

여호와는 예루살렘 백성이 '여호와의 규례를 알지 못하도다!(7절)'라고 꾸짖었건만, 그들은 인정하지 않았나. 자기들은 지혜가 있고 여호와의 율법을 가지고 있다고, 서기관들이 기록하였다고 주장한다.

여호와는 이러한 그들의 주장을 질책한다. 그렇게 말할 수는 없다.(8절) 그들이 '율법'을 가지고 있을 수는 있으나 정작 '여호와의 말씀'은 버렸기 때문이다.(9절)

여호와의 율법은 가지고 있으나 여호와의 말씀을 버렸다는 것은 어떤 의미일까? 여호와의 율법을 아전인수我田引水식으로 해석하여 백성들에게 그릇된 평화의식만 심어주었다는 것이다.(11절)

> '그들이 딸 내 백성의 상처를 가볍게 여기면서 말하기를
> 평강하다, 평강하다 하나 평강이 없도다' (11절)

여호와의 율법은 여호와의 말씀을 담고 있는 그릇이다. 그것은 지식인들(지도자들)이 소유하는 것이 아니라, 하나님의 백성을 교훈하여 바른 삶을 살도록 인도해야 할 지침이다.

그런데 선지자로부터 제사장까지 지도자들은 율법을 소유하고 있다는 이유만으로 위아래 할 것 없이 특권의식을 누리며 자만하였고, 또

한 백성들을 얄팍하게 위안하면서 자기 위치를 확고하게 했다.
그리고 그런 일을 행하면서도 부끄러워하지 않았다.(12절)
그러니 어찌 백성들이 올바른 생활을 할 수 있었을까? 그 결과는 어떠하였을까? 열매 없는 포도나무와 무화과나무처럼 되고 말 것이다.(13절)
또 그렇게 백성들을 잘못된 길로 인도한 지도자들의 운명은 어찌 되겠는가? 심판의 날을 반드시 맞이할 것이요(12절), 수욕羞辱을 받으며 경황 중에 잡힐 것이며(9절), 그들의 아내와 밭은 빼앗기게 될 것이다.(10절)

성도는 하나님의 말씀을 소유하는 사람이 아니라 그것을 통해 하나님의 뜻을 헤아리고(시1:2) 그 뜻에 순종해야 할 사람이다.(신28:9)

●●●피할 수 없는 심판 렘8:14~17

하나님의 예고된 심판의 날을 내다보는 백성들의 탄식이 나타난 부분이다.

백성들은 '멸망당하더라도 가만히 앉아서 죽을 수 없지 않느냐고 함께 견고한 성읍으로 들어가자'고 한다.(14절)

피할 데까지 피해보자는 것이다. 또한 이제 그들은 하나님이 심판하시는 이유가 자신들의 죄 때문임을 알고 있다. 또한 자신들의 바람과 달리 심판을 피할 수 없다는 것도 알고 있다.(15절)

그렇다면 이제라도 회개하고 하나님의 구원을 간구해야 하지 않을까? 그러나 때가 늦은 것 같다. 침략자의 말울음소리가 단 Dan(북이스라엘의 북쪽 국경에 인접한 마을)에서부터 들리고 준마들이 우는 소리가 천지를 진동하며 그들이 이르러 온 나라를 삼키고 성읍 주민을 삼킬 것이다.(16절) 심판이 임박한 것이다.

그러나 그들이 심판의 상황에도 회개하며 구원을 간구하지 못하는 이유는 때가 임박했기 때문이 아니다. 그들에게 내려질 하나님의 심판이 치명적이기 때문이다.

여호와는 백성에게 그 어떤 술법으로도 제어할 수 없는 뱀과 독사들 보내어 죽게 하시겠다고 하신다.(17절)

이 말씀은 이스라엘이 광야에 있을 때 겪었던 '불 뱀 사건'(민21:4~9)을 배경으로 한다. 그때에는 범죄한 백성들을 심판하시기 위해 불 뱀을 보내었다가 모세의 중재로 구원을 허락하시며 '놋 뱀'을 만들게 하셨다.

그러나 이제는 이들을 구원할 그 어떤 방법도 허락하지 않으신다. 하나님 앞에 저지른 백성들의 죄는 '죽음에 이르는 병'이라고 하신다. 하나님의 심판이 너무 가혹한가? 아니면 이런 가혹한 심판조차도 백성들을 위한 하나님의 뜻인가?

예레미야는 이스라엘을 위한 하나님의 뜻으로서의 심판을 말한다.(렘1:10 참조)

●●●예레미야의 눈물 어린 탄식 렘8:18~9:1

죽음이라는 결과를 피할 수 없게 된 백성들을 내다보는 예레미야는 제삼자의 입장에서 냉정하게 여호와의 말씀을 전한 사람이 아니다.

그는 참 선지자로 백성의 고통을 온몸으로 함께 느끼며 통곡하고 있다.(렘4:19, 7:16 참조) 렘8:18~9:1(히브리어 성서로는 렘8:23절)은 예레미야의 내적 번민을 잘 묘사하고 있다.

본문은 예레미야의 탄식(렘8:18~19절 상), 백성의 탄식(19절상), 여호와의 탄식(19절 하), 백성의 탄식(20절), 예레미야의 탄식(렘8:21~9:1)으로 구성되어 있다.

예레미야는 이제 백성들이 당할 고통을 미리 내다보며 온 몸으로 느끼며 비통해 한다. 고칠 방도가 없을까 애통해 한다.

'길르앗 Gilead에는 유향이 있지 아니한가, 그곳에는 의사가 있지 아니한가?' 길르앗은 다메섹에서 이집트로 가는 무역상들이 거쳐 가는 곳이다. 그곳의 유향(balm)은 상처를 치료하는 약용으로 사용되기도 한다.

그런데 이런 예레미야의 바람에 대한 답변은 부정적이다. 도저히 불가능하다. 그리하여 그의 머리는 물(우물)이 되고 눈은 샘이 되어 주야로 울 수밖에 없다.

예레미야는 백성들이 포로로 잡혀간 심히 먼 땅에서 부르짖는 소리를 미리 들었다. '여호와께서 시온에 계시지 아니한가, 그 왕이 그 중에 계시지 아니한가?'(19절상)

백성들은 여전히 다윗왕조신앙에 기대어 예루살렘 시온성전에 계신 여호와, 그리고 다윗왕조를 영원히 존속시켜 주시겠노라고 하신 여호와가 왜 구원해 주시지 않고 멸망시켰는지 당황하고 있다.

백성들은 '여름이 지나면 추수 때가 된다'라는 속담을 들어 기대했던 구원이 이루어지지 않자 절망에 사로잡혀 있다.(20절)

예레미야는 백성들의 이런 절망적인 한탄과 더불어 여호와의 말씀도 듣는다. '백성들이 어찌하여 조각한 신상과 이방의 헛된 것들로 나를 격노케 하였는고…'(19절하) 백성들을 심판하실 수밖에 없는 하나님 쪽의 이유를 듣고 있다. 예레미야는 하나님과 백성들 사이에서 양쪽의 괴로움을 들으며 온 몸으로 괴로워하고 있다.

선지자는 이렇게 사람들 앞에서는 하나님을 변호하고, 하나님 앞에서는 사람들을 변호하는 사람이다. 즉 **'공감의 영성'**(spirituality of sympathy)이 충만한 사람이다.

공감은 값싼 동정이나 슬픈 연민이 아니다. 선지자는 말씀에 입각하여 사람에게는 진정한 사랑을 갖고 하나님께는 두렵고 떨리는 경외의 마음으로 서야 하는 것이다.

●●●우상숭배로 인해 진실이 사라진 공동체 렘9:2~9

동족의 멸망이 치유할 수 없는 절망적인 것이기에 눈물을 흘리며 곡할 수밖에 없는(렘8:18~9:1) 예레미야는 백성의 고통을 차마 더 이상 볼 수 없어 광야로 피하려고 한다.

'광야에 내가 머물 나그네의 거처가 있다면 내 백성을 저버리고 떠나갈 수 있으련만!'(2절상) 그러나 그는 백성을 떠나지 않았다. 마지막까지 백성들과 고통을 함께 하며 눈물을 흘렸다.

그런데 예레미야가 떠나고 싶은 백성들은 어떤 사람들인가?

'그들은 다 간음하는 자들이요 반역한 자의 무리'다.(2절) 여기서 백성들의 간음이란 우상을 숭배하는 종교적인 간음뿐 아니라 그로 인한 윤리적인 간음까지 포함한다.(렘5:7, 7:9 참조)

어떤 종교를 가지냐에 따라 일상생활까지 달라지는데 바알 숭배는 그들의 일상생활의 기본적인 윤리성마저 무너지게 했다. 이것은 결국 하나님을 배신하는 행위이다.

이와 같은 백성들의 타락을 여호와가 더 확인해 주신다.(3절, 개역개정 성서에는 '여호와의 말씀이니라'가 맨 앞에 나오지만 히브리어 성서에는 맨 마지막에 있다.)

백성들이 활을 당김같이 그 혀를 놀려 거짓을 말한다고 하신다. 굽은

활처럼 거짓말을 하고 있다고 하신다. 또한 그 땅에서 강해졌으나 진실(에무나)하지 않다고 탄식하신다.

그러니 이들은 사기꾼이다. 또한 악에서 악으로 악행을 거듭하여 하나님을 알지 못하고 있다. 형제인 이웃을 등쳐먹고 저만 잘 살고 있다.

그러므로 각기 제 이웃을 조심하고 어떤 형제도 믿지 말라고 하신다. 서로 돌아다니며 비방하기만 하기 때문이다.(4절) 특히 '온전히 속이다'(아콥 야으콥)는 족장 야곱처럼 속인다는 의미로(창27:36 참조) 언어유희를 통해 지금 이들이 조상 야곱보다 더 사기꾼이라고 말씀하신다.

이런 거짓의 행태는 5절에 반복된다. 모두 제 이웃을 속이며(하탈, 라반이 야곱을 속이고 창31:7, 삼손이 들릴라에게 바른 말을 하지 않은 것을 의미한 말, 삿16:10,13,15절의 '희롱하다'는 말) 진실(에멧, 3절의 에무나와 같은 의미)을 말하지 아니하며 그 혀로 거짓말하기를 가르치며 악을 행하기에 지치도록 하고 있다.

'네가 사는 곳이 속이는 일(미르마) 가운데 있도다'는 말은 네가 앉아 있음이 속임 가운데 있다는 뜻으로 삶 자체가 속임이라는 것이며, 그 속이는 일로 여호와 알기를 거부한다는 뜻이다.(6절)

여호와를 의식하며 산다면 그렇게 살 수 없으련만 아예 여호와께 등을 돌리고 살아가는 모습이다.

남 유다는 이제 오로지 자기밖에 모르는 사회, 그리하여 자신을 위해서 거짓으로 이웃을 등치는 불신의 사회가 되었다.(8절) 더불어 살아야 하는 사회정의가 붕괴된 것이다.

거룩한 하나님의 공동체가 완전히 무너져 버렸다. 이런 백성을 위해 하나님이 하실 일이란 심판, 곧 용광로의 철광석처럼 극한 시련을 주시는 것이다.(7,9절)

그런데 기독교 신앙을 가진 우리들의 삶은 기독교 정신에 지배를 받고 있는가?

●●●초토화된 생태계 렘9:10~16

하나님의 심판에 대하여 예레미야가 애곡한다. 10절에서 '내가 산들 때문에 곡(느히)을 터뜨리고 광야의 목장들 때문에 애가(키나)를 부르리라'고 한다.

'느히'와 '키나'는 모두 죽음을 향한 울음을 의미한다. 여기서 예레미야는 생태계가 파괴된 것을 슬퍼한다. 가축과 새와 짐승이 사라져버린 것을 슬퍼한다.

누가 이렇게 하셨나? 여호와께서 하신 일이다.(11절) 예루살렘을 초토화시켜 승냥이의 굴이 되게 하셨고 성읍은 황폐케 되어 주민이 없게 되었다.(11절)

여호와는 왜 이렇게 하셨을까? 예레미야도 이런 사정을 깨달아 제대루 전할 만한 지혜자가 있는지를 묻는다.(12절) 이에 하나님이 직접 대답하신다.

'그들이 내가 그들의 앞에 세운 나의 율법을 버리고 내 목소리를 순종하지 아니하며 그대로 행하지 아니하고 그 마음의 완악함을 따라 그 조상들이 자기에게 가르친 바알을 따랐음이라'(13~14절)

여호와께서 가르쳐 주신 율법(토라)을 들어야 했는데(쉐마!) 듣지 않고 그들의 조상에게서 배운 대로 우상(바알) 숭배를 하였기 때문이다.

이들은 여호와의 가르침보다 사람의 가르침에 따랐다. 여호와는 이웃에게 관심을 가질 것을 가르치는데 사람은 오직 자기 유익에 집중할 것을 가르칠 뿐이다. 이는 결국 9:2~6, 8절에 언급된 사회정의 파괴를 가져왔으며, 공동체 파괴는 생태계의 파괴를 가져오게 된 것이다.(창 6:11~13, 호4:1~3 참조) 그러므로 이제 여호와께서 백성들에게 쑥을 먹이고 독한 물을 마시게 하신다.

> '그러므로 만군의 여호와 이스라엘의 하나님께서 이와 같이 말씀하시니라 보라 내가 그들 곧 이 백성에게 쑥을 먹이며 독한 물을 마시게 하고 그들과 그들의 조상이 알지 못하던 여러 나라 가운데에 그들을 흩어 버리고 진멸되기까지 그 뒤로 칼을 보내리라 하셨느니라' (렘9:15~16)

'쑥과 독'은 구약에서 일반적으로 나란히 언급되어 극심한 고통을 상징한다.(렘23:15, 신29:18, 애3:19) 이러한 고통은 '그들과 그들의 조상이 알지 못하던 열국 중에 그들을 해치고 진멸되기까지 그 뒤로 칼을 보내는' 심판이다. 바벨론 포로 생활과 그곳에서조차 계속되는 전쟁으로 인한 살생을 뜻한다.

지금 그들이 살고 있는 가나안 땅은 하나님이 주신 땅이다. 그곳에서 복되게 살 수 있는 길은 여호와의 말씀에 순종하는 것이요 그렇지 않으면 심판을 받게 된다. 당연히 그들이 후손에게 가르치고 조상들에게 배워야 할 것은 말씀에 순종하는 것이다.(신6:4~15, 특히 11:8~25, 삿 2:6~15 참조)

그런데 백성들은 여호와보다 조상들의 가르침에 귀 기울였고, 조상들은 후손들에게 여호와의 말씀을 순종하여 이루어질 복된 삶에 대해 가르치지 않았다. 이로 인하여 이제 그들 조상과 그들이 알지 못하는 이방 백성 중에 흩어짐을 당하게 된 것이다. 듣고 알아야 할 여호와의 법을 거부한 결과 허락받은 가나안에서 쫓겨나 알지도 듣지도 못한 이방에 흩어지고 진멸되는 불행을 맞게 된 것이다.

오늘날 성서에 나타난 이스라엘 역사를 통해 얻을 교훈은 무엇일까?

●●●곡할 수밖에 없는 유다의 현실 렘9:17~22

유다가 이방 제국에 포로로 붙잡혀가고 그곳에서 살해당할 것이라는 여호와의 심판은 피할 수 없게 되었다.(16절)

동족을 위해 예레미야가 할 수 있는 일은 무엇인가? 여호와는 이제 예레미야를 통해 멸망당할 백성들을 향한 심정을 드러내신다.

곡하는 부녀와 지혜로운 부녀를 데려다가 곡을 하도록 하신 것이다.(17~18절) '곡하는 부녀'는 근동지방에 존재하였던 직업울음꾼이다.(암5:16, 대하35:25 참조) '지혜로운 부녀'란 슬기로운 여인을 말함이 아니라 어떤 일을 전문적으로 하는 사람이니 곡하는 부녀와 동일한 의미이다.

그런데 이들을 불러와 곡을 시켜 눈물이 나게 하라는 것이다. 마땅히 울어야 할 일인데 울지 못하기에 곡하는 여인들의 자극이 필요하다. 슬픔을 당해도 울 줄 모르는 마음이 굳어진 사람들이기에 슬픈 분위기를 조성하라는 뜻이다. 어떻게 곡하는 분위기를 만들어야 할 정도가 되었는가?

19절이 그 이유를 밝혀준다. 시온(예루살렘)에서 '호곡하는 소리', 애가가 들려오기 때문이다. 예언자는 앞으로 닥칠 재난의 현실, 곧 예루살렘 사람들이 어쩔 줄 몰라 울부짖는 소리를 듣고 있다.

그런데 백성들은 이런 상황을 아예 생각조차 하지 않고 있다. 그러니 이들을 깨우쳐주기 위해 곡하는 여인들을 불러와 백성들로 울게 하여야 하는 것이다. 그들의 상황이 얼마나 비참한지를 울음꾼을 통하여 절실히 깨닫게 해야 하는 것이다.

예레미야는 더 나아가 부녀들에게 그들의 딸들에게도 애곡을 가르치고 이웃들에게도 애가를 가르치라고 한다.(20절)

즉 대代를 이어가며 애가를 가르치고 이웃들에게도 애가를 가르쳐 직업 울음꾼조차도 미처 예상하지 못할 정도의 심각한 재앙이 임할 것임을 알리고 있다.

이어서 그 재앙의 임박함과 처참함을 알려준다. 죽음은 이미 창문을 넘었고 왕궁까지 들어왔으며 거리에서는 어린이와 젊은이들이 죽어가고 있다.(21절)

또 사람들의 시체가 들판의 거름더미처럼 널려 있고 추수하지 않은 곡식단이 들에 그대로 널려 있듯이 시체가 그러할 것이다.(22절) 전쟁으로 인한 엄청난 학살이 임박했음을 알려주고 있다.

이런 메시지를 전하는 예레미야의 심정은 어떠할까? 또한 그의 메시지는 과장된 것일까? 선지자는 하나님의 음성에 영적으로 민감하여 먼저 듣고 가감 없이 전할 뿐이다. 선지자는 말하는 자(speaker)이기 이전에 듣는 자(listener)이다.

그리고 메시지의 내용이 처참하여 백성들은 듣기 싫어하겠지만, 가감 없이 전해야 한다. 그러나 분명한 것은 그저 담담히 전하는 것이 아니라 백성의 고통을 함께 나누는 통곡하는 마음으로 전해야 한다.

오늘날 성도들을 향한 여호와의 메시지는 어떤 내용일까? 세상을 향해 성도들은 무엇을 전해야 할까?

●●●백성들이 자랑해야 할 것 렘9:23~24

비참한 운명에 처한 백성들의 슬픔을 전한 예레미야는 이제 하나님의 백성으로서 그들이 '자랑해야 할 것'과 '자랑하지 말아야 할 것'이 무엇인지 밝힌다.

'자랑하다'(할랄)는 '찬양하다, 칭찬하다, 뽐내다'라는 의미로 다섯 번 반복된다.

우선 자랑하지 말아야 할 것은 '지혜', '용맹', '부함'이다.(23절) 이 세 가지는 일반적으로 사람들이 내세우는 자랑거리다. 또한 다윗왕조가 내세우는, 특히 다윗왕조의 번성기라고 여기는 솔로몬 시대에 하나님으로부터 받았다는 축복의 요소이기도 하다.

솔로몬의 지혜(왕상3:16~28, 4:29~34, 10:1~10 참조), 다윗의 용맹(삼상17장, 삼하5:6~25)과 솔로몬의 군대의 힘(왕상4:26~28, 10:26~29) 그리고 솔로몬의 부귀영화(왕상4:20~25, 10:14~22,27, 7년간의 성전건축과 13년간의 왕궁건축 왕상6:38~7:1)는 다윗왕조의 영화를 상징하였으며 또한 유다 백성들이 대대로 자랑스럽게 여긴 것들이다.

회고주의자들은 이런 것들을 다윗왕조 영속성의 신앙과 함께 하나님의 약속으로 믿고 늘 꿈꾸고 있었다.

그런데 예레미야는 이런 것들을 자랑하지 말라고 한다. 하나님의 백성으로서 이런 축복을 받을 만한 생활은 하지 않으면서 약속만을 바라는 그릇된 소망에 사로잡혀 있기 때문이었다. 하나님의 약속과 축복만 믿는 다윗왕조신앙의 그릇된 자만이 백성들을 죽음으로 몰아넣게 되고 말았다.

자랑해야 할 것은 '명철하여 여호와를 아는 것'과 '여호와는 사랑, 정의, 공의를 행하시는 분임을 깨닫는 것'이다.(24절)

하나님을 아는 것과 하나님이 어떤 분이신지 깨닫는 것으로 이것은 둘이 아니라 하나이며 '하나님을 아는 것'(야다)이 강조된다.

'안다'(야다)라는 말의 의미는 고대 히타이트(Hittite Empire)의 종주권 계약 양식에 자주 등장하는 말로 하나님의 백성으로서 이스라엘의 정체성을 나타내주는 말이다.(암3:2, 호6:3, 렘9:6 참조)

유다백성은 여호와가 사랑, 정의, 공의를 행하는 분이심을 알고 그 일을 행하는 삶을 살아야 했다. 또한 이 일을 행함은 자기를 자랑하는 것이 아니라 여호와를 자랑하는(할렐루야) 일이 될 것이다.

사랑(헤세드)은 '자비, 인애, 은혜, 긍휼, 후대함' 등으로 다양하게 번역되는 단어로 서로에게 지켜야 할 마땅한 도리를 성실히 준행하는 것을 의미한다. 상대방이 나를 어떻게 대하든지 상관없이 내가 그에게 할 바를 다하는 것이다.

하나님은 사람이 당신께 할 바를 다하지 않아도 사람에게 행하실 바를 다 하신다. 사랑하시고 은혜와 자비를 베푸신다. 이러한 하나님의 사랑이 궁극적으로 나타난 것이 바로 예수 그리스도의 골고다 십자가 사건이다.

이와 같이 사랑을 행하시는 분이 여호와임을 아는 사람은 그 하나님처럼 다른 사람들에게도 사랑의 은혜를 베풀며 살지 않을 수 없는 것이다.(마5:38~48 참조)

공평(미쉬파트)과 정의(체데카)은 구약에서 언제나 함께 언급된다.(사1:21, 5:1~7 참조) 공평(미쉬파트)은 사람이 마땅히 돌아갈 제 몫을 누리고 사는 것을 의미하고, 정의(체데카)는 한 공동체를 유지하기 위해 서로가 서로에게 바르게 대하는 것을 의미한다.

이 공평과 정의는 하나님의 계명(특히 십계명)을 통해 확실히 밝혀져 있는데 한 마디로 **'이웃 환대법'**(hospitality)을 지키며 생활하여 '할렐루야!' 하라는 것이다. 공평과 정의는 하나님의 백성으로 성스러운 책임을 다하여 결국 생명으로 이끌게 되는 윤리규범이다.(렘7:5~6 참조)

●●●구원의 조건은 마음의 할례 렘9:25~26

25절은 '할례 받은 자와 할례 받지 못한 자'(개역, 개역개정)와 '몸에만 할례 받은 사람들'(표준 새번역)로 번역이 가능한 말씀이다.

그런데 26절에서 애굽, 유다, 에돔, 암몬, 모압 및 광야에 거하는 머리털을 깎은 모든 자들(이스라엘 사람들이 금지하는 것을 행하는 아랍민족을 일컬음, 레19:27 참조)이 모두 할례 받은 민족으로 언급되므로 '몸에만 할례 받은 사람들'이라는 번역이 합당하다.

그러므로 이들이나 유다 백성들이 모두 몸의 할례를 받았으나 결국 똑같이 심판을 받게 된다는 것은 할례는 '몸의 할례'가 아니라 '마음의 할례'가 중요하다는 뜻이다.(렘4:4, 신10:16, 30:6 참조)

몸의 할례는 의식을 행하는 한 순간이지만 마음의 할례는 '언제나' 생활 속에서 진행되는 것이다.

그러므로 한 순간의 결단과 고백이 생활을 지배하도록 하는 것이 곧 마음의 할례이며, 실천적 신앙이 중요하다는 것을 명심해야 한다.

우리는 '회원교인'(membership Xian), '문화교인'(culture Xian), '중생교인'(Born again Xian) 중 어디에 속하는가?

우리의 세례가 의식의 세례인가, 마음의 세례인가?

●●●여호와와 우상과의 네 가지 대비 렘10:1~16

지금까지 말씀은 예루살렘의 멸망에 대한 예고였는데 렘10장에 와서 갑자기 다른 내용이 등장한다.

본문은 예레미야 전체 중에서 가장 논란이 되는 부분으로 헬라어 성서(70인 역)와 히브리어 성서(마소라 텍스트) 사이에 순서가 크게 차이 나고, 11절에는 갑작스럽게 아람어로 된 본문이 등장한다.

특히 본문의 중심내용인 우상숭배에 대한 비판이 제2 이사야와 비슷해서 이 본문이 예레미야의 것이 아니라 제2 이사야의 것이거나 혹 포로기의 어느 서기관이 따로 기록한 것으로 보는 학자도 있다.

특별히 사40~48장에 나오는 어휘들, 예를 들어 '우상, 거짓, 장인, 나무, 대장장이, 금, 은, 도끼, 망치, 못, 고정시키다, 운반하다' 등의 어휘들이 이곳에 많이 등장하기 때문이다.

본문은 '너희는 들으라'(쉐마)는 명령형으로 시작되어(1절) '헛된 우상'과 '진실한 하나님'을 비교하는 네 쌍의 대비로 구성되어 있다.

우상의 유약함(2~5절) / 여호와의 권능(6~7절)

생명 없는 우상(8~9절) / 살아계신 여호와(10절)

창조의 능력이 없는 우상 (11절) / 창조주 하나님(12~13절)

어리석은 우상 숭배자들 (14~15절) / 어리석지 않은 여호와 숭배자들(16절)

첫째 대비(렘10:1~7)

2~5절에서는 세 번의 금지 명령이 나온다. 여러 나라의 길을 배우지 말라.(2절) 하늘의 징조를 두려워하지 말라.(2절) 너희는 두려워하지 말라.(5절)

여러 나라(학고임)는 이스라엘이 아닌 이방민족을 일컫는다. 길(데레크)은 생활방식을 뜻한다. 이방민족처럼 생활(처신)하지 말라는 뜻이다.

그것이 무엇인지는 다음 말씀에서 알 수 있다. 이방인들은 하늘의 징조를 두려워하지만 너희는 두려워 말라는 말씀이다.

이방민족은 하늘(일월성신)에서 나타나는 이상한 징조를 어떤 암시로 보고 두려워했는데 이스라엘은 두려워하지 말라고 하신다. 일월성신은 창조주 하나님의 피조물에 불과하기 때문이다.

3절에서 이런 이방인들의 풍습은 헛된 것임을 밝힌다. '풍습'(후코트)은 규례, 관습을 의미하는 것으로 '길'과 비슷한 뜻이다. 그들의 풍습은 헛된 것(헤벨, 가나안 신 바알, 곧 우상을 의미함 렘2:5 참조)에 불과하다.

이런 우상은 사람의 손으로 만들어진 것으로 '둥근 기둥'(정확한 뜻을 알 수없는 말로 '허수아비'로 추측함)과 같아 움직이지도 못하고 사람들에게 어떤 영향을 끼치지도 못하는 유약한 것이니 두려워 말라는 것이다.(3~5절, 사41:7, 44:9~20, 46:6~7 참조)

이런 우상에 비해 여호와는 강력한 권능을 가지신 분으로 단순한 물질인 우상들보다 위대할 뿐 아니라 왕이나 지혜로운 자들을 뛰어넘는 분이시다.(6~7절)

특히 강력한 권능을 가지고 계시는 여호와는 사람들에게 유익을 주시는 분임을 밝히고 있다.

둘째 대비(렘10:8~10)

8절의 '그들'은 우상들을 말한다. 이 우상들의 가르침은 어리석고 무의미하다.(8절) 비록 그 재료가 '다시스 Tarshish'(스페인 남서 해안에 위치한 항구도시, 무역항으로 '제련소'라는 뜻임, 겔27:12, 욘1:3 참조)에서 가져온 은

박과 '우바스 Uphaz'(미확인 지명으로 문자적으로 '금 해변'이란 뜻, 아프리카 해안지역에 금이 많이 생산되던 '오르피'로 추정)에서 가져온 금으로 꾸몄다고 해도, 또 자주빛 옷처럼 값진 것일지라도 그것은 단지 사람이 만든 것에 불과하다.(9절) 곧 생명이 없는 물건일 뿐이다.

우상은 사람들이 고정시킨 틀에서 벗어날 때 쓰러지면서 땅을 약간 진동시킬 뿐이지만, 살아계신 참 하나님이며 영원한 왕이신 여호와는 당신의 분노를 온 땅에 진동시키고 열방을 두렵게 만드시는 분이시다.(10절)

그러므로 두려워하고 진심으로 찬양과 영광을 돌리며 섬겨야 할 분은 여호와 하나님이심을 강조한다.

셋째 대비(렘10:11~13)

11절은 아람어로 쓰여졌는데 아람어는 기원전 700~200년 사이 고대 메소포타미아 전 지역의 공식 외교 문서이자 궁중 언어였다.

갑자기 히브리어 문장 안에 아람어가 나오는 이유를 히브리어 성경을 아람어로 번역한 탈굼 Targum에서 찾아 볼 수 있다. 탈굼10:11에 보면 다음과 같은 서문이 나온다.

"이것은 선지자 예레미야가 바빌론에 포로로 잡혀간 사람들의 지도자들에게 보낸 편지의 사본이다. '갈대아인들이 너희에게 우상을 숭배하라고 말하거든 그들에게 이렇게 대답하라."

따라서 본문 11절은 기원전 597년(1차 포로)에 포로로 잡혀간 여호야김과 다른 지도자들에게 예레미야가 보낸 편지 내용을 요약한 것이라고 추정한다.

11절에서 우상은 피조물로 다른 존재를 창조할 능력이 없으므로 하늘과 땅에서 사라질 것이라고 한다.

그러나 여호와 하나님은 세상을 지으시고 하늘과 땅을 반드신 분이시다. 궁창을 만드신 후 그곳에 담아놓은 비와 안개와 번개와 바람을 마음대로 부리시는 분이시다.(12~13절, 시65:6~7, 잠3:19 참조)

따라서 가나안 신인 바알은 참 신이 아닐 뿐 아니라 생산에 아무런 영향을 미치지 못하는 존재이며, 오직 여호와가 생산을 주장하시는 분임을 강조한다.

넷째 대비(렘10:14~16)

우상을 섬기는 자들과 여호와를 섬기는 자들의 운명을 대비시킨다.

우상이 어리석은 것이기에(8절) 우상을 섬기는 사람들 역시 어리석은 자(허깨비)요, 숨결 곧 생명이 없는 우상과 함께 파괴될 것이지만(14~15절), '야곱의 분깃'(여호와를 지칭함, 민18:20, 시16:5, 애3:24 참조)이신 여호와는 만물의 조성자(요체르, 이 말은 창2:7에서 하나님이 사람을 흙으로 지으셨다고 할 때 쓰인 동사 '야차르'에서 비롯된 말로 렘18~19장에서는 '토기장이'를 가리키는 말로 사용되었음)로 이스라엘을 당신 산업의 지파로(민18:20, 신4:20에 의하면 특별한 관계를 의미함) 여겨 영원히 살아남게 될 것임을 강조한다.(16절)

특히 하나님의 이름을 '만군의 여호와'(야훼 체바오트)로 밝혀서 여호와의 강력한 능력과 보호하심을 나타내고 있다.

•••재난 당한 백성들을 위한 예레미야의 탄식 렘10:17~25

렘10:1~16에서 갑자기 우상숭배의 어리석음을 말한 예레미야는 본문에서 본래의 중심 메시지로 돌아와 북방민족의 침략으로 백성들이 겪게 될 고난에 대해 언급한다.

17~18절은 북방적군의 침략을 알리는 내용이고, 19~25절은 백성들의 고통을 개인적 애가哀歌의 형식을 빌려 노래한다.

지금 포위되어 있는 예루살렘 백성에게 짐꾸러미를 꾸리라고 한다.(17절) 피난 보따리를 챙기라는 뜻으로 여호와께서 백성들을 거하는 땅에서 추방시킬 것을 의미한다.

18절 하반절 '그들을 괴롭게 하여 깨닫게 하리라'는 의미는 불확실하다. '괴로움을 겪어서 알게 하리라'는 것인지, '괴로움을 당하여 그들이 무엇인가를(범죄한 것에 대한 하나님의 심판 등) 발견하리라'는 것인지 분명하지 않다.

19절 이하의 애가는 재난을 겪게 되는 백성들의 고통을 예레미야가 자신의 고통으로 동일시한 내용이다. 예레미야는 현실을 냉철하게 받아들인다.

중상을 당하였으나 참아야 한다.(19절) 장막이 무너지고 장막 끈도 끊겼으며 아이들마저 떠나가 장막을 다시 세워줄 사람이 없다.(20절) 이것은 이스라엘의 옛 시절 곧 유목생활을 빗대어 고통의 현실을 표현한 것이다.

그런데 이렇게 백성들이 재난을 당한 것은 지도자인 목자들이 어리석어 여호와를 찾지 않았기 때문이다.(21절) 목자들은 백성들을 올바로 인도하여 평안하게 살게 할 책임이 주어진 사람들이다. 그 일은 오직 여호와를 찾을 때 가능하였지만, 이들은 어리석어 여호와를 찾지 않아 형통치 못하였고 결국 백성들이 흩어지게 되었다.

이들의 어리석음은 종교적으로는 우상을 숭배하면서 그릇된 안도감을 주는 다윗계약신앙에 몰두한 것이요, 정치적으로는 이방민족을 의지한 것이다.

그 결과 백성에게는 평화가 없겠고 양 떼가 흩어지는 것처럼 남의 나라에 끌려가게 된 것이다.

이미 북방의 적이 유다를 황폐하게 만들겠다는 소문이 들려오고 있다.(22절) 이런 임박한 재난을 보며 예레미야는 하나님께 호소하며 자신의 한계를 고백한다.

'사람의 길이 자신에게 있지 아니하니 걸음을 지도함이 걷는 자에게 있지 아니하다'(23절)고 한다. 사람은 자기 인생을 스스로 통제하고 이끌 수 없다는 처절한 한계의 고백이다. 이 고백 속에는 인간의 삶은 오직 하나님만이 인도하실 수 있다는 의미가 담겨 있다.

예레미야는 여호와께 징계하시되 완전한 진멸을 목적으로 한 분노로 다루지는 말아달라고 애원하였다.(24절)

> '여호와여 나를 징계하옵시되 너그러이 하시고 진노로 하지 마옵소서
> 주께서 내가 없어지게 하실까 두려워하나이다' (24절)

예레미야는 여호와께 일방적으로 자비만을 구하지 않는다. 오히려 하나님의 공의와 함께 자비를 구하고 있다. 공의로운 심판이 없는 일

방적인 자비는 결코 이스라엘을 바로 세울 수 없기 때문이다.(렘1:10 참조)

이렇게 이스라엘을 위해 하나님의 공의와 자비를 구한 예레미야는 이제 하나님께 '이스라엘에게 재난을 주는, 여호와를 알지 못하고 간구하지도 않는 이방민족에게 분노를 쏟아부어 주시기를' 요청하였다.(25절)

25절은 시79:6~7에도 언급된 공동체 탄식기도의 내용과 흡사하며 '투기(킨아, 질투)하시며 보복하시는 하나님'(나1:2)께 드리는 호소 가운데 하나다.

●●●백성에게 언약을 주지시킴 렘11:1~5

렘11~20장에는 예레미야의 고백 다섯 개(렘11:18~12:6, 15:10~21, 17:14~18, 18:18~23, 20:7~18)가 담겨 있다.

본문에는 하나님께서 예레미야 자신의 한계를 망각하고 계시다는 불평, 자신을 박해하는 사람들을 향한 분노, 끊임없는 자기 비하, 원수들에 대한 복수의 요청 등 그의 인간적인 내적 고민이 특별히 잘 나타나 있다.

1~5절에서 여호와는 예레미야를 통해 백성들에게 언약의 요구사항을 주지시키신다.

본문은 요시야의 종교개혁(기원전 621년, 왕하22:8~13, 23:1~25 참조)을 배경으로 하고 있다.

강조점은 첫째, 모세를 통하여 주신 율법 준수가 유다가 하나님의 백성이 되고 여호와가 그들의 하나님이 되는 조건임을 일깨워 주신다.(4절) 무조건적 선택만이 강조될 수는 없는 것이다.

둘째, 하나님은 이스라엘에 대한 약속을 지키셨다. 그들이 젖과 꿀이 흐르는 가나안에 살고 있는 현실이 그것을 증거하고 있다.(5절) 이렇게 여호와는 언약을 지켰으나 백성들은 언약을 지키지 않아서 이제 저주를 받을 수밖에 없음을 상기시키는 것이다.

이에 예레미야는 '아멘'(옳습니다, 동의합니다, 신27~28장 참조) 할 수밖에 없었다.

- 요시야의 종교개혁 내용

1. 이방제의기구와 관습 철폐 –
솔로몬 시대부터 도입되어 아하스 시대에 확산되고 므낫세 시대에 전성기를 이룬 바알, 아세라 상 등의 이방 제의기구를 제거함.
메소포다미아에서 들어온 일월성신숭배 기물은 불태움,
이방제의 종사자(제사장들) 처형, 가나안에서 유입된 마술,
점성술 금지시킴.
2. 모든 지방산당을 폐지하고 예루살렘 성전을 유일한 제의 장소로 지정,
산당 제사장들은 예루살렘 성전 입장을 금지시킴.
3. 율법을 백성들에게 낭독시켜 주며 철저히 순종할 것을 언약시킴 –
예배(신앙)의 순수성을 회복시키고 하나님 백성으로서의 삶의 변화를 촉구시킨 것으로 모세계약신앙(신명기 법전)에 근거한
종교개혁이었음.

●●●피할 수 없는 재앙 렘11:6~17

예레미야는 렘11:1~5절에서 요시야의 종교개혁을 배경으로 모세를 통해 주신 언약 준수가 이스라엘과 여호와 하나님과의 관계 형성의 기본임을 상기시켰다.

언약에 순종할 때 이스라엘은 하나님의 백성이 되고, 여호와는 이스라엘의 하나님이 된다. 하나님은 그 약속을 지키어 지금 그들이 살고 있는 가나안 땅을 주셨다.

예레미야는 6~8절에서 유다와 예루살렘 사람들에게 이스라엘의 불순종의 역사를 회상시키고 있다. 조상들이 강팍한 마음으로 언약에 불순종하였기에, 언약에 있는 말씀대로 심판이 있었다는 것이다.(신27~29장 참조)

그런데 지금도 반역(케세르)이 있다고 말한다.(9절)

반역은 정치적 의미(삼하15:12, 왕상16:20, 왕하11:14)를 지닌 용어로 여기서는 하나님의 백성인 유다와 예루살렘 사람들이 그들 조상들이 했던 대로 여호와 하나님을 거부하고 우상을 숭배한 언약 파기를 말한다.(10,13절)

그 결과로 피할 수 없는 재앙을 당할 것이며 여호와께 부르짖어도 더

이상 응답받지 못할 것이다.(11~12절)

여호와는 그 백성들이 고난으로 부르짖을 때 응답하시는 분임에도(출 3:7~10 참조), 이제는 응답하지 않으시겠다는 것은 더 이상 여호와는 그들의 하나님이 아니라는 선언이다.

여호와는 예레미야에게 백성을 위해 부르짖거나 기도하지 말라고 하신다.(14절)

> '그러므로 너는 이 백성을 위하여 기도하지 말라
> 그들을 위하여 부르짖거나 구하지 말라
> 그들이 그 고난으로 말미암아 내게 부르짖을 때에
> 내가 그들에게서 듣지 아니하리라' (14절)

예레미야는 선지자로서 하나님의 말씀을 전달하였을 뿐 아니라(messenger), 백성들을 위해 여호와께 중보기도를 하기도 했는데(mediator, 렘10:23~25절 참조) 이제 중보기도마저 거절되었다.

하나님이 중보자의 기도에도 귀를 막으시는 것은 하나님의 백성으로서 비참한 현실이 아닐 수 없다. 우리는 여호와의 긍휼이 여전할 때가 지나기 전에 기도해야 한다.(사55:6 참조)

15~16절은 전승의 과정 중 손상이 심하여 원상태를 파악하기 어려운 본문으로 '표준 새번역 성서'가 비교적 원문에 가깝다.(차준희. 예레미야서 다시보기, 124p)

> "내가 사랑하는 유다가 악한 음모나 꾸미더니,
> 내 성전에 들어와서 어쩌자는 것이냐?
> 살진 짐승을 희생 제물로 바친다고 해서, 재난을 피할 수 있겠느냐?
> 구원의 기쁨을 누릴 수 있겠느냐?
> 유다야, 한 때에 나 주主도

너를 '잎이 무성하고 열매가 많이 달린 올리브 나무'라고 불렀으나,
이제는 요란한 천둥소리와 함께 내가 그 잎을 불로 사르고,
그 가지를 부러뜨리겠다."

유다는 분명 하나님이 '사랑하는 자'이며, '좋은 열매 맺기를 바라는 아름답고 푸른 감람나무'가 분명하다. 하나님의 백성으로 선택된 은총을 받은 민족이다.

그런데 그런 백성이 하나님과의 언약을 저버리고 우상을 섬기면서도 '성전제사' 드리는 것으로 당면한 재난을 피할 것으로 믿고 있다. 그러나 그것은 헛된 평안일 뿐이며, 여호와는 잎을 불사르고 가지를 꺾으시기로 작정하셨다. 재앙은 피할 수 없다.(17절)

삶와 분리된 예배는 결코 평화와 안전을 보장하지 못하며, 신앙고백과 말씀 실천은 동전의 양면과 같아야 한다.(창4:1~9, 암21~24, 미6:6~8 참조)

●●●예레미야의 첫번째 고백문 렘11:18~23

예레미야의 다섯 개의 고백문(렘11:18~12:6, 15:10~21, 17:14~18, 18:18~23, 20:7~18) 중 첫번째 것을 렘11:18~23과 렘12:1~6로 둘로 구분하는 학자들도 있다.

예레미야는 고백문을 통하여 솔직한 자신의 심정을 토로하고 있다. 예레미야는 무엇인가를 하나님께서 알게 하시고 보여주셔서 '알게 되었다'고 하였다.(18절)

그것은 다름 아닌 '도살장으로 끌려가는 어린 양'과 같은 자신의 처지다. 자신을 죽이려는 음모다.(19절) 이렇게 예레미야를 죽이려는 '그들'(18절의 그들의 행위, 19절의 그들이 나를 해하려고 꾀하기를, 20절의 그들에게 대한 주의 보복을 ~)이 누구인가?

다름 아닌 '아나돗 사람들'이다.(21절) 아나돗은 예레미야의 고향이다.(렘1:1 참조, 예루살렘 북동쪽으로 4km 떨어진 곳에 위치한 제사장 아비아달이 축출되었던 곳으로 원래 베냐민 지파의 땅이었으나 레위인들에게 제공된 성읍 중 하나임, 왕상2:26~27, 수21:18, 대상6:60 참조)

그런데 고향사람들이 그를 제거하려고 한다. 예레미야에게 여호와의 이름으로 예언하지 말라고, 그러다가 죽게 될 것이라고 위협하고 있다.

도대체 왜 아나돗 사람들이 예레미야를 죽이려고 했나?

예레미야가 전하는 여호와의 심판의 말씀이 듣기 거북했기 때문이었을 것이다.

아울러 고향사람들의 살해 음모는 요시야의 종교개혁과 관련이 있다. 요시야는 산재되어 있던 지방산당을 폐지하고 예루살렘 성전을 유일한 제의 장소로 지정하였고, 지방의 산당 제사장들의 예루살렘 성전 출입을 금지시켰다.(왕하23:4~9 참조)

이와 같은 조치는 지방산당이 우상숭배로 혼합화되었기 때문이며, 신앙의 순수성을 유지하기 위해 여호와께서 '택하신 곳'이 유일하게 예루살렘 성전이라는 신앙에 근거한 것이다.(신12:1~14 참조)

예레미야는 요시야의 종교개혁을 옹호하며 지방성소 철폐를 지지했기에 고향사람들의 불만을 샀을 것이다.

아나돗 사람들은 제도권 종교체제를 통하여 기득권을 유지하기를 바랐다. 그러나 그것에 불의가 혼합되어 있다면 응당 개혁되어야 한다. 무너지고 닫혀야 하는 것이다.

그래서 예수님도 성전을 헐라고, 다시 일으키시겠다고 하셨다.(요2:13~22 참조)

이제 예레미야는 예루살렘 사람들뿐 아니라 고향 사람들에게조차 살해 위협을 받고 있다. 오직 여호와의 말씀을 전달하고 여호와 신앙의 순수성을 지키려고 했기 때문이었다.

이에 예레미야는 사람의 '마음'을 감찰하시는 '만군의 여호와'께 자신의 원통함(리브, 원정, 송사)을 아뢰며 그들에 대해 보복(니카마, 법률적 용어로 공의로운 판결에 따른 원수갚음) 해주기를 요청하였다. 그러나 예레미야는 단순한 무차별 보복을 바란 것이 아니라 '공의로 판단하시는' 정당한 판결을 원했다.(20절)

이에 만군의 여호와는 예레미야의 탄원을 받아들여 아나돗 사람들에게 재앙을 내릴 것이라고 판결하셨다.(22~23절)

이것은 여호와께서 자신과 예레미야를 동일시하신 것을 의미한다.

예레미야의 말은 여호와의 말씀이며(렘1:9) 그의 입은 '하나님의 입'(렘15:19)이다. 따라서 예레미야를 박해하는 것은 여호와를 박해하는 것이며 예레미야의 적은 여호와의 적이 된다.

예레미야는 여호와께 공의로운 판단을 요청하면서(렘12:1~3, 15:15, 17:18, 18:21~23, 20:12에서 이런 요청은 계속됨) 자신이 진노를 퍼붓거나 재앙을 선언하지 않고 '여호와께서 보복하시는 것을 보기를' 바랄 뿐이라고 한다.(신32:35 참조)

●●●예레미야의 두번째 고백문 렘12:1~6

렘12:1~6은 예레미야의 두번째 고백문으로 하나님의 공의로운 심판 요청이 지연된 상태를 전제로 한다.

예레미야는 우선 자신이 하나님과 변론할(리브, 법적 용어로 재판하다, 시시비비를 가린다는 의미) 때마다 항상 의로우셨다는 고백으로 시작하며 하나님께 질문한다.

'악한 자의 길이 형통하며 반역한 자가 다 평안함은 무슨 까닭이니이까?' (1절)

이스라엘의 정통신앙은 '의로운 자가 좋은 열매를 맺고 악인은 벌을 받는 것'(시1편)인데 현실은 그렇지 않다. 하나님이 심판을 선포했으나 악인은 여전히 번성하고 오히려 자신이 핍박과 수모와 고통을 받고 있다.

이와 같이 정통신앙에 문제를 제기한 부분은 구약에서 자주 볼 수 있다.(욥21:7~15, 시73:2~21, 말3:14~15)

예레미야는 이런 악인이 형통한 것은 하나님이 그렇게 해주신 것이라고 지적하며 그들이 겉으로는 경건한 것 같지만 중심은 그렇지 않음을 고발한다.(2절) 외식하는 사람들이라는 것이다.

이와 같은 사실은 사람인 자신도 아는데 하나님이 모르실 리 없다는 하나님께 대한 불평이며 항변이다.

그러면서 예레미야는 자신의 무죄를 주장하며 옳게 판단하시어 악인들을 심판해 달라고 요청한다.(3절) 자신을 죽이려는 아나돗 사람들의 의도가(렘11:19) 그대로 그들에게 돌아가도록 해달라는 것이다.

그러면서 그냥 놔두신다면 '땅이 슬퍼하며 온 지방의 채소가 마르고 짐승과 새들이 멸절되겠다'고 한다.(4절)

악인을 향한 공의로운 심판이 없을 때 자연 질서도 심각한 영향을 받게 되는 것은 구약에 여러 번 언급된 진리다.(암1:2, 8:8, 9:5. 사33:9, 요엘1장, 렘4:27~28, 14장 . 23:10 참조)

이런 자연의 질서까지 파괴하는 그들인데도 이 땅의 거민은 악하여 스스로 말하기를 그가 우리의 나중 일을 보지 못하리라고 한다. 여기서 '이 땅의 거민'은 물론 앞의 내용과 연결시켜 볼 때 악행을 일삼은 아나돗 사람들이며 넓은 의미로 유다백성이다.

이들은 '그가'(하나님을 일컬음) 자신들의 나중 일(곧 행위에 대한 결과)에 대해서는 관심을 두지 않으신다고 말하고 있다. 자신들의 악행에 대한 반성은커녕 하나님의 존재와 심판에 대해 부정하고 있다.

그럴 만도 한 것이 분명 잘못 살고 있음에도 불구하고 아직은 모든 것이 형통하기 때문이다.

예레미야는 이와 같은 현실을 이해할 수 없었다. 의로운 하나님이시라면 당연히 악인이 형통하지 못하게 하나님의 공의가 바로서야 하는 것이었다.

그러나 이와 같이 하나님의 일을 다 이해하지 못하는 것은 인간의 당연한 한계다. 어찌 사람이 하나님을 온전히 이해할 수 있으랴?(사55:8~9 참조) 하나님께 대한 배움의 과정이 곧 신앙이다.

5~6절은 예레미야의 항변에 대한 하나님의 내답이다. 그런데 여호와는 직접적으로 대답하지 않으신다. 동문서답을 하신다.

욥기에서도 하나님은 인간사를 부당하게 처리하시는 욥의 항의를 받으시고 직접 대답하지 않으시고 화제를 돌려 우주의 창조와 질서를 관장하시는 당신의 능력만을 말씀하셨다.(욥38장)

본문에서도 하나님은 '무슨 연고입니까?'라는 질문에 주제를 다른 데로 돌리신다. 이것은 당신의 공의는 하찮은 인간의 이해를 뛰어넘는다는 사실을 말씀하시는 것 같다.

곧 당신이 하실 일이니 함부로 따지지 말라는 뜻이다. 하나님의 공의의 심판은 인간이 침범해서는 안 되는 하나님의 영역인 것이다.

하나님은 인간의 바람이나 생각대로 행동하시는 분이 아니시다.

그러면서 '네가 사람과 달리기를 해도 피곤하면 어떻게 말과 달리겠느냐? 네가 조용한 땅에서만 안전하게 살 수 있다면 요단강의 넘실거리는 물속에서는 어찌 살겠느냐?'(5절)라고 하신다.

예레미야가 지금 불평을 늘어놓는 행위는 아직 미숙하기 때문이다. 아직 큰일이 닥치지도 않았는데 벌써 작은 일에 지쳐 있다고 말씀하시며, 앞으로 닥칠 일에 비하면 지금은 아무 것도 아니라고 하신다.

그러면서 하나님의 처사가 옳고 그른지를 따지는 그의 관심을 다른 방향으로 돌린다. '네 형제와 아버지의 집이라도 너를 속이며 네 뒤에서 크게 외치나니 그들이 네게 좋은 말을 할지라도 너는 믿지 말라'(6절)고 하신다.

예레미야가 믿고 의지했던 집안 식구들이 자신을 살해하려 함을 알고 분노하여 하나님께 공의로운 심판을 요청한 것인데, 이제 그들을 믿지 말고 오직 여호와 하나님만을 믿으라고 촉구하신다. 어떠한 상황에서도 사람이 아니라 하나님만을 의지하라고 하신다.

지금 당장 내 뜻이 이루어지지 않고, 내 기도가 응답되지 않고, 정통신앙이 의심 갈 정도라고 해도, 오로지 성실하시고 정의로우신 하나님만을 의지하고 믿으라고 하신다. 신실한 믿음을 포기하지 말라는 말씀이다.(렘1:18~19)

예레미야에게 요구되었던 것은 가족과 친구(렘20:10 참조) 등의 인간적 위로와 도움에서 완전히 차단된 고독한 삶이었다. 그렇게 함으로 예레미야의 믿음과 의지는 사람에게서 하나님께로 옮겨가게 된다.

이것은 마치 본토 친척 아비집을 떠나 내가 네게 지시할 땅으로 가라는(창12:1) 명령을 받은 아브라함을 향한 명령과도 같다.

하나님의 사람은 단순히 이런 외로움을 통해 경건에 이르게 하기 위함이라기보다는 인간적인 보호막에서 떨어져 나와 하나님 앞에 '단독자'로 서 있을 때만이 비로소 진정한 하나님의 보호와 은혜를 받을 수 있기 때문이다.(창28:10~19)

하나님을 믿는 성도들에게 '고독의 영성'이 필요한 이유가 바로 이것이다.

●●●하나님의 파토스 렘12:7~13

예레미야는 두번째 고백을 통하여 여호와 하나님께 '어찌하여 악인이 형통하느냐?'고 탄식하며 하나님의 공의로운 심판을 요청하였고 이에 대해 '앞으로 닥칠 큰일을 앞두고 지치지 말고 오직 하나님을 의지하라'는 여호와의 대답을 들었다.(렘12:1~6)

렘12:7~13에는 하나님의 탄식이 기록되어 있다. 이 탄식은 당신의 백성에 대한 심판에 근거한 것으로 왕하24:1~4 사건을 배경으로 하고 있다.

여호와는 7~9절에서 '내 집', '내 소유', '내 마음으로 사랑하는 것'을 버릴 수밖에 없는 안타까움을 탄식한다.

하나님은 '버린다' '내어 던진다' '대적의 손에 붙인다'고 하였다. 특히 '소유'(나할라, 산업)라는 말을 세 번 반복하여 사용하고 있는데, '나할라'는 지금 이스라엘이 살고 있는 가나안 땅은 본디 하나님의 것으로 이스라엘 백성에게 주신 선물을 뜻하는데, 이스라엘은 나그네로 이 나할라를 관리할 책임이 있을 뿐(레위25:23) 다른 사람(지파)에게 넘겨줄 수 없는 것이었다.(렘2:7, 3:19, 10:16, 민36:7, 왕상21장 참조)

또 이 가나안 땅에 살고 있는 이스라엘 백성을 의미하기도 한다.(사19:25 참조)

여호와는 이 나할라(땅, 이스라엘 백성)를 이제 다른 민족에게 넘기신다고 한다. 하나님의 백성인 이스라엘이 하나님께 사자처럼(8절) 또 매처럼(9절) 포악하게 대들었기 때문이다.

이스라엘은 평화로운 포도원 동산이 아니라 맹수가 들끓는 험한 산지가 되어 버렸고, 그럼에도 그 일을 마음에 두는 사람이 아무도 없게 되었다.(11절)

10~11절에는 '황무지'라는 말이 네 번이나 반복된다. 이것은 이스라엘의 타락으로 젖과 꿀이 흐르는 가나안 땅(나할라)이 이방민족의 침략으로 훼파 당하여 생명력이 없는 황폐한 곳이 되었음을 뜻한다.(12절)

사람들이 씨를 뿌려도 가시를 거둘 수밖에 없게 되었다. 이방민족의 침략으로 사람들이 제대로 농사를 지을 겨를이 없어 밭에는 가시덤불만 무성하게 되었음 을 가리킨다. 이스라엘은 형편없는 수확을 보면서 부끄러워할 것이다.(13절)

이렇게 당신의 백성을 버리시는 하나님의 심정(파토스)은 피눈물이 나는 것이었으리라. 어찌 당신의 분깃이요 당신의 백성인 이스라엘(신 32:9)의 징계를 기뻐하시겠는가?

하나님의 탄식은 사랑하시기에 심판하시며 괴로워하시는 하나님의 연민(파토스)이었다.(렘31:20, 호11:8~9 참조)

> '에브라임이여 내가 어찌 너를 놓겠느냐
> 이스라엘이여 내가 어찌 너를 버리겠느냐
> 내가 어찌 너를 아드마같이 놓겠느냐 어찌 너를 스보임같이 두겠느냐
> 내 마음이 내 속에서 돌이키어 나의 긍휼이 온전히 불붙듯 하도다
> 내가 나의 맹렬한 진노를 나타내지 아니하여
> 내가 다시는 에브라임을 멸하지 아니하리니
> 이는 내가 하나님이요 사람이 아님이라
> 네 가운데 있는 거룩한 이니 진노함으로 네게 임하지 아니하리라' (호11:8~9)

●●●이방민족에 대한 경고 렘12:14~17

하나님의 소유(나할라)인 이스라엘을 침략한 이방민족은 누구일까?

왕하24:1~4에 근거하면 유다의 여호야김이 바벨론에 반기를 들었을 때 바벨론 느부갓네살의 봉신국가인 아람, 모압, 암몬이 연합군으로 침략하여 황폐하게 만들었으므로 이들을 지칭할 것으로 짐작한다.

이들은 여호와를 신봉하지 않고 우상숭배를 하는 악한 이웃민족임에 틀림없다.

그런데 여호와는 이들도 자신의 땅에서 쫓겨나게 될 것이라고 선언하신다.(14절) 이것은 여호와께서 모든 민족의 역사를 주관하시는 분임을 밝히시는 내용이다.

이들이 쫓겨나는 것은 이스라엘에게는 구원을 의미한다. 여호와는 이들 중에서 유다를 뽑아내실 것이며 다시 고국으로 돌아가게 하시겠고 말씀하신다.(14절하~15절)

그렇다면 이방민족들의 운명은 어찌 될 것인가? 유다는 다시 고국으로 귀환하게 되었는데 자기 땅에서 뽑혀진 이방민족은 그것으로 끝나는 것일까? 그렇다면 하나님은 이스라엘 백성만을 사랑하시는 분이란 말인가?

그렇지 않다. 여호와의 궁극적인 뜻은 모든 민족이 여호와를 바라보면서 더불어 사이좋게 사는 것이다.(사2:2~4, 미4:1~5 참조, 유엔본부 머

릿돌에 새겨진 성구)

이를 위해 16~17절에서는 신명기 정신에 입각한 두 가지 조건을 제시한다.

첫째는 긍정적인 면으로 하나님의 법을 부지런히 배우며 지켜야 한다.(16절) 즉 여호와 하나님의 주권을 고백하고 그 정신을 따라야 하는 것이다. 이것은 단지 이방민족을 종교적으로 통합하려는 것이 아니라 여호와 정신의 고귀함과 평화 정신을 강조하는 것이다.

둘째, 부정적인 면으로 그렇지 않으면 망하게 될 것임을 말씀하신다.(17절)

여호와의 백성이 누구인가? 아브라함의 피를 받은 유다민족만인가? 그렇지 않다. 인종, 혈연, 지연을 뛰어넘는 신앙이 강조된다. 아브라함과의 계약(할례)체결도 이방인에게 열려 있었으며(창17:1~14) 출애굽의 은혜도 혈연을 뛰어넘는 것이었다.(출12:37~38, 43~51절)

이방인이라도 여호와의 법에 순종하면 하나님의 택함 받는 백성이 되는 것이다.(사56:3~8)

여호와 하나님의 궁극적인 구원은 이 땅의 모든 민족을 향한 것이다.(렘16:19~21, 사19:16~25, 암9:7 참조) 이스라엘만이 하나님의 선민이라는 편협한 민족주의와 교조주의는 여호와 하나님께 대한 오해다.(요나서 참조)

'나 중심'(Ego-centric)에서 '하나님 중심'(Theo-centric)으로 돌아설 때 평화가 넘치는 하나님의 나라가 이 땅에 건설될 것이다.(마5:43~48 참조)

●●●허리띠를 통한 상징적 행동 렘13:1~11

선지자들은 말씀으로만 하나님의 뜻을 전달하는 사람이 아니라 행동으로도 전달하는 사람이다.

갈멜산에 12개의 돌로 단을 건축한 엘리야(왕상18:30~32), 스알야숩Shear–Jashub이라는 아들을 데리고 아하스를 만나고(사7:3) 삼년간 맨발과 벗은 몸으로 지낸 이사야(사20:1~6), 토기장이의 옹기 하나를 예루살렘 성 밖에서 많은 사람들이 보는 가운데 깨뜨린 예레미야(렘19:1~13), 좌편으로 390일 우편으로 40일을 눕고(겔4:1~6), 머리털과 수염을 잘라 삼등분하여 각각 불사르고, 칼로 치고, 바람을 흩었던 에스겔(겔5:1~4), 음란한 여인 고멜과 결혼한 호세아(호세아서) 등이 대표적인 예이다.

이런 선지자들의 상징적 행동은 일종의 시청각적인 효과를 통해 하나님의 메시지를 보다 강력하게 전달하는 수단일 뿐, 그 행동 자체가 어떤 신비스런 능력이 내재된 것은 아니다.

구약성서에는 약 30개의 상징적 행위가 나타나는데 절반 정도가 예레미야서에 집중되어 있다.(렘13,16,18,19, 27~28,32,43,51장 등 참조)

여호와는 예레미야에게 베띠(살 위에 걸치는 속옷)를 사서 허리에 띠라고 명하셨다.(1절) 예레미야가 그렇게 하자 이어 허리에 두른 띠를 가지고 유브라데 Euphrates로 가서 거기서 그것을 바위틈에 감추라 하셨다.(4절)

예레미야가 명령대로 한 후 여러 날이 지나 여호와께서는 그를 유브라데로 보내어 감춘 띠를 취하라고 하였다. 그대로 행하였더니 그 띠가 썩어서 더 이상 쓸모없이 되었다.(5~7절)

유브라데는 예루살렘에서 아주 먼 거리에 있는(약 1,000km) 메소포타미아의 유프라테스 강이다. 예레미야가 그곳까지 두 번 왕복했다면 당시 교통수단이 없는 상태로 일 년 반 정도가 소요되었을 것이다.(에스라가 공동체를 이끌고 바벨론에서 예루살렘으로 귀환할 때 약 4개월 걸렸다. 스7:8~9 참조)

그래서 오늘날 학자들은 예레미야의 고향 아나돗 가까이에 위치한 와디인 '파라 Para'였을 것으로 추측하기도 한다.(수18:23 참조)

예레미야의 상징적 행위는 무엇을 의미하는가? 8~11절에서 밝혀진다.

예레미야가 베띠를 처음 허리에 띠고 있을 때에는 아무런 문제가 없었다. 그 후 유브라데 강가의 바위틈에 숨겨 놓았을 때 그 띠가 썩어 쓸모없게 되었다.

이런 행위 전체의 의미는 이스라엘은 허리에 묶은 베띠처럼 하나님께 붙어 있어야 할 민족인데 그 띠가 허리에서 떠나 강가 바위틈에 숨기게 된 것처럼 하나님의 품을 떠나게 되면 쓸모없는 민족이 됨을 알려주는 것이다.(11절)

여호와는 이스라엘이 당신을 떠난 이유가 무엇인지 밝히신다.(9절)

> '여호와께서 이와 같이 말씀하시니라
> 내가 유다의 교만과 예루살렘의 큰 교만을 이같이 썩게 하리라' (9절)

'교만'(가온)때문이다. 교만(가온)은 머리를 쳐들고 스스로 자기 영광을 나타내는 행위다.

하나님 앞에 겸손하고 하나님의 영광을 드러내야 할 그들이 하나님의 위치에 서려고 하는 것이다. 하나님 말씀 듣기를 거부하고 제 마음의 강퍅한 대로 행하고 다른 신들을 섬기고 있는 것이다.(10절)

하나님 품에 있으면 영광스러웠을 그들이 스스로 높고자 하기에 그들의 교만(영광)을 썩게 하리라고 하신다.(9절)

이 비유에서 강조되는 것은 하나님의 말씀을 듣는 것이다.

이스라엘이 '듣지 아니하여' 하나님의 백성이 되지 못했는데, 신명기 신앙의 '쉐마'(신6:4~9, 출19:5 참조)를 강조하는 것이다.

베띠가 허리에 붙어 있는 것이 당연하고 자연스럽듯이 하나님의 사람들은 하나님께 속해 있어야 한다. 하나님의 사람들이 하나님의 품에 거한다는 것은 곧 하나님의 말씀을 청종하고 순종하는 것이다.

우리들의 현주소는 어디인가? 하나님의 품인가? 세상의 품인가?

●●●가득 차게 될 포도주 병의 의미 렘13:12~14

여호와는 예레미야에게 백성들한테 '모든 가죽부대가 포도주로 차리라'는 한 마디 말씀을 전하라고 하였다.
이 말은 당시 이교제의나 또는 음주 행위와 관련되어 유행하던 말이었을 것이다. 예레미야는 이 말을 하나님께서 전하라고 하신 말씀으로 받아 전하고 있다.

그러나 백성들은 이 말을 듣고는 예레미야에게 '모든 가죽부대가 포도주로 찰 줄을 우리가 어찌 알지 못하리요' 라고 한다. 가죽부대마다 포도주가 가득 차야 하는 것을 우리가 모르겠느냐는 것이다.(12절)
지금 백성들은 예레미야가 전한 '포도주가 가죽부대에 가득 차게 될 것'이라는 하나님의 말씀의 의미를 제대로 깨닫지 못하고 있다. 이는 하나님이 백성들에게 진노하실 것임을 말씀하신 것인데 그 의미를 이해하지 못하고 농담 내지는 하나님의 백성으로 당연한 것처럼 받아들이고 있다.
그러자 여호와는 포도주가 가죽부대에 가득 차게 될 것이 무엇을 의미하는지 밝혀주신다. 곧 모든 백성들과 왕들과 제사장들과 선지자들과 예루살렘의 거민들로 잔뜩 취하게 하여 서로 충돌하여 상하게 하려 하신다고 한다.

백성들은 가죽부대에 포도주가 가득 채워지는 것을 하나님의 축복으로 생각하고 있지만 그것은 축복이 아니라 하나님의 분노다.(렘25:15~29, 49:12, 겔23:32, 옵1:16, 나3:11, 합2:16 참조)

포도주는 사람들에게 기쁨을 주는 것이요, 하나님의 백성들이 받을 축복으로 생각되겠지만, 만취하여 인사불성이 되면 심지어 부자지간에도 충돌이 일어나게 될 것이라고 하신다.(14절)

그런데 이런 살생사건이 바벨론이나 이방제국에게서가 아니라 하나님에게서 온다는 사실이 충격이다.(14절)

그리고 그 분노는 일말의 동정도 없는 잔인한 것이다. 하나님의 백성이라고 자부하며 풍성한 포도주를 하나님의 축복으로 믿었던 이스라엘이 믿었던 도끼에 발등이 찍히는 모습이다.

오늘날 성도들이 하나님으로부터 축복을 받은 것이라고 믿고 기뻐하는 '풍요로운 재물'이 하나님의 분노일 수 있음을 깨달아야 한다.

재물에 취할 때 구원(영생)은 낙타가 바늘귀로 빠져나갈 수 없듯이 불가능한 일이 될 것이며, 재물로 인한 인간관계의 파괴는 천륜마저 저버리는 불행한 사건이 되기 때문이다.

●●●유다 백성을 향한 경고 렘13:15~27

베띠 비유에 이어 본문에서 여호와는 백성들의 교만을 꾸짖으며 다시 경고한다. 이 경고는 하나님의 말씀을 들으라(쉐마)는 명령으로 시작된다.(15절)

유다 백성이 하나님의 백성으로 영광을 누릴 수 있는 것은 여호와의 말씀에 귀를 기울이는 데 있다. 귀를 기울이지 않아 교만해지면 어둠(재앙)이 닥칠 것이다.(16절) 그러니 이제 교만에서 벗어나 여호와 하나님께 영광을 돌리라는 것이다.

'영광을 돌리라'라는 말은 그들이 섬기는 여호와 하나님을 인정하고 경의를 표하며 바라시는 대로 행동하라는 뜻이다.(수7:19, 사3:8 참조) 즉 영광을 돌리는 길은 여호와의 말씀을 듣는 것이다.

성도들이 어떻게 여호와께 영광을 돌리며 살 수 있을까? 하나님의 말씀에 귀를 기울이면 하나님의 뜻을 알게 되고 그 뜻에 순종하게 된다. 아무리 강퍅한 심령일지라도 들으면 깨닫고 따르게 된다.

예레미야는 백성들이 여호와의 말씀에 귀를 기울이지 않았을 때 임하는 결과, 즉 바벨론에 포로로 끌려갈 것을 미리 내다보며 개인적인 슬픔을 토로한다.(17절)

17절까지는 '듣지 아니하면~' 이라는 말로 아직 희망적인 여지가 남아 있었다. 그러나 18절 이후에는 이와 같은 희망은 여지없이 사라지고 불행한 현실은 기정사실로 나타난다. 멸망은 피할 수 없는 현실이 되었다.

그리하여 예레미야는 왕과 왕후(실제로는 태후를 뜻함)에게 고한다. '영광의 왕관이 머리에게 벗겨졌으니 낮은 자리에 내려와 앉으라'(18절)

이것은 기원전 597년(1차 포로) '여호야긴'과 그의 모친 '느후스다 Nehushta'가 백성들과 더불어 포로로 잡혀간 사건을 배경으로 한다.(왕하 24:8~16 참조) 예레미야는 이 사건을 미리 내다보았다.(19절)

20절의 '너'는 예루살렘을 지칭한다.

예레미야는 예루살렘을 향하여 '북방에서 오는 자들', 곧 바벨론 군대가 침공할 것을 보라고 하면서 '아름다운 양 떼' 곧 유다 백성이 어찌 될 것인지를 안타까워하고 있다.(20절)

바벨론은 예루살렘의 '친구'였다. 유다왕 히스기야 때 아시리아에 대항하기 위해 바벨론과 정치적 동맹을 맺은 관계였다.(왕하20:12~19 참조) 그러나 이제는 바벨론이 예루살렘을 침공하여 그들 위에 군림하게 되었다.(21절)

그 결과 아이 낳는 여인의 진통과 같은 고통을 받게 될 것이다. '산고의 고통'은 아무런 도움을 받지 못하는 상황에서 홀로 견딜 수밖에 없음을 의미한다.(렘4:31, 6:24, 22:23. 사26:17, 호13:13 등 참조) 바벨론 침략과 정복 때 당할 고통에는 하나님의 보호하심이 없을 것이다.

이스라엘의 긴 역사 속에 하나님은 언제나 그들을 보호하셨다. 출애굽부터 광야 40년, 그리고 가나안 정복과 사사시대, 그리고 왕정 시대에 이르기까지 하나님께서는 당신의 백성들이 고통(특히 이방인의 침략)을 당할 때 언제나 도와주셨다.

그러나 이제는 하나님이 도와주시지 않으신다. 여호와에게 버림받았다. 하나님과 관계가 파괴되었다. 유다백성은 절망에 빠졌다.

유다는 어찌하여 이런 일이 우리에게 닥치냐고 탄식하겠지만 이는 예루살렘의 죄악이 크기 때문이다.(22절) 스스로에게 물어보라. 문제는 하나님께 있는 것이 아니라 그들 자신에게 있다.

예나 지금이나 성도들이 어려움을 당하면 그 원인을 다른 사람 또는 하나님에게서 찾는다. 그러나 자신을 돌아보아야 한다. 고통의 원인이 자신의 죄악 때문임을 알아야 한다.

이제 예루살렘이 당할 고통이 어떤 것인지 구체적으로 밝혀진다.

첫째, '치마가 들리고 발뒤꿈치가 상하게 될 것'이다.(22절 하, 26절)

치마가 들춰진다는 것은 고대 전쟁에서 패배한 민족의 여인들이 당했던 성적 유린에 대한 완곡한 표현이다.(신22:30, 27:20, 사47:3, 나3:5 참조)

발뒤꿈치(아케브)가 상하게 된다는 말도 '발뒤꿈치'가 생식기를 가리키는 완곡한 표현이기에(삼상24:3, 사6:2 참조) 동일한 성적유린을 의미한다. 바벨론에 의해 예루살렘 여인들이 발가벗기고 성폭력을 당하게 된다는 뜻이다.

예루살렘 여인은 하나님 백성의 생명을 대대로 이어갈 사람들이다. 그런데 이들이 이방인들에게 성적 유린을 당하는 것은 여인으로서 수치일 뿐 아니라 하나님 백성으로서 종말을 고하는 최악의 고통이 아닐 수 없다.

둘째, 예루살렘을 사막바람에 흩어 날리는 검불 같게 하리라고 하신다.(24절) 바벨론의 포로로 잡혀가고 또한 이방에 흩어지게 될 것이다. 이렇게 되는 것은 그들의 몫이요 하나님이 헤아려 정하여 준 분깃이다.(25절)

원래 가나안 땅은 하나님이 유나백성에게 주신 하나님의 분깃이요 몫이었다. 그런데 그 땅에서 쫓겨나 이방 땅으로 포로가 되어 흩어지는 것이 하나님이 그들에게 주시는 몫이요 분깃이라니 얼마나 비참한

가?

그들이 이렇게 된 것은 여호와를 잊어버리고 거짓을 신뢰했기 때문이다.(25절하) 여호와는 유다백성의 간음, 음란한 괴성, 들의 작은 산 위에서 가증하고 역겨운 짓을 다 보았다.

그러니 어찌 화를 당하지 않을 수 있으랴? 얼마나 오랜 시간이 지나야 정결해지겠느냐고 탄식하신다.(27절)

하나님은 '구스인'(에디오피아인)이 자기 피부색을, 표범이 그 반점을 바꿀 수 없듯이 예루살렘 사람들이 악에 너무나 익숙하고 자연스럽고 만성 습관이 되어 있다고 탄식하신다.(23절)

> '구스인이 그의 피부를, 표범이 그의 반점을 변하게 할 수 있느냐 할 수 있을진대 악에 익숙한 너희도 선을 행할 수 있으리라' (23절)

어디 예루살렘 사람들뿐이랴? 인간의 죄성은 동일하지 않을까.

그래서 바울은 모든 사람이 죄인이라 했다.(롬3:9~18)

●●●하나님의 심판으로서의 가뭄과 대기근 렘14:1~22

유다(예루살렘) 백성의 범죄가 너무나 익숙하고 습관적임을(렘13:23) 탄식한 예레미야는 이제 하나님의 심핀으로 임한 가뭄에 대해 말한다.(예레미야 시절 어느 때의 가뭄인지는 불확실하다.)

가뭄은 이스라엘이 범죄하였을 때 내려진 하나님 심판의 전형적인 방법 중 하나다.(삼하21:1, 왕상17장, 암7:4 참조)

이 가뭄은 극심하기 이를 데 없어 유다와 온 백성들이 기진맥진하여 땅에 쓰러져 통곡하고 특히 예루살렘 사람들의 울부짖음이 심각하였다.(2절) 이들은 늘 자신들이 하나님의 축복을 받은 백성이라고 믿었는데 극심한 가뭄을 통하여 하나님의 축복이 중지되었음을 알게 되자 울부짖을 수밖에 없었다.

실상 가뭄은 유다백성들이 여호와를 떠나 바알을 섬기며 축복을 얻고자 한 배역에 대한 심판이었다. 비를 주관하는 분은 여호와이지 바알이 아니다.

3~6절에는 가뭄의 심각성이 구체적으로 나열되어 있다. 귀인들이 종들에게 물을 길으러 보냈으나 빈 그릇 뿐이있고(3절) 농부들도 갈라진 밭을 보고 절망감에 머리를 감싼다.(4절)

가뭄은 사람뿐 아니라 야생동물에게도 치명적이있다. 암사슴이 새끼를 낳아 내어버리고, 들나귀도 늑대처럼 숨을 헐떡이며 눈에 힘이 없다.(5~6절) 동물적 모성애와 생존력조차 포기하게 만드는 심각한 가뭄이다.

7~9절은 이런 가뭄을 당한 백성들의 공동체 탄식이다.(시44, 74편 참조) 우선 백성들은 가뭄이 자신들의 죄 때문에 임하였음을 고백한다.(7절) 가뭄은 자신들의 죄악(아온)에 대하여 증언하는 것이며, 자신들이 주께 범죄(하타)하였다고 한다.

이런 죄의 고백과 함께 백성들은 자신들을 위해 하나님께서 능력을 발휘해 달라고 간구한다.(7절, 주는 주의 이름을 위하여 일하소서. 9절, 우리를 버리지 마옵소서.)

백성들의 이와 같은 간구에는 여호와께 대한 그들의 신앙고백과 함께 탄식이 담겨 있다. 여호와는 이스라엘의 소망이시오 곤란한 때의 구원자이신데 어찌하여 땅에 거류자(게르, 나그네)와 같이, 또 하룻밤 유숙하는 손님같이 자신들의 현실에 무관심할 수 있느냐고 탄원한다.(8절) 또 어찌하여 놀란 사람처럼, 구원할 힘이 없는 용사처럼 그냥 보고만 계시냐며 간구한다.(9절)

이런 탄식과 함께 자신들과 하나님의 관계를 확고하게 말한다.

> '여호와여 주는 오히려 우리 중에 계시고
> 우리는 주의 이름으로 일컬음을 받는 자이다' (9절)

여기서 '주의 이름으로 일컬음을 받는 자'라는 말은 '당신의 이름이 우리 중에서 불린다'는 의미로 그들이 '하나님의 소유'라는 뜻이다. 그러므로 그들 가운데 하나님이 계시며 자신들은 하나님의 것이기에 그들이 당한 가뭄을 해결해 달라고 간구한다.

학자들은 이 탄식문을 백성들의 것이라기보다는 가뭄을 당한 백성들과 함께 제의(일종의 기우제)에 참석한 예레미야가 백성들을 위해 하나님께 드린 탄식문으로 본다.

예레미야는 백성들의 죄와 그 죄에 대한 심판으로 임한 가뭄의 고통을 통감하며 어떻게 해서든지 하나님의 위로와 도우심을 요청하고 있다. 예레미야는 백성들과 운명을 함께 하는 공동체의식을 갖고 있는 예언자였던 것이다.

이스라엘 백성이 드리는 공동 탄식제의에서 '우리를 버리지 마옵소서'라는 간구로 제의를 마치면 제사장이나 성전 선지자가 등장하여 하나님의 이름으로 구원을 선포하는 것이 일반적이다. 10~12절이 이에 해당하는 말씀이다.

그런데 백성들은 가뭄을 해결해 달라고 간구하였지만 이에 대한 응답은 예외였다. 위로와 구원의 메시지가 아니었다. 오히려 하나님이 그들을 심판하시겠다고 하신다.

> '그들이 금식할지라도 내가 그 부르짖음을 듣지 아니하겠고
> 번제와 소제를 드릴지라도 내가 그것을 받지 아니할 뿐 아니라
> 칼과 기근과 염병으로 그들을 멸하리라' (12절)

이는 지금 상황보다 더 심각한 재앙으로 심판하시겠다는 선언이다.

도대체 왜 하나님은 이들에게 이런 심판을 내리시는가? 10절에 그 이유가 나온다.

유다 백성이 어그러진 길을 사랑하여 그 발을 멈추지 아니하였기 때문이다. 이 말은 7절과 관련하여 살펴봐야 한다. 7절에서 백성들은 가뭄이 자신들의 죄악(아온) 때문임을 증언하는 것이요 그리하여 자신들이 범죄(하타)하였다고 고백했다.

그런데 10절에서 '그들이 어그러진 길을 사랑하여 그 발을 멈추지 아니하므로'는 발걸음을 삼가지 않는다는 의미로, 그들의 고백이 '입술의 고백'일 뿐 생활 속에서 진정으로 죄악을 청산하지 않고 계속하여

반복하고 있음을 의미한다. 입술의 고백이 삶으로 이어지지 않는, 습관적이고 형식적인 고백은 결국 더 심각한 하나님의 심판을 가져오게 된다.

이제 여호와는 그들을 받지 않으시고 그들의 죄(아온)를 기억하고 그 죄(하타)를 벌하실 것이다.(10절) 여호와는 예레미야에게 백성들을 위해 중보기도를 드리지 말라고 금지명령을 내리신다.

'여호와께서 또 내게 이르시되 너는 이 백성을 위하여 복을 구하지 말라' (11절)

백성들과 공동운명체로 하나님께 가뭄을 해결해 달라고 간구하였던 예레미야는 백성들을 위한 탄원기도마저 드리지 말라는 명령을 받았다.(11절, 7:16, 11:14절에 이어 세번째다.) 또한 백성들에게 임할 하나님의 심판은 가중되어 칼과 기근과 염병으로 멸절될 것이라는 선언도 들어야 했다.

그렇다면 예레미야가 참여하고 있는 공동체 탄원제의는 백해무익한 것인가? 도대체 제의를 드리는 백성들에게 여호와가 바라시는 것이 무엇이었나? 그것은 당연히 진정한 회개였다. '입술의 고백'이 아닌 '삶의 고백'이다.

회개(슈브)는 이름 그대로 '돌아서는 것'이다. 하나님께 등졌던 삶을 돌이켜 온전히 하나님께로 향하는 것이다.(metanoia, return)

유다 백성들은 자신들이야말로 하나님의 백성이라고 자부하며 집단으로 하나님께 예배를 드렸지만, 그리고 그 제의가 웅장하고 경건하고 화려했겠지만 백성들의 내면의 경건함과 진정한 회개가 없는 한, 그들의 간구는 하나님의 마음을 움직일 수 없었다.

하나님은 거짓된 경건 뒤에 숨겨진 부정한 내면을 보시는 분이기 때문이다.(대하16:9, 마23장의 외식하는 서기관들과 바리새인들)

이런 상황에서 예레미야는 백성들의 비참한 현실을 이렇게 아뢴다.

'슬프도소이다 주 여호와여 보시옵소서 선지자들이 그들에게 이르기를 너희가 칼을 보지 아니하겠고 기근은 너희에게 이르지 아니할 것이라 여호와께서 이곳에서 너희에게 확실한 평강을 주시리라'(13절)

이 얼마나 슬픈 현실인가? 하나님은 분명 백성들의 습관적인 죄악(렘 13:23), 입술만의 고백(렘14:10) 등으로 구원은커녕 보다 엄히 심판하시겠다고 하시는데 소위 하나님의 말씀을 전한다는 선지자들이 하나님의 말씀을 완전히 뒤집으니 말이다.

이것은 선지자들이 백성들을 위로하는 것이 아니다. 오히려 백성들을 멸망으로 인도하고 있다. 이런 얄팍한 위로로 선지자들은 백성들에게 호의를 얻었을 수도 있다. 그러나 사실 이들로 말미암아 백성들은 피해를 입는 것이다. 하나님의 뜻을 제대로 헤아리지 못하여 그릇된 평안의식과 함께 점점 더 악에 빠지게 되니 말이다.

이미 백성들은 하나님이 자기들 가운데 계신다고 믿었다. 자기들은 하나님의 백성이라고 확신했다.(렘14:9절의 여호와여 주는 그래도 우리 가운데 계시고 ~ 성전에 계시고, 우리는 주의 이름으로 일컬음을 받는 자입니다.)

그러한 믿음으로 평강을 보장받을 것으로 믿었다. 이런 헛된 평강의식은 바로 선지자들로부터 기인한다. 거짓 선지자들의 특징 중 하나가 바로 하나님의 심판을 부정하는 낙관적 신앙을 강조하는 것이다.(렘 23:16~17, 27:16, 28:1~4 등 참조)

여호와는 이들이 거짓 선지자임을 분명히 말씀하신다.(14절)

거짓 선지자들은 비록 여호와의 이름으로 예언하지만 여호와는 그들을 보내지 않았고, 전하라고 명령하지도 않았고, 전할 말씀을 이르지도 않았다. 그런데 이들은 거짓 계시와 복술, 허탄한 것, 자기 마음에서 나오는 거짓말을 전하고 있다.

이들이 전하는 말은 여호와의 말씀이 아닌 속임수요, 헛된 점술이며, 스스로 꾸며낸 거짓말일 뿐이다. 결국 백성들에게 이르지 않을 것이라고 전한 칼과 기근이 이들에게 임할 것이고(15절하) 그들의 말을 믿는

백성들 역시 그렇게 될 것이다.(16절)

특히 백성들이 자신들을 장사지내 줄 자 없이 예루살렘 거리에 내던져질 것이라는 말씀은 가장 저주받은 자의 운명이 될 것임을 나타내고 있다.(렘8:2 참조)

하나님의 말씀을 전하는 선지자(예언자, 오늘날 목회자)의 역할이 얼마나 중요한지를 새삼 확인하게 된다. 한 사람의 그릇된 말씀(자신의 생각, 그리고 사람들을 의식한 말씀, 그릇된 위로와 평강과 축복의 말씀 등) 전달이 자신과 백성들을 멸망으로 몰아넣게 된다. 그래서 예수님은 서기관들과 바리새인들을 향하여 '화 있을진저 소경된 인도자여'라고 저주를 퍼부으셨던 것이다.(마23:16~24 참조)

거짓 선지자들의 영향으로 멸망을 당한다면 백성들은 억울한 것인가? 그렇지 않다. 백성들은 심판의 책임을 선지자들에게만 돌릴 수 없다. 이들 역시 거짓 평안의 말씀에만 솔깃했다.

참 예언자 예레미야가 전한 하나님의 말씀이 그들에게 있었으나 그의 말씀은 자신들의 폐부를 찌르는 것이기에 귀를 막았던 것이다.(히4:12 참조) 그러면서 세상 향락을 즐겼으니 어찌 멸망의 책임을 선지자들에게만 돌리겠는가? 하나님의 심판은 백성과 선자지들의 공동책임이다.

17~18절은 백성들이 당할 재앙을 보며 여호와 하나님도 괴로워하신다는 사실을 알려준다.(학자들에 따라 예레미야 개인의 탄식이라고도 한다.)

이 시기는 기원전 597년 바벨론 제1차포로 상황이다. 백성들은 군대에 의해 큰 상처와 파멸을 당하여 들에는 칼에 죽은 자가 널려있고 성에는 굶주림으로 병든 자가 널려있는데 이런 재앙을 수습해야 할 선지자와 제사장들은 어찌할 바를 모르고 우왕좌왕하고 있다.

그도 그럴 것이 이들은 결코 여호와의 진노가 임하지 않을 것이라고 생각했기 때문이다. 선민인 그들에게 선지자들을 통해 약속하신 것은 영원한 번영과 평화였을 뿐이다.

그러나 여호와는 이들의 죄악에 대해 진노하셨다. 그럼에도 불구하고 여호와의 심령은 이들의 재앙을 괴로워하신다. 이들에게 내린 재앙이 사랑과 연민, 긍휼에 근거한 것이기 때문이다.

렘14:2~9이 가뭄으로 인한 백성들의 공동체적 탄식이었다면, 19~22절은 칼과 기근 등으로 내려진 재앙(제1차 바벨론 포로)에 따른 두번째 공동체 탄식이다. 여기서도 예레미야는 백성들과 자신을 동일시하며 여호와께 탄식한다.

이 탄식은 여호와께 버림받음을 받아들이지 못하겠다는 것으로 시작된다.(19절) 유다는 하나님의 백성이요 여호와는 유다의 하나님이시라는 이스라엘의 근본 신앙에 근거한 탄식이다.(21절) 백성들은 자신들의 죄를 '조상 때'까지로 인정하고(20절) 여호와의 능력을(비를 주관하시는 분, 모든 것을 만드신 분) 믿는 가운데 여호와께서 그들을 반드시 도와주실 것이라는 희망을 갖고 기대하고 있다.(22절)

그러나 결과는 정반대였다. 여호와는 유다를 버리셨다.(렘15:1~4 참조)

그렇다면 다윗왕조가 영원하리라는 여호와의 언약(삼하7장 참조)은 헛된 것이었나? 여호와는 당신의 언약을 스스로 파기하셨나?

그럴 리 없다. 하나님은 신실하신 분이시다.

그러나 백성들이 그 언약만을 믿고 특권의식에 기대면서 여호와 하나님의 백성으로서의 본분(성스러운 책임)을 잊을 때 심판을 통하여 하나님은 먼저 그들을 바로 세우려 하신다.

율법과 복음의 관계도 마찬가지다. 복음은 율법에 의한 하나님의 진노를 인정할 때 비로소 기쁜 소식일 수 있다.

●●●두번째 탄식제의에 대한 하나님의 응답 렘15:1~4

'모세와 사무엘이 내 앞에 섰다 할지라도 내 마음은 이 백성을 향할 수 없나니 그들을 내 앞에서 쫓아 내보내라' (1절)

모세와 사무엘은 이스라엘 역사상 가장 위대한 중보자였다.(시99:6 참조) 모세는 이스라엘이 광야 생활하는 동안 백성들의 범죄로 하나님이 심판하실 때 중보기도로 하나님이 마음을 바꾸도록 하였다.(출32:1~14, 34:1~9, 민11:1~3, 14:1~25, 신9:6~29 등 참조)

사무엘 역시 백성들을 위해 중보기도를 드릴 때 민족의 위기를 벗어나도록 하나님의 마음을 움직였던 사람이다.(삼상7:4~11 12:6~25 참조)

그런데 이제 여호와는 어떤 중보자의 기도도 듣지 않으시겠다고 한다. 사실 중보기도를 드렸던 예레미야 자신도 이미 더 이상 기도를 드리지 말라는 명을 받은 상태였다.(렘7:16, 11:14, 14:11 참조)

하나님과 백성들 사이가 완전히 단절되었다.

이런 상황에서 하나님은 당신 앞에 탄식제의를 드리려고 모여 서있는 백성들도 쫓아내시겠다고 하신다. 하나님께서 백성들을 외면하시고 버리셨다.

하나님은 그들을 당신의 백성으로 인정하지 않으시며 여호와는 더 이상 그들의 하나님 되시기를 거부하신다.

이제 백성들은 어떻게 해야 하는가?

예레미야가 여쭈었다. 백성들이 '우리가 어디로 가야 합니까?'라고 물으면 무어라 대답해야겠느냐고.

하나님은 '죽음'이라고 냉혹하게 응답하신다. 칼, 기근, 포로로 망하게 될 것이라고 하신다.(2절)

3절에는 백성들을 심판하실 하나님의 네 가지 수단이(죽이는 칼, 찢는 개, 삼켜 멸하는 공중의 새, 땅의 짐승) 언급되었다. 이것은 바벨론의 침략을 통해 칼에 죽는 것에 이어지는 비참한 현실을 말하는 것이다.

어쩌다 하나님의 백성이 이 지경이 되었나? 하나님의 보호를 받아야 할 이들이 왜 이렇게 하나님께 버림을 받게 되었을까?

4절에서는 이와 같은 유다백성들의 재난의 원인이 므낫세가 저지른 죄 때문이라고 밝힌다. 므낫세(기원전 687~642년)는 히스기야의 아들로 부친의 종교개혁을 무산시키어 예루살렘 성전 문을 닫고, 성전 안에 아시리아의 온갖 우상을 세웠을 뿐 아니라 무죄한 자의 피를 많이 흘리게 한 왕이다.(왕하21:1~18 참조)

이렇게 므낫세의 죄를 부각시키는 이유는 유다왕조 말기 우상 숭배 및 이방제국을 의지하는 죄악이 그에게서 시작되었다고 보기 때문이다. 그러나 유다의 멸망 원인은 사실 므낫세뿐 아니라 역대 왕들의 잘못, 그리고 지금도 예레미야의 충언을 외면하고 회개하지 않는 백성들의 잘못 때문이다.(렘16:10~13, 31:29~30 참조)

하나님의 심판은 지난 세대의 다른 사람에게 그 책임이 있는 것이 아니라 회개하지 않는 오늘의 나에게 책임이 있다.

•••여호와께 버림받는 예루살렘 렘15:5~9

5절은 여호와께 버림받는 예루살렘의 비참한 현재 상황을 질문 형태로 드러낸다.

'예루살렘아 너를 불쌍히 여길 자 누구며 너를 위해 울 자 누구며 돌이켜 네 평안을 물을 자 누구냐?' 예루살렘을 불쌍히 여기며 그들을 위해 슬퍼해주고 그들의 평안을 물을 자는 여호와 하나님이시다.

그런데 여호와께 버림받아 재난을 겪게 되니 과연 누가 여호와의 역할을 해주겠는가? 특별히 '평안'(샬롬)은 여호와가 그의 백성들에게 허락하시는 가장 귀한 선물이다. 이제 이 평안이 사라져버렸으니 누가 이 평안을 허락해주겠는가? 절망 중의 절망이 아닐 수 없다.

이렇게 된 원인은 예루살렘이 여호와를 버렸기 때문이다.(6절)

> '여호와께서 이르시되 네가 나를 버렸고 내게서 물러갔으므로 네게로 내 손을 펴서 너를 멸하였노니 이는 내가 뜻을 돌이키기에 지쳤음이로다' (6절)

여호와께서 그들을 멸망시켰는데 더 이상 불쌍히 여기기에도 염증이 나셨다고 한다. 하나님께서 백성들을 불쌍히 여겨 뜻을 돌이켜 용서하신 적이 한 두 번이 아니다. 너무 여러 번이었고, 이제는 지치셨다.(렘

13:23, 14:10~12 참조)

하나님의 인내가 한계점에 도달했다. 하나님이 백성을 버리신 것이 아니라 백성이 하나님을 버린 것이다. 하나님은 오랜 시간 참고 기다리셨으나 끝내 돌아오지 않는 백성들의 완악함 때문에 예루살렘을 불쌍히 여기지 않게 되셨다.

7~9절은 하나님의 진노가 어떤 것인지를 알려준다. 마치 농부가 키질하여 쭉정이를 날려버리듯이 백성들을 흩어지게 할 것이다.(7절) 전쟁에서 죽고 또한 포로로 잡혀간다는 뜻이다.

그러니 과부가 바다의 모래보다 더 많아질 것이다. '바다의 모래'는 대단히 많은 수를 나타내는 전통적인 표현이다.(욥6:3, 시78:27 참조)

이스라엘은 다산多産을 하나님의 축복으로 여겼는데(창1:28, 22:17) 과부만 허다하게 남았다는 것은 생산이 중단된 불행한 현실을 보여준다. 게다가 남아 있는 과부('청년들의 어미'는 과부의 다른 표현임)를 치도록 적들을 대낮에 데려와 불안과 공포가 갑자기 덮치게 되리라고 하신다.(8절)

전통적으로 일곱 아들을 낳는 여인은 하나님의 축복을 받은 것으로 여겼다.(룻4:15, 삼상2:5 참조) 그런데 이런 여인이 쇠약하여 기절하며 그 여인의 해가 떨어져서 수치와 근심을 당하게 된다고 한다.(9절)

'여인의 해'가 떨어졌다는 것은 아마도 여인이 낳은 자식들이 죽게 되었다는 표현으로 여겨진다. 그리고 그 남은 자도 대적의 칼에 결국 죽게 된다고 한다.

남자들이 전사하고, 과부들이 살해당하고, 일곱 자식을 한꺼번에 잃게 되는 유다의 현실은 그야말로 절망이 아닐 수 없다. 출구가 없는 최후의 심판이다. 도대체 왜 이렇게 되고 말았나?

하나님의 용서와 인내도 때가 있음을 기억해야 하리라.

●●●예레미야의 탄원과 하나님의 응답 렘15:10~14

예루살렘이 처절하게 하나님께 버림을 받을 것이라는 메시지(15:5~9)를 전한 예레미야는 이어지는 본문에서 자신의 처지를 하나님께 탄원한다. 렘11:18~23, 12:1~6에 이은 세번째 탄원이다.

렘15장은 '예레미야의 탄원(10절)과 하나님의 응답(11~14절)', '예레미야의 예언자로서의 불평(15~18절)', '하나님의 훈계와 구원의 보증(19~21절)'으로 구성되어 있다.

10절에서 예레미야는 자신의 출생을 원망하며 탄원한다. '내게 재앙이로다'(오이 리, 아 불쌍한 이 몸) 이 말은 전통적인 유대인들의 절규 표현이다. 어쩌자고 어머니는 자신을 '온 세계에 다투는 자와 싸우는 자를 만날 자로 낳으셨는가?' 라는 절규다.

출생과 더불어 이어진 자신의 삶이 지금 극심한 곤란에 처해 있음을 한탄한다. 다투는 자(리브, 소송, 시비)와 싸우는 자(마돈, 충돌)는 법정에서 시시비비를 가리는 논쟁을 의미한다.

대개 이런 논쟁은 상거래 문제로 발생하는데, 예레미야는 이런 문제를 일으킬 원인이 되는 금전거래를 한 적이 없다. 그런데도 세상 사람들이 모두 자신을 다 고발하며 저주하고 있다. 왜 예레미야가 이런 일을 당하고 있는가?

백성들을 향해 하나님의 심판을 경고하였기에 고통을 받고 있는 것이며, 이렇게 탄원하는 예레미야는 지금 자신을 예언자로 부르신 하나님께 불평을 터트리고 있는 중이다.

11~14절은 이에 대한 하나님의 응답이다. 11절은 마소라 텍스트(MT)에는 '그가 말했다'(아마르)로 시작되고, 칠십인역(LXX)에는 '아멘'(게노이토, 히브리어 아멘)으로 시작되어 히브리어 본문인 마소라 텍스트에서는 14절까지 하나님이 말씀하시는 것으로 볼 수 있지만, 헬라어로 된 칠십인역으로 보면 10절과 연관하여 예레미야의 탄원으로 볼 수 있다. 대부분 학자들은 히브리어 본문을 따라 여호와의 말씀으로 본다.

그러므로 11절은 여호와께서 탄원하는 예레미야와 '함께 해주실 것'을 약속하는 부분이다. '진실로'(임로, 반드시)가 두 번이나 반복된다.

예레미야를 강하게 해주시고, 복을 내리사 원수로 재앙과 환난을 당할 때 '네게 간구하게 하리라'고 하신다.

'네게 간구하게 하리라'는 말은 '만일 너의 재앙과 환난에 간섭하지 않으면 내게 저주가 내릴지어다!'라는 의미다.

이어서 예레미야를 저주하는(10절) 유다백성에게 내릴 심판을 선포한다.(12~14절) '북방의 철과 놋'(바벨론의 군사력) 앞에 굴복하게 될 것이요(12절), 그들의 모든 죄로 인해 재물을 빼앗기고(13절), 그들이 알지 못하는 땅으로 포로 되어 갈 것이다.(14절)

이것은 예레미야의 탄원에 대한 여호와 하나님의 응답으로, 백성들은 지금 예레미야가 전하는 하나님의 메시지를 거부하며 그를 괴롭게 하고 있지만, 결국 백성들은 곧 예레미야가 전한 말씀 그대로 이방제국으로 인해 약탈과 추방과 살해를 당하게 될 것이라고 하신다.

유다백성들은 예레미야를 통해 선날되는 하나님의 경고의 메시지에 귀를 기울여야 했다. 그들이 귀를 막고 예인자를 저주하는 것은, 결국 하나님께 대한 반항이며 그 결국은 비극적인 운명을 맞이하는 것으로 끝난다.(마21 : 33~44 참조)

●●●예레미야의 선지자로서의 불평 렘15:15~18

예레미야는 자신의 결백을 주장하며 하나님께서 자기를 박해하는 자에게 보복(나캄, 법적 용어로 피해에 대한 보상을 의미함)하여 자신의 목숨을 잃지 않게 해달라고 탄원한다.(15절)

'여호와여 주께서 아시나이다.' 이는 무죄를 주장할 때 흔히 사용하는 말이다.

예레미야는 자신을 '주의 이름으로 일컬음을 받는 자'(16절)라고 함으로 '하나님의 소유'라는 것을 밝힌다.

구약에서 '하나님의 이름으로 불리는 것'은 오직 백성(사63:19, 렘14:9), 성전(왕상8:43, 렘7:10,11,14, 30, 32:34, 34:15), 예루살렘(렘25:29)인데 이곳에서 유일하게 예레미야가 자신이 하나님의 것임을 밝히고 있다.

이것은 하나님께 대한 철저한 신뢰를 바탕으로 한 의지의 표현이다. 예레미야는 '하나님의 말씀'을 삶의 기반으로 삼고 있다. 하나님의 말씀이 오직 그에게 기쁨과 즐거움이 되었다.

하나님의 말씀을 삶의 기반으로 살아온, 하나님 소유인 그가 말씀을 전하는 선지자이기에 백성들에게 저주를 받고 있으니 이제 하나님이 자신을 보호해주어야 하지 않으시겠는가?

예레미야는 하나님의 말씀으로 살기에, 웃고 떠드는 자들과 자리하여 즐기지 않고 하나님의 손에 붙들려 홀로 있었다. 그는 공동체에서 완전히 격리된 '사회적 나병환자'처럼 살았다.(17절, 레13:46 참조) 백성들에게 철저하게 고립되는 외로움을 당하고 있는 것이다.

그런데 예레미야는 지금 백성들로부터 버림받은 것뿐 아니라 하나님께도 버림받는 것 같다고 한다.

'주께서 분노로 내게 채우셨음이니이다'(17절) 이는 하나님께서 분노하셔서 내가 버림받는 것 같다는 뜻이다.(시88:14 참조)

고통은 끝이 없고 상처는 깊어지고 있다. 심지어 하나님은 도무지 믿을 수 없는 '속이는 시내'(wadi) 같다고 한다.(18절)

여호와께서 자신을 선지자로 부르시어 말씀을 전하라 했기에 전하였는데, 그로 인해 심각한 곤란에 처했으면 여호와께서 당연히 구원해 주셔야 되는 것이 아닌가?(렘1:17~19 참조)

그런데 왜 끝없는 고통과 저주만 있는가? 하나님을 흐르다가 메말라 버리는 '와디' 같다고 한다.

얼마나 고통이 심각했으면 하나님의 존재에 대한 확신조차 혼란을 가져왔을까? 안타깝지만 이것이 선지자의 삶이다.

●●●하나님의 훈계와 구원의 보증 렘15:19~21

이렇게 탄원하는 예레미야에게 여호와께서 '네가 만일 돌아오면 내가 너를 다시 이끌어서 내 앞에 세울 것이다'라고 하신다.(19절)

'돌아오다'는 말은 회개를 뜻하는데 예레미야에게 무엇을 회개하라(돌아오라)는 것인지 분명하지 않다. 예레미야가 자신의 무죄를 말한 것(15절)이 적절하지 않다는 것인지, 여호와께 한탄한 것(16~18절) 자체가 옳지 않다는 것인지 불분명하다.

학자들은 '후자'로 생각하여 하나님의 보상을 자신의 공로로 요청하는 것이 적절하지 않다고 말한다.

자신이 무엇을 했으니 여호와가 당연하게 보상해줄 것이라는 생각은 옳지 않다고 본다. 예레미야는 선지자이기에 그 어떤 어려움 속에서도 보상을 바라지 않고 소명과 사명에 충실해야 할 것이다.

그렇게 하면 그를 다시 선지자로 세우실 것이다.

이어서 '네가 만일 헛된 것을 버리고 귀한 것을 말한다면 너는 내 입이 될 것이다'고 하신다.(19절)

이 말씀은 앞에서 했던 헛된 말을 버리고 귀한 말을 한다면 다시 여호와의 입인 선지자로 세우신다는 의미이다. 그렇게 해서 백성들이 그에게로 돌아와야지 그가 백성에게 돌아가서는 안 된다.

예레미야가 백성들의 귀에 듣기 좋은 말을 할 것이 아니라, 그들이 예레미야가 전한 여호와의 말씀에 순종하도록 해야 할 것이다.

이어서 여호와는 예레미야에게 새로운 구원의 말씀을 전하신다.

20절은 처음 소명 받을 때의 말씀과 동일하다.(렘1:8, 18~19절)

예레미야의 소명이 갱신된 것이다.

선지자의 삶은 처절한 고통과 혼란, 그리고 갈등으로 점철된다. 그래서 때로는 하나님께 탄원과 항변도 하지만 하나님은 그를 반성하게 하시고 다시 일으켜 세워 끝내 당신의 말씀을 전하게 하신다.

선지자의 삶의 주도권은 하나님께 있으며 또한 보호하시는 능력이 그분께 있음을 믿으며 그 어떤 곤란도 헤쳐 나가야 할 것이다.

●●●세 가지 금지 명령 렘16:1~9

렘16:1~13에는 렘13장에 이어 예레미야의 두번째 상징적 행동이 나타난다.

이 상징적 행동은 예레미야가 렘15:17에서 '내가 기뻐하는 자의 모임 가운데 앉지 아니하며 즐거워하지도 아니하고 주의 손에 붙들려 홀로 앉았사오니 이는 주께서 분노로 내게 채우셨음이니이다'라고 철저하게 고립되어 사람들뿐 아니라 하나님께도 버림받는 외로움을 호소했는데, 본문은 그가 어떻게 그런 상황에 처해졌는지를 알려주고 있다.

1~9절에는 '~ 하지 말라'(로, '항구적인 금지'를 의미하는 부정형 부사)가 강조되었다.

첫째, 아내를 취하지 말며 자녀를 두지 말라고 하신다.(2절)

독신생활에 대한 명령이다. 다산多産을 하나님의 축복으로 여겼던 구약시대에 독신이란 불행과 수치와 하나님의 진노를 의미했다.(창30:1, 삼상1:5~7, 사47:9. 호9:14) 더구나 자녀는 부모가 노년이 되었을 때 삶의 후원자였다.(시127:3~5)

그런데 예레미야에게 혼인이 금지된 것은 인생이 마땅히 누려야 할 즐거움이 상실되고(잠5:15~23, 18:22, 전9:9) 더불어 그의 미래가 불안정할 것이라는 의미이다.

예레미야는 결국 일평생 독신으로 살아야 했다. 그런데 그의 독신생활은 그에게 내려진 하나님의 저주가 아니라 백성들을 향한 하나님의 메시지를 전하는 선지자적 행동이라 할 수 있다.

3~4절에서 그의 행동을 통해 이스라엘이 장차 당할 국가적인 재앙을 알 수 있다. 자녀와 그들을 낳은 어미와 아비가 독한 병(타할루임, 이것은 단순한 질병이 아닌 전쟁 이후의 발생하는 질병을 의미함)으로 죽고 매장되지도 못할 비극을 맞이하게 될 것이라고 한다.

둘째, 초상집(베이트 마르제악)에 조문하여 통곡하지 말라고 하신다.(5절)

이스라엘 백성들은 초상집에 조문하는 것이 아름다운 행위였다. 그런데 조문을 금지하신 이유는 하나님께서 백성들에게 평강(샬롬)과 인자(헤세드)와 사랑(레헴)을 제하셨기 때문이다.(5절)

큰 자든지 작은 자든지 모두 죽으며 매장되지 못할 것이고, 그들을 위하여 애곡하는 자, 자기 몸을 베는 자, 머리털을 미는 자도 없을 것이라고 하신다.(6절)

애곡하고 자기 몸을 베고 머리털을 미는 것은 슬픔을 함께 하는 고대 근동의 관습이다.(렘41:5, 48:37, 사15:2~3, 22:12, 암8:10, 겔7:18) 주로 이방인의 관습이기에 후에 선민 이스라엘에게는 금지되었다.(레위 19:27~28, 21:5)

7절은 상을 당한 자에게 음식과 음료를 제공할 사람도 없을 것이라는 뜻이다. 종말이 다가왔기에 더 이상 공동체와의 연대가 필요 없게 되었음을 의미한다.

셋째, 잔치 집(미슈테)에 들어가지 말라고 하신다.(8절)

> '너는 잔칫집에 들어가서 그들과 함께 앉아 먹거나 마시지 말라' (8절)

잔치 집(미슈테)은 초상집(베이트 마르제악)과 완전 대조되는 단어로(전 7:2 참조) 기쁨과 즐거움이 최고에 달하는 곳이다.

그러나 혼인으로 인한 신랑 신부의 즐거운 소리를 들을 수가 없게 될 것이며(9절) 결국은 더 이상 가정을 이룰 수 없게 되어 공동체가 종말을 맞게 됨을 의미한다.

하나님께서 조상 아브라함을 통하여 내렸던 큰 민족이 되는 축복을 하나님이 거두신 것이다. 이제 이스라엘은 하나님의 백성이 아니며 하나님은 그들의 하나님이심을 포기하셨다는 의미이다.

예레미야가 일평생 독신으로 살면서 조문과 혼례에 참석하지 않는 것은 백성들에게 조롱과 멸시를 당하기에 충분한 행동이었을 것이다. 그러나 예레미야는 그런 생활을 통하여 하나님의 메시지를 백성들에게 전달했다. 유다 공동체는 이제 곧 비참한 종말을 가져오게 될 것이라는 상징적 행동을 한 것이다.

오늘날 하나님의 말씀을 대언하는 사람들은 이런 선지자적 삶을 살아야 할 것이다.

●●●하나님의 심판의 이유 렘16:10~13

백성들이 예레미야의 상징적 행동을 통해 하나님의 심판의 메시지를 들었는지, 아니면 그의 선포를 통해서 알았는지는 분명치 않으나, 예레미야에게 이렇게 질문하였다.

'여호와께서 우리에게 이 모든 큰 재앙을 선포하심은 어찌 됨이며 우리의 죄악은 무엇이며 우리가 우리 하나님 여호와께 범한 죄는 무엇이냐?'(10절)

하나님의 대답은 분명하다. 그들의 조상들이 여호와를 버리고(아자브) 다른 신들을 섬겼고 하나님의 율법(토라)을 지키지 않았기 때문이다.(11절) 그러나 보다 큰 잘못은 지금 세대의 반역 때문이다.(12절)

조상들만 죄를 범한 것이 아니라 현재 백성들이 더 사악하다는 것이다.(렘7:22~26 참조)

이제 하나님의 심판이 선고된다. '이 땅에서 쫓아내어(툴) 너희와 너희 조상들이 알지 못하던 땅에 이르게 할 것이라 너희가 거기서 주야로 다른 신들을 섬기리니 이는 내가 너희에게 은혜를 베풀지 아니함이라 하셨다 하라'(13절)

유다가 여호와를 버렸기에 이제 여호와도 유다를 버리시겠다고 하신다. 유다가 여호와가 아닌 다른 신들을 섬겼기에 이제 그들을 그 신들이 있는 곳으로 옮기신다.

그리고 그곳에서 이방신을 섬기라고 하신다. 후에 이스라엘이 바벨론의 포로가 되어 그곳에서 이방신을 섬기는 것 그 자체가 하나님의 심판이었다.

우상을 섬기는 것은 이스라엘이 스스로 선택한 죄인 동시에 하나님께서 내리신 심판이기도 한 것이다.

오늘날 재물(맘몬)을 하나님처럼 섬기는 것은 인간의 죄인 동시에 하나님의 심판임을 기억해야 한다. 죄에 빠져 생활해도 아무런 문제없이 잘 살고 있는 것 같아 보이는 현실이 사실은 하나님의 심판인 것을 깨닫는 지혜가 있어야할 것이다.(히12:4~8 참조)

●●●바벨론 포로에서의 해방 렘16:14~15

선지자는 부정적인 심판의 말씀만을 전하는 사람이 아니다. 긍정적인 구원의 말씀도 전하는 사람이다. 예레미야의 소명기사에도 이런 면이 잘 나타나 있다.(렘1:10 참조)

앞서 하나님의 심판으로 바벨론에 포로로 잡혀갈 것(렘16:10~13)을 전한 예레미야는 본문에서는 포로에서 귀환할 것이라는 희망의 메시지를 선포한다.(14~15절, 렘23:7~8에서 반복됨)

이와 같은 희망의 선포는 제2 이사야(사40~55장)에 잘 나타나 있어서 학자들에 따라서는 예레미야의 자료가 아닌 것으로 보기도 한다.

그러나 편집자가 현재의 위치에 이 자료를 넣은 것은 경전적인 의미로 볼 때 바벨론 포로사건이나 해방사건 모두가 하나님의 역사임을 나타내고자 한 것이며, 아울러 이스라엘을 향하신 하나님의 긍휼하심을 나타내고자 함이었으리라.

하나님은 심판하시는 분만이 아니라 궁극적으로는 구원의 하나님이시다. 이제 이스라엘 사람들은 과거 그들의 신앙의 근거였던 출–애굽의 경험에서 한발 더 나아가 '출–바벨론'의 경험을 하게 될 것이며, 이로써 출-바벨론을 해 주신 여호와의 사심을 경험하게 될 것이다.

출애굽 사건은 이스라엘의 범죄와 무관하게 이뤄진 사건이다. 그에

비해 출–바벨론 사건은 이스라엘의 범죄와 깊이 연관되어 있다.

출애굽 사건이 이스라엘이 범죄와 관계없는 바로의 학대와 억압으로부터 구원해주신 긍휼의 하나님을 만난 것임에 비해, 출–바벨론 사건은 범죄했음에도 불구하고 구원하시는 하나님의 긍휼을 경험한 것이다. 훨씬 더 큰 은혜를 허락받은 사건이다.

또한 출–바벨론에 나타난 희망의 메시지가 '내가 그들을 그들의 조상에게 준 그들의 땅으로 인도하여 들이리라'(15절)인 것으로 보아 여호와께서는 이스라엘의 선조들에게 약속하셨던 것을(창13:14~15) 끝까지 지키시는 신실하신 분임을 알 수 있다.

그런데 그 때(보라 날이 이르리니, 14절)가 언제일까? 렘7:32에서 보듯이 그 날(욤)은 장래에 무슨 일이 일어날 것을 말할 때 사용된 표현이다.

하나님이 일을 나타내실 날이 언제인지 정확히 알 수 없으나 그 날이 반드시 온다는 사실이 이스라엘에게는 위로와 희망의 근거가 되는 것이다.(사40:1~2 참조)

●●●두 번에 이어지는 하나님의 심판 렘16:16~18

이 부분에서 다시 하나님의 심판의 메시지가 선포된다.

많은 어부를 불러 백성들을 낚게 하고(합1:14~17 참조), 많은 포수를 불러다가 사냥하게 할 것이라고 하신다.(16절)

이와 같은 이중의 심판 선포는 백성들이 하나님의 심판에서 결코 벗어날 수 없음을 의미한다. 백성들은 은밀히 죄악을 저질렀을지 모르지만 하나님의 눈길을 피할 수는 없었다.(시139:1~12 참조)

아간의 범죄(수7장)와 다윗의 범죄(삼하11장)는 은밀히 행하여진 것이지만 결코 하나님의 눈길을 벗어나지 못했다.

이제 여호와께서는 백성들의 범죄를 배로 갚으시겠다고 한다.(18절)

두 배의 보복이란 신의를 배신하는 자는 두 배로 보상해야 하는 규정을 적용한 것이다.(출22:7, 신15:18 참조)

어부를 불러와 백성들을 낚게 하고 포수를 불러와 사냥하게 하는 것은 이스라엘이 하나님을 저버린 것에 대한 두 배의 심판이다. 이 두 배의 보복은 기원전 597년과 기원전 587년에 있었던 2차례의 바벨론포로 사건을 가리킨다.

여호와 하나님은 이스라엘에게 가나안 땅을 선물로 맡겨 주셨다. 가나안 땅은 백성들의 것이 아니라 하나님의 것이다.(레25:23 참조)

그러나 백성들은 하나님의 땅을(18절의 내 땅, 내 기업) '미운 물건'(혐오스러운 것)의 시체로 더럽히고 가증한 것으로 채웠다.

미운물건과 가증한 것은 우상을 가리키며(렘13:27, 왕하23:13, 사44:19, 나훔3:6 참조) 우상을 숭배하는 것은 거룩한 하나님의 땅을 더럽히는 행위였다.(레위18:24~30, 26:30, 겔36:18 참조)

●●●여호와에 대한 이방인들의 깨달음 렘16:19~21

예레미야는 이스라엘만을 위한 선지자가 아니라 이방인들을 위한 선지자이기도 했다.(렘1:5 참조)

19~21절은 이방인들의 여호와 하나님에 대한 깨달음을 다루고 있다. 19~20절은 예레미야의 신앙고백적 기도다. 예레미야는 여호와를 '나의 힘, 나의 요새, 환난 날의 피난처'라고 고백하며 이방인들을 향한 기대를 간구한다.(19절)

그들이 지금까지 섬겨온 우상들은 참신이신 하나님이 아니라, 허무하고 망탄하고 무익한 것임을 깨닫게 되길 간구하고 있다.(20절)

'사람이 어찌 신 아닌 것을 자기의 신으로 삼겠나이까 하리이다' (20절)

예레미야의 이러한 간구에는 유다백성들과 마찬가지로 이방 인들도 우상숭배를 떠나 여호와 하나님을 온전히 섬기기를 바라는 심정이 잘 나타나 있다.

이런 예레미야의 간구에 하나님이 응납하셨다. '보라 이번에 그들에게 내 손과 내 능력을 알려서 그들로 내 이름이 여호와인 줄 알게 하리라'(21절)

이방민족들이 여호와가 하나님임을 알게 되는 사건이 무엇인가? 문

맥상으로 볼 때 14~15절에 기록된 출-바벨론 사건이다.(겔36:22~24, 33~36절 참조)

여호와께서는 유다를 바벨론 제국에서 귀환시키는 사건을 통하여 유다에게는 구원을 허락하신 것이며, 이방민족들에게는 여호와가 참 하나님이심을 깨닫게 하신 것이다.

과거 이스라엘을 바로의 억압에서 이끌어내신 사건과 의미가 동일하다.(바로 앞에서 행한 열 가지 재앙과 홍해 사건은 여호와가 하나님이심을 나타내는 것이었다.)

14~21절에는 여러 단편들이 편집되어 있다. 10~13절이 바벨론의 포로, 14~15절이 귀환, 16~18절은 두 번에 걸친 심판, 19~21절은 이방인의 여호와에 대한 깨달음이라는 주제로 연결되어 있다.

모두 심판 다음에는 희망이 이어진다는 공통점이 있다.

여호와 하나님은 심판의 하나님이 아닌 구원의 하나님이시라는 사실을 나타내고 있다.

예레미야의 '여호와 나의 힘, 나의 요새, 환난 날의 피난처시여'(19절)라는 고백은 우리 모든 성도들의 고백이며, 예수 그리스도의 십자가로 나타내신 하나님의 사랑과 긍휼에 대한 고백이리라.

●●●이스라엘이 신뢰해야 할 하나님 렘17:1~11

렘17장은 예레미야가 전한 여러 가지 메시지를 모아놓았다.

1~4절은 유다의 심각한 죄악에 따른 하나님의 진노, 5~11절은 신뢰할 분으로서의 여호와, 12~18절은 예레미야의 탄원기도, 19~27절은 안식일에 대한 규정이다.

유다의 죄는 백성들의 마음과 그들의 단 뿔에 금강석 끝 철필로 새겨져 있다.(카타브 1절) 금강석 끝 철필(에트)은 붓이나 펜처럼 글씨를 쓰는 것이 아니라 나무나 돌에 문자나 문형을 새기는 연장이다.

이런 연장으로 하는 작업은 노력과 시간이 많이 필요하며, 한번 새겨진 것은 쉽게 사라지지 않고 오래도록 보존된다.

유다의 죄가 이렇게 오래 보존되도록 새겨져 있는데, 그 새겨진 장소가 백성들의 마음 판과 제단의 뿔이다.

사람의 마음(레브, 사람의 인격과 삶을 지배하는 것)은 하나님의 계명이 새겨 넣어져야 할 곳이다.(신6:6, 렘4:4, 31:33, 32:40, 겔36:25~27, 잠3:3, 7:3, 고후3:3 참조)

그런데 백성들의 마음 속에 죄가 지울 수 없이 새겨져 있다는 것은 그들이 하나님 백성의 자리에서 떠나 있는 것을 의미한다.

또 제단의 뿔은 죄를 속량하기 위해 짐승의 피를 뿌리던 곳으로(레4:7,

16:18), 지성소에 있다.(왕상1:50~51)

그곳에 죄가 새겨져 있다는 것은 제단조차 타락하여 죄사함의 권능이 중지되었으며, 유다의 죄는 더 이상 씻겨질 수 없는 지경이 되었다는 뜻이다. 제단의 뿔은 이제 속죄의 장소가 아니라 죄악의 장소가 되고 말았다.

유다백성의 죄는 무엇인가?

'높은 언덕 위 푸른 나무 곁에 있는 그 제단들과 아세라들'이 나타내듯 가나안의 풍요종교, 바알 숭배신앙을 따른 것이다.(신12:2~3, 왕상14:23, 왕하17:10, 렘2:20, 3:6,13)

이스라엘이 가나안에 들어와 정착하며 유목생활을 접고 농업에 종사하면서 빠지기 시작한 바알 숭배가 예레미야 시대까지 계속되어 왔다. 요시야의 종교개혁(왕하23장, 기원전 621년)이 있었음에도 바알 숭배가 계속되었다는 사실은, 이 우상숭배가 금강석 끝 철필로 새겨졌다는 언급처럼 아주 오랜 기간 백성들 마음과 신앙에 뿌리 깊게 영향을 미치고 있었음을 나타낸다.

여호와께서 진노하시어 유다의 재산과 보물과 산당들이 노략을 당하고, 여호와가 기업으로 주신 가나안 땅을 빼앗기게 되며 그들이 알지 못하는 땅에서 원수들을 섬기게 될 것이다.(3~4절)

백성들은 바알 숭배를 통해 다산과 풍요를 기대했으나, 그 결과는 빈털터리가 되어 바벨론의 포로가 되는 것이다.

바알 숭배는 물질 숭배(mammon, 기복신앙)이다. 이런 우상(물질)숭배가 현대 교회와 성도들에게 뿌리 깊게 자리 잡고 있는 현실을 생각할 때, 교회(성도)의 기능이 마비되어 이로 인한 하나님의 심판이 임할 것을 두려워해야 할 것이다.(마6:24, 딤전6:3~19, 히13:5 약5:1~6 참조)

5~11절에서는 유다 백성의 죄악에 대해 하나님이 진노하실 것이라

는 말씀에 이어 백성들이 과연 누구를 신뢰해야 할 것인가를 밝히고 있다.

5~8절은 시편 1편과 비슷한 내용이다. 시편 1편은 의인과 악인을 대조시켜 복과 멸망을 선언하지만, 본문은 사람을 의지하는 자와 하나님을 의지하는 자를 대조시킨다.

5~6절은 '저주를 받을 것이다'(아루르)로 시작되고 7~8절은 '복을 받을 것이다'(바루크)로 시작된다. 저주받을 사람은 사람(아담)을 믿으며 혈육(바사르, '살덩이'를 의미하며 덧없이 사라질 무력한 것)으로 그 권력을 삼으며 마음이 여호와에게서 떠난 사람이다.

인간의 지혜와 무력(무기)을 의지했던 당시 유다 왕들의 전형적 모습이었다. 신17:14~20(이스라엘의 왕도)에는 말馬을 많이 두지 말라는 권면이 있다. 세상의 권력을 의지하지 말라는 의미이다.(사31:3 참조)

그러나 유다 왕들은 애굽과 바벨론 제국을 의지하며 왕정을 유지하려고 하였다.(이것은 기원전 609년 요시아의 므깃도 전투 이후 더욱 심화됨) 그러다가 결국에는 바벨론의 보복으로 왕국멸망이라는 비극을 맞이하게 되었다.(겔17:5~10, 렘37:5~10, 사31:1~3 참조)

세상 권력을 의지하는 사람은 사막의 떨기나무(아르에르, 출3장의 떨기나무는 '스네', 아르에르는 '저주를 받다, 껍질을 벗기다'라는 의미의 '아루르'와 발음이 비슷함) 같아서 '좋은'(토브) 일이 오는 것을 보지 못하고 '광야 간조한 곳, 건건한 땅, 사람이 거하지 않는 땅'(소금에 절여져 인적이 없는 땅을 의미함)에 살게 될 것이다.(6절)

물가에 심기는 나무는 잎이 무성한데 비해(8절) 저주받은 나무는 메마른 땅에 심겨 껍질이 벗겨지고 볼품없이 말라가는 형국이다.

'좋은(하나님이 보시기에 좋았더라'에서 보듯이 원래대로 잘 움직임을 뜻함) 일'이란 원래 하나님의 백성이라면 하나님의 보호 속에 안선과 번영을 누리지만, 그것을 누리지 못하는 것이 곧 하나님의 저주이다.

7~8절은 5~6절의 반대로 여호와를 의지하는 것이 복을 받는 것임을

말한다. '복'(바라크)은 구원, 평안, 건강, 생명의 풍성함을 의미한다. 여호와를 의지하는 사람은 시냇가에 심은 나무처럼 생명력이 왕성하며 풍성한 결실이 있는 삶을 살게 된다.(8절)

9~11절은 1절의 '죄가 금강석 끝 철필로 그 마음에 새겨진 사람'과 5절의 '마음이 여호와에게서 떠난 사람'이 어떤 사람인지를 좀 더 구체적으로 밝힌다.

'열 길 물속은 알아도 한 길 사람의 속은 모른다.'는 속담처럼 이러한 사람을 알아보는 것은 쉽지 않다.(9절) 그러나 여호와는 사람의 마음을 꿰뚫어 보신다.(10절)

> '나 여호와는 심장을 살피며 폐부를 시험하고
> 각각 그의 행위와 그의 행실대로 보응하나니' (10절)

심장(레브)을 살피며 폐부(켈라요트, 감성을 지배하는 곳)를 시험하여(바한, 떠보다) 그의 행위와 행실대로 보응하신다.(10절) 사람의 속을 아시는 분이 여호와시다.(렘11:20, 20:12, 왕상8:39, 시139:23, 롬8:27 참조)

그러므로 사람의 중심과 그로 인한 행동을 관찰하고 심판하신다. 결국 마음과 행위는 하나님 앞에 드러나게 마련이요, 그 대가를 치르게 될 것이다.

11절은 불의로 치부하는 자, 곧 올바르지 못한 방법으로 재산을 모은 자는 '자고새'와 같이 될 것이라고 한다.

자고새는 자기가 낳지 않은 알을 품어 새끼를 부화시키지만 새끼는 자라면 원래 어미에게로 날아간다. 자신이 노력해서 모은 것이 아닌 불의의 재물은 사라지게 될 것이라는 비유이다. 하나님께서 정당하게 심판하셨음을 의미한다.

5절의 '사람을 믿으며 육신으로 그의 힘을 삼고 마음이 여호와에게서 떠난 그 사람', 9절의 '마음이 심히 부패한 사람', 11절의 '자고새와 같이 불의로 치부하는 자'는 모두 하나님을 신뢰하지 않고 우상을 숭배하고, 이방제국을 의지하여 자신의 안정과 번영을 꾀하는 사람을 말한다.

이런 사람들은 역사가 인간의 지혜와 무력으로 움직이는 줄 알지만, 역사를 주관하시는 이는 하나님이시다.

역사는 하나님의 능력이 나타나는 현장이기에 신뢰할 분은 오직 여호와뿐이다.(사30:1~5, 31:1~3 참조) 그리고 여호와를 신뢰한다는 것은 그분의 뜻에 대한 절대적 복종과 실천이다.

누구를 신뢰할 것인가?

사막에 심긴 떨기나무가 될 것인가? 아니면 물가에 심긴 나무가 될 것인가? 오늘날 교회(성도)가 진지하게 대답해야 할 질문이다.

●●●예레미야의 세번째 고백문 렘17:12~18

이 부분에서 예레미야는 여호와께 자신의 문제를 고백(탄원)하며 찬양으로 시작한다.(12~13절)

여호와만이 이스라엘(자신)의 유일한 희망이며 그를 떠나서는 생명이 없다고 고백한다. '영화로우신 보좌여 원시부터 높이 계시며 우리의 성소이시며'(12절)라는 말은 예루살렘 성전을 가리키지만 그 안에 임재하시는 여호와를 일컫는 표현이다.

여호와가 이스라엘의 소망이다.

그리고 그 여호와를 버리고 떠나는 자는 다 수치를 당하여 흙에 기록이 되는데 생수 곧 생명의 근원이신 여호와를 버렸기 때문이다.(13절) 따라서 여호와를 버리고 떠나는 자는 사막의 떨기나무처럼(렘17:6 참조) 생명이 없고 허무한 인생이 되고 만다.

예레미야가 이렇게 여호와를 찬양하며 자신의 문제를 고백(탄원)하는 것은 15절에 언급되는 여호와의 말씀 때문에 그를 조롱하고 핍박하는 사람들을 염두에 두었기 때문이다.

여호와를 찬양한 예레미야는 이어 자신의 구원을 요청한다.(14절)

예레미야의 요청은 육체적인 질병이나 물리적 고통으로부터 구원해달라는 것이 아니다. '그들이 내게 이르기를 여호와의 말씀이 어디 있느냐 이제 임하게 할지어다'(15절)에서 알 수 있듯이 백성들로부터 받는 조롱과 내면의 신앙적 고통 때문이었다.

'목자(메로에)의 직분에서 물러나지 아니하고 주를 따랐사오며
재앙(메라아)의 날도 내가 원하지 아니하였음을 주께서 아시는 바라
내 입술에서 나온 것이 주의 목전에 있나이다' (16절)

예레미야는 백성들을 인도하기 위해 부르심에 충실했고 또한 재앙을 선포한 것은 자기가 원해서 한 일이 아니라 하나님이 전하라고 해서 전한 것뿐이다.

그런데 하나님이 전하라고 하신 재앙이 바로 임하지 않은 것처럼 보이자 백성들이 예레미야를 조롱하며 여호와의 말씀이 어찌 되었나 비아냥거리고 있다.(사5:19 참조)

이런 조롱은 예레미야에게 심각한 신앙적 고뇌로 밀려왔다. 자신은 온전히 하나님이 전하라고 하신 말씀을 충실히 전달했고 분명히 현실로 나타날 것이라고 믿었는데 하나님은 당신의 말씀을 이루시지 않고 예레미야를 백성들의 조롱 한복판에 두시니 불안한 상황이 되었다.

예언자의 정당성은 그가 전한 하나님의 말씀이 실현되었을 때에 비로소 인정받는다. 그런데 여호와는 지금 침묵하시며 역사하지 않고 계시다. 그래서 예레미야는 내면의 신앙적 고통을 받고 있다.

예레미야는 '주는 내게 두려움(므히타)이 되지 마옵소서. 재앙의 날에 주는 나의 피난처(마하시)시니이다'(17절)고 말한다. 하나님의 말씀이 실현되는 '재앙의 날'이 와서 백성들의 조롱과 자신의 신앙적 고뇌를 없애달라고 한다. 또한 백성들이 수욕을 당하게 되기를 바란다고 한다.(18절)

이것은 자신을 박해하는 백성들이 멸망하기를 소원하며 복수를 간구하는 것이 아니다. 하나님이 침묵하시어 하나님의 존엄성과 말씀의 권위가 백성들에게 손상되는 가운데 자신이 견뎌내야 할 내면의 고뇌를

없애달라는 것이며 선지자로서 자신의 정당성이 역사 속에서 입증되기를 간구하는 것이다.

자신의 선지자로서의 정당성이 입증되어야 하나님의 존엄성과 말씀의 권위가 인정되기 때문이다.

하나님의 침묵은 오늘날 말씀의 대언자代言者(설교자)들의 경험이기도 하다. 회중들이 목회자가 전하는 말씀의 실현에 회의를 갖고 그 권위를 무시하기 때문이다.

그러나 하나님의 말씀은 일점일획도 없어지지 아니하고 반드시 그대로 이루어짐을(마5:17~18) 믿고 묵묵히 전하며 눈앞에 실현되기를 기다리는 것이 목회자의 길이며, 또한 성도의 믿음 생활이리라.

●●●안식일 규정 렘17:19~27

여호와는 예레미야를 '유다 왕들이 출입하는 평민의 문과 예루살렘의 모든 문'(19절)에 세워 '유다 왕들과 모든 백성과 예루살렘 모든 주민'(20절)을 향하여 말씀을 선포하게 하신다.

안식일에 일을 중단하고 그날을 거룩히 지키라고 하신다.(21~22절, 출20:8~10, 신5:12~14 참조)

안식일 규정은 이스라엘 조상들에게 명령한 것이지만 그들은 이를 제대로 준수하지 않았다.(23절) 이에 예레미야는 안식일 준수가 유다의 운명을 결정짓는 중요한 일임을 밝힌다. 안식일을 지키면 축복이 있을 것이며(24~26절) 지키지 않으면 심판이 있을 것임을 선포한다.(27절)

순종했을 때는 정치적으로 안정이 있으며.(25절) 유다 백성들과 하나님의 관계가 친밀하고 온전하게 되는 예배의 효력이 나타날 것이다.(26절) 하나님과의 관계가 회복되는 것은 유다의 평화와 생명이 아닐 수 없다.

그러나 안식일 규정을 어길 때는 재난이 닥쳐 예루살렘 궁전이 불타게 될 것이다.(27절) 하나님께 버림받은 것이다.

안식일 문제를 다루는 곳은 예레미야서에서 이곳이 유일하다.

안식일 규정은 바벨론 포로 당시 예루살렘 성전이 없어진 상태에서 유대인의 정체성을 유지하는 중요한 문제였다.

에스겔은 안식일은 이스라엘과 여호와를 이어주는 표증이라고 강조하였고(겔20:12~26, 22:8, 23:38 참조), 이사야는 안식일 규정준수가 여호와의 축복을 받는 길임을 선포하였다.(사56:2~8, 58:13~14 참조) 느헤미야도 느13:15~22에서 안식일에 곡물을 예루살렘 성안으로 들여와 파는 백성들에 대해 경고하였다.(이 경고는 본문과 비슷하다.)

예레미야에게 안식일 규정 준수는 하나님의 뜻에 복종하는 구체적인 일이었다. 일주일에 하루, 자신의 자율성을 포기하고 자신에 대한 주권이 하나님께 있음을 고백하는 일이다. 자신의 삶을 하나님의 주권에 예속시키는 고백적 행위다. 자기 중심에서 하나님 중심으로 옮기는 행위인 것이다.

이런 면에서 오늘날 주일을 지키는 개념도 하나님 백성으로서 정체성을 확인하는 것 뿐 아니라 하나님의 주권 아래 자신의 삶을 의탁하며 하나님의 축복을 바라는 것이라 볼 수 있다.

●●●토기장이 행위를 통해 하나님의 뜻을 깨달음 렘18:1~12

여호와는 예레미야를 토기장이의 집으로 보내 하나님의 뜻을 깨닫게 하신다.

토기장이(요체르)는 하나님의 창조 행위를 표현할 때 사용된 '짓다'(야차르)에서 유래된 단어로 '야차르'는 '바라'(창조하다)와 평행을 이루며 나타나는 말이다.

하나님이 흙으로 각종 들짐승과 공중의 각종 새를 지으셨고(창2:19), 심지어 바다의 괴물 레비아단 Leviathan(시104:26에는 '악어'로 번역됨)을 만드시고, 세상의 모든 것을 지으신 분이라고 할 때 사용된 단어이다. (시74:17, 95:5, 렘10:16, 51:19 참조)

특히 예레미야를 지으시고(렘1:5) 이스라엘을 지으신 분임을 밝힐 때 사용되었다.(사43:1, 44:2 참조)

그러므로 토기장이의 행위는 하나님의 창조 행위와 동일한 차원을 나타낸다. 한 인생의 출발부터 마지막까지, 그리고 인간들이 모여 있는 민족 역사의 주체가 다름 아닌 여호와 하나님이심을 밝히는 말이다.

이것은 사30:14, 64:8에도 잘 나타나 있다. 하나님의 백성인 인간은 진흙이요 여호와는 토기장이다.

여호와는 예레미야를 토기장이 집에 보내어 진흙을 녹로(물레)에 놓고 그릇을 만드는 그의 작업을 관찰하도록 하신다.(1~3절)

토기장이는 만들고 있는 그릇에 흠집이 나면 자기 의견에 좋은 대로 다른 그릇을 만들었다.(4절) 이때 여호와께서 토기장이의 행위의 의미를 밝혀주셨다.

> '이스라엘 족속아 이 토기장이의 하는 것같이
> 내가 능히 너희에게 행하지 못하겠느냐
> 이스라엘 족속아 진흙이 토기장이의 손에 있음같이
> 너희가 내 손에 있느니라' (6절)

진흙이 토기장이의 손에 있어 토기장이의 원대로 다른 그릇을 만들 수 있듯이 하나님과 이스라엘의 관계도 마찬가지라는 것이다.

이스라엘은 자율적으로 존재할 수 없으며 하나님의 손 안에 있는 존재이다. 이스라엘이 하나님이 바라시는 모습이 되지 않을 때에는 하나님은 달리 처리할 수 있다는 의미이다.

세상의 역사를 움직이시는 분이 여호와 하나님이시기 때문이다. 사람들은 세계 역사가 사람의 손에 좌지우지되는 것으로 생각하지만 절대 그렇지 않다.(왕하24:2, 단1:1~2, 마10:28~38 참조)

앞서 살구나무 가지를 보고(렘1:11~12) 또 끓는 가마솥이 기울어진 것을 보고(렘1:13~14) 하나님의 계시를 발견했던 예레미야는 이번에는 토기장이의 작업을 통하여 하나님의 뜻을 깨닫게 된다.

이와 같은 하나님의 계시의 발견은 우연이었을까 아니면 특별한 영성으로 인한 것이었을까? 신앙으로 깨어있어서 믿음의 눈으로 사건과 사물을 보는 모든 성도들에게 주어진 영적 능력은 아닐까?

토기장이를 통한 하나님의 계시는 '하나님의 자유'에 대한 선언이었다. 진흙이 토기장이에게 이렇게 만들어 달라 저렇게 만들어 달라 할 수 없듯이(사45:9~11) 하나님의 계획대로 인간이 따라야 하는 것이다.

7~12절은 하나님의 계획은 인간의 태도에 따라 얼마든지 변경될 수 있음을 나타낸다. 하나님이 이미 심판하시기로 작정한 민족일지라도 악에서 뉘우치면 심판받지 않으며(7~8절, 요나서의 니느웨 백성과 십자가의 강도의 회심 참조) 하나님이 구원하시기로 작정한 민족일지라도 하나님의 뜻을 거스려 악을 행하면 심판을 받게 될 것이다.(9~10절, 출32장 참조)

여호와는 이스라엘이 회심하기를 바라셨다.

> 그러므로 이제 너는 유다 사람들과 예루살렘 주민들에게 말하여 이르기를
> 여호와의 말씀에 '보라 내가 너희에게 재잉을 내리며 계책을 세워
> 너희를 치려하노니 너희는 각기 악한(라아) 길에서 돌이키며
> 너희의 길과 행위를 아름답게(토브) 하라' (11절)

선(토브)과 악(라아)은 사상이나 개념적 의미가 아니라 행위적 의미다. '토브'는 하나님이 원하신 대로 사람의 삶을 바르고 아름답고 풍성하게 하는 것이고, '라아'는 하나님의 뜻에 반하여 사람의 삶을 어렵고 메마르고 고달프게 하는 것이다.

그러므로 악한 길에서 돌이켜 길과 행위를 선하게 하라는 것은 '생활방식'을 하나님의 뜻대로 바르게 해야 살 수 있다는 말씀이다.

이 말씀은 이스라엘을 향한 하나님의 협박이나 위협이 아니다. 회개를 통해 당신의 백성이 구원의 길에 들어서기를 간절히 바라는 모습이다. 그러나 백성들은 여호와의 간절한 바람을 거부했다.

'그러나 그들이 말하기를 이는 헛되니 우리는 우리의 계획대로 행하며 우리는 각기 악한 마음의 완악한 대로 행하리라'(12절) 그런 헛소리 말라! 우린 우리 생각대로 살겠다. 우리 고집대로 악한 마음대로 행하겠다고 한다.

어떻게 이스라엘이 예레미야가 전하는 여호와의 말씀을 고의적으로 거부할 수 있었을까? 그들의 완고한 종교적 편견 때문이었다.

그들은 여호와께서 그들의 하나님이며 하나님의 백성인 그들을 위해 활동하고 계심을 확고히 믿었다. 다윗왕조가 영원할 것과 예루살렘성전 예배가 자신들의 안전을 보장해줄 것을 확고히 믿었다. 여호와는 반드시 그렇게 '해줄 것'이고, '해주셔야 한다'고 믿었다.

이러한 이스라엘의 확고한 신앙에 여호와는 '당신의 자유'를 선언하신 것이다. 이스라엘의 신앙에 하나님의 주권은 속박되지 않음을 선언하신 것이다.

오늘날도 예수 그리스도를 구주로 고백하기만 하면 구원을 받는다는 확고한 믿음 때문에 행위가 무시되는 것은 하나님의 주권을 교리(믿음)에 가두는 어리석은 짓이다.

그리스도를 '주님'으로 고백한다면 그분의 뜻에 어찌 복종하지 않을 수 있겠는가? 주님(퀴리에)은 황제에게만 붙여졌던 호칭이다. 그의 명령에 대한 거부는 곧 죽음이었다. 그런데 주님이신 예수의 뜻에 불복종하면서 '나의 믿음'으로 '하나님의 구원'이 반드시 따라올 것이라고 생각할 수 있을까?

●●●이스라엘의 불의와 그 결과 렘18:13~17

여호와는 '길과 행위를 바르게 하라'고 하시며 이스라엘의 회심을 바라셨다.(11절)

그러나 그들은 이러한 여호와의 바람을 고의적으로 거부했다.(12절) 더 이상 여호와의 통제를 받지 않고 제 고집대로 살겠다는 것이다. 질그릇이 토기장이의 주권을 거부했으니 이제 토기장이는 그 질그릇을 내던질 수밖에 없다.

여호와는 이스라엘의 불의를 탄식하며 세상 사람들에게 물어보라고 하신다. '너희는 누가 이러한 일을 들었는가 열방 중에 물어보라 처녀 이스라엘이 심히 가증한 일을 행하였도다.'(13절)

'열방'(고임)은 하나님의 선민인 이스라엘을 제외한 이방사람들을 일컫는 말로 이스라엘이 이런 일을 행해도 되는지 그들에게 물어보라는 것이다.

여기서 이스라엘은 '처녀'(베툴라)로 일컬어졌다.(렘31:4, 21. 암5:2 참조)

처녀는 처녀성을 잃지 않는 순결한 혼전여인이다. 이스라엘이 하나님께 순결을 유지했어야 한다는 말이다. 그늘이 '심히 가증한 일'을 행하였다는 것은 처녀성을 잃어버렸다는 것이요, 하나님 아닌 우상에게 순결을 바쳤다는 뜻이다. 즉 여호와를 저버리고 바알종교에 빠진 것을 말한다.

이런 이스라엘을 두고 여호와는 질문한다. '레바논의 눈이 어찌 들의 반석을 떠나겠으며 먼 곳에서 흘러내리는 찬물이 어찌 마르겠느냐?'(14절)

'에베레스트 산 정상의 눈이 어찌 녹겠으며 나일강 물이 어찌 마르겠느냐?'와 같은 의미다. 그런 일은 일어나지 않는다. 자연의 이치는 변하지 않는다. 하나님의 선민이라면 당연히 여호와께 순결을 지켜야 했건만 그들은 변질되었다.

'내 백성은 나를 잊고 허무한 것에게 분향하고 있다'(15절)라는 안타까움이 이어지고 있다. '허무한 것'(샤웨)은 '아무 것도 아닌 것'(no-thing), 곧 실체가 없는 것, 우상을 말한다.

이들을 숭배하며 종교적 음행을 행하는 것은 이스라엘에게는 자연스럽지 못한 일이다. 레바논 눈은 정상을 떠날 수 없고 먼 곳에서 흘러내리는 찬물은 마를 수 없는 것이 자연의 이치인데 하나님의 백성으로서 여호와만 섬겨야 할 이스라엘이 어떻게 자연을 거슬러 우상을 숭배할 수 있을까?

그 결과 '옛 길에서 넘어지게 하며 곁길 곧 닦지 아니한 길로 행하게 된다'고 한다.(15절하)

'옛 길'은 하나님의 가르침을 받으며 걸어왔던 조상들의 경험이나 삶의 태도를 의미한다.(렘6:16, 시139:24 참조) 그 옛길을 걸으면 넘어지지 않으련만 그 길에서 떠나 닦지도 않은 샛길, 곧 위험한 길에 접어들고 있다.

또한 그들의 땅을 두려움과 영원한 웃음거리(치소嗤笑, 빈정거리는 웃음)가 되게 하여 지나가는 사람들이 다 놀라서 머리를 흔들게 될 것이다.(16절)

'웃음거리'의 본래 의미는 '쉿 소리를 내다'는 뜻으로 당시 사람들이 파괴되어 사람이 살지 않는 곳을 지날 때에 그 곳을 악령이 있는 곳으로 여겨 머리를 흔들거나 휘파람을 불어 악령을 쫓은 행위에서 비롯된다.(일종의 퇴마의식이다. 렘19:8, 25:9, 18 참조)

이제 이스라엘이 그런 황폐한 땅이 되고 말 것이다. 더 나아가 여호와는 그들을 원수 앞에서 흩어버리기를 동풍으로 날려 보낼 것이며 등을 보이고 얼굴을 보이지 않을 것이라고 하였다.(17절)

'흩어버리는 동풍'이란 '시로코'라 불리는 바람으로 산천초목과 사람들을 모두 괴롭히는 열풍인데 여기서는 바벨론 군대의 침략을 의미한다. 이런 국가적 위기에 여호와가 등을 보이고 얼굴을 돌리심은 이스라엘의 민족적 위기를 외면하시겠다는 선언이다.

이스라엘은 여호와께 순결을 지켜야 할 백성이었다.

그런데 이들이 아무 것도 아닌 것, 곧 가나안 물신숭배에 유혹되어 탐욕과 성적 방종에 빠졌으니 하나님의 심판을 받을 수밖에 없다.

오늘날 하나님의 백성인 성도들이 하나님 외에 아무 것도 아닌 물질에 유혹되는 것이 곧 우상숭배임을 알아야 한다.(골3:5, 딤전6:3~19 참조)

●●●예레미야의 네번째 고백문 렘18:18~23

학자들에 따라서는 18절을 후대에 삽입된 구절로 보고 고백문에서 제외시키기도 한다.

19~23절이 시 형태로 쓰여 있는데 비해 18절은 산문 형식으로 쓰여 있고, 다른 고백문에서는 원수들이 예레미야를 지칭할 때 직접 그의 이름을 부르지 않았는데 18절에는 그의 이름이 직접 거론되고 있기 때문이다.(렘11:19, 17:15, 20:10 참조)

또 내용면에서 다른 후대의 삽입구인 렘11:21~22과 함께 고백의 동기를 밝히는 기능을 하며, 또한 원수들이 선지자를 통하여 전달되는 여호와의 말씀을 고의적으로 거절한다는 공통점이 있기 때문이다.

예레미야는 여호와께 탄식하지 않을 수 없는 이유를 밝힌다.

'그들이 말하기를 오라 우리가 꾀를 내어 예레미야를 치자 제사장에게서 율법이, 지혜로운 자에게서 책략이, 선지자에게서 말씀이 끊어지지 아니할 것이니 오라 우리가 혀로 그를 치고 그의 어떤 말에도 주의하지 말자'(18절)고 했기 때문이다.

앞서 11절에서 여호와는 백성들을 멸망시킬 계책(하샤브)을 세우셨다. 그러나 백성들은 여호와의 말씀을 거부하고 자신들의 계획(마하쉐베트)대로 행하겠다고 하였다.(12절) 그들의 계획은 하나님을 저버리고 거짓

신들을 섬기는 것이다.

이런 그들이 이제 예레미야를 없앨 음모(하샤브)를 꾸민다. 이들이 꾸민 음모란 어떤 것인가? 예레미야를 중상모략하고 그가 전하는 여호와의 말씀을 무시해 버리자고 한다.

그들은 예레미야가 없어도 제사장들에게서 율법을, 지혜로운 자들에게서 책략을, 선지자들에게서 자신들의 귀를 즐겁게 해주는 예언의 말씀을 들을 수 있다고 한다.

예레미야를 별 볼일 없는 선지자, 또는 사회를 어지럽히는 반국가 사범으로 취급하여 제재를 가하려 했던 것이다.

이에 예레미야가 여호와께 탄원을 드린다.

'여호와여 나를 돌아보사 나로 더불어 다투는 그들의 목소리를 들어보옵소서'(19절)

'다툼'(리브)은 법정용어인데, 예레미야는 그들에게 고소를 당했으니 여호와께 자신을 변호해달라고 요청한 것이다.

'선을 악으로 갚으려는' 그들의 행위를 이해할 수 없었다.(20절)

여기서 '선'이란 그 동안 예레미야가 적대자들을 위해 여러 번 중보기도를 하다 여호와께 제지당한 일을 의미한다.(렘7:16, 11:14, 14:11, 15:1) 이렇게 예레미야는 그들을 위해 선을 행했는데 그들은 악으로 갚겠다고 한다.

예레미야는 여호와께 자신이 그들을 향한 하나님의 분노를 돌리려 중보기도를 했고 그들을 위해 복을 빌며 선한 말을 한 것을 기억해달라고 한다. 이런 모든 일이야말로 그들을 위해 선을 베푼 것인데 그들은 자신의 생명을 해하려고 구덩이를 파고 있다. 너무나 억울하다고 하소연하고 있다.

예레미야는 하나님께서 그들에게 무서운 복수를 해달라고 탄원을 한다.(21~23절) 이번의 탄원은 그의 탄원 가운데(렘11:20, 12:3, 15:15, 17:18) 가장 무서운 복수를 요청하는 내용이다.

적대자들만이 아니라 그들의 아내와 자녀를 포함한다. 그들의 고통스러운 절규가 들리게 해달라고 한다.(22절) 이들이 자신의 생명을 없애려고 함정을 파놓았기 때문이며 예레미야는 이런 그들을 결코 용서하지 마시고 철저히 심판해달라고 하며 탄원을 마친다.(23절)

예레미야의 이와 같은 무제한적인 복수 탄원(비복음적인 기도)은 사람들로 하여금 그를 과연 거룩한 선지자 반열에 넣을 것인지에 의문을 갖게 하고, 또한 부도덕한 그를 변호해주시는 하나님을 비난하게 할 수도 있다.

그러나 예레미야의 탄원은 개인적인 감정으로 인한 복수 요청이라기보다는 자신이 전한 여호와의 말씀의 정당성과 권위가 입증되기를 바라는 요청이다. 원수들의 죄가 합당하게 보복될 때 여호와의 말씀이 정당함이 입증되고 또한 그 말씀을 전한 예언자인 자신의 정당성이 입증되기 때문이다.

오늘날도 마찬가지다. 하나님의 정죄의 말씀을 심각하게 받아들이지 않고 오히려 비난하고 반격을 가하는 사람들을 무조건 용서하는 것은 하나님의 권위를 손상시키거나 하나님의 공의를 왜곡시킬 수 있는 것이다.

●●●옹기를 깨는 상징적 행위 렘19:1~13

본문에서 예레미야는 옹기를 백성과 제사장의 어른들(자칸) 앞에서 깨뜨리는 상징적 행동을 통하여 하나님의 말씀을 전한다.

구약에서 '하나님의 말씀'에 해당하는 단어는 '에메르 emer' 와 '다바르 dabar'가 있는데, '다바르'는 단순히 입에서 나오는 말이 아니라 그 이상의 의미, 곧 사건을 일으키는 실체를 의미한다.

하나님의 말씀은 힘이 있어 '~ 있으라' 하시니 '~ 있었다'(창1장)에서 볼 수 있듯이 능력(사건)이 나타났다. 그러나 '에메르'는 '보이게 하다, 알린다'라는 뜻인 '임라 imrah'에서 유래된 말로 '여호와께서 가라사대(ko amar Yahweh)' 이므로 당신의 뜻이 무엇인지를 구체적으로 나타낼 때 쓰이는 단어다.

'다바르'와 '에메르' 두 개념을 아우르는 것이 바로 신지자의 상징적 행동이다. 선지자의 행동은 하나님의 뜻을 구체적으로 알려주는 동시에 그 뜻대로 능력이 드러나게 한다.

> • 선지자의 상징적 행동의 예 : 왕상11:26~29, 사7:3, 8:3~4. 20:1~6. 겔4:4~8, 5:1~12, 렘13:1~11, 27:1~11. 호1:2~3 등

렘19장은 1~2절 다음에 10~11절 상반절로 이어지고, 3~9절은 11절 하반절~13절로 이어지는 것이 자연스럽다. 1~2절, 10~11절 상반절이 원본이고, 3~9절, 11절 하반절~13절은 후대에 첨가된 것으로 본다.

앞의 내용은 예레미야가 옹기를 깨는 상징적 행위이며, 뒤의 내용은 도벳과 힌놈의 골짜기에서 벌어지는 이교행위에 대한 비판이다.

여호와는 렘18장에서 예레미야를 토기장이의 집으로 보내어 질그릇 만드는 일을 통해 진흙이 토기장이의 손에 운명이 달려 있어서 토기장이는 언제든지 자신이 원하는 대로 질그릇을 만들 수 있음을 보여주었다.

이스라엘이 선민일지라도 길과 행위를 선하게 하지 않으면 토기장이가 질그릇을 깨뜨려 버리듯 재앙을 내리시겠다는 경고였다. 렘18장은 이스라엘의 회개를 요청한 것이며 그들의 운명은 아직 열려있었다. 회개하면 하나님은 진노를 거두시는 분이다.

그러나 렘19장에서는 완전하게 만들어진 옹기를 깨뜨리므로 예루살렘의 운명은 이미 결정되어 있음을 알려준다. 여기서 예레미야가 옹기를 백성의 어른들과 제사장의 어른들 앞에서 깨었다는 것이 의미심장하다.(1,10절)

어른(자칸)은 장로들로 번역될 수 있는 백성의 지도자들이다. 이들이야말로 민족의 흥망성쇠를 책임지는 사람들이다. 이들 앞에서 옹기를 깨뜨렸다는 사실은 단순히 예루살렘의 운명이 비극을 맞이하게 됨을 알려주는 것만이 아니라 그들이 얼마나 민족의 운명에 대해 무책임했는지를 알려주는 것이다. 일종의 고발이다.

옹기(바크부크)은 목이 좁은 병으로 그 안의 액체를 쏟을 때 내는 소리에서 유래되었다고도 하고 '텅 빈(바카크, 7절에서 '무효케 하다, 무너뜨리다'로 번역됨, '물거품이 되게 하다'라는 의미)'이라는 뜻에서 유래되었다고도 한다. 옹기를 깨뜨리는 행위를 통하여 유다와 예루살렘 사람들의 계획(에차, 음모)이 물거품이 될 것임을 알려준 것이다.

유다와 예루살렘 사람들의 계획이 무엇이었나? 예레미야는 끊임없이 이스라엘이 바벨론에 의해 멸망될 것이라는 여호와의 말씀을 전하면서 악에서 돌이키라고 전하였지만, 백성들은 그를 터무니없는 말을 하는 사람으로 중상모략하고 죽이려 했던 일이다.

그런데 이제 여호와께서 오히려 이들의 계략(에차, 렘18:23)을 허무한 것으로 만들어버리시겠다고 한다. 예레미야의 선포가 구체적으로 실현되게 되었다.

이와 같은 선포는 하시드 문(Potsherd Gate, 질그릇 조각의 문, 토기장이들이 깨어진 질그릇 조각을 버리는 곳) 어귀 곁 '힌놈의 아들 골짜기(the valley of the son of Hinnom)'에서 행해졌다.(2절)

'힌놈의 아들 골짜기'는 예루살렘 성벽 남쪽의 골짜기로 거름(쓰레기)을 버리거나 시체를 태우는 곳으로 추정하며 몰록 Molok의 인신희생제사와 이방신에게 제물이 드려지는 곳이다.(왕상11:7, 민22:3, 41. 25:1~5, 왕하23:10 참조)

힌놈의 아들 골짜기는 '도벳 Topheth'이라고도 불리는데(6절) 도벳이란 '화로' '제단'을 뜻하는 '도프테'에다 '수치'를 뜻하는 '보셋'이라는 낱말의 모음을 붙여 '도벳'으로 읽었다.

이런 부정적인 의미가 담긴 장소에서 옹기를 깨뜨리며 재앙을 선포하는 것은 예루살렘 사람들의 행위가 어떠했으며 그 결과가 무엇인지를 나타낸다. 예루살렘 사람들은 다른 신들에게 분향했고, 무죄한 피를 흘렸고 가증한 인신희생제사까지 행했다.(4절)

이제 힌놈의 아들 골짜기(도벳)도 살육의 골짜기라 불리고 백성들은 무자비하게 살육당하여 제대로 매장되지도 못하게 될 것이다.(삼상31:8~13, 왕상14:10~11 참조, 극단적인 치욕을 의미함) 또 극심한 기근으로 식인행위가 발생하게 될 것이다.(5~9절)

예레미야는 재앙은 '결코 일어날 수 없는 일'이라는 확고한 믿음을 가진 선민 이스라엘 백성들에게 '일어날 수 있음'을 선포했다. 이와 같은 선언은 렘18장에서 확인할 수 있듯이 이스라엘이 여호와의 거듭되는 회개의 요청을 완강하게 뿌리치고 그릇된 안전사상에 사로잡혀 있었기 때문이다.

토기장이에게 옹기가 작품이듯 선민 이스라엘은 여호와의 작품이다. 여호와는 그것을 언제든지 깨뜨릴 수 있다. 한번 깨뜨려지면 다시 완전하게 될 수 없다.

렘18장에 진흙은 옹기로 만들어질 수 있지만, 렘19장에 이미 만들어진 옹기는 한번 깨어지면 다시 만들어질 수 없다. 이렇듯 지금 예루살렘은 돌이킬 수 없는 심각한 파멸에 직면해 있다.(11절)

거룩한 예루살렘이 도벳처럼 쓰레기 더미가 되고 수치스런 곳이 될 것이다.(12절) 그렇게 부정한 곳이 되는 이유는 집집마다 지붕 위에서 '하늘의 만상'에게 분향하고(일월성신숭배) 다른 신들에게 전제를 부었기 때문이다.(13절)

예루살렘 사람들은 여호와 종교를 배척하고 우상숭배를 일삼은 것이 아니다. 그들은 여전히 여호와 하나님을 섬겼다.(렘18:18, 20:1 참조) 그러나 그들의 신앙이 이방종교와 혼합되어 순수하지 않은 것이 문제였다.

가짜보다 무서운 것이 비슷한 것이다. 신앙은 '이것이냐 저것이냐'이지, 이것도 좋고 저것도 좋은 것이 아니다.

●●●예레미야에 대한 바스훌의 핍박 렘19:14~20:6

이어 예레미야는 도벳에서 예루살렘 성전으로 돌아와 백성의 어른들 앞에서 행한 상징적 행위의 의미를 모든 백성들에게 공표했다.

예루살렘은 멸망당할 것이며 그 이유는 예레미야가 전한 하나님의 말씀을 듣지 않았기 때문이다.(14~15절)

어른들 앞에서 옹기를 깨뜨린 행위는 멸망의 원인인 지도자의 책임을 고발한 것이었고, 다시 백성들 앞에서 멸망을 선포한 것은 백성들 역시 하나님의 말씀에 불순종한 책임을 면하지 못한다는 사실을 알린 것이다.

특히 '목을 곧게 하여 내 말을 듣지 아니함이니라.'(15절하)이라는 언급은 신명기 신앙, 곧 '들어라'(쉐마, 신6:4~9 참조)가 반영된 것이다.

이러한 예레미야의 선포가 '바스훌 Pashhur'이라는 성전 '유사상'에게 알려졌다.

'바스훌'이라는 이름은 구약에 세 번 나타나는데 본문(제사장 임멜의 아들 바스훌)과 렘21:1절(말기야의 아들 바스훌, 렘38:1절의 바스훌은 동일인물), 그리고 느10:3(바스훌)에 기록되어 있다. 세번째 인물은 위의 두 사람 중 한 명이거나 전혀 다른 인물일 수 있다고 본다.

바스훌이라는 이름은 아랏 Arath에서 발굴된 히브리 인장印章에서도 발견되는데 이 이름은 아마도 이집트어에서 파생된 것으로 뜻은 '호루스 Horus의 아들 혹은 파편'이다. 바스훌의 직책 '유사장有司長'(파키드 나기드)은 '성전의 총감독'으로 성전 안의 치안을 담당하는 총책임 제사장인 듯하다.(렘29:25~26과 52:24을 비교해 보면 유사장은 대제사장 다음의 직위였다.)

특히 그가 '임멜 Immer의 아들(자손)'이라는 것은 '임멜'이 24조로 구성된 제사장단 제16조의 우두머리였다는 사실(대상24:14 참조)에 비춰볼 때 제사장 중에서도 막강한 권력을 소유한 사람이었을 것으로 추정된다.

성전 치안을 책임진 바스훌에게 예루살렘이 멸망한다는 예레미야의 선포는 하나님께 대한 모독이요, 백성들에게 혼란을 초래하는 중대한 범법행위였기에 분노를 일으키기에 충분했다. 하나님의 보호를 받고 있는 이스라엘이 붕괴된다는 것은 체제에 대한 반역행위이며, 또한 국가기강을 흔드는 반국가적인 배역음모로 비쳤기 때문이다.

제사장 바스훌은 예레미야를 때리고 나무 고랑(하마흐페켓트)에 채웠다. '하마흐페켓트'가 무엇인지는 정확하지 않으나 사람들 앞에 공개적으로 몸을 결박하여 고문하는 도구였을 것이다. 예레미야에게 치욕과 모욕을 주었던 것이다.

이렇게 해서 백성들의 동요를 막고 예레미야의 선포가 허구임을 공표한 것이었다. 바스훌의 이런 행위는 아모스에게 벧엘의 제사장 아마샤가 언론 통제를 시킨 것(암7:10~17)과 비교할 때 신체적인 압박을 가한 적극적인 적대행위다.

예레미야의 박해는 하룻밤으로 끝났다.(3절하)

이 일로 예레미야는 바스훌의 이름을 '마골-밋사빕'이라 고쳐 부르는데 '마골–밋사빕 Magor-Missabib)'이란 '사방의 두려움, 공포'를 의미한다.(마골 밋사빕은 이곳 외에 렘6:25, 20:10, 46:5, 49:25에도 나타난다.)

여기서 중요한 단어는 '공포, 두려움'이라는 뜻의 '마골'이다. 예레미야는 '보라 내가 너로 너와 네 모든 친구에게 두려움(마골)이 되게 하리라'는 여호와의 말씀을 전하는데(4절), 이것은 바스훌이 스스로에게 두려움과 공포가 될 것이며, 또한 그는 사방으로부터 공포를 경험하게 될 것이라는 의미이다.

그렇다면 제사장으로서 그가 '공포'가 된다는 것은 무슨 뜻인가? 바스훌은 예루살렘 성전을 대표하는데 그로 대표되는 성전과 그 도시는 더 이상 '평화(살롬)의 성' 또는 '평화의 보루'가 아니라 공포와 두려움을 가져다주는 도시가 될 것이라는 뜻이다. 예루살렘 성전은 여태껏 평화를 구현하는 곳이었으나 이제는 그 약속을 지킬 수 없게 되었다.

그 공포와 두려움의 구체적인 내용은 4절 하~6절에 나타난다. 특히 처음으로 '바벨론'이라는 이름이 등장하며 바스훌을 포함한 많은 사람들이 바벨론의 포로로 붙잡혀 가서 그곳에서 죽게 될 것을 말씀하신다. 실제로 바스훌은 예레미야의 예언대로 기원전 597년 1차 포로로 잡혀갔을 것으로 추정한다.

예레미야는 이 때 선지자로서 첫 신체적인 고통을 경험한다. 이때부터 예레미야는 내면적 차원만이 아닌 외부적 물리적 폭력을 당하기 시작한다.

또한 여기에서 처음으로 예레미야를 '선지자'라고 구체적으로 명시한다. 바스훌의 악행이 하나님의 말씀을 대신 전하는 선지자에게 가해진 것임을 강조하기 위함이다.

6절에서 바스훌도 선지자 중 하나였다는 언급으로 보아 '거짓 선지자'가 '참 선지자'를 박해한 상황이다. 선지자를 박해하는 것은 결국 그를 보내어 당신의 말씀을 전하도록 하신 '하나님'을 박해하는 것이다. 하나님께 대한 반역과 하나님의 선지자들 박해하는 것에 대한 심판이 어떤 것일까?

그로 인한 심판은 바스훌 개인에게만 국한되지 않고 그가 대표하고 있는 '도시와 성전'에도 영향을 미친다. 심판의 중대함을 강조하기 위해 '모든'(콜)이라는 단어가 반복적으로 사용되고 있다.

'모든 친구'에게 두려움이 되게 하고(4절) 이 성의 '모든 부와 그 모든 소득과 그 모든 귀물과 유다 왕들의 모든 보물'을 그 원수의 손에 붙이고(5절) 너와 네 집에 거하는 '모든 자'가 포로되어 옮기우고, 너와 네가 거짓 예언을 하여 들린 '네 모든 친구'도 일반이라.(6절)

그런데 이 모든 일을 진행하시는 주체가 '대저 여호와께서 이같이 말씀하시되 보라 내가 너로 ~ 내가 온 유다를 바벨론 왕의 손에 붙이리니'(4절)와 '내가 또 이 성의 모든 ~'(5절)에서 확인할 수 있듯이, 바로 '여호와 하나님' 자신이시다.

바벨론은 단지 하나님이 바스훌과 그로 대표되는 예루살렘과 성전을 심판하시고자 사용하시는 도구에 불과할 뿐이다.

예레미야의 예루살렘과 성전파괴 선언은 성전의 존재 자체가 하나님이 보호하심이라고 믿는 그릇된 안전주의에 빠져 있는 **이스라엘의 성전신학**이 허구임을 알려준다.

성전에서 진행되는 의식과 일상의 삶은 분리될 수 없으며, 하나님은 제도나 의식보다 삶을 원하신다.(렘7:1~15 참조)

●●●예레미야의 다섯번째 고백문 렘20:7~13

본문(렘20:7~18절)은 예레미야의 다섯 번의 고백문(탄식, 렘11:18~12:6, 15:10~21, 17:14~18, 18:18~23, 20:7~18) 중에서 마지막에 해당한다.

대부분의 학자들이 주로 예언자의 무력함(7~10절), 하나님께 대한 신뢰(11~13절), 자신을 향한 선지자의 저주(14~18절)로 구분하지만, 어떤 학자들은 11~13절을 삭제하고 예언자의 무력감을 표출한 7~10절 다음에 14~18절을 놓기도 하고, 또는 14~18절을 7~13절 앞에 놓고 이해해야 한다고 주장하기도 한다.

이렇게 구조를 변경해야 하는 이유는 무력감이나 자신을 향한 저주를 먼저 표현한 다음 하나님께 대한 신뢰를 드러내는 것이 논리적으로 합당하다고 보기 때문이다.

예레미야는 자신을 유린한 분이 여호와임을 여호와께 직접 탄식한다.(7절)

> '여호와여 주께서 나를 권유하시므로 내가 그 권유를 받았사오며
> 주께서 나보다 강하사 이기셨으므로 내가 조롱거리가 되니
> 사람마다 종일토록 나를 조롱하나이다' (7절)

'여호와여 주께서 나를 권유하시므로 내가 그 권유를 받았사오며'에서 '권유하다'(파타흐)는 '꾀었다'는 말로, 여성에게 결혼 전에 성행위를 하도록 설득하고 유도할 때 쓰는 단어이다.(출22:16, 호2:14, 욥31:9 참조)

또 '주께서 나보다 강하사 이기셨으므로'에서 '이겼다'(하자크)는 '강탈하다'라는 말로, 여성의 의사와 관계없이 성관계를 갖도록 강제했다는 뜻이다.(신22:14, 삿19:25 참조) '권유했다' '이겼다'는 말은 굉장히 점잖은 해석으로, '파타흐'는 '유혹'을 '하자크'는 '강간'을 뜻한다.

예레미야가 하나님의 말씀을 전하는 선지자가 된 것은 여호와의 달콤한 유혹에 넘어가고, 또 여호와의 강제적인 억압을 동시적으로 느꼈기 때문이라는 의미이다.

하나님의 말씀을 전하는 일을 행하도록 흥분시키는 하나님의 매력이 있고(자발성), 또 여호와께서 자신을 막무가내로 이끄셨기 때문이라고(피동성) 한다.

선지자들의 소명은 예레미야의 경우와 유사하다.(출4:10~17, 암3:3~8, 욘1장, 요21:15~19, 행9장) 이것은 여호와께서 예레미야를 모태에서부터 특별한 소명으로 부르셨고(렘1:5), 이 소명 앞에 예레미야가 주저했지만(렘1:6), 결국 여호와께서 그를 설득시켜 압도되었다는 뜻이다.

그런데 그 결과 자신이 모든 사람들의 놀림감과 조롱거리가 되었다. 그가 전한 하나님의 말씀이 이루어지지 않고 있기 때문이다.

지금까지 예레미야가 전한 말씀은 '파멸과 멸망'이었다.(8절)

파멸(하마스)은 사람들의 그릇된 행동(폭력, 창6:11, 13절 참조)을 의미하고, 멸망(쇼드)은 그것에 대한 하나님의 심판으로 나타나는 현실을 뜻한다. 그러나 실제로 하나님이 말씀하신 일이 일어나지 않았다.

그래서 사람들에게 종일토록 치욕과 모욕을 당하였다. 예레미야는 다시는 여호와와 그분의 말씀을 전하지 않으려 했는데 그 말씀이 심장 속에서 불처럼 타오르고 뼛속에 사무치니 그냥 간직하기에는 지치고

답답해 견딜 수 없는 지경이다.(9절)

예레미야는 진퇴양난에 빠져 있다. 말씀을 전하려고 하니 사람들에게 비웃음과 조롱거리가 되고, 침묵하자니 속에서 열불이 나는 상황이다. 하나님의 말씀을 받은 사람은 자신보다 강하시고 우세하신 여호와께 압도될 수밖에 없다. 주신 말씀을 속에 간직하고 있을 수만은 없다. 토해내야 한다. 전하라고 주셨기 때문이다.

여호와의 말씀을 전하는 예레미야는 '무리의 비방과 사방이 두려워함을' 들었다고 한다.(10절) 그가 전하는 말씀이 늘 강포와 멸망이었기에, 그가 바스훌에게 붙여준 '마골-밋사빗'이 아예 그의 별명으로 불렸나. 더 나아가 이제 사람들은 그를 없애버리려고 한다.

'그가 혹시 유혹을 받으리니 우리가 그를 이기어 우리 원수를 갚자 하나이다.'고 한다. 이렇게 예레미야를 없애려고 하는 사람들이 '나의 친한 벗'이다. 직역하면 '나의 평화의 사람들'이다. 그러니 이 평화의 사람들이란 예레미야의 진정한 벗이 아니라 적대자를 뜻한다.

거짓 예언자들은 진정한 평화가 없는데도 평화를 외쳐댔다.(렘6:14, 8:11, 9:7, 23:17, 28:9 참조) 그리고 백성들은 그들의 말을 믿었다. 이들을 지칭하는 말이 '평화의 사람들'이며, 이들은 강포와 멸망을 전하는 예레미야의 적대자들이다.

이런 상황에서 예레미야는 여호와를 바라본다. 여호와는 '두려운 용사'(깁보르 아리츠) 곧 '무서운 전사'라는 고백이다.(11절) 자신을 온갖 어려움 속에서 도와주시고 건져주실 분임을 고백한다.

고난 속에서 예레미야는 처음 소명 받을 때 주신 여호와의 약속을 회상했던 것이다.(렘1:17~19절. 15:20, 42:11 참조) 이와 같은 회상은 예레미야의 탄식의 상태를 변화시켜서 하나님의 약속을 확신하며 적대자에게 보복해 달라고 여호와께 청원하게 된다.

'의인을 시험하사 그 폐부와 심상을 보시는 만군의 여호와여(야훼 체바오트) 나의 사정을 주께 아뢰었사온즉 주께서 그들에게 보복하심을 나

에게 보게 하옵소서'(12절)

예레미야는 모든 악행에는 하나님의 심판이 있음을 알고 있기에 백성들을 향하여 강포와 멸망의 메시지를 외쳤다. 그리고 적대자들에게 악행을 당하고 있는 자신의 처지를 아시고 그들에게 보복해달라고 한다. 예레미야는 보복하는 일에 자신이 직접 나서지 않고 여호와께 맡긴다.(신32:35, 롬12:19 참조)

예레미야의 탄식은 여호와를 향한 찬양으로 마감된다.(13절)

> '여호와께 노래하라 너희는 여호와를 찬양하라
> 가난한 자의 생명을 행악자의 손에서 구원하셨음이니라' (13절)

'여호와께 노래하라 여호와를 찬양하라'는 말은 예레미야의 마음을 표현한 것이다. 여기서 그는 자신을 여호와께 구원을 받은 '가난한 사람'(에비온)과 동일시했다. '에비온'은 물질적인 가난함뿐 아니라 강력한 힘에 의해 억압받는 사람을 일컫는다.

예레미야는 곤궁과 탄압의 한복판에 서서 여호와 하나님을 바라보았고, 그의 약속을 회상하였으며 그분의 구원의 능력을 믿기에 찬양할 수 있었던 것이다.

절망과 고통의 상황에서 우리의 시선이 십자가에 맞춰질 때 우리의 신앙이 새로워지고 절망 속에서도 평화와 소망을 갖게 될 것이다.

●●●선지자로서의 자기 저주 렘20:14~18

본문은 욥3:3~10과 내용이 비슷하다. 학자들은 본문이 욥3장에 영향을 주었을 것으로 본다.

유사한 점을 나열해보면, 태어난 날에 대한 저주(렘20:14, 욥3:3,4,8), 득남 소식(렘20:15, 욥3:3), 태중에서의 죽음(렘20:17~18, 욥3:10~11), 고통스런 생애에 대한 근본적인 질문(렘20:18, 욥3:11) 등이다.

욥이 자신에게 닥친 비참한 삶에 대해 좌절을 표현하는데, 예레미야도 선지자이기 때문에 당하는 고통과 좌절을 토로하고 있다는 점에서 유사하다.

14절은 '저주로다(아루르) 내가 태어난 날!'로 시작된다. '저주'는 사람이나 그 원수를 대상으로 하는 것인데 예레미야는 자신의 생일을 대상으로 한다. 자기의 생일을 저주함으로써 자신의 선지자로서 생애를 문제 삼고 있다.

더 나아가 득남의 기쁜 소식을 전한 사람에게 저주가 내리기를 바란다.(15~16절) 레위20:9에는 부모를 저주하는 자는 반드시 죽게 되어 있다.(레위24:15 참조) 그래서 예레미야는 자신의 출생을 알린 사람을 저주함으로써, 율법을 어기는 일을 피하고 있다.(욥은 그의 아내가 하나님을 저주하라고 할 때 거부했다. 욥2:9~10)

그의 탄생소식을 전한 자가 저주를 받아야 할 이유는 출생한 자가 이스라엘 백성에게 미칠 커다란 재난을 예고할 선지자였기 때문이다.

예레미야는 그가 여호와의 심판을 선포하는 선지자의 탄생을 알린 만큼, 그 예언이 실현되어 성읍이 훼파될(하파크, 창19:21, 25, 29절에 사용된 단어로 소돔 성 멸망을 암시함) 때 그 모습을 직접 보게 하고, 그곳에서 새벽부터 부르짖는 소리가(제아카, 통곡, 렘11:11, 18:22, 48:4, 34, 50:46, 51:54) 터져 나오고, 한낮에 떠드는 소리가(트루아, 나팔소리, 렘4:19, 49:2) 울려 퍼질 때, 그 소리를 직접 듣게 하라고 저주했다.(16절) 곧 자신의 탄생 소식을 알린 자는 바벨론의 침략으로 성읍들이 멸망당하는 것을 직접 보게 될 것이라는 뜻이다.

예레미야는 그가 모태에서 자신을 죽여 그곳을 자기 무덤으로 만들어주지 않았다며 탄생소식을 알린 사람을 저주한다.(17절) 이것은 선지자로서 살아온 그의 일생전체에 대한 한탄이다.(18절)

곧 이스라엘 백성은 선지자인 그가 전한 여호와의 심판 선언으로 극심한 고통을 겪어야 되고, 예언자인 자신은 여호와의 심판선언을 외치다가 백성들로부터 조롱거리가 되고 학대를 받는 비참한 생애를 보내게 된 것을 한탄하고 있다.

예레미야는 본문에서 이스라엘 백성이 당하는 공동체적 고통과 예언자로서의 자신의 개인적 고통을 연결시킨다. 명령대로 여호와의 말씀을 전하여 그 말씀이 실현될 때 당하는 백성의 고통을 지켜보아야 했고, 선지자로서의 직분 때문에 개인적으로 백성들로부터 온갖 수모와 박해를 당해야 하는 실존적 고통을 토로한 것이다.

여호와의 선지자로서의 비극이 바로 이것이다. 그러나 이런 이중적 고통 속에서도 예언자는 백성을 만족시키기보다는 자신을 보내신 여호와를 충족시켜야 했다.

●●●생명의 길과 사망의 길 렘21 : 1~14

렘21~25장은 특별하게 이스라엘의 심판과 희망이라는 두 가지 주제를 다룬다.

내용을 구분하면 렘21장은 이스라엘에 대한 심판, 렘22:1~23:8은 왕들의 잘못, 렘23:9~40은 예언자들에 대한 심판, 렘24장은 희망, 렘25장은 심판과 희망의 메시지다.

렘21~25장을 이해하려면 요시아부터 시드기야의 바벨론 포로까지의 역사를 알 필요가 있다. 요시아(기원전 640~609년)는 유다왕 중에 가장 위대한 왕으로 평가되는 인물로 종교개혁을 통해 유다를 하나님의 왕국으로 재건하려 하였다.(기원전 621년, 왕하23장)

그러나 그는 주전 609년 이집트의 느고의 군대를 므깃도에서 맞아 싸우다 전사하였다 (왕하23 : 28~30) 이에 백성들은 그의 넷째 아들인 23세의 살룸을 여호아하스라고 개명하여 왕으로 세웠다.(왕하23 : 30, 대상3 : 15) 그러나 이집트는 그를 인정하지 않고 3개월 만에 폐위시켜 이집트로 끌고 갔다.

훗날 여호아하스는 이집트에서 사망한다. 느고는 여호아하스 대신 그의 형 엘리야김(요시아의 둘째 아들, 기원전 609~598년)을 여호야김이라 개명하여 왕위에 앉히고 친이집트정책을 쓰도록 한다.

기원전 609년에 유다에는 이집트로 끌려간 여호아하스와 친이집트주의자인 여호야김, 두 명의 왕이 존재하여 조정에는 두 당파(친이집트파, 친바벨론파)가 생겼다. 친바벨론파는 여호아하스만을 왕으로 인정하면서 그의 귀환을 고대했고 신흥제국인 바벨론을 의지하려 했다.

여호야김은 처음에는 친이집트정책을 쓰다가 이내 친바벨론으로 입장을 바꾸어 삼년을 섬겼으나 다시 친이집트로 돌아섰다. 예루살렘 조정 내에 두 당파간의 세력다툼이 그만큼 심했다는 증거다.

이와 같은 상황에서 기원전 598년 여호야김이 죽고 그의 아들 고니야가 왕위에 올라 여호야긴(기원전 598~597년, 3개월 통치)이라는 이름으로 유다를 통치했다.

바벨론 왕 느부갓네살은 변절한 예루살렘을 침공하여 왕궁과 성전의 보물들을 탈취하고 여호아긴과 함께 많은 지도자들을 포로로 잡아갔다.(기원전 597년 바벨론의 1차포로, 왕하24:1~14)

바벨론은 여호아긴 대신 그의 삼촌 맛다니야를 왕으로 세우는데 그가 유다 마지막 왕인 시드기야다.(기원전 597~587년, 왕하24:17~20) 이때도 유다 왕은 바벨론에 포로로 가 있는 여호아긴과 시드기야 두 명이 존재했다. 조정 내의 두 당파간의 분쟁으로 시드기야가 바벨론을 배반하게 되자 느브갓네살이 예루살렘을 침공하여 초토화시키고 많은 정치, 종교 지도자들을 포로로 잡아갔다.

시드기야는 목전에서 두 아들이 살해되는 것을 봐야했고 두 눈이 뽑힌 채 바벨론에 끌려갔다.(왕하24:20~25:21, 렘52:1~27, 바벨론의 2차포로) 이로써 북 이스라엘 왕국(주전 922~722년)에 이어 남 유다 왕국(기원전 922~587년)도 멸망하여 페르시아의 고레스 칙령으로 귀환하기까지 바벨론 포로 생활(기원전 587~538년)을 하게 된다.(대하36:22~23)

예언자 예레미야(기원전 626~587년)는 이와 같은 유다왕국의 패망사를 온 몸으로 겪으며 여호와의 말씀을 전한 사람이다.(렘1:1~3) 후에 예레미야는 바벨론에 의해 총독으로 세워져 통치하던 그다랴 Gedaliah를 죽인 이스마엘 Ishmael에 의해 이집트로 끌려간다.(렘40:1~43:7)

예레미야 저자는 렘21장 이전까지는 메시지와 사건의 역사적 배경을 구체적으로 알려주지 않았다. 그런데 렘21장부터는 연대를 구체적으로 알려주거나 측정할 수 있는 자료를 제공해 준다.(렘30~31장, 46~51장 예외)

렘21:1~2절은 본문의 역사적 배경을 시드기야 통치 시절 바벨론의 예루살렘 공격 때라고 구체적으로 밝힌다.(렘37:3~10은 비슷한 주제를 다루고 있다.)

시드기야는 통치 초기에는 그를 왕위에 오르게 한 바벨론에 우호적이었으나 얼마 후 배반하게 되고 이로 말미암아 느부갓네살이 예루살렘을 침공하기에 이른다. 이에 예루살렘이 바벨론에 정복될 위기에 이르자 시드기야는 말기야의 아들 바스훌과 제사장 마아세아의 아들 스바냐 Zephaniah를 예레미야에게 보내어 여호와께 도움을 청할 것을 요청한다.

바스훌은 렘20장의 바스훌과 다른 인물로 후에 예레미야를 물 없는 웅덩이에 던져 넣어 죽도록 내버려둔 자들 가운데 하나다.(렘38:1)

스바냐는 1차포로 때 바벨론에 끌려간 사람 가운데 하나인 스마야 Shemaiah로부터 예레미야를 왜 고랑에 채우지 않느냐고 꾸짖는 편지를 받은 인물이다.(렘29:25, 29) 예레미야는 바스훌에 의해 매질을 당하고 고랑에 채워지는 고통을 받았었다.

이런 예레미야에게 시드기야가 사람을 보내어 '너는 우리를 위하여 여호와께 간구하라 여호와께서 혹시 그의 모든 기적으로 우리를 도와 행하시면 그가 우리를 떠나리라'(2절)며 도움을 청하고 있다. 예루살렘의 상황이 그만큼 절박한 위기를 맞이했다는 뜻이다.

이스라엘의 역사를 볼 때 여호와 하나님의 기적적인 개입으로 국가가 존망의 위기에서 벗어난 경험이 있는데 이제 예레미야를 통해 전과 같은 여호와의 기적이 일어나는 기쁜 소식을 듣기를 원하고 있는 것이다. 물론 시드기야는 유다가 하나님의 선민이라는 확고한 믿음과 지금

껏 예루살렘 제사는 계속되고 있으며 여호와가 다윗에게 하신 약속은 여전히 유효하다는 믿음을 가지고 예레미야에게 도움을 요청하였을 것이다.

3~7절은 시드기야에게 전달된 말씀이며, 8~10절은 유다백성에게 전달된 말씀이다. 시드기야에게 전달된 예레미야의 답변은 그의 기대를 산산조각 나게 했다.

'이스라엘의 하나님 여호와께서 이같이 말씀하시되 보라 너희가 성 밖에서 바벨론 왕과 또 너희를 에운 갈대아인과 싸우는 바 너희 손에 가진 병기를 내가 돌이킬 것이요 그들을 이 성중에 모아들이리라'(4절)는 것이었다. 바벨론과 싸우는 유다병사들의 무기를 여호와께서 거둬들이고 바벨론 군사들을 성 한복판에 모아놓으시겠다고 응답하신다.

이것은 여호와께 대한 전통적인 믿음을 완전히 뒤집는 것이었다.

역사적으로 볼 때 여호와는 이스라엘을 위한 '거룩한 전사'(Divine Warrior)로 항상 대적과 싸워 승리하게 해 주셨다.(출15:1~5, Yahweh is milhamah) 이스라엘의 전쟁은 군대대열 앞에 법궤를 메고 긴 통치마를 입은 제사장이 앞장섬으로 여호와가 진두지휘하심을 상징했다.(민10:35~36 참고) 이와 같은 신앙은 이스라엘의 왕이 여호와라는 것으로 발전된다.(시33:16~20, 사7:1~9)

그런데 이제는 '그 여호와'께서 분노와 노여움과 무서운 진노하심 가운데 억센 손과 강한 팔로 오히려 예루살렘을 공격하시겠다고 한다. 그리하여 성 안의 사람이나 짐승까지 다 염병에 죽게 하겠다고 한다.(5~6절) '억센 손과 강한 팔'은 여호와의 거룩한 전쟁을 묘사하는 용어로 자주 등장하는 어휘다.(렘32:17, 신4:34, 시89:10, 사62:8)

그런데 이제 여호와께서 이스라엘의 적이 되어 성전聖戰을 벌이시겠다는 것이다. 염병(데베르)은 여호와께서 이집트에 내리는 재앙이었다.(출5:3, 9:15) 그런데 이제는 이 염병을 그의 백성이라고 자부하는 예루살렘에게 내리시겠다고 한다. 또한 염병과 기근과 전쟁으로 남은 자들은 느브갓네살의 손에 넘겨 잔인하게 살해당할 것이다.(7절)

고대전쟁은 신과 신의 전쟁, 곧 성전이기에 결과는 참혹하게 끝났다. 이제 여호와의 긍휼(라훔, 출34:6~7)은 더 이상 그의 백성들에게 있지 않고 잔혹한 죽음으로 그들을 대하시겠다고 한다.

이제 예레미야의 선포는 백성들에게 향한다.(8~10절) 예레미야는 백성들에게 생명의 길과 사망의 길을 제시하며, 둘 중에 하나를 택할 것을 요구한다. 성 안에 머물면서 바벨론에 대항하는 것은 사망의 길이며, 성 밖으로 나와 바벨론에 투항하는 것이 생명의 길이다.(8~9절)

이제 여호와께서는 예루살렘 성을 바벨론 군대로부터 보호해주기는 커녕 그들의 손에 넘겨 불사를 것이다.(10절)

이와 같은 예레미야의 발언은 당국자들의 입장에서 볼 때 매국적 행위다. 예루살렘 성을 포기하고 적에게 투항하라니 예루살렘 성은 하나님의 거처, 곧 성전聖殿이 있는 곳이며, 하나님 백성으로서의 믿음, 곧 영원한 평화와 안전의 보루라는 믿음의 근거지인데 이것을 포기하는 것은 하나님께 대한 믿음을 포기하라는 것이 아닌가?

그렇다. 예레미야는 그릇된 평화에 대한 환상을 깨부순다. 예루살렘 성에서 '나가는 일' 곧 '출出성전'해야만 구원이 있다고 한다.

11~12절은 다윗왕조를 향한 말씀이고, 13~14절은 예루살렘 백성들을 향한 말씀이다. 다윗왕조는 여호와께서 영원히 그 권좌를 지켜줄 것이라는 믿음을 가지고 있었다. 또한 예루살렘에 성전을 짓고 언약궤를 모심으로 여호와신앙을 왕정신앙으로 고착화시켰다. 이들에게는 평화 이데올로기가 자리하고 있다.

이런 그들에게 여호와의 말씀이 선포된다. '다윗의 집이여 너는 아침마다 정의롭게 판결하여 탈취당한 자를 입박자의 손에서 건지라 그리하지 아니하면 너희의 악행 때문에 내 분노가 불같이 일어나서 사르리

니 능히 끌 자가 없으리라'(12절)

'아침마다 정의롭게 판결하라'는 말은 이른 시각에 소송 문제를 해결했던 관습을 반영한 것으로(삼하15:1~6 참조), 왕의 임무는 공의를 실현하는 것인데도 불구하고(시72:1~2) 지도자들이 올바른 판결로 공의를 실천하지 않았음을 암시한다.

특히 '탈취당한 자를 압박자의 손에서 건지라'는 말은 고아, 과부, 나그네 등 소외계층들이 불의한 권력에 피해를 입고 있었음을 말한다. 그런 악행을 하면서도 구원을 바란다는 것은 어불성설語不成說이요, 구원의 하나님을 모독하는 일이다. 신앙과 윤리가 분리되어 있음에도 구원을 믿는 모순을 지적하고 있다.(렘7:1~11, 사1:10~17)

이어 예레미야는 예루살렘 백성들에게 여호와의 말씀을 전한다.(13~14절)

'골짜기와 평원 바위의 주민'은 예루살렘 백성을 말한다. 예루살렘은 지형적으로 동쪽과 동남쪽은 급경사의 기드론 계곡(Kidron Valley), 서쪽과 서남쪽은 역시 가파른 힌놈 계곡(Hinnom Valley), 또 이 두 계곡 사이에는 중앙계곡(Central Valley), 이렇게 세 골짜기에 싸여 있어 평지에 솟아오른 반석과 같은 난공불락의 천연적인 요새이다.(삼하5:6~9 참조)

그래서 '누가 내려와서 우리를 치리요 누가 우리의 거처에 들어오리요.'(13절)라고 결코 함락되지 않으리라는 자만심을 드러내고 있었는데 여호와께서 '나는 네 대적'이라고 말씀하신 것이다.

여호와는 더 이상 이스라엘의 하나님이 아니시다. 이스라엘이 더 이상 여호와의 백성이 아니었기 때문이다. 그들의 행위는 여호와 하나님의 뜻과 거리가 멀었으며 그릇된 안전의식 속에 형식적인 제사를 드리며, 이방신을 섬기고 있기 때문이다.

여호와는 이제 그들의 행위대로 벌을 내려 예루살렘을 완전히 불태우실 것이다.(14절) 신명기 신학의 인과응보 사상이 그대로 나타나 있다. 형식적인 예배는 결코 안전을 보장하지 않는다.

●●●예레미야의 궁중 설교 렘22:1~9

렘22:1~9은 렘21:11~14과 함께 '유다 왕의 집'에 전달된 하나님의 말씀이기에 한 단원으로 보기도 하지만, '예레미야의 궁중 설교'(palace sermon)로 분리하여 보기도 한다.

그 이유는 1절에 '여호와께서 이와 같이 말씀하시되 너는 유다 왕의 집에 내려가서 거기에서 이 말을 선언하여'가 렘21:11과 다르기 때문이다.

'유다 왕의 집에 내려가서'라는 말씀을 통해 '지금' 예레미야는 '예루살렘 성전'에 있음을 알 수 있다. 유다의 궁전은 예루살렘 성전 아래쪽에 위치해 있다.(렘26:10, 36:12, 왕하11:19, 20:5 참조)

렘21:11~14은 장소가 확인되지 않은 곳에서 전한 유다 왕실에 대한 말씀인데 비해서, 렘22:1~9은 예레미야가 렘7장을 '예루살렘 성전 문 앞에 서서'(렘7:2) '성전 설교'(temple sermon)로 했듯이, 성전에서 궁중으로 내려가 궁중 문 앞에서 행한 '궁중설교'이다.

예레미야는 왕의 초청을 받고 그곳에 갔거나, 또한 국가종교의 대표자 자격으로 그곳에서 하나님의 말씀을 전한 것이 아니다. 오직 하나님의 사자로서 불청객으로 이름이 밝혀지지 않은 왕과 왕실 문을 드나드는 그 신하와 백성에게 말씀을 전했다.

궁중 설교의 핵심은 3절이다.

'여호와께서 이와 같이 말씀하시되
너희가 정의와 공의를 행하여 탈취당한 자를 압박하는 자의 손에서 건지고
이방인과 고아와 과부를 압제하거나 학대하지 말며
이곳에서 무죄한 피를 흘리지 말라' (3절)

왕의 사회적인 근본책무가 '정의'(미쉬파트)과 '공의'(체다카)를 행하는 것이라는 말이다.(왕상10:9, 시72:1, 잠8:20, 사5:7, 9:7 참조) 사회구성원 가운데 소외된 사람들을 보살피고 무죄한 자의 피를 흘리지 않도록 해야 한다.

고아, 과부, 이방인(나그네)은 자신들의 억울한 사정을 호소할 사람도 찾을 수 없고, 도움을 구하기 위해 필요한 재정능력도 없고, 자신들의 권익을 주장할 방법조차 모르는 사회적 약자다.

하나님께서는 이스라엘에게 이들을 특별히 보호해줄 것을 말씀하셨다.(출22:21~24, 23:6~12, 레위19:9~10, 19:33~34, 23:22, 25:35~38, 신10:12~19, 12:11~12, 14:22~29, 15:7~16, 16:9~15, 24:10~ 22 참조) 그리고 왕의 책무는 이와 같은 하나님의 명령을 준수해야 하는 것이다.

예레미야는 4~5절에서 왕권유지가 그들의 사회적 책무준수에 따른 조건부(If ~, then)임을 밝힌다. 순종하여 준수하면 왕과 그의 백성은 안전할 것이요(4절), 그렇지 않으면 황폐하게 될 것이다.(5절)

이것은 하나님께서 당신 자신을 걸어 맹세하였기에 반드시 실현된다. '하나님이 당신을 걸어 하는 맹세'는 하나님의 돌이킬 수 없는 결정을 확인하는 표현이다.(창22:16, 사45:23, 렘49:13, 51:14, 암6:8, 히6:13 참조)

하나님은 당신 자신보다 큰 권세가 없기에 스스로에게 맹세함으로 맹세의 내용이 실현되는 필연성과 맹세의 단호함을 나타내신다.('당신의 거룩함을 걸고' 시89:35, 암4:2, '당신의 위대하신 이름을 걸고' 렘44:26. '당신의 오른 손과 힘센 팔을 걸고' 사62:8. '당신의 성실을 걸고' 시89:49도 동일한 표현임)

6절 이하에서는 왕실에 대한 심판이 어떠할지 밝힌다.

다윗왕조는 한때 '길르앗과 레바논' 같았다. 길르앗은 참나무 숲으로, 레바논은 삼나무 숲으로 유명하다. 특히 레바논 삼나무는 솔로몬이 성전과 궁전을 건축할 때 건축 재료로 사용되었다.(왕상5:8~14, 7:2~8 참조) 이와 같이 산림이 울창한 지방은 힘과 풍요로움과 아름다움의 상징이었다.

그런데 이런 유다왕실을 인적이 없는 황무지로 만들겠다고 선언하신다. 더구나 이런 왕실 패망을 위해 '파멸할 자를 준비하신다'고 한다.(7절)

여기서 '준비하다'는 '카다쉬'(구별하다, 성별하다)이다. 하나님께서 예레미야를 '성별하여'(카다쉬) 열방의 예언자로 삼으신 것같이(렘1:5), 이제 파멸할 자를 '성별하여'(카다쉬) 유다왕실의 백향목을 찍어 불에 던지시겠다고 한다.

'레바논의 수풀 궁'이라고 불렸던 다윗왕실은 이제 완전히 몰락할 것이다. 주변나라 사람들은 예루살렘 성읍이 멸망한 것을 의아해 하면서도 그 이유를 분명히 알고 있다.(8~9절) 예루살렘 성읍의 파멸 원인은 '그들이 자기 하나님 여호와의 언약을 버리고 다른 신들에게 절하고 그를 섬긴 까닭이라'는 것이다.(9절)

그런데 9절에서 밝힌 예루살렘 성읍 심판의 근거가 앞서 밝힌 3절과 차이가 있다. 3절에서는 왕들이 사회적 책무를 제대로 행하지 않는 것, 곧 윤리적 문제가 심판의 근거였는데, 9절에서는 이방신을 섬기며 하나님의 언약을 저버린 신앙적 문제 때문이라고 한다.(렘19:4~8에도 우상숭배가 파멸의 원인으로 언급된다.)

왜 파멸의 원인에 대하여 상반되게 언급했을까? 사실 3절의 윤리적인 근거와 9절의 신앙적인 근거는 둘이 아니라 하나이다. '여호와의 언약을 버렸다'는 것에서 확인할 수 있는 사실이다.

여호와와 왕을 포함한 그의 백성 이스라엘이 맺은 언약(계약)은 오직 여호와 하나님만을 섬겨야 한다는 '신앙적인 내용'과 그들의 삶이 하나님의 뜻에 순종해야 한다는 '윤리적인 내용'이 포함되어 있다. 여호와가 아닌 우상을 숭배하게 되면 자연히 여호와의 윤리적 명령을 거부하게 되는 것이다.

이스라엘이 가나안에 들어와 정착생활을 하며 바알을 섬기게 되면서 사회윤리가 무너지기 시작했다. 성적 타락, 공동체성을 파괴하는 이기주의로 인한 심각한 빈부의 격차, 사회 정의의 붕괴 등 여호와 신앙에서 절대 금지된 일들이 발생하였다.

여호와 종교에 있어 윤리와 신앙은 둘이 아니라 하나이다. 이러한 사실은 '그는 가난한 자와 궁핍한 자를 변호하고 형통하였나니 이것이 나를 앎이 아니냐 여호와의 말씀이니라'(16절)라는 말씀에서도 확인할 수 있다.

'공평과 정의'는 곧 '하나님을 바로 섬기는 것'이며, 하나님을 섬기는 것이 곧 '공평과 정의'를 실현하는 것이다.

예수님은 이것을 '하나님 사랑'과 '이웃 사랑'이라는 두 큰 계명(The Greatest Commandment)으로 알려주셨다.(마22:34~40)

●●● 유다 세 왕의 운명 렘22:10~30

예레미야는 '궁중 설교'(렘22:1~9)를 통해 예루살렘의 파멸이 왕실의 잘못 때문임을 밝힌 후 이어 렘22:10~30에서는 요시야 사망 후(기원전 609년) 멸망 때까지 왕위에 올랐던 세 왕(살룸, 여호야김, 여호야긴)에 대한 말씀을 전한다.

살룸은 요시야의 넷째 아들로 여호아하스(기원전 609년, 재위 기간 3개월)로 알려진 왕이다. 여호야김(기원전 609~598년)은 살룸의 형으로 본명은 엘리야김, 고니야는 여호야김의 아들로 여호야긴(기원전 598~597년, 3개월)이다. 이 세 왕이 통치하던 기원전 609~597년의 유다왕정은 남쪽 이집트와 북쪽 바벨론 제국 사이에서 내부적인 갈등과 혼란이 극에 치닫고 있었다.

10~12절은 살룸 Shallum(=Jehoahaz)의 운명에 대한 말씀이다.

요시야가 북진하는 이집트의 '느고 Neco'와 전쟁을 벌이다가 므깃도에서 전사하자(기원전 609년) 백성들은 요시야의 넷째 아들 살룸을(대상3:15 참조) 여호아하스로 명명하고 왕으로 세웠다.(왕하23:30)

그러나 '느고'는 그를 인정하지 않아 3개월 만에 폐위시키고 이집트로 끌고 갔다.(왕하23:31~34, 대하36:1~4, 겔19:4 참조)

예레미야는 '죽은 자를 위하여 울지 말고 잡혀간 자를 위하여 울라'고 했다.

죽은 자인 요시야를 위하여 울지 말고 이집트의 포로로 잡혀간 여호아하스를 위하여 울라는 뜻이다. 그가 고국으로 다시 돌아오지 못하고 그곳에서 죽기 때문이다.

이스라엘 사람들은 조상들의 땅에 묻히지 못하는 것을 죽음보다 더 큰 재앙으로 여겼다. 백성들은 여호아하스가 귀환될 것이라고 여겼기에 그가 포로된 것보다는 요시야의 죽음을 더 애도했던 모양이다.

그러나 예레미야는 여호아하스의 귀환은 결코 없다고 분명히 밝힌다. 그것은 헛된 기대이다.

그의 귀환을 기다리며 이집트가 꼭두각시로 내세운 여호야김을 배척하는 반이집트파(친바벨론파)와 여호야김을 지지하며 이집트에 동조하는 친이집트파와의 대립은 잘못된 것이다.

신명기 역사가는 여호아하스를 백성들의 지지를 받아 왕위에 올랐으나 여호와의 눈에는 벗어난 인물이라고 평가한다.(왕하23:32 참조) 3개월 만에 폐위되고 이집트의 포로가 된 것을 단순히 정치적 차원이 아닌 신앙적 차원에서 평가한 것이다.

사람들에게 인정받는 것보다 중요한 것은 하나님께 인정받는 것이다. 하나님은 사람들에게 감춰진 속사람을 모두 아시기 때문이다.

13~19절은 여호야김 Jehoiakim(=Eliakim)의 운명에 대한 말씀이다.

이집트의 '느고'는 백성들이 세운 여호아하스를 인정하지 않고 그의 형 엘리야김을 왕으로 세워 여호야김이라고 명명하였다.(왕하23:31~35, 대상3:15 참조) 그가 유다의 주인임을 천명한 것이다.

이런 여호야김에 대해 예레미야는 '화 있을진저'(호이)라고 하는 말로 그의 운명이 비참하게 될 것을 선포한다. 예레미야는 그의 비참한 운명을 그의 아버지 요시야와 비교한다.

'네 아버지가 먹으며 마시지 아니하였으며 정의와 공의를 행하지 아니하였느냐 그때에 그가 형통하였었느니라. 그는 가난한 자와 궁핍한 자를 변호하고 형통하였나니 이것이 나를 앎이 아니냐?'(15절 하~16절)

요시야가 렘21:12, 22:3에 언급된 왕으로서의 사회적 책무인 '정의'(미쉬파트)과 '공의'(체다카)에 충실했다는 뜻이다. 그는 사회적 약자를 보살피는 일을 하였으며 이것이 하나님을 '아는 것'이라는 말씀이다.

그런데 그의 아들 여호야김은 '불의'와 '부정'으로 오직 자신의 안일과 향락만을 추구한 폭군이다.(13~15, 17절) 자신의 궁궐을 크게 지으며 고용인들의 품삯을 착취하였다. 그의 눈과 마음은 탐닉과 무죄한 피를 흘리고 압박과 강포를 행하였다.

이스라엘 사람들에게 있어서 '눈'은 욕구를 일으키게 하는 출발점이며, '마음'은 그것이 자리 잡는 장소다. 눈은 자기가 원하는 바를 바라보고 마음은 자기가 원하는 바를 담는다.

여호야김은 자신에게 주어진 왕위, 곧 공권력을 개인적 치부의 도구로 삼았다. 그러므로 그 누구도 그의 죽음을 슬퍼하지 않을 것이며 나귀가 성문 밖에 던져짐 같이 불결한 죽음을 당하게 될 것이다.(18~19절)

여호야김의 죽음에 대한 열왕기 기자의 기록은 본문과 차이가 있다.(왕하24:1~7)

본문은 바벨론에 반기를 들었던 여호야김을 응징하러 느브갓네살이 그의 무덤을 훼손하였을 것을 암시한다.(렘8:1~2, 36:30 참조)

20~23절은 예루살렘의 멸망에 대해 언급한 부분으로 구체적으로 어느 왕인지는 알 수 없으나 왕들의 잘못으로 인해 예루살렘이 멸망했기 때문에 여기에 삽입된 것으로 본다.

20절은 '너는'이라는 2인칭 여성 단수로 의인화된 대상이 누구인가에 대해서는 학사들 사이에 논란이 있지만, '레바논 Lebanon, 바산 Bashan, 아바림 Abarim'이라는 지명이 등장하고(20절), '레바논에 살면서 백향목에 깃들이는 자'(23절)라는 언급으로 보아 흔히 여성으로 의인화된 예루살렘임이 분명하다.(겔16장 참조) 예루살렘에서 레바논은 북쪽, 바산은 북동쪽, 아바림은 남동쪽에 위치한 산악지대들이다. 이 산악지대에 올라 외치라는 명령은 구원의 기쁜 소식을 외치기 위해 높은 산으로 올라가라는 이사야의 명령을 연상시킨다.(사40:9)

그러나 이곳에서 외칠 소리는 기쁜 소식이 아니라 비극적인 슬픔의 소리다. '너를 사랑하는 자가 다 멸망하였다'는 것이다.(20절)

'사랑하는 자'란 바벨론에 대항하여 유대와 동맹을 맺었던 이방민족들이다.(렘30:14, 겔16:33, 36~37, 23:5,9,22 참조) 예루살렘은 이들이 자신들의 안정을 보장해줄 것으로 믿었다.

하나님은 예루살렘이 평안할 때 당신만을 의지하라고 말씀하였지만 그들이 거부했다. 이 반역의 습관은 어릴 때부터 붙은 것이다.(렘3:24~25 참조)

이제 예루살렘을 향한 심판이 선언된다. '목자들은 다 바람에 삼켜질 것이요 너를 사랑하는 자들은 사로잡혀 가리니 그때에 네가 반드시 네 모든 악 때문에 수치와 욕을 당하리라'(22절)

'목자들'은 예루살렘 지도자들(왕족, 귀족들)을 지칭하며, 바람에 삼켜진다는 것은 기원전 597년 1차포로를 말한다.(왕하24:14~16) '사랑하는 자들'이란 동맹국들로 역시 바벨론으로 추방될 것이라는 의미인데, 이러한 일은 모두 그들이 저지른 악행 때문이다.

23절의 '레바논에 거하여 백향목에 깃들이는 자'에서 '레바논'은 20절의 '레바논'과 다르다. 레바논의 백향목 목재로 건축한 집인 예루살렘을 지칭한다.

높은 곳 위에 든든한 요새로 둘러싸여 있고 화려하게 지은 예루살렘이지만 해산하는 여인의 진통 같은 괴로움을 당할 것이다.

험난한 현실에서 과연 누구와 연합하고 누구를 의지하여 안정을 얻을 것인가는 중요한 문제다. 예루살렘은 하나님의 백성으로 여호와를 의지하기보다는 동맹국(사랑하는 자들)과 목자들(지도자들)을 의지했으나 끝내 불행한 운명을 맞을 수밖에 없었다.

하나님보다 인간적인 관계와 배경을 자신의 안정적 기반으로 삼는 것은 어리석은 선택이다.

24~30절은 고니야 Coniah(=Jehoiachin)의 운명에 대한 말씀이다.

고니야는 여호야김의 아들이며 요시야의 손자로 여호야김에 이어 왕위에 오른 여호야긴의 다른 이름이다.(왕하24:6) 대상3:16에는 여고냐 Jeconiah로 언급되어 있는데 고니야는 여고니야와 동일 인물이다.

당시는 예루살렘이 바벨론의 느부갓네살에게 포위 공격을 받고 있었는데 정치적으로는 여호야김이 바벨론에 반기를 들었기 때문이며(왕하24:1), 종교적으로는 자신에게 주어진 공권력을 개인적 치부의 도구로 삼아 백성들에게 압박과 강포를 행하였기 때문이다.(왕하24:4, 렘22:13~19)

바벨론의 공격 중에 여호야김이 죽자 이어 왕위에 오른 여호야긴은 3개월 통치하다 예루살렘을 함락시킨 느부갓네살에 의해 바벨론에 포로로 잡혀가게 된다.(왕하24:8~17, 기원전 597년, 1차포로)

본문은 이와 같은 여호야긴의 운명을 예언한 것이다. 여호와는 여호야긴이 '나의 오른 손의 인장반지라 할지라도 내가 빼어 ~ 느부갓네살에게 줄 것이라'(24~25절)고 하였다. 여호와의 손의 인장반지라는 것은 고니야의 이름이 '여호와께서 세우셨다'는 의미로 하나님과 계약(결혼과 같은)을 맺은 친밀한 관계일지라도 그 관계를 파기하시겠다는 뜻이다.

그런데 그렇게 하시는 이유가 명시되어 있지 않다. 살룸(여호아하스)의 경우도 마찬가지였다.(렘22:10~12)

여호야긴의 비참한 운명은 궁중설교에 기록된 이유 때문으로 봐야 할 것이다.(렘22:1~9) 26~27절에 고향에 돌아오지 못하고 포로로 끌려간 곳에서 죽게 되리라고 한 것은 살룸의 경우처럼(11~12절) 고향 땅에 묻히지 못하는 심각한 저주를 받을 것이라는 뜻이다.

하지만 왕하25:27~30에는 바벨론이 여호야긴을 예우함으로써 유다

에 희망적 메시지가 나타난다.(렘52:31~34 참조)

29절의 '땅(에레츠)이여'를 삼중 반복하는 것은(렘7:4, 사6:3, 겔21:27 참조) 가나안 땅(렘3:19)에서 포로로 잡혀간 야호야긴의 비참한 현실이 얼마나 충격적인지를 표현한 것이다.

30절의 여호야긴이 무자하겠고 그 자손 중에 다윗의 위에 앉을 자가 없겠다는 것은 역사적 사실이 아니다. 여호야긴의 아들은 일곱이었다.(대상3:17~18) 따라서 이것는 그가 고국으로 귀환하여 다윗왕권을 회복할 수 없음을 의미한 것으로 보아야 한다.

살룸(여호아하스), 여호야김, 여호야긴으로 이어지는 왕들의 운명은 모두 비참하다. 그들의 운명은 렘22:20~23에 잘 나타나 있다. 왕들의 비참한 운명의 원인은 궁중 설교(렘22:1~9)에 잘 드러나 있다.

백성들은 이런 왕들에게 희망을 걸 수 없다. 이들은 돌아올 수 없고(렘22:11~12, 18~19, 27) 이런 왕권이 연속되는 비참한 현실이 되풀이 될 뿐이다.

●●●거짓 목자와 참 목자 렘23:1~8

렘23:1~8은 세 부분으로 나눌 수 있는데 첫째 부분인 1~4절은 산문으로 거짓 목자인 유다 왕들과 참 목자이신 하나님의 위업을 대비시킨다. 둘째 부분인 5~6절은 셋째 부분인 7~8절과 동일하게 하나님의 구원에 대한 말씀이지만 운문이며, 셋째 부분은 산문으로 되어 있다.

유다 백성과 예루살렘 운명의 일차적인 책임은 백성의 지도자인 왕들에게 있다. 예레미야는 옹기를 백성의 지도자(자칸) 앞에서 깨뜨리며 앞으로 당할 비참한 운명을 예고했고(렘19장), 왕들의 죄악과 실정으로 백성들이 고통과 재난을 당할 것을 알렸다.(렘21~22장)

렘23:1~2은 위의 내용을 이어받아 백성을 제대로 돌보지 않은 백성의 지도자들에게 저주와 심판이 있을 것을 예고한다. '여호와의 말씀이니라 내 목장의 양 떼를 멸하며 흩어지게 하는 목자에게 화 있으리라'(1절)

'화 있으리라'(호이)로 시작되는 1절의 대상은 목장의 목자인데 양 떼를 치는 목자의 표상은 예언서와 시편에 자주 등장한다.(사40:10~11, 겔34장, 시23편, 95:7, 100:3 참조)

양 떼를 흩어버리는 목자는 악한 왕들인데 이들의 악행으로 백성들이 흩어졌기에 왕들에게 벌을 내리신다. 왕들에게 내려질 하나님의 보응은 렘22장에 언급된 여호아하스, 여호야김, 여호야긴의 운명이다.

특히 3절에 언급된 대로 백성들은 돌아오지만 왕들은 돌아오지 못한다.

3절은 여호와께서 포로로 잡혀갔던 백성들을 고국으로 다시 돌아오게 하신다고 말씀하신다. 그러나 이 귀환 예고에는 목자들은 언급되어 있지 않아 여호아하스와 여호야긴이 돌아오지 못 하는 것이 여호와의 보응임을 암시한다.

여호와는 백성들을 고국으로 귀환시킬 뿐 아니라 새로운 목자를 세우실 것이다. 백성들은 다시 생육이 번성할 것이고, 더 이상 두려워하거나 당황하지 않고 잃어버리는 일이 없을 것이다.(4절) 새 목자를 통하여 비참한 현실을 극복할 새로운 공동체가 건설될 것이라는 희망을 알려준다.

1~4절에 의미 있게 사용된 단어는 '파카드'인데 이 단어는 '보살피다', '보응하다', '잃어버리다'라고 다양한 의미를 가지고 있다. 예레미야는 '파카드'를 긍정적 의미와 부정적 의미로 함께 사용하여 거짓 목자와 참 목자를 대비시키고 있다.

특히 '그들의 생육이 번성할 것이다'(3절)는 말씀은 하나님의 창조(창1:22. 28, 9:1)와 출애굽 사건(출1:7)을 연상시켜 '새로운 창조'와 '새로운 출애굽 사건'을 이루실 희망을 암시하고 있다.

이어 예레미야는 희망을 가져올 다윗 왕가의 한 왕에 대하여 언급한다.(5~8절) 렘23:5~6과 사11:1~9을 비교해보면 유사한 점을 발견할 수 있다.

다윗 후손으로서의 싹(렘23:5, 사11:1), 통치자를 도우시는 하나님의 손길(렘23:5, 사11:2), 통치자의 지혜롭고 의롭고 바른 정치에 대한 찬양(렘23:5, 사11:2~5), 백성들의 귀환과 구원(렘23:6, 사11:11), 백성들이 누리게 될 태평성대(렘23:6, 사11:6~9)이다.

본문 '보라 때가 이르리니 내가 다윗에게 한 의로운 가지를 일으킬 것이라'(5절)에서 '의로운 가지'(체마흐 차디크)는 다윗 왕조를 이어갈 새로운 '싹, 순'(체마흐, 슥3:8, 6:12 참조)을 의미하며 렘22:30을 완전히 뒤집는 말이다.

이 후손을 가리켜 '의로운 가지'라고 하는 까닭은 '그가 왕이 되어 지혜롭게 행사하며 세상에서 공평과 정의를 행할 것이기' 때문이다. 공평(미쉬파트)과 정의(체다카)는 렘22:3, 15절에서 알 수 있듯이 여호와께서 왕에게 특별히 요구하셨던 통치 덕목이다.

새롭게 세울 새 왕은 여호와의 요구에 온전히 순응할 사람이며 이로 말미암아 유다는 구원을 얻고 백성들은 평안할 것이며 그 이름은 '여호와 우리의 공의'(야훼 치드케누)라 일컬음을 받게 될 것이다.(6절)

'치드케누'가 의미하는 바가 '여호와는 우리의 공의다'이기에 마지막 왕 '시드기야'(치드키야후)와 같아 그 새 왕을 시드기야로 보았지만 실상 그는 자기 이름의 의미에 부합하지 못했다.

새로운 왕이 나타날 때는 과거 출애굽 사건보다 더 큰 일, 곧 바벨론으로부터의 귀환을 이루시기에, 이제까지는 출애굽의 하나님을 기억했지만 앞으로는 바벨론으로부터의 해방을 기억하게 될 것이다. 이것은 유다백성들에게는 새로운 창조요 새로운 출애굽 사건이며, 새로운 가나안 정복 사건을 의미하였다.(7~8절)

●●● 거짓 선지자 렘23:9~32

렘23:9 '선지자들에 대한 말씀이라'는 예레미야 23장 전체에 대한 주제를 나타내는 표제이다.

렘23:9~40은 다섯 단락(9~12절, 13~15절, 16~24절, 25~32절, 33~40절)으로 구분할 수 있는데 예언자들에 대한 고발과 심판을 운문(9~24절)과 산문(25~40절)으로 전해 준다.

예레미야는 '내 마음이 상하며 내 모든 뼈가 떨리며 내가 취한 사람 같다'(9절상)고 하였다. 여기서 '마음'(레브)은 인간의 감정과 의지를 통제하는 곳으로 '마음이 상하다'는 것은 마음이 극도로 혼란 상태에 빠져 있다는 뜻이다.

또 '뼈가 떨린다.'는 것은 사람의 골격이 흔들리는 극한 고통을 의미한다. '술 취한 사람 같다'는 것은 인사불성 상태가 되었음을 의미한다.

왜 예레미야가 이렇게 몸과 마음이 고통스러운 상태가 되었는가?

'여호와와 그 거룩한 말씀을 인함이라'(9절하) 여호와께서 유다를 징벌하시기로 작정하셨고 유다에 대한 고발과 징벌의 내용을 전해야 하기에 예레미야 스스로 통제할 수 없을 정도로 고통스럽다는 것이다.

이런 징벌을 전할 수밖에 없는 이유가 무엇인지 10~12절에서 밝힌다. 유다 땅에 '간음하는 자가 가득'하기 때문이다.(10절)

'간음하다'(나아프)는 혼인관계를 깨뜨리는 음행을 의미한다.(렘9:2에서는 유다백성의 타락상을 고발하였고 렘29:23에서는 이웃 아내와 간통함을 고발하였다.) 본문에서는 종교적인 음행과 윤리적인 음행 모두를 암시한다.

우상숭배를 통하여 윤리적으로 타락하였는데, 바알 숭배 제의 자체가 성행위를 포함하고 있기에 자연스럽게 나타나는 사회 윤리적 타락이다.

이런 간음의 결과는 자연 질서의 파괴로 이어져 땅은 저주를 받고 초목이 말라버릴 수밖에 없다.(10절중, 창3:17~19, 호4:3 참조) 이렇게 된 것은 '그들의 행위가 악하고 힘쓰는 것이 정직하지 못하기' 때문이다.(10절 하) 인간의 타락은 인간 삶의 터전인 자연 파괴로 이어져 제 발등을 찍게 된다는 의미이다.

예레미야는 11~12절에서 이런 비참한 현실을 가져온 책임이 백성보다 종교지도자들에게 있음을 밝힌다. 백성 모두가 타락할지라도 최후의 보루가 되어야 할 사람들이 종교지도자들인데, 불행하게도 이들 역시 예외가 아니었다.

11절의 '선지자와 제사장이 다 사악한지라 내가 내 집에서도 그들의 악(라아)을 발견하였노라'는 '선지자도', '제사장도' , '내 집(예루살렘 성전)에서도'로 번역해야 정확하다. 즉 민족의 최후 양심세력이며 진실과 도덕성과 신앙의 최후보루인 종교지도자들마저 하나님의 집에서 악을 일삼았다는 한탄이다.

심판이 불가피하게 되었다. 그들의 길은 미끄러운 길이 되고 그들은 어둠 속으로 떠밀려 넘어지게 되어 그들을 벌할 때가 되면 그들에게 재앙(라아)이 내려질 것이다.(12절) 여호와는 유다 백성을 살리기 위해 예레미야를 종교지도자로 세워 당신의 말씀을 전하게 하셨다.(렘1장)

오늘날 성도들은 목회자들을 위해 기도해야 한다. 목회자들도 똑같이 악의 유혹에서 자유롭지 못하며 흔들리고 무너질 수밖에 없는 존재다. 또한 목회자들은 공동체의 운명을 책임진 사람임을 인식하여 하나님과 백성 앞에 자신을 지키는 데 더욱 노력해야 한다.

13~22절은 예레미야가 종교 지도자 중 하나인 선지자들에 대해 집중해서 언급한 부분이다. 예레미야는 사마리아(북 이스라엘) 선지자와 예루살렘(남 유다) 선지자를 비교하며 남 유다 선지자들의 죄악을 고발한다. 사마리아 선지자들은 '우매함'(디플라)이 있다고 한다.

우매함이란 '기분 나쁜 것, 고약한 일'을 의미한다. 구체적으로 바알을 힘입어 예언하고 백성을 그릇되게 한 것이다.(13절) 이것은 바알종교와 여호와 신앙을 접목시킨 종교의 혼합화다.

이들에 비해 예루살렘 선지자들에게는 '가증한 일'(샤 아루르) 곧 '소름 끼치는 일, 끔찍한 일'이 있다고 한다.(14절) 구체적으로 간통하고 악한 짓하는 사람을 격려하고 악에서 돌이키지 못하게 한 일이다. 그래서 백성들을 소돔과 고모라 같이 되게 하였다.(14절. 사1:10, 겔16:46, 48절 참조. 이 두 도시는 하나님께 징벌을 받은 상징이 되었다.)

특히 '행악자의 손을 굳게 하였다'는 것은 '악을 저지르는 사람의 손을 거든다.'는 의미로 거짓 선지자들이 자신들의 거짓 예언으로 사람들을 뻔뻔스럽게 부추긴다는 뜻이다.

이런 선지자들의 소행은 예레미야의 행동과 대비된다. 예레미야는 바벨론이 예루살렘을 침공해 올 때 백성들과 군인들의 손을 약하게 했다는 죄목으로 신하들에 의해 시드기야 왕에게 고발당한다.(렘38:4 참조)

유다의 선지자들은 북 왕국의 선지자들이 우상숭배 때문에 하나님의 심판을 받아 멸망했음을 역사적 경험으로 분명히 알고 있었음에도 불구하고 이런 악을 저지르고 있으니 죄가 더 무겁다.

이러한 예루살렘 거짓 선지자들에게 하나님의 심판이 선고된다.

'보라 내가 그들에게 쑥을 먹이며 독한 물을 마시우리라'(15절, 렘8:14, 9:15 참조) 그냥 죽임을 받는 것보다 더 잔혹한 심판을 받게 된다. 이런 잔혹한 심판의 이유는 '이는 사악이 예루살렘 선지자들로부터 나와서 온 땅에 퍼짐'(15절하) 때문이다.

유다 백성 전체가 부패하여 소돔과 고모라처럼 된 '죄악의 원천'이 선지자들이라는 것은 실로 충격이 아닐 수 없다.

선지자(예언자, 나비)는 하나님의 말씀을 대신 전하는 대언자代言者다. (출4:10~16, 7:1~2 참조) 그런데 그들이 백성들을 죽음에 이르게 하는 죄악의 원천이 되었다.

이들이 제의적으로 잘못했기 때문인가? 아마 그들의 예루살렘 성전에서의 제의적 태도는 누구보다도 경건했을 것이다.

문제는 그들의 입에서 나온 하나님의 말씀이 진실한 하나님의 말씀이 아니었다는 점이다. 그들이 본디 하나님께 근거한 올바른 말씀으로 악한 자를 바로 세워 나라의 윤리, 신앙, 양심, 질서 들을 온전케 했다면 백성들이 죄악에서 떠나 하나님 앞에 진정한 '하나님의 백성'이 되었을 것이다.

하지만 그들의 입술에서 나오는 말은 하나님의 말씀이 아니었다. 자신들의 말이요, 하나님의 뜻이 아닌 백성들의 뜻에 맞는 말이었다. 백성들의 귀를 즐겁게 해주고 마음을 편하게 해주는 말이었다.

또 그들은 정치권력과 결탁하여 지도자들의 부정을 눈감아주며 그릇된 안도주의에 빠지게 했다. 그들 스스로 자신의 말을 하나님의 말씀으로 여겨 하나님의 심판을 염두에 두지 않았다. 하나님의 말씀을 전하는 자들이 스스로 하나님의 말씀 앞에 바로 살지 않고 백성들에게 악을 조장했으니 어찌 심판을 면할 수 있으랴?

유다백성 전체가 부패하여 소돔과 고모라처럼 되도록 한 '죄악의 원천'이 선지자들이라고(15절) 강조한 예레미야는 이어 이들의 잘못이 어떤 것인지를 구체적으로 밝힌다.

선지자(나비)는 하나님의 말씀을 대신 전하는 대언자(messenger)다.(렘 1:7,17, 출4:10~16, 7:1~2, 참조) 그런데 당시 선지자들은 여호와의 입에서 나오는 말이 아니라 자기 마음에서 나오는 말, 곧 '헛된 것'(헤벨, 덧없는 것, 공허한 것)을 전했다.(16절)

그들의 '묵시'(하존, 본 것)는 가짜다. 즉 '스스로 유노해낸 생각'이다. 이들은 거짓 선지자이니, 속으면 안 되었다.

17절에서는 이들이 전하는 '헛된 것', 이들이 보았다는 '묵시'가 무엇인지 밝힌다.

'항상 그들이 나를 멸시하는 자에게 이르기를 너희가 평안하리라'고 한다. 하나님을 '멸시하는'(나아츠) 자는 제 고집대로 행동하는 사람이요, 주님을 업신여기는 사람들, 곧 예루살렘 백성들이다. 그런데도 이들을 향하여 **'거짓 평화'**를 남발하고 있다.

선지자들이 다윗왕조의 안정 이데올로기 신앙에 사로잡혀 '재앙이 너희에게 닥치지 않으리라'고 안심시켜주고 있는 모습이다. 백성들을 위로해주는 것이 아니라 철저하게 그릇된 안도감을 심어주어 자신들의 행위(삶)가 어떤지를 돌아보지 못하게 하여 더욱 타락의 길로 들어서게 하고 있다.(갈6:6~10 참조)

이렇게 선지자들이라는 사람들이 거짓을 말하게 된 이유가 무엇일까?

> '누가 여호와의 회의에 참여하여 그 말을 알아들었으며
> 누가 귀를 기울여 그 말을 들었느냐' (18절)

그들은 '여호와의 회의'(heavenly/divine council, 소드)에 참석하지 않은 자들이다. '천상회의'란 여호와가 주재하는 회의로 천상의 존재들과 함께 중대한 일을 결정하고 집행한다.(왕상22:19~23, 사6:6~8, 40:1~8 참조) 이 회의 결정을 땅에 전하기 위해 메신저를 파송하며 선지자는 거기에서 전달된 메시지를 전달하는 사람이다.

따라서 선지자는 자신의 사견私見을 전해서는 안 되며, 오직 천상회의에서 결정된 것만을 전달해야 한다.

그런데 거짓 선지자들은 천상회의에 참석하지 못한 자들이기에 그들이 전한 내용은 하나님의 것이 아니라 그들 자신의 것일 수밖에 없다.

19~20절은 이들에 대한 하나님의 분노를 나타낸다. '여호와께서 노여움이 일어나'(야짜, 하나님의 갑작스런 심판을 의미함) 폭풍과 회오리바람처럼 악인들의 머리를 칠 것이다. 여기서 '악인들'이란 하나님의 심판

은 없을 것이라는 거짓 평화에 위로받는 백성들과 또 그렇게 전하고 가르친 거짓 선지자들을 포함한다.

이들에게 생각지도 않은 때에 갑작스럽게 심판이 임할 것이다. 그들 자신도 스스로에게 속고 있었기 때문이다. 그릇된 평화에 잠들어 있었기 때문이다. 말일에야 그것을 완전히 깨닫게 될 것이다.(호3:5, 요13:7 참조) 재난을 당하고 난 뒤에야 하나님의 뜻은 구원이 아니라 심판이었음을 알게 될 것이다.

예레미야는 21~22절에서 다시 거짓 선지자들의 정체와 그들이 전한 그릇된 내용을 정리한다. 거짓 선지자들은 천상회의에 참석치 못한 자들로 그들의 메시지는 하나님의 것이 아니다. 그들은 부름받지도 않았고, 보냄 받지 아니했으면서도 선지자 행세를 하는 자들이다.

천상회의에 참석한 참 선지자였다면 백성들에게 여호와의 말씀을 전하여 그들을 악한 길과 악한 행위에서 돌이키게 하였을 것이다.

거짓 선지자들은 청중도 원하고 자신에게도 유익하기에 인기에 영합하여 거짓말을 하게 된다.(렘5:31 참조) 일종의 포퓰리즘 populism이다.

그러나 하나님의 말씀은 사람을 살리는 것이지 죽이는 것이 아니기에, 의로움과 거룩함을 상실한 자들에게 거짓 평화는 당장은 사람을 살리는 것 같지만 오히려 영원한 죽음으로 내모는 마약일 뿐이다.(딤후3:14~4:8, 히4:12 참조)

23~24절은 하나님의 두 가지 속성, 곧 내재성과 초월성을 말하며 거짓 선지자들의 악행을 비판한다. 거짓 선지자들이 생각하는 하나님에 대해 반박하고 있다.

> '여호와의 말씀이니라 나는 가까운 데에 있는 하나님이요
> 먼 데에 있는 하나님은 아니냐?' (23절)

여기서 **'가까운 하나님'**은 '구원'을 의미하고(사55:6, 시34:18, 85:9,

148:14 참조), **'먼 하나님'**은 '심판'을 의미한다.(시10:1, 22:11, 참조)

그런데 예루살렘 선지자들은 오직 구원(살롬)만 외쳤을 뿐 심판은 철저히 외면했다. 예루살렘 시온성의 영원성과 다윗왕조의 영속성이라는 신앙만 옹호하고 강조하면서 백성들의 기분을 맞춰주었던 것이다. 자신들의 입맛에 맞게 하나님을 활용한 것이다. 하나님을 자기 맘대로 부렸다. 하나님을 무비판적인 체제옹호자(다윗왕조의 보호자)로만 간주했다.

이것은 하나님의 주권적 자유를 제한한 행위이다. 여호와 하나님은 성전 이데올로기나 다윗계약신앙에 얽매이는 분이 아니다. 모든 것에 초월해 계시는 분이 하나님이시다. 예레미야는 여호와는 구원의 하나님일 뿐 아니라 심판도 하시는 분임을 강조한다.

> '여호와의 말씀이니라 사람이 내게 보이지 아니하려고 누가 자기를 은밀한 곳에 숨길 수 있겠느냐 여호와가 말하노라 나는 천지에 충만하지 아니하냐' (24절)

심판하시는 하나님 앞에 숨을 사람은 아무도 없다. 심판의 하나님으로부터 숨을 수 있는 공간은 하늘과 땅, 그 어디에도 없다. 하나님은 모든 것을 다 아시는 분이시다.(시139:7~12 참조)

예레미야는 '가까운 데 계신 하나님' 곧 구원의 하나님을 강조하면 사람들 마음에 위로와 평안을 주고 체제 안정은 될 수 있겠으나 하나님의 주권과 자유는 거짓 선지자들인 인간의 사상과 신앙으로 제한될 수는 없음을 강조하고 있다.

예레미야는 23~24절 두 절에서 '여호와의 말씀이니라'(네움 야훼)를 세 번이나 반복하여 이 말씀이 자신의 말이 아니라 하나님의 말씀임을 강조하고 있다.

하나님은 어떤 피조물에게도, 그가 아무리 뛰어난 선지자라 할지라도 당신의 정체를 다 드러내지 않으신다.(출3:14, 신4:12) 그러므로 마치 하나님을 다 꿰뚫고 있는 것처럼, 자신의 신앙과 신학이 하나님을 대변하는 것처럼, 하나님을 자신의 이해 안에 제한시키고 자신이 조종할 수 있는 분으로 생각하는 것은 참으로 오만이다.

하나님은 인간의 어떤 신앙, 학설에 매이는 분이 아니다. 따라서 자기 방식(신학, 신앙)대로 이해하는 것은 잘못이다. 오직 겸손해야 할 뿐이다.

하나님은 좋으신 분이지만 때로는 나쁘게 느껴지는 분이기도 하시다. 그래서 욥은 그의 아내가 하나님을 욕하고 죽으라고 했을 때 '우리가 하나님께 복을 받았은즉 화도 받지 아니하겠느냐?'라고 입술로 범죄하지 않았다.(욥2:9~10)

25~32절에서 예레미야는 선지자들의 예언 출처인 '꿈 계시'와 '말씀 계시'를 비교하며 거짓 선지자들의 예언을 비판한다. 구약에서 '꿈'(할롬)은 하나님의 계시를 전달받는 적법한 수단으로 여겼다.(창28:10~22, 37:5~11, 41장, 민12:6~8, 삼상28:6, 15, 욜2:28 참조)

특히 민12:6의 '나 여호와가 환상으로 나를 그에게 알리기도 하고 꿈으로 그와 말하기도 하거니와'에서 확인할 수 있듯이 선지자들은 꿈을 통해 하나님의 뜻을 전달받았다.

그런데 예레미야는 지금 선지자들이 꿈을 통해 전해 들었다는 말씀을 비판한다. 거짓 선지자들이 꿈을 들먹이며 자기 생각을 하나님의 뜻인 양 전달하고 있기 때문이다. 간교하게 하나님의 이름을 이용하여 사기를 치고 있다.(25~26절) 또 꿈을 공유共有하며 거짓 예언을 하고 있기 때문이다.

그들의 꿈은 자기들의 생각일 뿐 하나님의 계시가 아니다. 거짓 선지자들의 이러한 작태는 하나님의 말씀을 받지 못했기 때문이며 백성들로 하여금 과거 조상들이 바알로 말미암아 하나님의 이름을 잊어버린 것같이 하나님의 이름을 잊게 하려는 것이다.(27절)

예레미야는 28~29절에서 하나님의 계시 수단인 '말씀 계시'를 강조한다. '꿈을 꾼 선지자는 꿈을 말할 것이요 내 말을 받은 자는 성실함으로 내 말을 전할 것이라'(28절상)라는 말은 꿈을 꾼 사람들은 꿈 이야기를 하도록 내버려두고 여호와의 말씀을 받은 사람은 성실함으로(에메트, 충실하게, 또는 섞인 것이 없이) 그 말씀을 전하게 하라는 의미이다.

여호와의 말씀을 받은 사람은 분명 예레미야 자신을 가리킨다. 받은 말씀 그대로 자신의 생각을 섞지 말고 온전히 하나님의 말씀만을 전하라는 것이다.(렘1:7 참조)

'겨와 밀을 어찌 비교하겠느냐'(28절하)라고 말한다. 곡식을 타작하고 남은 검불인 '겨'는 '꿈'이며, '알곡'은 '말씀'을 의미한다. 이 둘은 질적으로 비교될 수 없다. 그러므로 '꿈'으로 계시를 받았다고 전하는 선지자들의 말은 내용이 없는 거짓이다.

겨와 같은 꿈에 비해 알곡과 같은 말씀은 '불과 같고 반석을 쳐서 부스러뜨리는 방망이와 같다.'(29절) 가짜를 태워버리고 잘못된 것을 부숴버리는 능력이 있다.(렘5:14, 15:14, 20:9, 50:23, 히4:12 참조)

하나님의 말씀을 받은 예레미야는 성실함으로 하나님의 말씀을 전하여, 거짓 선지자들로 말미암아 하나님의 이름을 잊고 사는 백성들, 곧 거짓평화라는 그릇된 안전주의에 사로잡혀 자신들의 삶을 돌아보지 않고 있는 백성들의 마음을 깨뜨려야 했다.

30~32절에는 거짓 선지자들에 대한 하나님의 심판이 다시 강조된다. 거짓 선지자들이 심판받아야 할 죄는 세 가지다. 첫째, 하나님의 말씀을 도둑질한 죄(30절)요, 둘째, 자신의 말을 하나님의 말씀인 것처럼 전해서 하나님의 말씀을 사칭한 죄(31절)이며, 셋째, 하나님의 백성을 거짓말과 헛된 자만으로 미혹한 죄(32절)다.

하나님은 이런 거짓 선지자들을 보내지도 않았고 그들에게 명하지도 않았으며, 이런 자들은 백성들에게 백해무익百害無益하다.(32절하)

하나님의 안전과 평안과 축복과 평화의 말씀은 사람들의 마음에 기쁨과 안도감을 주겠지만 그럴수록 사람들은 하나님으로부터 멀어지고 결국 돌아올 수 없는 곳에 빠지게 한다.

그럼에도 아직도 '삼박자 축복', '오중복음'이 여전히 한국교회의 중심 메시지며 하나님의 사람들의 중심신앙이 되어 있으니 언제쯤 '순純복음'이 자리잡을 수 있을까?

●●●무거운 짐으로서의 여호와의 말씀 렘23:33~40

이 부분은 이해하는 데 퍽 어려움이 있는 단락이다.

우선 말하는 주체와 대상이 누구인지 알아야 한다.

33~34절은 여호와께서 예레미야에게 말씀하신 내용이요, 35~37절은 예레미야가 '너희'에게 말한 내용이며, 38~40절은 여호와께서 '너희'에게 하신 말씀을 예레미야가 전한 것으로 '너희'의 잘못을 지적하는 38절과 '너희'에게 여호와께서 내리실 재앙을 알려주는 39~40절로 구성되어 있다.

이 단락에서 여덟 번이나 언급된 '엄중한 말씀'으로 번역된 히브리어 '맛사'는 '짐'을 뜻하기도 하고(렘17:21, 22, 24, 27절 참조) 또한 '말씀'(사13:1, 15:1, 17:1 참조)을 뜻하기도 한다. 일반적으로 구약에서 여호와의 말씀은 '다바르'가 사용되었는데(렘1:1,2,4,9,11,12,13 등, 예레미야에 52번, 구약전체에는 233번 사용됨) 이 단락에서는 '맛사'를 사용하여 '여호와의 말씀'이 '짐'처럼 '부담스러운 말씀, 짐스러운 말씀'이라는 이중적 의미를 드러낸다.

33절은 여호와는 '이 백성'이나 '선지자나 제사장'이 '너'에게 '여호와의 엄중한 말씀(짐)이 무엇이냐?' 고 묻거든 다음과 같이 대답하라는 말로 시작한다. 여기서 '이 백성'은 32절의 '백성'과 이어진다. 거짓 선지자로 말미암아 미혹을 받은 백성이다.

'선지자나 제사장'은 11절의 '사특한 선지자와 제사장'을 생각나게 한다.

그러므로 모든 백성과 모든 종교지도자들을 의미하며, 이들이 '너' 곧 하나님의 뜻을 바로 전하고 있는 '예레미야'에게 '무엇이 여호와의 말씀이냐?'고 묻는다. 이 말은 '무엇이 여호와의 짐이냐?'로 번역될 수 있다. 그런데 굳이 '맛사'를 사용하여 이들의 질문을 언급한 것은 일종의 '언어의 유희'(말장난)로, 이들이 지금 여호와의 말씀을 짐스럽게 여기고 있음을 나타낸다.

이들의 질문에 대해 예레미야는 '엄중한 말씀이 무엇이냐?'고 되물으며 여호와께서 '바로 너희가 짐이어서 내가 너희를 버리리라'고 대답한다. 여호와의 말씀을 짐스럽게 여기는 너희들이야말로 여호와의 짐이 되므로 여호와께서 버리시겠다는 뜻이다.

곧 백성들에 대한 꾸지람과 더불어 심판을 선언하신 것이다. 34절은 33절의 하나님의 뜻을 거듭 확인시킨다. 곧 여호와의 말씀을 짐스럽게 여기는 것은 여호와의 말씀을 듣기 싫어하고, 그저 거짓 선지자들의 거짓 위로와 평화의 메시지만을 듣고자 하는 것인데, 이런 사람과 그 집에는 하나님의 진노가 임할 것이다.

35~37절은 이런 여호와의 말씀을 바탕으로 예레미야가 백성들에게 말하는 내용이다. 이제는 더 이상 '여호와의 짐'이라 말하지 말고 '무엇이라 여호와께서 대답하셨는가? 무엇이라 여호와께서 말씀하셨는가?'라고 서로 물으라고 한다.

> '너희는 서로 이웃과 형제에게 묻기를 여호와께서 무엇이라 응답하셨으며 여호와께서 무엇이라 말씀하셨느냐 하고' (35절)

'여호와의 말씀'을 계속 '짐'으로 여기다가는 그 말이 각 사람에게 '짐'이 되어 여호와의 진노에서 벗어날 수 없으며, 여호와의 말씀을 왜곡하게 되기 때문이다.

예레미야를 통해 전해진 여호와의 말씀은 생명을 위한 것인데 말씀을 짐으로 받아들이게 되면 그 말씀이 그들에게 왜곡되어 스스로 심판을 자초하게 된다는 것이요, 그러므로 이제는 '여호와께서 무엇이라고 대답하셨는가? 여호와께서 뭐라고 말씀하셨는가?'를 질문하여 그 말씀에 순종해야 한다.

36절에 '너희가 살아 계신 하나님, 만군의 여호와(야훼 체바오트) 우리 하나님의 말씀을 망령되이 사용함이니라'는 말은 만군의 여호와 하나님의 말씀을 자기 생각대로 왜곡하여 사용하게 된다는 뜻이다.

하나님의 참뜻은 예레미야가 전한 대로 살못하였을 때 구원하기 위함인데, 거짓 선지자들은 그 말씀을 왜곡하여 거짓 평화를 전하여 멸망에 이르도록 왜곡시키고 있다.

37절에서 이제 백성들은 선지자에게 '여호와께서 네게 무엇이라 대답하셨으며 무엇이라 말씀하셨는지?' 물어서 자신들의 잘못을 깨닫고 여호와의 말씀에 순종할 것을 권면한다.

38~40절은 백성들을 향한 명령과 재앙의 선포다. 38절은 36절에서 말씀한 대로 여호와께서는 백성들에게 '여호와의 짐'이라 말하지 말라고 권고했음에도 그들은 계속 '여호와의 짐'이라고 한다는 것이다. 이로 말미암아 39~40절은 여호와의 심판이 임할 것을 말한다.

여호와께서 그들을 온전히 '잊어버리며'(맛사의 뿌리가 되는 '나사'로, 짐 같은 것을 들었다가 치우다는 뜻임) 너희와 너희 열조에게 준 이 성읍을 내 앞에서 내버려(나타쉬, 던지다) 너희로 영원한 치욕과 잊지 못할 영구한 수치를 당하게 하리라고 하신다. 대대로 기억되는 모욕거리로 만들어 버리겠다는 것이다.

33~40절은 예레미야가 전한 여호와의 말씀을 짐스럽게 여기고 진지

하게 듣지 않는 것이 결국 멸망의 원인이 될 것임을 밝힌다.

백성들은 예레미야의 선포를 자신을 살리는 말씀으로 듣지 않았다. 예레미야를 '마골밋사빗'(사방의 공포)이라고 부르며(렘20:10), 하나님의 말씀에 순종하여 돌이켜 구원받기를 거부하고는, 거짓 선지자들의 헛된 평안에 안주하려 했다.

여호와의 말씀에 순종하지 않으니 결국 멸망할 수밖에 없다. 하나님의 말씀이 달지 않고 쓰다고(히4:12, 딤후3:16, 4:3~4) 거부한다면 결과는 심각하게 패망당할 것임을 알아야 한다.

●●●무화과 두 바구니 렘24:1~10

무화과 두 광주리를 통한 여호와의 메시지는 예레미야에게 환상을 통해서 보이신 것인지, 아니면 렘18장의 토기상이를 통한 메시지처럼, 일상의 일을 통하여 나타내신 말씀인지 정확히 알 수 없다.

일반적으로 환상을 통한 메시지로 이해한다.

암7:1,4,7, 8:1의 경우처럼 '여호와께서 내게 보이셨다'(1절)는 환상을 통한 메시지를 전할 때 나타나는 문구이기 때문이다.(렘1:11, 13절도 참조)

이 환상은 역사적 배경이 구체적으로 언급되어 있다. 여고냐(렘22:24에는 고니야, 대상3:16에 여고냐로 명명됨, 동일인물로 왕명은 여호야긴이며 3개월 통치함)와 방백들, 목공들, 철공들이 바벨론으로 포로로 잡혀간 이후의 사건이다.(왕하24:8~17, 기원전 597년 1차포로)

당시는 시드기야가 왕노릇하던 때로 바벨론으로 끌려간 여호야긴을 왕으로 인정하는 반바벨론파(친이집트파)와 바벨론이 세운 시드기야를 옹호하는 친바벨론파로 분열되어 있었다.

이러한 때 여호와께서 예레미야에게 '성전 앞'에 놓인 무화과 두 광주리를 보여주셨다.(1절) 성전 앞에 놓였다는 것은 이것이 여호와께 바쳐진 헌물임을 나타낸다.

2절에는 두 광주리의 내용이 소개되어 있다. 한 광주리는 '처음 익은 듯이 매우 좋은 무화과'가 담겨 있고, 다른 한 광주리에는 '나빠서 먹을 수 없는 극히 나쁜 무화과'가 담겨 있다.

'처음 익은'(빅쿠라) 것이란 '맏물, 첫 열매'(비쿠림)인데 일찍이 6월에 열리는 첫 무화과 열매로(호9:10, 미7:1) 여호와께 바쳐지는 헌물이다.(레위2:14, 23:17, 20)

두번째 무화과는 '극히 나빠서 먹을 수 없는' 것으로, 시고 상했다기보다는 부패한 것을 나타낸다.

무화과 두 광주리 환상은 여호와가 질문하고('무엇을 보느냐' 3절 상) 예언자가 대답하고(두 광주리에 담긴 무화과 상태를 대답하고, 3절하) 이후 여호와께서 환상의 의미를 설명해주는(4~10절) 전형적인 형태를 띠고 있다.(암7,8장, 슥5:1~4, 렘1:11~14 참조)

4~7절은 좋은 무화과 환상에 대한 여호와의 설명이다.

유다백성과 예루살렘 주민들은 여호야긴과 그와 함께 바벨론으로 끌려간 사람들을 하나님의 심판을 받은 사람들로 여기고, 남아 있는 자신들은 하나님께 축복을 받는 자들로 이해했다.

그런데 5절에서 '이스라엘의 하나님 여호와'께서 이러한 생각을 수정하신다. 그러한 생각은 옳지 않다. 오히려 포로로 잡혀간 사람들이 축복을 받은 사람들이다. 여호와 편에서 볼 때 그들이 좋은 무화과라 하신다.

> '이스라엘의 하나님 여호와께서 이와 같이 말씀하시니라
> 내가 이곳에서 옮겨 갈대아인들의 땅에 이르게 한 유다 포로를
> 이 좋은 무화과같이 잘 돌볼 것이라' (5절)

여호와께서는 이들을 바벨론으로 붙잡혀 가게 하셨으나, 이들은 사실 축복을 받은 자들이라고 하시며 '그들을 돌아보아 좋게 하여 다시

이 땅으로 인도하여'(6절상) 데려오실 것이라 하신다.

또 '세우고'(브니팀), '헐지 아니하며'(로 에헤로스), '심고'(니타으팀), '뽑지 않을 것이라'(로 에토쉬)고 하신다.(6절) 이러한 단어들은 렘1:10, 18:7~9에도 언급된 것으로 긍정적인 내용을 나타내는 표현이다.

여호와는 7절에서 그들에게 당신을 알아볼 마음을 주시겠다고 하신다. 이 말씀은 렘32:39(내가 그들에게 한 마음과 한 도를 주어 ~ 항상 나를 경외하게 하겠다)을 연상하게 한다.

여기서 '마음'(레브)은 인간 내면의 가장 깊은 본성인 인간의 의지나 정신을 가리킨다. 예레미야서에서 대부분 백성들의 마음은 강퍅하고 반항적이고 악하여(렘3:17, 5:23, 11:8) 심판을 불러왔지만, 여기서는 마음의 변화를 주어 여호와를 알아보게 한다는 희망이 담겨 있다.

특히 '나를 안다'(야다)라는 말은 하나님과 밀접한 관계를 갖게 한다는 의미이다.(렘4:22, 22:16, 31:34, 호2:10,22. 4:2. 5:4. 6:3. 8:2. 13:4 참조) '그들은 내 백성이 되고 나는 그들의 하나님이 되리라'고 하신다.(7절하, 출6:7, 레위26:12, 신29:12 참조)

지금까지 백성들은 예레미야가 전달한 여호와의 권면의 말씀을 듣고도 돌아오지 않았지만(렘5:3, 8:5, 15:7 참조 7:24~28도 같은 의미) 바벨론 포로들에게는 여호와께서 돌아오는(슈브) 마음을 주어 그들과 새로운 관계를 맺으시겠다고 하신다.

그러나 학자들에 따라 7절의 '그들로 전심으로 내게 돌아오게 하리니'라는 히브리어 구절 '키 야슈브 엘라이 브콜 리밤' 가 자주 '원인적인' 구절로 사용되기에 '만일 그들이 온 마음으로 내게 돌아온다면'이라고 해석하여 '회개'(슈브)가 조건으로 전제된 말씀으로 봐야 한다고 말하기도 한다. 일방적인 여호와의 축복이 아니라 백성들의 회개가 있어야 한다는 것이다.

8~10절은 나쁜 무화과에 대한 여호와의 설명이다.

나쁜 무화과는 시드기야와 방백들과 예루살렘에 남아 있는 자와 이집트 땅에 거하는 자들이다. 이들을 먹을 수 없는 나쁜 무화과 같이 버리시겠다고 한다.(8절)

여호야긴과 더불어 바벨론에 포로로 끌려간 사람들 말고는 이스라엘의 모든 사람이 나쁜 무화과라는 뜻이다. 고국에 남아 있는 자들을 나쁜 무화과라고 하는 것은 이들이 예레미야의 회개 권고를 받아들이지 않았기 때문이다.

그러나 이집트 땅에 거하는 자들도 나쁜 무화과라는 것은 이해하기 어려운 내용이다. 앞서 바벨론에 끌려간 사람들을 좋은 무화과라고 했는데 이들과 동일하게 이집트에 끌려간 자들을 왜 나쁜 무화과라고 하는가?

'이집트에 거하는 자들'이란 여호와하스와 그와 함께 끌려간 사람을 의미하는 것이 아니라 기원전 587년 이후 이스마엘 Ishmael에 의해 자행된 유대 총독 그달랴 Gedaliah 암살사건으로 바벨론의 복수가 두려워 이집트로 피신한 사람들을(렘40~44장 참조) 지칭하는 것으로 보인다.

시대를 착각한 내용이 이곳에 편집된 것 같다. 또한 포로기 이전 유다 조정 내에 친이집트파와 친바벨론파의 분쟁이 있을 때 바벨론의 세력을 두려워하여 친이집트파 사람들 중에 일부가 시드기야 통치 이전에 이집트로 피신했을 것으로 보고 그들을 지칭하는 것으로 이해하기도 한다.

아무튼 예레미야의 메시지는 계속 바벨론의 멍에를 메는 것이 여호와의 뜻이었는데 이것을 피해보려고 반기를 드는 자들은 하나님의 심판을 회피하려는 자들이기에 나쁜 무화과로 취급된다는 것이다.

9~10절은 나쁜 무화과에 대한 하나님의 심판이 어떻게 나타나는지를 밝힌다. 여호와는 그들을 모든 나라 중에 흩어서(즈바, 렘15:4, 29:18, 34:17, 두려움이 되게 함) 환난을 당하게 하고, 치욕을 당하게 하고, 말거

리가 되게 하며, 조롱과 저주거리가 되게 하실 것이다.(9절)
더 나아가 칼과 기근과 염병으로 한때는 여호와께서 당신의 백성이기에 주신 그 땅에서 완전히 멸절되게 하실 것이다.(10절)

바벨론에 포로로 잡혀간 사람들을 중심으로 여호와 신앙이 새롭게 이어져나갈 것이라는 선포는 하나님의 일방적인 은총을 말해준다.

물론 '회개할 경우에' 이와 같은 은총의 수혜자가 될 수 있다.(렘24:7 참조)

자신들은 고국에 남아 있기 때문에 스스로 의롭다거나 하나님의 축복을 받았다고 여기는 자들에게는 오히려 모진 심판이 예고되었다. 이것은 아직도 이들이 예레미야를 통하여 선포되는 여호와의 말씀을 거절하고 있다는 증표이다.

어느 시대, 누구에게든지 하나님의 말씀 앞에 겸손히 자신을 비춰 뉘우치고 돌아오는 것만이 생명의 길이다.

●●●유다와 예루살렘에 대한 심판 렘25:1~11

렘25장은 예레미야서의 두 주제 곧, 전반부 주제인 유다에 대한 하나님의 심판(렘1~24장)과 후반부 주제인 회복(렘26~52장)을 연결하는 교량 역할을 한다.

렘25장은 1~11절은 산문으로 유다와 예루살렘에 대한 심판, 12~14절은 바벨론에 대한 심판, 15~38절은 다른 모든 민족에 대한 심판 말씀으로 이루어져 있다. 12~38절의 바벨론을 포함한 다른 모든 민족에 대한 심판은 유다의 입장에서는 희망의 메시지라고 할 수 있다.

렘25장은 마소라 텍스트와 칠십인역이 눈에 띄는 차이가 있다. 칠십인역이 마소라 텍스트에 비해 월등히 짧은데 칠십인역은 바벨론이나 느부갓네살에 대한 언급을 상당 부분 생략하고 있다. 또 마소라 텍스트의 렘46~51장을 13절 다음에 편집해 놓았다.(14절은 생략됨)

본문은 우선 역사적 배경을 분명히 밝혀준다. '유다 왕 요시야의 아들 여호야김 4년 곧 바벨론 왕 느부갓네살 원년'에 예레미야에게 임한 말씀이다.(1절)

여호야김 4년은 기원전 605년으로 고대 근동의 역사가 전환점을 맞이한 해다. 이 해에 바벨론의 느부갓네살이 부왕 나보폴라살(기원전

626~605년)의 군대장관으로 참가한 갈그미스 Carchemish 전투에서 아시리아를 도우려고 올라온 이집트의 느고 부대에 승리를 거두어 '비옥한 초생달 지대'(Fertile Crescent)에 아시리아와 이집트의 영향력을 완전히 제거시켰다.(왕하24:7, 렘46:1~12 참조)

느부갓네살은 다음 해 부왕이 죽자 왕으로 즉위하였고 강력한 제국을 일으켜 비로소 바벨론은 고대근동의 종주국이 되어 이 지역의 패권을 잡게 되었다. 여호와께서 이스라엘 백성을 심판하시기 위해 도구로 삼으신 북방의 바벨론이 드디어 역사에 등장한 것이다.

이 때에 예레미야는 예인자로서 자신이 걸어온 길을 백성들에게 회상시켰다. 요시야 13년부터(기원전 626년, 렘1:2 참조) 오늘까지 23년 동안 여호와의 말씀을 부지런히 전하였으나 백성들이 듣지 않았다.(3절) 또 다른 예언자들을 보내어 말씀을 전하였으나 귀 기울이지 않았다.(4절)

예레미야와 다른 예언자들이 백성들에게 전한 메시지는 각기 악한 길에서 돌아서고(렘18:11, 26:3, 35:15, 36:3,7 참조) 악행에서 돌이키라는(렘4:4, 21:14, 23:2, 44:22 참조) 것이다. 회개하라(슈브)는 요청이었다. 그러면 여호와께서 그들 조상들에게 주어 영원히 있게 한 그 땅에 거하게(야샤브) 될 것이다.(5절)

또 다른 신을 섬기지 말며 너희 손으로 만든 것(우상을 의미한다, 렘1:16, 25:7, 14. 32:30, 44:8 참조)을 인하여 여호와를 격동치 말라고 했다. 그리하면 여호와도 그들을 해치지 않을 것이다.(6절) 이와 같은 회개 요청은 무화과 두 광주리 환상을 통하여 밝혀준 대로 유다백성이 하나님의 백성이 되고 여호와가 그들의 하나님이 되는 길이었다.(렘24:7)

그러나 백성들은 예레미야를 비롯한 다른 선지자들의 호소에도 불구하고 여호와의 말씀을 듣지(샤마) 아니하고 우상을 섬기므로 여호와를 격동케 하였고 스스로 해를 자초했다.(7절)

듣다(샤마)라는 말은 '듣고', '귀 기울이고', '순종하다'는 삼중적 의미로 사용되는 말이다. 백성들이 선지자들이 전한 말을 듣지 않았다는 것은 여호와의 말씀을 무시하였을 뿐 아니라 그 말씀의 근본인 여호와의 권위를 부정한 것이었다. 고의로 반항하고 불순종한 것이다.(8절)

그 결과가 어떠하겠는가?

이제 여호와께서는 모든 선지자들을 백성들에게 보내셨던 것처럼 다른 종류의 사자를 보내실 것이다. 이들이 다름 아닌 북방 모든 족속과(렘1:15절 참조) 여호와의 종인 바벨론 왕 느부갓네살이다. 여기서 느부갓네살은 '여호와의 종'(에베드 야훼)으로 분명히 밝혀진다.(사45:1절에서 페르샤의 고레스는 여호와의 메시아로 불린다.)

이렇게 북방의 모든 족속과 느부갓네살은 여호와의 도구가 되어 유다와 예루살렘 백성들을 심판할 것이다.

그리하여 유다와 예루살렘 백성들이 진멸되어 놀림감과 수치거리가 되고 여호와가 영원히 거하도록 선물로 허락해 주었던 땅은(5절 참조) 이제 사람이 살지 못하는 영원한 황무지가 될 것이다.(9절)

여호와의 종인 선지자들이 백성들에게 보내져 말씀을 전할 때 그들이 듣지 않으므로 무시당하고 웃음거리가 되었지만, 이제 여호와는 다른 사자, 곧 전혀 무시당하지 않을 느부갓네살을 포함한 북방 민족을 보내시어 그들을 통해 유다백성들을 오히려 웃음거리로 만드시겠다고 한다.

여호와는 당신의 뜻을 성취시키기 위해 이방의 군주와 다른 민족도 도구로 사용하시는 인류 역사의 주인이심을 밝힌 것이다.(왕하24:1~2 참조)

10~11절은 심판의 결과가 언급되어 있다. 여호와의 심판은 비참한 것으로 기쁨을 낳는 모든 이들이 유대 땅에서 사라지기 때문에 환호소리와 기쁨의 소리가 끊어질 것이다.

혼인의 기쁨이 사라질 것이란 말은 더 이상 민족이 존속하지 않게 된다는 말이며, 맷돌 소리가 그친다는 것은 심각한 기근에 대한 예고이며, 등불 빛이 끊어지게 된다는 것은 기름이 떨어짐과 동시에 거주할 주민이 없음을 예고한 것이다.

9절에 언급된 영원한 폐허는 유다 땅에 대한 구체적인 표현이다. 이렇게 유다 땅은 철저히 파괴되고 폐허가 된 후 백성들은 70년 동안 바벨론 왕을 섬기게 된다.

70년이 어느 기간을 의미하는지에 대해 논란이 있다. 바벨론 왕 느부갓네살 원년인 기원전 605년부터 포로 생활이 끝나는 기원전 538년까지로 보기도 하고(렘29:10 참조), 바벨론 포로가 시작되는 기원전 587년부터 귀환하는 기원전 538년 이후 돌아온 포로들이 성전을 봉헌하는 기원전 515년까지로 보기도 하며(대하36:20~22 슥1:12 참조), 70년이 완전한 수, 또는 한 사람의 일생 전체를 의미하기에(시90:10, 사23:15 참조) 막연한 긴 시간을 의미한다고 보기도 한다.(9절에서 영원한 폐허가 될 것이라는 언급과 일치한다.)

단9장에서는 예레미야의 70년과 관련된 종말론적 비밀을 가브리엘 천사가 풀어준다.

예레미야와 다른 선지자들을 통하여 무려 23년 동안 전달된 여호와의 말씀을 거부한 유다와 예루살렘 백성은 어쩌면 오늘날 설교와 성서 연구를 통해 전달되는 하나님의 말씀에 귀를 기울이지 않고 삶을 변화시키지 않는 성도들의 모습은 아닐까?

이런 상황에서 여호와 하나님은 당신의 메시지를 전하는 다른 종류의 사자를 사용하실 수 있다. 말씀을 거부한 사람들에게 모든 즐거움이 사라지게 하는 혹독한 심판이 있음을 전하는 현대판 느부갓네살과 같은 사건이다.

●●●바벨론에 대한 심판 렘25:12~14

렘25:1~11은 여호와의 말씀을 거부한 유다와 예루살렘 백성들에게 바벨론을 통한 하나님의 심판이 임할 것이라는 예레미야 전반부(렘1~24장)의 부정적인 내용을 종합적으로 다루었다.

렘25:12~38은 예레미야 후반부(렘26~52장)의 긍정적인 내용인 하나님의 백성이 바벨론 포로 생활을 마감하고 어떻게 회복될 것인지 미래에 대한 새로운 희망을 종합적으로 다룬다.

렘25장은 예레미야의 전후반부의 두 주제(심판과 회복)를 연결하는 교량 역할을 한다.

본문은 70년이라는 고리를 통해 앞의 내용과 연속성을 갖는다.

하나님 백성의 바벨론 포로 생활 70년이 마감되면 여호와는 당신의 백성을 심판하시기 위해 도구로 삼으셨던 바벨론을 징벌하신다. '바벨론 왕과 그 나라와 갈대아인의 땅'을 황폐하게 만드실 것이다.

갈대아인들은 바벨론의 주요 종족을 가리킨다. 이들은 느부갓네살 시대에 비옥한 초생달 지역의 패권을 장악하였고, 이스라엘에 대한 여호와의 심판의 도구가 되어 수많은 정치, 종교, 사회적 지도자들을 포로로 잡아갔다.(기원전 597년 1차포로~왕하24:8~17, 기원전 587년 2차포로~왕하25:1~21)

이제 여호와는 유다와 예루살렘 사람들을 그들의 악행을 따져 징벌했듯이 바벨론 사람들도 그들의 죄악을 물어 징벌하시겠다고 한다.(12절) 바벨론을 향한 심판을 예레미야가 열방에 대하여 예언하여 책에 기록한 대로 이루시겠다는 것이다.(13절) 여기서 이 책(세페르)이란 무엇을 말하는가?

예레미야는 단지 이스라엘 백성만을 위한 하나님 말씀의 선지자가 아니었다. 모든 민족을 위하여 세워진 열방의 선지자였다.(렘1:5, 10 참조) 그리고 모든 민족을 향하여 전한 여호와의 말씀은 렘45~51장에 기록되어 있다.

여기서 이 책이란 서기관 바룩이 예레미야의 말을 받아 적어 보존하였기에 현재 읽고 있는 예레미야서의 일부분일 것으로 추정하는 '두루마리 책'으로 추측한다.(렘36:2)

어쨌든 하나님 백성들의 악행을 심판하기 위해 여호와의 도구로 사용되었던 바벨론도 그들의 악행으로 인해 하나님의 심판을 받게 될 것이다. 이들도 여러 나라와 큰 왕들을 섬기게 될 것이다.(14절)

이러한 언급은 기원전 538년 바벨론이 페르시아의 고레스에 의해 패망한 사건을 암시한다. 그러나 바벨론의 징벌의 원인에 대해서는 구체적으로 언급되지 않았다. 단지 그들의 죄악(12절)과 그들의 악행과 그들의 손이 행한 일(14절) 때문이라고 한다.

바벨론 사람들의 죄악과 악행이란, 제국의 힘을 믿고 너무나 무자비하게 유다민족 뿐 아니라 주변 민족들을 괴롭힌 산혹한 행위를 말한다.(사47장 참조) 또 그들의 손의 행위란, 그들이 손으로 만든 것을 의미하는데, 바벨론이 섬기던 우상숭배를 말한다.

여호와께서 이런 바벨론의 악행을 심판하시겠다고 한다.

바벨론에 대한 징벌은 유다백성들에게는 포로생활로부터의 귀환이라는 희망을 의미한다. 렘26~52장의 주세인 미래에 대한 회복이 암시된 것이다.

●●●모든 민족들에 대한 심판 렘25:15~38

이 단락은 앞의 단락과 동일한 주제를 다루나 15~29절은 산문형태로, 30~38절은 운문형태로 기록되어 있다.

우선 산문형태인 15~29절은, 예레미야가 여호와로부터 진노의 잔을 받아 민족들에게 마시우게 하라는 지시를 받아(15~16절) 그대로 실행하였고(17~26절) 이후 이것에 대한 심판과 해석이 언급되어 있다.(27~29절)

'진노의 잔'이란 여호와께서 당신께 불복종하는 사람들에게 내리시는 심판을 의미한다.(렘51:7, 애4:21 시75:8, 사51:17, 22, 겔23:31~34, 옵1:16, 합2:16, 슥12:2 참조) 이 잔을 마신다는 것은 하나님의 심판을 받는다는 뜻으로, 칼로 말미암아 비틀거리며 미치게 됨을 의미한다.(16절)

이 분노의 잔을 마시는 첫 대상이 예루살렘과 유다 성읍들과 그 왕들과 그 방백들이었다.(18절) 이것은 그들이 여호와의 계약백성으로서의 책임을 회피한 일에 대한 심판이 엄중함을 나타낸 것이다.(여호와의 심판은 암9:1에서는 성전에서부터, 겔9:6절에서는 성전의 지도자들로부터 시작됨)

'그들이 멸망과 놀램과 비웃음과 저주를 당함이 오늘날과 같으리라'(18절하)는 것이다. 이것은 이미 심판이 임했음을 암시하므로 기원전 597년 1차포로 이후의 상황을 가리킨다.

이어 진노의 잔을 마시는 민족은 유다의 남쪽에 위치한 이집트로부터 시작하여 북쪽으로, 근방에 있는 민족으로부터 시작하여 먼 거리에 있는 민족들로, 마지막에는 바벨론을 언급하는 것으로 마무리 된다.

26절의 세삭 Sheshach은 '아트바쉬 atbash' 암호로 '바벨론'을 의미한다.(렘51:41절 참조) '아트바쉬'는 일종의 암호 체계로 히브리어 알파벳의 첫 자음(알렙)을 마지막 자음(타우)으로, 두번째 자음(베트)을 마지막 두번째 자음(쉰)으로 대체하여 표현하는 일종의 언어 유희다. 유대인의 독식법인 '게마트리아 gematria'도 일종의 암호다.(요21: 11, 계7:4, 13:18 참조)

27~29절은 신노의 잔을 마신 것에 대한 해석이다. '술 취함'은 전쟁으로 인해 진멸을 당할 것을 의미한다.(27절) 여호와의 진노의 잔을 거부할 수 있는 민족은 누구도 없다. '반드시 마시게 되리라' 죄악으로 인한 우주적 심판이 여호와로 이루어질 것이다.(28~29절)

여호와 하나님은 당신의 백성으로 선택하신 이스라엘과 당신의 영광을 위해 선택한 도성도 심판하시는 분이신데 여호와 앞에 타락한 그 어떤 민족이 하나님의 진노를 피할 수 있겠는가?

이스라엘의 하나님은 '만군의 여호와'(야훼 체바오트)로 이스라엘만의 하나님이 아니라 모든 민족의 하나님, 곧 역사의 주인이시다.

이어 운문형태인 30~38절은 모든 민족들을 향한 여호와의 심판을 선고하는 30~32절과, 통곡하고 울부짖으라는 명령으로 공동체의 탄식을 유도하면서 심판의 결과를 알리는 33~38절로 나눠 볼 수 있다.

여호와는 예레미야에게 진노의 잔을 마신 모든 백성들에게 예언하라고 하신다. 여호와께서 높은 데서 포효하시고 그 거룩한 처소에서 소리를 내시며 그의 초장을 향하여 크게 부르시고 세상 모든 주민에 대하여 포도 밟는 자 같이 흥겹세 노래하시리라고 한다. **'높은 데'**와 **'거룩한 처소'**는 하나님의 거처인 하늘이다.(시68:5, 슥2:17 참조)

그런데 이렇게 존엄하신 하나님 여호와께서 이제 세상 모든 백성들에게 '포도 밟는 자'로서 외치신다. **'포도 밟는 자'**는 전쟁의 참혹성을 암시하는데, 포도를 밟을 때 포도즙이 옷에 붉게 물들듯이, 하나님께서 이렇게 피비린내 나는 전사로 백성들에게 심판을 외치시는 것이다.(30절)

폭풍우와 같은 요란한 소리로 모든 민족과 다투어(리브, 소송을 건다) 심판하시어 악인을 칼에 붙이신다.(31절)

하나님의 심판은 모든 민족에게 미칠 것이며 그 결과는 대량학살로 나타나는데 애도할 사람도 매장해 줄 사람도 없는 비참한 현실을 맞게 될 것이다.(32~33절)

이러한 때에 목자들은(민족의 지도자들) 비참한 현실 때문에 애곡해야 한다. 백성들이 당하는 비참한 현실 때문만이 아니라 그들 자신의 심판의 날이 찼기 때문이다. 귀한 그릇이 떨어져 깨지듯이 그들의 멸망이 그러하다.(34절) 백성들보다 스스로의 안전을 지킬 능력이 있는 이들도 여호와의 심판을 피할 도피처가 없다.

그래서 목자들은 울부짖고 통곡한다. 그들의 목장이 황무지가 되어 양 떼가 더 이상 풀을 뜯지 않게 되었다.(35~37절) 여호와는 먹이를 찾아 굴을 떠난 사자처럼 목자들을 덮치고 땅을 황폐하게 만드신다.(38절)

온 세상 모든 민족은 죄악을 묵과하지 않으시는 하나님의 진노의 손을 벗어날 수 없다. 죄악에서 벗어나 여호와의 뜻에 순종하는 길 외에는 없다.

●●●예레미야의 재판 렘26:1~24

렘26~29장은 예레미야 생애에 일어난 몇 가지 사건으로 구성되어 있다. 렘26장은 예레미야의 재판, 렘27장은 바벨론의 멍에에 대한 상징적 행위, 렘28장은 거짓 선지자 하나냐와의 대결, 렘29장은 바벨론 포로에게 보낸 예레미야의 편지로 이루어져 있다.

렘26장은 예레미야를 포함하여 다른 두 명의 선지자(미가와 우리야)가 등장하는데 내용상 네 부분, 곧 예레미야가 행한 성전설교 개요(1~7절), 예레미야의 체포와 재판(8~15절), 예레미야를 위한 장로들의 변호(16~19절), 우리야의 처형과 예레미야의 처형 모면(20~24절)으로 구분할 수 있다.

본문은 '유다 왕 요시야의 아들 여호야김의 즉위 초'로 시대적 배경이 정확하게 나타난다.(1절) '즉위 초'(베레쉬트 맘레쿠트)는 특별한 기간을 가리키는데, 전前 왕의 죽음과 새해에 거행되었던 새 왕의 공식적 즉위 사이의 기간을 의미한다.

요시야는 므깃도 전투에서 이집트의 바로 느고 2세에 의해 전사하였다.(왕하23:29) 그러자 백성들은 여호아하스(요시야의 넷째아들 살룸)를 왕으로 세웠으나, 바벨론과 갈그미스 전투를 무승부로 마친 느고는 돌아오는 길에 여호아하스를 사로잡고 여호야김(요시야의 둘째 아들 엘리야김)을 왕으로 앉혔다.(왕하23:30~34)

이런 일련의 사건은 모두 기원전 609년의 일이었다. 여호야김은 공식적으로 기원전 608년 첫째 달인 니산월(아빕, 태양력 3~4월에 해당됨, 출13:4 참조)에 즉위하였으며, 본문의 배경은 기원전 609년 가을축제인 초막절(장막절, 수장절)이다.(2절 참조)

일찍이 예레미야는 성전 앞에서 설교를 하였다.(렘7장) 주요내용은 거짓 예배에 대한 비판으로 하나님의 백성으로서 참된 삶을 살아야함을 강조하였다.(렘7:1~15 참조)

렘26장은 이와 비슷하게 성전 뜰에서 '유다 모든 성읍에서 성전에 와서 경배하는 자들'에게 행한 설교다.(2절) 따라서 이스라엘의 3대 절기(출23:14~17, 신16:16~17 참조) 중 하나인 초막절에 행한 설교라고 보면 된다.

여호와는 예레미야에게 당신의 말씀을 전하되 '한 마디도 감하지 말라'고 하셨다.(2절하) 이미 그는 여호와의 말씀을 전하다가 여호와의 집 유사장 바스훌에게 폭행당했던 경험이 있어서(렘20:1~6) 하나님의 말씀을 그대로 전할 때 자신에게 미칠 고난을 충분히 예상했을 것이다. 그래서 여호와의 말씀을 감해서 전하려는 마음이 있었던 것 같다.

그러나 여호와의 말씀은 '유다의 멸망'을 위해서가 아니라 '구원'을 위해서 전해지는 것이므로 함부로 감하면 안 된다. 백성들이 여호와의 말씀을 듣고 악한 길에서 떠나면 여호와께서는 내리려던 재앙을 접으실 수 있기 때문이다.(3절)

예레미야는 백성들에게 하나님의 심판을 모면할 수 있는 세 번의 기회(직접 말씀도 주시고, 토라도 주시고, 선지자들도 꾸준히 파송하셨음)를 전하였다.(4~6절) 지금이라도 하나님의 말씀에 순종하면 재앙을 모면할 수 있음을 강조했다. 성전설교의 핵심은 심판예고가 아니라 '구원의 기회 제공'이었다.

이 기회를 거부하면 예루살렘 성전은 '실로' 같이 되고 예루살렘은 세계 열방의 저줏거리가 된다. 실로 Shiloh는 솔로몬이 예루살렘 성전을 짓기 전까지 언약궤가 안치되었던 곳인데(삿18:31, 21:19, 삼상1:3, 4:3), 제사장 엘리의 두 아들(홉니와 비스하스)의 부패(삼상2:12~36, 3:12~14 참조)와 북 이스라엘의 죄악으로 이스라엘 역사에서 사라진 옛 도성이다.(시78:56~60 참조)

예루살렘 성전이 실로처럼 될 것이라는 말은 이제 여호와께서 유다 백성을 포기하시겠다는 뜻이며, '다윗왕조의 영속성과 시온성의 영원성'을 완전히 부정하시겠다는 말씀이다. 백성들의 평안은 단순히 전통적인 왕조신앙을 믿어서 유시되는 것이 아니라 그들의 삶이 변화되어, 여호와의 말씀에 순종할 때 이루어진다.

예레미야의 성전설교는 청중인 제사장들과 선지자들, 그리고 모든 백성들의 심기를 불편하게 하였다. 그들은 예레미야를 죽이려 하였다.(8절) '네가 반드시 죽어야 하리라'(모트 타무트)라는 말은 단순한 분노가 아니라 재판의 결과가 마땅히 사형판결에 해당된다는 뜻이다.

예루살렘 성전과 도성이 붕괴될 것이라는 예레미야의 예언은 그들의 전통신앙을 부정하는 동시에 체제 전복 선언으로 들렸을 것이다. 그들은 예레미야를 통해 여호와께서 말씀하시는 의도가 그들의 구원이라는 것은 젖혀놓고 오직 심판의 결과인 재앙에만 집중한 것이다.(9절)

특히 그들은 예레미야에게 '여호와의 이름을 의지하고 예언한다'(9절상)는 표현을 쓰는데, 이와 같은 표현은 예레미야서에서는 주로 거짓 선지자를 가리킬 때 사용되는 문구다.(렘14:14~15, 23:25, 27:15, 29:9, 21 참조) 그들은 예레미야를 거짓 선지자로 간주했으며 이런 행위는 사형에 해당된다고 판결했다.(신18:20 참조)

이런 소동이 일어나자 유다 고관들이 왕궁에서 올라와 성전 '새 대문'(new gate, 렘36:10, 위치를 확인할 수 없음)에서 공식 재판을 열었다.(10절) '고관'은 항상 왕 다음에 언급되는 왕과 밀접한 관계에 있는 고급관

리이며 사법권을 가지고 있다.(렘1:18, 2:26, 4:9, 8:1 등)

제사장들과 예언자들은 예루살렘의 붕괴를 예언하는 예레미야를 마땅히 죽여야 한다고 했다. 예레미야를 거짓 선지자로 판단하고 다윗왕조 영속성이라는 전통신앙을 부정하는 종교적인 범죄자이며 현 왕조체제를 부정하는 정치적인 반역자로 보았기 때문이다.(11절)

예레미야는 자신을 변호하면서 자신이 전한 메시지 내용을 부정하지 않았다. 다만 자신은 하나님이 보내신 자임을 강조하였다.(12~15절)

자기의 운명을 모든 고관과 백성들의 손에 맡기면서도, 여호와의 심판은 확정된 것이 아니며 아직 하나님의 손에 달려 있음을 강조하였다. 여호와의 말씀에 순종하면 구원을 얻을 마지막 기회가 남아 있다는 사실을 알린 것이다.

'매우 늦은'(very late) 것 같지만 '너무 늦은'(too late) 때가 아니기에, 이제라도 회개하기만 하면 하나님의 재앙을 피할 수 있다고 하였다.

예레미야의 성전설교로 격분한 제사장들과 선지자들이 예레미야를 죽이려 한 일은 20장에서 성전 유사장(경호책임자)이었던 제사장 임멜의 아들 바스훌의 폭행 이후 예레미야에게 닥친 최대 위기였다.(렘20:1~3)

왕궁에서 올라온 고관들은 공식재판을 열어서 예레미야의 변론을 들은 후 그에게 무죄판결을 내렸다.(16절)

'너희는 분명히 알아라 너희가 나를 죽이면 반드시 무죄한 피를 너희 몸과 이 성과 이 성 주민에게로 돌리는 것이니라'(15절)라는 예레미야의 말에 찔림을 받았기 때문일 것이다.(창4:10, 신21:8~9 참조)

이때 예레미야의 선포가 여호와의 말씀임을 증언하는 장로들이 나타났다. '장로'(자켄)는 나이 든 어른으로 유대사회에서는 무시할 수 없는 권위를 지니고 있다. 재판장으로 활동하기도 하고(신19:12, 21:2~ 6, 18~21. 22:15~17, 25:7~9, 룻4:9,11) 왕의 모사로 섬기기도 한다.(왕상12:6,8,13, 20:8, 겔7:26)

이런 권위 있는 장로들이 약 100년 전 히스기야 통치 때 활동하였던 예언자 미가 Micah의 메시지를 히스기야가 받아들여 재앙을 면하였던 과거의 일을 상기시킨다.(18~19절) 18절은 구약성서 중 구약을 인용한 유일한 구절이다. 인용한 구절은 미3:12로 예레미야의 성전설교의 내용과 비슷하다.

장로들은 히스기야가 미가를 통해 여호와의 말씀을 전해 듣고 두려워하여 여호와께 간구하므로 그들을 향한 재앙을 돌이키게 했다는 것을 상기시켰다.

사실 미가가 전한 여호와의 말씀을 듣고 히스기야가 이와 같은 반응을 보였다는 기록은 성서에서 찾을 수 없다. 장로들의 증언은 기원전 701년의 사건을 염두에 둔 것으로 짐작된다.

이 사건은 아시리아 왕 산헤립 Sennacherib이 유다를 침공하여 성읍들을 모두 정복하고, 랍사게 Rabshakeh를 통해 예루살렘까지 위협할 때(왕하18:13~37), 히스기야가 여호와께 회개하며 사신을 이사야에게로 보내어 기도를 요청하고 그 후에 하나님께 구원의 말씀을 받은 일이다.

히스기야가 여호와께 기도하매 산헤립이 졸지에 군사를 잃고 본국으로 돌아가므로 예루살렘이 보호를 받는 이적을 경험하였다.(왕하19장, 사36~37장 참고) 장로들은 이러한 산헤립 퇴각 사건을 미가의 사역과 연결시켜 해석한 것 같다.

장로들은 이 사건을 '다윗 왕조의 영속성'에 대한 하나님의 약속 실현이라고 여기면서 그릇된 평화주의에 빠져있던 백성들의 생각이 잘못이라고 판단하였다.

오히려 산헤립의 퇴각은 히스기야의 회개로 인한 것임을 밝히면서, 끊임없이 회개를 외친 예레미야의 선포가 옳으며 무죄한 예레미야를 죽이면 엄청난 재앙이 초래될 것이라고 강조했다.(19절)

20~24절에는 예레미야와 동일하게 유다와 예루살렘 멸망에 대해 여호와의 말씀을 전한 다른 선지자 기랴여아림 사람 스마야의 아들 우리야 Uriah에 대해 언급하고 있다.

우리야는 성서의 다른 곳에는 나오지 않는 인물이다. 그의 고향 기랴여아림은 예루살렘에서 북서쪽으로 10km 떨어진 곳으로 블레셋에게 되돌려 받은 언약궤를 다윗이 예루살렘으로 옮길 때까지 20년 동안 안치해 두었던 곳이다.(삼상6:19~7:2, 삼하6:1~19)

우리야는 고대 성소의 신앙전승을 물려받은 사람으로 예레미야처럼 여호와께서 꾸준히 보내셨던 선지자 중 한 사람이었다.(5절, 렘25:4 참조)

그런데 우리야의 예언을 여호야김과 그 모든 용사와 방백들이 듣고 그를 죽이려 했다. 생명의 위협을 느낀 우리야는 이집트로 피신하였다.(21절)

과거에도 야곱의 가족이 가나안에 든 가뭄으로 요셉이 있는 이집트로 피신하였고(창46장) 솔로몬에 반기를 들었던 여로보암도 생명의 위협을 느껴 이집트로 피신하였다.(왕상11:26~40)

이집트에서 다시 가나안으로 온 것은 이스라엘에게는 약속한 땅 소유와 국가 건설을 의미했으나(출애굽을 통한 가나안 정착, 북 이스라엘 건설), 우리야는 여호야김의 악함으로 인하여 죽임을 당하게 된다.

여호야김은 악볼의 아들 엘라단 Elnathan과 몇 사람을 이집트로 보내 우리야를 데려와 칼로 죽이고 그 시체를 평민의 묘실에 던지게 하였다.(21~23절) 시신이 가족의 묘에 묻히지 못하고 평민의 묘에 묻혔다는 것은 죽음 이후에도 능욕을 받았음을 의미한다.(왕하23:6에 평민의 묘지는 기드론 골짜기 근처에 자리잡고 있고 요시야가 종교개혁을 하면서 성전에 있던 아세라상을 불살라 빻아 그 가루를 뿌린 곳이다.)

구약에서 선지자가 처형된 기록은 우리야 외에 스가랴 Zechariah가 있다.(대하24:20~22 참조, 이 스가랴는 소선지자 스가랴와 다른 인물이다.)

여호야김은 느고 2세에 의하여 왕위에 오른 이집트의 봉신과 같은 사람이었다.(왕하23:34~35)

유다와 이집트는 정치적으로 결속되어 있어 이집트로 도피한 우리야를 압송하는 것은 그리 어려운 일이 아니었다.

엘라단은 바룩이 예레미야의 두루마리를 읽는 것을 듣고 여호야김에게 그 말씀을 들을 것을 충고한 고관들 중 한 사람이며(렘36:12), 왕에게 그 두루마리를 태우는 일을 중지할 것을 감히 요구한 사람이다.(렘36:25)

이런 엘라단이 예레미야와 동일하게 여호와의 말씀을 예언한 우리야를 여호야김의 명령에 따라 이집트에서 압송하여 죽게 한 것은 의외이다. 아마도 이집트에 피신했던 우리야가 죽임을 당한 상태에서 예루살렘에 있는 예레미야의 운명에 대한 궁금증을 극대화시키기 위한 장치인 듯하다. 다행히도 예레미야의 운명은 희망적이었다.

24절은 '그러나'(아크)로 시작된다. 사반의 아들 아히감 Ahikam이 예레미야를 보호하여 백성들의 손에 죽지 않게 했다.

사반 Shaphan은 요시야 시절 '서기관'으로서 성전 청소 중에 대제사장 힐기야가 발견한 율법책을 왕 앞에서 읽은 사람이며, 요시야가 말씀의 진위를 가리기 위해 여선지자 훌다 Huldah에게 보냈던 사람 중 하나다.(왕하22:8~20) 이때 사반의 아들 아히감도 함께 보내졌다.

이렇듯 사반과 그의 아들 아히감은 요시야의 종교개혁에 중추적인 역할을 했던 인물이다.(왕하22:12~14)

힐기야에 의해 발견된 율법의 핵심내용은 신명기 신학의 주제인 인과응보에 대한 것이다. 훌다는 우상을 숭배했던 예루살렘과 그 백성에게 여호와의 진노가 내릴 것임을 선포하였으나 요시야는 그 재앙을 보지 않고 죽을 것을 예언하였다.(왕하22:15~20)

아히감은 앞서 이런 훌다의 예언을 들었으므로 예레미야의 성전파괴 예언이 여호와의 말씀임을 알고 백성들의 손에서 예레미야를 보호하여 하나님의 역사를 위한 '남은 자'가 있다는 희망을 알리고자 했다.

후에 예레미야의 서기관 바룩은 사반의 또 다른 아들 그마랴의 방에서 예레미야에게 전해 받아 기록한 말씀을 선포하고(렘36:1~10), 그마랴의 아들 미가야는 그가 들은 말씀을 고관들에게 전한다.(렘36: 11~13)

그 말씀을 들은 여호야김이 격분하여 두루마리를 칼로 잘라 불태우고 대부분의 신하들이 이를 당연히 여길 때, 그마랴를 비롯한 서기관들은 여호야김에게 그 행동을 중지하도록 간구하였다.(렘36:20~26)

기원전 587년 예루살렘이 바벨론에 의해 함락되고 군대가 주둔하였을 때 총독으로 세워진 사람은 사반의 손자이며 아히감의 아들인 그다랴였다.(렘40:7)

예레미야는 그다랴와 함께 머물면서 그의 보호를 받았다.(렘39:14) 이렇듯 예레미야와 사반의 집안은 특별한 관계를 맺고 있었다.

훗날 그다랴가 이스마엘에 의해 살해된 후(렘41:3) 예루살렘의 중심인물 요하난과 군대장관들은 바벨론의 응징이 두려워서 이집트로 가는 것은 하나님의 뜻이 아니라는 예레미야의 예언을(렘42장) 거부하고 예레미야와 바룩을 데리고 이집트로 도피한다.(렘43:1~7)

●●●바벨론의 멍에에 대한 상징적 행위 렘27:1~22

렘26장에서 예레미야는 고관들을 통해 열린 공식재판에서 장로들(자켄)의 변호로 참 선지자임이 증명되었다.

그때가 여호야김 즉위 초였다.(렘26:1) 렘27:1은 '예레미야에게'라는 말을 제외하면 렘26:1과 동일하다. 그러나 3절에 보면 렘27장의 내용이 시드기야 왕 때이기에 상충된다. 1절에 여호야김이 언급된 것은 렘27장을 렘26장의 연속으로 여기려는 의도 때문이거나, 또는 필사자의 오류에 의한 것으로 본다.

렘27장은 히브리 성서(MT, 마소라 텍스트, 팔레스틴 성서)와 헬라어 성서(LXX, 70인역, Septuagint, 알렉산드리아 성서)가 분량에서 많은 차이가 있다. 곧 MT에 언급된 많은 부분이 LXX에는 발견되지 않는다.

대표적으로 1절의 '유다 왕 요시야의 아들 여호야김의 즉위한 지 오래지 아니하여서'와 22절의 '그 후에 내가 그것을 옮겨 이곳에 다시 두리라.'는 LXX에는 생략되어 있다.

렘27장을 내용에 따라 분류할 때, 1~11절은 유다와 동맹을 맺은 주변 나라의 왕들을 향한 말씀이며, 12~22절은 유다 왕 시드기야와 세사장과 모든 백성들을 향한 말씀이다.

중심 주제는 바벨론 느부갓네살의 통치를 받아들여야 한다는 것과 이를 거부하는 거짓 선지자들의 말에 현혹되지 말라는 권면이다. 렘27장은 거짓 선지자 하나냐와 대립을 다루는 렘28장과 연속성을 갖는다.

렘27장의 배경은 시드기야 왕 때임이 분명하다. 시드기야는 바벨론 왕 느부갓네살에 의해 왕위에 오른 사람이다.(왕하24:10~17) 그러나 얼마 후 조정 내 반바벨론파에 의해 바벨론의 지배를 벗어나고자 주변 나라(에돔, 모압, 암몬, 두로, 시돈)와 동맹을 맺게 되었다.(왕하24:20하)

이들은 다윗의 봉신이었으며, 시돈을 제외하고는 성전에 필요한 기구들을 제공했던 동맹국들이었다.(삼하8:11~12, 왕상7:51) 특히 두로 왕 히람은 솔로몬과 무역계약을 통해 성전건축 재료와 기술자들을 제공했었다.(왕상5장, 7:13~47) 역사학자들은 주변국가와 반바벨론 동맹을 맺은 때를 시드기야 4년(기원전 594년)으로 본다.

이러한 때, 여호와께서 예레미야에게 상징적 행위를 통하여 말씀을 전하게 하셨다.(렘13:1~11, 19:1~13 참조) 줄과 멍에를 만들어 목에 얹고는 동맹을 맺기 위해 시드기야를 찾아온 주변 나라 사신들에게 그 줄과 멍에를 주라고 하신다.(2~3절) 줄과 멍에를 목에 얹는 것은 멍에를 맨 짐승이 주인에게 복종하는 것을 상징한다.

예레미야는 여러 개의 줄과 멍에를 만들어 자신의 목에 얹어 사신들에게 상징적인 언어로 여호와의 말씀을 전하고, 또 그것들을 사신들에게 주어 왕들에게 보냄으로써, 왕들이 여호와의 말씀을 전해 듣도록 했다.(4절)

여호와는 예레미야를 통해 당신이 어떤 분이신지를 알리셨다.

'나는 내 큰 능력과 나의 쳐든 팔로 땅과 지상에 있는 사람과 짐승들을 만들고 내가 보기에 옳은 사람에게 그것을 주었노라'(5절)

'땅과 지상에 있는 사람과 짐승들을 만드셨다'고 말씀하시며 여호와께서 **'창조주'**이심을 밝히신다.

'큰 능력과 쳐든 팔'은 여호와의 출애굽 역사와 관련이 깊은 말이다.(출

6:6, 신4:34, 5:15, 7:19, 9:29, 11:2, 26:8, 왕상8:42, 왕하17:36, 시136: 12, 대상6:32, 렘32:21 등 참조)

'큰 능력과 쳐든 팔'은 여호와가 **'구원주'**이심을 밝히신 것이다. 이런 여호와께서 '보기에 옳은 사람에게' '땅'(에레츠, 사람과 짐승의 삶의 터전)을 주었다. 여호와의 주권을 나타내는 말이다.

여호와께서는 사람의 어떤 자질이나 능력 때문에 땅을 허락하신 것이 아니라 당신의 뜻에 따라 허락하셨다. 그가 바로 여호와의 종인 바벨론왕 느부갓네살이다.(6절)

> '이제 내가 이 모든 땅을 내 종 바벨론의 왕 느부갓네살의 손에 주고
> 또 들짐승들을 그에게 주어서 섬기게 하였나니' (6절)

바벨론 왕 느부갓네살은 자신의 능력이 대단하고, 또 그의 신 마르둑 Marduk의 은총으로 열국을 정복하고 지배하는 권한을 갖고 있다고 생각했겠지만, 여호와는 그런 생각을 전면 부정하신다.

여호와가 창조주이시며 구원주이시기에 위대한 능력과 펴신 팔로 세상을 창조하셨고, 그 창조하신 열국을 그에게 권한을 주어 맡기셨다.

느부갓네살은 '여호와의 종'(에베드 야훼)일 뿐이다.(렘25:9, 43:10 참조) 느부갓네살은 여호와의 목적을 위한 도구로 하나님에 의하여 사용되는 일종의 봉신일 뿐이다.(삼상27:12, 왕하16:7에서 '에베드'는 외교상 봉신을 의미한다.)

따라서 그의 통치는 여호와가 정한 기간 동안에만 허락된다. 바벨론의 통치 기간은 기한이 있다. 그 후 바벨론도 자신에게 해당되는 징벌을 받는다. '그의 땅의 기한이 이르기까지 섬기리라'(7절하)는 말씀으로 여호와께서 허락하신 느부갓네살의 열방 통치 기간은 한계가 있음을 분명히 밝히고 있다.

바벨론의 통치기간이 렘25:11, 29:10에는 70년으로 정해져 있는데, 7

절에서는 그 70년을 '그와 그 아들과 그 손자' 삼대三代라고 하였다. 그러나 역사적 사실에 근거하면 바벨론 통치가 삼대까지 이어지지는 않았다.

느부갓네살(기원전 605~562년)에 이어 그의 아들 아웰마르둑(기원전 562~560년, 왕하25:27에는 에윌므로닥)이 왕위에 올랐으나, 그 뒤는 느부갓네살의 사위인 네르글랏사르(기원전 560~556년)가 왕위에 올랐고, 마지막 바벨론 왕은 네르글랏사르의 아들을 죽이고 왕위에 오른 하란 출신 귀족인 나보니두스(기원전 556~539년)로 느부갓네살의 후예가 아니다.

예레미야는 지금은 여호와께서 열방을 느부갓네살에게 맡겼기에 시드기야와 동맹을 맺으러 예루살렘에 온 주변 나라의 사신들을 통해 그들의 왕에게 줄과 멍에를 보내어 느부갓네살을 섬기는 것이 여호와의 뜻임을 알리려고 했다.

8절은 여호와의 뜻을 거역하여 바벨론 왕을 섬기지 아니하는 나라들은 여호와께서 느부갓네살의 손을 통하여 칼과 기근과 전염병으로 진멸하시겠다는 내용이다.(렘24:10, 27:13, 29:17 참조)

느부갓네살은 여호와의 수단이며 역사는 여호와 하나님에 의해 진행된다. 느부갓네살이 열국을 점령하는 것 같지만, 사실은 배후에서 여호와가 그를 대행자로 삼아 움직이시는 것이다. 역사의 주인은 여호와이시다.(왕하24:1~2, 시46:8, 단1:1, 마10:29 참조)

여호와는 예레미야와 그의 말씀을 전달받은 사신들이 전할 말씀을 주변나라의 왕이 쉽게 받아들이지 않을 것을 아셨다. 그래서 여호와는 그들의 왕에게 경고한다. 9절의 '너희는' 주변나라 왕을 지칭한다. 그들 왕국에도 선지자, 복술가(코셈, 점쟁이), 꿈꾸는 자, 술사(오넨, 길흉을 말하는 자), 요술자(카샵, 박수, 무당)가 있어 왕들에게 '바벨론을 섬기지 않아도 괜찮다'고 할 텐데 그들의 말을 듣지 말라고 경고하셨다.(9절)

그들의 예언이 거짓이기 때문이다. 결국은 열왕이 자기 나라에서 쫓겨나게 되고, 여호와께서 그들을 몰아내 망하게 할 것이다.(10절) 여호와는 이제 적극적으로 주변나라의 왕에게 바벨론 왕을 섬기라고 권면

하신다.(11절) 바벨론 왕을 섬기면 거짓 예언으로 인해 발생될 비극과 정반대되는 상황, 곧 자기 땅에 머물러 밭을 갈며 살 수 있기 때문이다. 평화롭게 일하며 사는 길이 열릴 것이다.

여호와는 느부갓네살의 통치를 받아들이는 것이 당신의 뜻이며 열국이 사는 길이라고 하신다. 이방제국의 통치를 받아들이는 것이 살 길일까? 이것은 그 일을 이루시는 역사의 주인이신 여호와 하나님께 대한 신뢰가 전제될 때 가능할 것이다.

12~22절은 반바벨론 동맹의 주도국인 유다를 향한 말씀이다. 본문은 시드기야 왕에게 전한 말씀(12~15절)과 제사장들과 모든 백성에게 전한 말씀(16~22절)으로 나누어 볼 수 있다.

12절은 '내가 이 모든 말씀대로 유다 왕 시드기야에게 전하여 이르되'로 시작되므로 앞서 주변 왕에게 전한 동일한 말씀을 시드기야에게 전하는 것이다.

'바벨론 왕의 멍에를 받아들이라는 것이요, 그렇지 않으면 칼과 기근과 전염병으로 죽게 될 것'이라는 같은 내용이다.(12~13절)

역사의 주인이신 여호와께서 이끌어 가시는 현실을 받아들이는 것이 이방나라뿐 아니라 여호와의 백성인 유다를 향하신 여호와의 뜻이다. 여호와의 뜻을 받아들여 바벨론 왕을 섬기는 것이 유다 백성의 살 길이다.

예레미야의 '바벨론 왕의 멍에를 메고 섬기라!'는 명령은, '어찌하여'(라마) 죽으려 하나이까?(13절)에서 나타나듯, 유다백성이 바벨론을 섬기지 않으려고 해서 예레미야가 안타까워하고 있음을 의미한다.

이런 일의 발생원인은 거짓 선지자들 때문이다.(14절) 거짓 선지자들은 시드기야와 백성에게 바벨론 왕을 섬기지 않아도 된다고 섬기지 말라고 한다.

이런 거짓 선지자들의 말은 예레미야서에서 일관되게 발견되는데, 애국적이며 전통신앙에 입각한 말이기에 백성들이 귀를 기울일 수밖에 없다.(렘5:12, 6:14, 7:4, 8:11, 14:13, 23:16~17) 거짓 평화에 익숙한 이들은 여호와의 심판을 외치는 예레미야를 죽이려고 위협하였다.(렘11:21, 26:11) 그러나 거짓 선지자들과 그들이 전한 거짓 평화를 즐거이 듣는 백성들은 모두 칼과 기근에 멸망하게 될 것이다.(렘14:15~16)

이들은 하나님을 '가까운 데 계시는 분'으로만 알았지 '먼 데 계시는 분'임을 알지 못했다.(렘23:23) 여호와는 이들을 보내신 적이 없건만, 이들이 당신의 이름으로 거짓을 예언하니 멸망시킬 것이라고 말씀하신다.(15절) 거짓 선지자들은 여호와께서 보내지 않은 사람들이다.(렘14:14, 23:21, 27:15, 29:31 참조)

시드기야와 반바벨론 동맹을 맺으러 왔다가 예레미야가 만든 줄과 멍에를 가지고 돌아간 주변나라의 사신들은, 여호와께서 예레미야를 통해 주변나라 왕들에게 보낸 사람들이다. 그들이 자기 왕들에게 5~11절에 언급된 '바벨론의 멍에를 받아들여야 하고, 그래야만 살 수 있음'을 전하는 것은 당연한 일이다.

그러나 유다의 예언자들은 여호와께서 보내지 않은 사람들인데, 바벨론의 멍에를 받아들이지 않아도 괜찮다는 거짓말을 여호와의 이름으로 전하니 거짓 선지자들이요, 결국에는 하나님의 심판을 당하게 될 것이다.

거짓 선지자들의 말은 시드기야 왕이나 백성들이 듣기에 좋았다. 어쩌면 거짓 선지자들은 백성들이 듣기에 좋은 말씀만 골라서 전했을 것이다. 그러나 사람들이 듣기에 좋은 말이 언제나 '참된 하나님의 말씀'은 아니다. 듣기에 좋은 말이 오히려 하나님의 백성을 멸망으로 이끌기도 한다.

여호와는 예레미야를 통해 제사장들과 백성들에게 거짓 선지자들의 '또 다른 예언'을 듣지 말라고 하신다. 바벨론으로 옮겨간 성전 기구가 속히 돌아오리라는 선지자들의 말을 듣지 말라고 하신다.(16절)

바벨론으로 옮겨간 성전 기구란(고대 전쟁은 민족이 섬기는 신들의 전쟁이라고 여겼기에 승리자는 그 증거로 패자의 신의 신전 기구를 가져갔음) 기원전 597년 느부갓네살이 여호야긴 일행을 잡아갈 때 함께 옮겨진 것이다.(왕하24:10~17, 대하36:5~10, 단1:1~2 비교)

성전 기구는 제사장들이나 백성들에게 특별한 관심의 대상이었고, 바벨론으로 옮겨진 성전 기구들이 곧 돌아오게 될 것이라는 예언은 이제 유다가 바벨론의 억압의 손길에서 벗어나게 될 것이라는 희망의 메시지였다.

그런데 여호와는 이런 예언은 여호와의 뜻과 무관한 거짓 예언이기에 듣지 말고 오히려 바벨론 왕을 섬기라고 하신다.(17절) 이런 예언을 하는 선지자가 진정 참 선지자라면 그들은 성전 기구가 돌아오리라고 예언할 것이 아니라 지금 예루살렘 성전에 남아 있는 기구들이 바벨론으로 옮겨가지 않도록 기도해야 할 것이다.(18절)

남아 있는 성전 기구란 여호야긴 때 빼앗기고 남겨졌다가 기원전 587년 예루살렘이 완전히 함락될 때 가져간 것들이다.(19~20절, 왕하25:13~17, 대하36:18 참조)

기둥들과 놋바다와 받침들은 성전건물의 시설물로, 기둥들은 성전 입구에 세워놓았던 두 큰 기둥으로 야긴 Jachin('그가 설 것이라'는 의미)과 보아스 Boaz('힘'이라는 의미, 왕상7:15~22, 41~42, 왕하25:13, 16~17, 대하3:15~17, 4:12~13, 렘52:17, 20~23)이며, 놋바다는 성전 뜰 앞에 두었던 통이다.(왕상7:23~26, 왕하16:17, 25:13, 대상18:8, 대하4:2~6, 렘52:20) 또 받침은 제사장이 몸을 씻거나 제물로 바칠 고기를 씻을 때 쓸 물을 나르던 바퀴가 달린 물통 수레다.(왕상7:27~43, 왕하16:17, 25:13, 대하4:14, 렘52:17,20)

남아 있는 성전 기구가 옮겨가지 않도록 기도해야 한다는 말은, 앞으로 더 큰 재난이 닥칠 것임을 예고하는 것이다. 참 선지자라고 한다면 이런 재난이 일어나지 않도록 중보기도를 해야지 헛된 기대를 갖게 해서는 안 된다. 예레미야는 비록 여호와를 통해 중지되었지만 백성들을 위해 중보기도를 했던 진정한 선지자였다.(렘7:16, 11:14, 14:11 참조)

예레미야는 21~22절에서 예루살렘과 성안에 남아 있는 기구들을 두고 여호와께서 하신 말씀을 전한다. 여호와는 여호야긴과 함께 옮겨간 성전 기구뿐 아니라 남아 있는 기구들까지 바벨론으로 옮겨 가도록 하고 상당 기간 그곳에 있도록 하실 것이다.

실제로 바벨론은 기원전 587년 예루살렘을 함락시킨 후 한 달쯤 지나 성전의 두 놋기둥과 놋바다와 놋받침들을 그리고 그 외 대부분의 성전 기구들을 바벨론으로 가져갔다.(렘52:17~19, 왕하25:13~15 참조)

이로써 선지자들의 말이 거짓이며 예레미야의 예언이 여호와의 참말씀임이 증명되었다. 그러나 여호와는 바벨론이 예루살렘 성전 기구를 탈취해간 일에 대해 방관하지 않으실 것이다. 여호와께서 '돌보는 날까지'만 그곳에 있게 할 것이다.(22절)

이 말씀은 여호와께서 이것들이 예루살렘으로 돌아오도록 하실 것이라는 뜻인데, 후에 페르시아의 고레스는 느부갓네살이 예루살렘에서 탈취하여 자기들의 신전에 두었던 기구들을 꺼내 유다백성의 지도자인 세스바살을 통해 예루살렘으로 가져가게 하였다.(스1:7~11 참조)

여호와께서 역사의 주인이심이 거듭 확인된 것이다.

하나님의 백성 유다가 이방 바벨론의 통치를 받는다는 것은 백성들에게는 받아들이기 어려운 모욕에 가까운 일이었다. 또한 다윗왕조와 예루살렘 성전이 영원하리라는 그들의 전통신앙에 위배되는 것이기에 더욱 용납될 수 없었을 것이다.

그러나 여호와 하나님은 당신의 백성이 잘못했을 때 고난을 통해서 그들을 정화시키신다. 예레미야는 그것을 받아들이라고 한다. 그래야 여호와가 정하신 때에 그들을 다시 회복시키실 것이다.

하나님은 사람을 사랑하시되 그의 잘못에 대해 감상적이신 분이 아니다. 죄의 대가를 반드시 치르게 하신 후 회복시키시는 분이다. 바로 예수 그리스도의 십자가를 통해 나타난 인류를 향한 하나님의 사랑이 이것이다.

●●●예레미야와 하나냐의 대결 렘28:1~17

예레미야서에는 유다의 패망을 전하는 예레미야와 평화와 안전을 전하는 거짓 선지자들의 대립이 일관되게 유지된다. 렘28장은 거짓 선지자와 대립을 다루는 렘27~29장의 절정(climax)에 해당하는 부분이다.

렘28장에서는 평화를 전하는 거짓 선지자들 중 한 사람인 하나냐 Hananiah가 등장하여 예레미야와 대결을 벌인다. 렘28장은 예레미야와 하나냐의 대결(1~11절), 하나냐의 죽음(12~17절)으로 나눌 수 있다.

렘28장의 배경은 렘27장과 동일하다. '그 해, 유다 왕 시드기야가 다스리기 시작한지 사년 다섯째 달'(1절상)은 렘27:3에서 보듯 시드기야와 주변 나라들이 반바벨론 동맹을 맺었던 해(기원전 594년)이다.

시드기야 4년은 렘51:59~64에 의하면 예레미야가 시드기야와 함께 바벨론으로 가는(여행의 사실성과 목적은 확인이 불가능함, 아마 바벨론에게 충성서약을 재확인하러 간 여행이었으리라 추정) 스라야 Seraiah(렘32:12을 근거로 바룩의 형제로 아마 유다의 고급관리로 추측됨)에게 바벨론에 가서 그곳에 내려질 재앙이 기록된 말씀을 읽고, 그 말씀이 기록된 책에 돌을 매달아 유프라테스 강에 던지는 상징적 행위를 하라고 한 때이다.

이러한 때 성전에서 하나냐가 제사장들과 등장하여 모든 백성 앞에서 예레미야에게 여호와의 말씀을 전하였다.(1절하)

하나냐는 구약성서 다른 곳에서는 발견되지 않는 인물로 이곳에서 '기브온 앗술의 아들 선지자'로 소개된다.(렘28장에서 예레미야와 하나냐는 모두 선지자라는 호칭이 주어진다. 1,5,10,11,12,15,17절 참조)

하나냐는 예루살렘의 다른 선지자처럼(렘23:14) 부도덕한 사람이 아니며, 포로지에서 활동하던 선지자 아합과 시드기야처럼(렘29:21~23) 비윤리적인 사람도 아니다. 예레미야와 다를 바 없는 공인된 선지자로 소개된다. 특히 그가 기브온 출신이라는 사실은 그가 권위 있는 선지자임을 뒷받침한다.

'기브온 Gibeon'은 예루살렘에서 북서쪽으로 8km 떨어진 베냐민 지파에 속한 레위인 성읍이다. 기브온은 출애굽한 이스라엘이 가나안을 정복할 때 속임수로 평화조약을 맺은 '히위' 족속이 살던 곳으로(수9:3~15), 여호수아가 태양을 잠시 머물게 했던 곳이다.(수10:12~14)

다윗 때에는 성막을 두었던 산당이 있었고(대상16:39, 21:29, 대하1:3, 13), 솔로몬이 일천번제를 드리고, 여호와의 말씀을 받았던 왕조신앙 전통을 이어온 곳이다.(왕상3:4~15, 대하1:5~13 참조)

예레미야는 솔로몬에게 쫓겨난 아비아달의 후손이 살던 아나돗 출신으로(렘1:1, 왕상2:26 참조) 비주류에 속한 선지자라면, 기브온 출신 하나냐는 성전 선지자로 활동할 만큼 이스라엘의 왕조신앙전승을 이어받은 인물로 주류 선지자라 할 수 있다.

하나냐는 '만군의 여호와 이스라엘의 하나님이(이 이름, 여호와 하나님이 성전에 임재하시며 성전을 보호하시며 이스라엘을 도우신다는 사실을 강조함) 이같이 일러 말씀하시기를'(2절)이라는 선지자의 전달양식(messenger formula)을 사용하여, 여호와께서 바벨론 왕의 멍에를 꺾으셨고, 느부갓네살이 바벨론으로 탈취해간 성전 기구를 '이 년 안에' 다시 가져오시고, 포로로 잡혀간 여호야긴과 백성들을 귀환시키시겠다고 말씀하셨다고 선포하였다.(2~4절)

하나냐가 '여호와는 자비하시다'라는 의미이듯 여호와는 자비하시기에 선민 유다에게 평화와 안전을 허락하신다는 내용이다.

특히 하나냐는 바벨론 왕의 멍에를 '꺾었느니라'라고 '완료형'을 사용하여 '하나님의 자비'가 실현되는 것이 확실하다는 표현을 하고 있다. 예레미야가 앞서 예언했던 바벨론 70년 통치와 남아 있는 성전 기구도 옮겨갈 것이라는(렘27:16~22) 말을 완전히 부정하며, 거짓 선지자들이 말한 '속히' 성전 기구들이 돌아올 것이라는 주장을(렘27:16) 구체화하고 있다.

하나냐는 예레미야의 선포를 들은 제사장들과 모든 백성 앞에서(1절하, 렘27:16~22) 예레미야가 전한 말씀을 전면 부정하는 내용을 '여호와의 이름으로' 예레미야에게 전함으로써(2~4절), 제사장들과 모든 백성들이 예레미야의 반응을 직접 보게 했다.

이에 선지자 예레미야가 성전의 제사장들과 백성들 앞에서 하나냐에게 답변한다. 자신의 선포를 완전히 뒤집은 하나냐에 대한 예레미야의 답변은 뜻밖에도 '아멘, 여호와는 이같이 하옵소서'였다.(6절)

'아멘'은 구약성서에 24회 사용된 단어로, 하나님의 율법을 받아들이면서 공적으로 응답할 때 주로 쓰는 말이다.(민5:22, 신27:15~26, 느5:13)

따라서 예레미야의 대답은 하나냐의 말에 대한 냉소적인 반응이 아니다. 예레미야 역시 하나냐의 선포대로 여호와께서 제사장들과 백성들이 바라는 대로 속히 회복시켜주길 바라고 있다는 뜻이다.(6절하) 동족을 향한 예레미야의 진심어린 희망의 표현이었다.(렘11:5, 왕상1:36 참조)

예레미야는 하나냐를 거짓 선지자로 지칭하지 않고 그의 선포내용이 거짓이라고 언급하지도 않는다.

다만 '그러나 너는 이제 내가 네 귀와 모든 백성의 귀에 이르는 이 말을 들으라'고 하였다.(7절) 여기서 예레미야는 여호와의 이름으로 말하지 않는다. 강조되는 것은 '내가'(예레미야가)와 '이 말을 들으라'(예레미야의 말을 들으라)이다.

예레미야는 여호와의 이름으로 말씀을 선포하는 하나냐의 선지자로서의 권위와 말씀의 권위를 인정하면서, 겸손히 '참 선지자와 거짓 선지자를 구분하는 기준'에 대한 자신의 생각을 두 가지로 제시할 뿐이다.(8~9절)

첫째, 참선지자는 과거 위대한 선지자들의 전통에 서야 한다. 선지자들의 전통이란 '예로부터 많은 땅들과 큰 나라들에 대하여 전쟁과 재앙과 전염병을 예언'하는 것이다.(8절)

둘째, 평화를 예언하는 선지자는 '그 선지자의 말이 응한 후에야 진실로 여호와께서 보내신 선지자로 인정'된다.(9절)

이스라엘 역사를 통해 볼 때, 출애굽의 '여호와 신정神政신앙'(출15:18)과 갈등을 겪으며 세워진 이스라엘의 왕권제도(삼상8:4~22)는 여호와 신정신앙에 서있는 선지자와 항상 대립 관계에 있었다.

왕은 자신의 경제적 부를 위해 억압정치를 하며 정치에 예속되는 어용御用종교(삼하 7장)를 추구하였지만, 선지자는 풍요경제가 아닌 평등경제를 추구하였고 권력자를 위한 왕정중심이 아니라 사회적 약자를 보호하는 하나님의 대리자로서의 왕권(신17:14~20)을 강조하였다.

왕과 선지자는 상호공존이 어려울 만큼 대립적이며 배타적 관계일 수밖에 없었다. 선지자들은 언제나 권력이 절대화되는 것을 거부하고 왕정이 부패하면 심판이 불가피함을 선포하였다. 그러니 왕정시대와 함께 출현한 선지자들이 어찌 평화를 선포할 수 있겠는가?

평화를 선포했다면 그것이 성취된 후에야 참선지자로 인정될 것이라는 말이다.(신18:21~22 참조) 이것이 바로 참선지자와 거짓선지자를 구분하는 기준이 된다. 이로써 예레미야는 평화를 외치는 하나냐의 예언이 참인지 거짓인지 또 자신과 하나냐 중에 누가 참선지자인지를 제사장들과 백성들이 바르게 판단하라고 한 것이다.(5절 참조)

이에 하나냐는 예레미야의 목에서 멍에를 빼앗아 꺾고 '여호와의 이름으로' 다시 이 년 안에 바벨론이 패망할 것을 선포하였다.(10~11절)

하나냐는 예레미야의 상징적 행위에 상징적 행위로 맞섰다. 한 선지자가 다른 선지자의 상징적 행위를 파괴하는 일은 선례가 없는 일이었다. 하나냐의 행위는 그가 비록 여호와의 이름으로 예언을 하지만, 멍에를 메게 하여 바벨론 왕을 섬기는 것이 살 길이며 성전기구가 속히 돌아오지 않고 남은 것조차 바벨론으로 옮겨갈 것이라는(렘27:12~22) 하나님의 말씀에 정면으로 불복한 것이다.

이에 예레미야는 침묵하며 자기 길로 갔다.(11절하) 예레미야의 침묵은 자신의 말이 여호와로부터 왔다고 항변하는 하나냐에 반해, 그 순간 여호와의 말씀이 자기에게 임하지 않았기에 자신의 말을 여호와의 말씀이라고 감히 선포할 수 없는 그리고 선포해서도 안 되는 참 선지자의 모습을 보여준다.

그리하여 침묵 속에 자기 길로 떠나는 예레미야의 모습은 하나냐와의 대결에서 패배한 것처럼 보인다. 제사장들과 모든 백성들은 판정승한 하나냐의 평화 메시지를 기쁨으로 받아들였을 것이다.

선지자 하나냐가 선지자 예레미야의 목에서 멍에를 꺾어 버린 후에(얼마의 시간이 흘렀는지 모름) 여호와의 말씀이 비로소 예레미야에게 임하였다.(12절) 하나냐가 여호와의 뜻을 정면으로 거부한 후 여호와의 말씀이 예레미야에게 임하였으니 이제 두 선지자 중에 누가 진정 참 선지자인지가 판가름 날 것이다.

렘27:1에 이어 렘28:12를 통해 예레미야가 참 선지자임을 확인할 수 있다. 렘28장에는 하나냐에게 '여호와의 말씀이 임하였다'는 언급이 없다. 하나냐가 비록 선지자의 전달양식을 사용하여 여호와의 말씀을 전하였으나, 그것은 하나님 말씀이 아닌 '자기 말'을 여호와의 말씀이라고 전한 것이며 또한 하나님께서 말씀하지도 않은 상징적 행동을 한 것이다.

예레미야에게 '여호와의 말씀이 임하였다'는 점에서, 13~14절은 렘28장에서 가장 중요한 부분으로 예레미야가 하나냐 개인에게 전한 여호와의 말씀이다. 그러나 내용은 하나냐 개인이 아니라 유다의 시드기야 왕과 제사장들, 모든 백성들, 그리고 반바벨론 동맹을 맺는 모든 주변 나라 왕들에게 전하는 말씀이다.

나무 멍에가 아닌 쇠 멍에를 만들어 모든 나라와 들짐승까지 바벨론 왕 느부갓네살을 섬기게 할 것이라는 내용이다. 바벨론의 통치를 받아들이는 것이 하나님의 확고부동한 뜻이라고 한다.

선지자 예레미야는 선지자 하나냐 개인에게 분명히 말한다.

> '선지자 예레미야가 선지자 하나냐에게 이르되 하나냐여 들으라.
> 여호와께서 너를 보내지 아니하셨거늘
> 네가 이 백성에게 거짓을 믿게 하는도다' (15절)

'들으라'(쉐마)는 신명기의 유일신 신앙(monotheism)을 강조할 때 대표적으로 나타나는 표현으로(신6:4) 주로 '여호와의 말씀을 들으라'는 식으로 사용되었다.(렘2:4) 그러므로 예레미야는 지금 하나냐에게 자기를 그에게 보내신 여호와의 말씀을 듣고 진심으로 여호와 하나님을 섬겨야 한다고 강조하고 있다.

하나냐는 여호와가 보내지 않은 선지자였기에 백성들로 거짓을 믿게 했다. 여호와가 '보낸 사람'이 참 선지자이며(렘25:4,15,17, 26:5,12,15) '보내지 않은 사람'은 거짓 선지자다.(렘14:14, 23:21, 32, 27:15, 29:9, 31) 그리고 여호와께서 보내지 않은 거짓선지자들이 백성들로 하여금 다윗왕조의 성전신앙에 입각한 거짓 평화를 믿게 했던 것이다.

예레미야 시대에 하나냐를 포함한 거짓 선지자들은 **'다윗왕조 영속성과 시온의 영원성'**(삼하7장)이라는 전통적 신앙전승에 확고하게 서 있었다. 이들이 서 있는 신앙전승 자체가 잘못된 것은 결코 아니다. 이들에게 문제가 된 것은 역사적 현실과 실존적 상황을 외면한 채 무분별하게 신앙전승만을 반복하며 그들을 향한 하나님의 뜻을 헤아리지 못한 일이다.

이제 하나냐에게 여호와의 심판이 내려진다. '내가 너를 지면에서 제하리니 네가 여호와께 패역하는 말을 하였음이라 금년에 죽으리라'(16절) '지면에서 제하신다'는 문구는 가인(창4:14), 이스라엘(출32:12, 암9:8), 인류(창6: 7, 습1:2~3)에게 하나님께서 심판을 하실 때 사용하는 공식 문구다.

하나냐는 여호와께서 보내지 않았음에도 유다에서 패역한 말을 '여호와께 하였기에' 이제 지면에서 제하는 심판을 받게 되었다. 실제로 하나냐가 여호와의 말씀이라고 전한 대상은 백성들이다. 백성들에게 여호와의 뜻이 아닌 거짓을 말하여 믿도록 하는 것은 결국 여호와께 패역하는 행위이다.

선지자 하나냐는 그해 칠월에 죽었다.(17절) 하나냐는 2년 안에 바벨론에 포로로 잡혀간 사람들과 빼앗긴 성전 기구들이 돌아올 것이라고 예언하였으나 자신이 말한 2년이 되기 훨씬 전인 두 달 후에(렘28:1~4) 죽음으로써 하나님의 심판을 받았다.

하나냐의 갑작스런 죽음은 시드기야를 포함하여 제사장들과 모든 백성들에게 여호와의 뜻이 무엇인지 생각하라는 일종의 경고였다. 느부갓네살을 섬겨야 한다는 여호와의 뜻을 거부하고 거짓 평화에 안주할 때 결국 죽음을 맞이할 것이라는 경고였다.

그러나 여호와께서 당신의 성전을 포기하고 선택한 백성조차 버릴 수 있다는 사실을 유다백성들이 받아들이기는 쉽지 않았을 것이다.

여호와가 당신의 백성을 보호하고 사랑하신다는 것은 그들이 여호와의 의로운 뜻을 따를 때 이루어진다. 단순히 전승에 의한 평화와 번영에 대한 약속은 하나님의 실존과 성품에 부합하지 않는다. 여호와는 당신의 영광과 존귀, 그리고 능력을 잠시 유보하시며 예루살렘과 유다백성을 바벨론 느부갓네살의 손에 넘기신 것이다.

이로써 곧 여호와가 공의로 심판하시는 '먼 데 하나님'이시며(렘23:23), 유다백성이야말로 하나님께서 사랑하는 선민이라는 사실을 나타낸 것이다.(히12:5~13 참조)

●●●예레미야의 편지 렘29:1~32

렘29장은 참 선지자와 거짓 선지자 문제를 중점적으로 다루는 렘 26~29장의 종결부분인 동시에, 회복의 메시지를 담고 있는 렘30~31장(작은 위로의 책)을 이어주는 역할을 한다.

렘29장은 예루살렘과 바벨론 사이에 오고 간 편지(세페르, 파피루스 문서)로 구성되어 있는데 산문체로 쓰였으며, MT의 많은 부분이 LXX에는 생략되어 있다.

렘29장은 바벨론에 포로로 잡혀간 사람들에게 보낸 예레미야의 편지(1~23절), 바벨론의 스마야 Shemaiah가 예루살렘의 스바냐 Zephaniah에게 보낸 편지에 대한 예레미야의 두번째 편지(24~28절), 그리고 예레미야가 바벨론 포로들에게 보낸 세번째 편지(29~32절)로 나눌 수 있다.

첫번째 편지(1~23절)는 바벨론에서 장기거주할 것을 명령하며 고국으로의 귀환은 70년간의 포로생활 이후가 될 것이라는 약속의 말씀(1~14절)과 고국에 남아 있는 백성들이 겪을 재난과 포로지의 거짓선지자들의 심판(15~23절)으로 나눌 수 있다.

1~3절은 예레미야가 첫번째 편지를 보낸 시기와 수신인, 그리고 전달자를 밝히고 있고, 그 내용은 4~23절에서 확인할 수 있다.

예레미야의 편지는 기원전 597년 1차 포로를 배경으로 한다.(2절, 왕

하24:8~16)

바벨론 포로로 잡혀간 사람들은 유다의 사회지도자급 인사들로 여러 지역으로 흩어지지 않고 집단생활(ghetto, 겔3:15에는 그발 강의 '델아빕'이 언급되어 있음)을 하였고, 장로들을 지도자로 하는 자치기구도 조직되어 있었으며(겔8:1, 14:1 참조), 고국과 정기적인 서신 왕래와 연락이 가능했다.

1차 포로 이후에도 다윗왕조는 계속 유지되었고(16절), 예루살렘 성전도 여전히 건재했다.(26절) 그러나 기원전 596~595년에 쿠데타가 발생하고, 기원전 594년에는 이집트의 '프사메티쿠스 2세'가 즉위하여 왕조부흥을 위한 북진정책을 진개하면서 바벨론이 정치적으로 불안정하게 되었다.

이에 다윗왕조의 영원성이라는 전통신앙을 믿는 유다 포로들은 이런 정치상황으로 말미암아 고국으로의 조기(2년 내) 송환에 대한 기대를 갖게 되었다.(렘28:2~4 참조) 이런 조기송환에 대한 기대감은 바벨론 포로 중에 있는 거짓 선지자들의 부추김이 한몫했다.(렘29:8~9, 21)

앞서 렘27:3의 에돔, 모압, 암몬, 두로, 시돈 등의 사신들이 예루살렘에 모여 반바벨론 동맹을 맺은 것도(기원전 594년) 이런 국제정치 상황으로 인한 것이었다. 결국 반바벨론 동맹은 유지되지 못했는데, 이집트가 꺼렸기 때문으로 보인다.

이에 시드기야는 사반의 아들 엘라사 Elasah와 힐기야의 아들 그마랴 Gemariah를 느부갓네살에게 사절로 보내어(렘51:59에는 자신이 직접 바벨론으로 간 것으로 기록되어 있음) 충성을 다시 맹세하며 강화조약을 맺는다.

예레미야는 느부갓네살에게 가는 이 두 사절 엘라사와 그마랴 편에 바벨론에 있는 포로들에게 편지를 보낸다.(3절)

'사반의 아들' 엘라사는 요시야의 관료로 대제사장 힐기야가 발견한 율법서에 대해 묻기 위해 여선지 훌다에게 보냈던 아히감(왕하22:3~20, 렘26:24)의 형제다.(3절) 그마랴(렘36:10, 12에는 힐기야의 아들이 아니라 사반의 아들로 언급됨) 역시 엘라사와 아히감의 형제로 추측된다.

아히감은 예레미야가 바벨론의 통치를 여호와의 뜻이므로 받아들여야 한다고 선포한 일로 백성들로부터 죽임을 당할 위기에 처했을 때 보호해 준 사람이다.(렘26:24) 엘라사와 그마랴가 아히감의 형제라는 것 역시 그들이 바벨론과 우호적인 관계에 있는 사람들이었음을 암시한다.

이들은 시드기야가 자신의 충성을 다짐하는 사절로 느부갓네살에게 보내기에 적절했다. 시드기야의 사절로 바벨론으로 간 엘라사와 그마랴는 바벨론 포로들에게 예레미야의 편지를 전달했을 뿐 아니라 스마야의 편지를 스바냐에게 전달했을 것이다.(28절)

예레미야는 이 편지에서 여호와의 이름으로 바벨론에 있는 포로들에게 12가지 명령을 한다.(4~7절)

'집을 지어라! 거기 거하라! 텃밭을 만들라! 그 열매를 먹어라! 아내를 맞이하라! 자녀를 낳아라! 너희 아들로 아내를 맞이하게 하라! 너희 딸로 남편을 만나 그들로 자녀를 낳게 하라! 거기서 번성하라! 줄어들지 않게 하라! 그 성읍의 평안을 구하라! 위하여 여호와께 기도하라!'

이러한 일들을 여호와가 주신 거룩한 땅인 가나안이 아니라 부정한 포로지에서 행하라고 명령하였다. 유다 백성의 입장에서 볼 때 가나안을 떠난 것은 여호와와의 단절이며, 포로지 바벨론은 이방신 마르둑 Marduk이 지배하는 부정한 땅으로, 그곳에서 먹고 마시며 정상적인 생활을 하는 것은 피해야 할 일이었다.(겔4:13~14 참조)

12가지 명령이 담긴 5~7절은 신20:5~10과 비교해보면 그 의미를 분명히 알 수 있다. 렘29:5~7과 신20:5~10에는 '건축하다', '심다', '혼인하다'라는 단어가 모두 포함되어 있다.

신20:5~10은 전쟁에 면제되는 자들에 대한 조건을 열거한 것으로, 예레미야는 5~7절에도 포함되어 있는 이와 같은 동일한 단어를 통하여 포로들에게 바벨론에 대항하여 폭동을 일으키지 말라고 명령한 것이

었다.(A. Berlin 과 D. Smith의 주장)

예레미야가 유다에 남아 있는 시드기야와 모든 백성에게, 바벨론 왕을 섬기는 것이 살 길이라는 여호와의 뜻을 전달했듯이(렘27:11,17, 28:14) 이제 바벨론 포로들에게도 거짓 예언자들의 말에 현혹되어 조기송환을 바라면서 폭동 같은 물리적 행동을 하려하지 말고, 현실을 받아들여 그곳에서 정착하라고 한 것이다.(8~9절)

또한 포로들에게 평화롭게 오래 거주하기 위해서 바벨론 성읍의 평안을 여호와께 기도하라고 하였다.(7절) 예루살렘 성전을 약탈하였고 여호야긴을 포함하여 백성의 지도자들을 유배시킨 자신들의 적들을 위해 기도하여 그들의 평안을 도모해야 할 만큼 포로생활은 오래 지속될 것이라는 뜻이다.

그 기간은 인간의 일생인 70년에 해당하는 기간이다.(10절, 시90:10 참조) 그러므로 고국으로의 송환은 현세대에는 불가능한 일이요 후손에 이르러서야 가능하므로(렘27:7) 조기송환이라는 낙관주의를 철저히 버리라는 말이다.

바벨론 성읍의 평안을 위해 기도해야 할 이유는 단순히 포로들의 평안만을 위해서가 아니다. 오히려 이스라엘을 선택하신 여호와의 뜻, 곧 '세계를 향한 선교적 책임' 때문이라고 할 수 있다. 하나님의 백성 이스라엘은 '복의 근원적 책임'이 주어진 민족이었다.(창12:1~3)

이 선교적 책임을 감당해야 할 그들이 비록 포로 신분일지라도 지금 이방의 땅에 가 있으니, 그곳에서 그곳 백성들에게 '복의 근원'이 되어야 하기 때문이다.(사49:6, 마5:44 참조)

이방 성읍의 평안을 위해 기도하는 일은 예레미야 당시 포로들에게는 상상도 할 수 없었으나 여호와의 뜻이다. 이스라엘은 자기 민족만을 위한 소극적이고 편협한 민족주의적인 신앙에서 벗어나, 적극적이고 범세계주의적인 신앙으로 이방세계에 하나님의 평화를 이룩할 사명을 감당해야 할 책임이 있다.

이러한 예레미야의 명령은 유다 백성에게 새로운 신앙적 깨달음을 주었다. 이스라엘의 전통신앙으로는 여호와는 예루살렘 성전과 거룩한 가나안 땅에만 계시는 분이었다. 그러므로 그들은 성전을 떠나서는 하나님을 만날 수 없고, 이방 땅에서는 하나님을 찬양할 수 없다고 생각했다.(시137:4 참조)

그런데 이방 땅에서도 여호와를 찾아 기도를 드리라고 한다. 여호와는 어디에도 계시는 분(창28:16~17 참조)이시라 부정한 땅 바벨론에도 계시기 때문이다.

여호와 하나님은 이스라엘의 하나님이라는 편협한 국수주의를 뛰어넘는 온 세상의 하나님이심을 깨달아야 한다. 그러므로 절망할 필요도 없고 바벨론의 신 마르둑 Marduk이 여호와보다 더 강한가라고 의심하여 배교해서도 안 된다.

여호와는 지금 바벨론 땅에도 계시며, 심지어 바벨론에 포로가 되어 온 것조차도 여호와의 뜻이다.(4절) 즉 바벨론 느부갓네살이 강하거나, 여호와가 마르둑에 패했기 때문이 아니라, 역사의 주인이신 여호와가 그렇게 하셨기 때문이다. 역사의 실질적 주관자는 여호와이시기 때문에 여호와는 바벨론에 계시면서 70년이 차면 그들을 고국으로 송환하실 것이다.(10절)

이것은 하나님의 구원의지를 분명히 밝힌 것이다. 하나님은 포로생활을 통하여 유다에게 재앙을 주고자 하시지 않으시며, 그런 재앙을 넘어서 장차 평안을 주기 원하신다.(11절) 예레미야를 포함하여 '이전 예언자들'이 예로부터 심판을 외쳤지만(렘28:8) 그 심판은 궁극적으로 하나님의 백성 이스라엘의 구원을 위한 것이다.(렘1:10 참조)

이런 면에서 예레미야를 포함한 참 예언자들의 구원선포는 잘못에 대한 하나님의 심판 이후 회개와 더불어 구원이 이루어진다는 점에서 하나냐를 포함한 거짓예언자들의 구원선포와는 질적으로 전혀 다르다.

하나님은 인간의 잘못에 대하여 공의로운 심판을 하시는 분이시다.

감상적으로 그냥 묵인하시면서 평안만을 허락하지는 않으신다.

따라서 예레미야는 포로들에게 하나님의 말씀을 분명히 전한다.

'너희가 내게 부르짖으며 내게 와서 기도하면 내가 너희들의 기도를 들을 것이요 너희가 온 마음으로 나를 구하면 나를 찾을 것이요 나를 만나리라'(12~13절)

여기서 '전심으로'(콜 르바브켐)란 '의지와 힘을 다하여'라는 뜻으로 하나님을 향한 온전한 헌신을 가리키는 말이다. 지금까지 하나님을 벗어났던 과거에서 돌아서서(슈브) 오로지 하나님께로만 향하면 된다.(신 6:5, 13:3 참조) 그렇게만 하면 여호와 하나님을 지금의 이방 땅에서도 찾을 수 있고 만날 수 있으며 기도할 수 있고 응답받을 수 있다.

예레미야는 14절에서 다시 '나 여호와가 말하노라'(5~14절 안에는 '나 여호와가 말하노라'는 문구가 4번 반복되어 나타남으로 예레미야가 전하는 메시지의 권위가 여호와께 있음이 강조되었음)라고 하며 유다를 향한 현재의 심판과 미래의 구원이 온전히 여호와의 의지였음을 다시 분명히 밝혔다.

바벨론 포로에게 보낸 예레미야의 첫번째 편지 내용은 15~23절에 계속 소개된다.

24~28절은 바벨론에 있는 스마야가 예루살렘에 사는 스바냐에게 보낸 편지에 대한 예레미야의 두 번째 편지, 29~32절은 바벨론 포로들에게 보낸 예레미야의 세 번째 편지다.

15~23절의 내용은 유다의 남아 있는 백성과 바벨론 예언자들에 대한 심판이다.

LXX(70인역)에는 16~20절이 생략되어서 15절 다음에 21절이 이어지고 있다. 16~20절이 15절과 내용적으로 어울리지 않고 오히려 21~23절과 잘 어울리기 때문인 듯하다.

15절의 '너희'는 바벨론에 포로로 잡혀간 사람들을 일컫는다. 이들은 여호와께서 바벨론에 있는 포로들을 위하여 예언자들을 일으키셨다고 감격해 했다. '일으키다'(쿰)가 '예언자'를 목적어로 하고 있는 부분은 이곳 외에 여호와께서 모세와 같은 예언자를 일으키실 것이라고 약속하신 신18:15, 18절 정도이다.

바벨론 포로들이 자신들을 위하여 예언자를 일으키셨다고 감격하는 것은, 여호와께서 약속하신 대로 '모세'와 같은 예언자들을 일으키셨다고 생각하며, 머지않아 과거 모세가 이스라엘을 '출애굽'시켰듯이 고국으로 귀환할 것이라는 희망을 갖게 되었다는 의미다.

포로들 중에도 고국으로의 귀환이라는 희망을 준 예언자들이 있었음이 분명하다. 이들은 렘28장의 하나냐처럼 귀환이 속히 이뤄질 것이라고 예언했을 것이다.

16~20절은 고국에 남아 있는 시드기야와 백성들, 곧 포로들의 형제들에 대한 말씀이다. 포로지의 예언자들은 예루살렘에 여전히 다윗 왕권이 유지되고, 백성들도 포로가 아닌 상태로 고국에 살고 있다는 사실을 큰 희망으로 여겼다. 고국의 형제들이 자신들의 운명에 어떤 희망의 요소가 될 것이라고 생각했다.

그러나 예레미야는 이들의 희망을 단호하게 묵살한다. 여호와께서 칼과 기근과 전염병을 고국에 남아 있는 백성들에게 보내어 그들로 상하여 먹을 수 없는 몹쓸 무화과 같게 하겠고, 그들을 세계 열방 중에 흩어 학대를 당하게 할 것이며, 쫓아 보낸 열방 중에서 저주거리와 경악과 조소와 수모의 대상이 되게 하시겠다고 한다.(17~18절)

여기서 본국에 남아 있는 백성을 '상하여 먹을 수 없는 몹쓸 무화과 같게 하시겠다'는 것은 예레미야가 렘24장에서 바벨론으로 유배된 포로들을 좋은 무화과로, 고국에 남아 있는 백성들은 여호와의 회개의 권고를 받아들이지 않았으므로 나쁜 무화과로 비유한 것과 일맥상통한다.

이제 본국에 남아 있는 유대인들에게는 심판이 임한다. 특히 '칼'(전쟁), '기근', '전염병'은 하나님의 뜻을 거스르는 백성에게 닥치는 '삼중 재난'으로 예레미야서에 여러 번 나타난다.(렘24:10, 27:8,13 등 참조)

이들에게 잔혹한 삼중 재난이 임할 수밖에 없으며 이들이 거스른 여호와의 뜻이란 무엇인가? 그들은 여호와께서 꾸준히 보내신 선지자의 말을 듣지 않았다.(19절)

> '여호와의 말씀이니라 너희들이 내 말을 듣지 않았기 때문이니라
> 내가 내 종 선지자들을 너희들에게 꾸준히 보냈으나
> 너희는 그들의 말을 듣지 않았느니라 여호와의 말씀이니라' (19절)

여호와께서 보내신 선지자의 말을 듣지 않은 것이 유다의 잘못이라는 언급은 예레미야서에 자주 나타나는데(렘7:25~27, 26:4~5, 35:13~15, 36:1~26, 44:4~5 참조), 이와 같은 구절들은 선지자의 말에 순종하는 것이 여호와께 순종하는 것과 동일하다는 신18:9~22을 근거로 한다.

바벨론 포로지에서는 선지자들이 포로된 백성들로 하여금 헛된 꿈을 꾸게 하고, 본국에서는 백성들이 선지자들의 말씀을 듣지 않아서 심판이 임하게 된다. 선지자들이 백성들의 존망에 얼마나 중요한 역할을 하는 존재인지 알 수 있다.

특히 하나님이 보내신 예레미야는 바벨론 포로들에게나 본국 백성들에게 모두 하나님의 뜻을 전하고 있으니 예레미야의 선포에 귀를 기울이는 것이 살 길이었다. 본국 백성들이 삼중 재난을 받게 되는 것은 하나님이 보내지 않은 선지자 하나냐의 선포에는 귀를 기울이면서, 바벨론의 통치를 받아들이는 것이 여호와의 뜻이라는 예레미야의 선포를 거부했기 때문이다.

18절에 기록된 유대백성들에게 내려질 삼중 재난과 이들이 열방 중에 흩어져서 학대당하고, 쫓아 보낸 열방 중에서 저주거리(알라, 민5:27절에는 간음한 여인이 당하는 모욕으로 나타남)가 되고, 놀림감과 수치의 대상이 될 것이라는 것은 2000년 디아스포라 역사가 증명하고 있다.

기원전 587년 유다가 바벨론에 의해 멸망하면서 흩어지기 시작한 유다백성들은 주후 70년 로마 장군 티투스 Titus에 의해 예루살렘이 멸망한 이후에는 거의 다 흩어지고 팔레스틴 본토에는 극히 소수만 남게 되었다.

2017년 통계로 이스라엘 인구는 약 800만이지만 이중 75%인 600만 명이 유대인이다. 이들은 1948년 5월 14일 신생 이스라엘 국가 탄생(초대 수상인 벤 구리온은 독립선포와 함께 암9:11~15 낭독함) 전후로 모여든 150여만 명의 이민자들(이들의 이전 국적은 약 40개국)과 그들의 자녀들이다.

기원후 70년 로마에 의해 정복된 후 유다백성은 나라 없이 서로마의 지배(70~395년), 동로마의 기독교 비잔틴의 지배(395~638년), 이슬람 국가인 사라센 제국의 지배(638~1099년), 유럽 기독교 국가들의 십자군 전쟁(1099~1291년), 이집트의 맘루크 왕조 지배(1250~1516년), 터키의 오스만 제국 통치(1516~1917년), 그리고 영국의 위임통치(1917 ~1948년)를 받아왔다.

이방 민족의 통치 역사 속에 1933년 1월 30일 시작하여 1945년 5월 8일에 끝난 600만 유대인 대학살은 디아스포라 유대인들에게 최악의 비극적 사건이었다. 렘29:18이 역사 속에서 실현된 불행한 사건이다.

예레미야는 고국에 남아 있는 백성들이 여호와의 심판을 당할 것인데도 그러한 비극을 알지 못하고 이들에게 희망을 걸고 있는 바벨론 포로들에게 여호와의 말씀을 들으라고 명령한다.(20절)

예레미야는 그들이 바벨론 포로가 된 것은 여호와의 뜻임을 강조한다. 본국의 백성들이 여호와의 말씀을 듣지 않아 엄청난 재난을 당하겠지만, 바벨로 포로들은 자신들을 바벨론으로 이끄신 여호와의 말씀을 청종해야 재난을 당하지 않게 될 것이다. 역사의 주체는 여호와이시니 여호와의 말씀에 순종하는 길이 살 길임을 분명히 말한다.

바벨론 포로들이 들어야 할 여호와의 말씀은 무엇인가?

바벨론에 있는 두 선지자, 골라야의 아들 '아합'과 마아세야의 아들

'시드기야'에 대한 심판의 말씀이다.

이들은 구약 어디에도 직접 이름이 언급되지 않은 인물이다. 아마 8~9절에 언급된 선지자들 중 하나이며, 15절에서 포로들이 말한 '그 선지자들'이었을 것이다.

이들이 어떤 예언을 선포했는지는 밝혀지지 않는다. 분명한 것은 이들이 여호와의 이름으로 예언을 했지만 그것은 하나님의 뜻이 아닌 거짓 예언이었다.(21절, 렘27:15, 29:9 참조)

이들이 바벨론 왕 느부갓네살에 의해 포로로 잡혀간 사람들 앞에서 화형에 처해질 것이라는 말로 미루어(21~22절) 포로들을 향한 경고성 치형을 당한 듯하다.

이들은 선지자 하나냐처럼 여호와께서 바벨론을 치실 것이라고 예언을 하여(렘28:2~4 참조) 포로들을 선동하여 폭동을 일으킨 사람들로 보인다. 바벨론에 기원전 595~594년에 소요가 발생했다는 기록으로 미루어 이런 추론이 가능하다.

그러나 예레미야는 이들이 처형당한 것은 이스라엘 중에서 어리석게 행하여 이웃의 아내와 간음하며 여호와의 이름으로 거짓 예언을 했기 때문이라고 밝힌다.(23절)

'이스라엘 중에서 어리석게 행하였다'는 것은 가족이나 공동체의 평화를 깨뜨리는 '성적인 범죄'를 말한다.(창34:7, 신22:21, 삿19:23~24, 20:6, 10, 삼하13:12 참조) 이런 성범죄는 화형에 처해졌다.(창38:24, 레21:9) 이들은 성범죄를 저질렀을 뿐 아니라(렘23:14에는 예루살렘의 예언자들도 간음함이 언급되어 있음) 여호와의 이름으로 거짓을 예언했다.

이들은 조기송환을 여호와의 뜻으로 거짓 예언하며 바벨론에 반기를 드는 일종의 정치적 행동을 선동했을 것이다. 이러한 반란죄는 바벨론에서는 당연히 화형에 해당하는 죄목이었다. 이 두 선지자는 결국 여호와께 심판받아 죽은 사람의 모델이 되어 포로들이 저주거리로 삼게 되었다.

예레미야는 23절 하반절에서 '나는 알고 있는 자요 증인이니라'고 하면서, 아합과 시드기야가 거짓을 예언하고 망령된 일을 행하면서 백성들을 속일지라도, 여호와 하나님은 모든 것을 아시는 분이시라는 사실을 분명히 밝힌다.

'네움 여호와'(여호와의 말씀이니라)라고 함으로써 자신이 바벨론 포로들에게 보낸 편지가 하나님의 말씀에 근거하고 있음을 강조하였다.

두번째 편지는 '너는 느헬람 사람 스마야에게 이같이 말하여 이르라'(24절)로 시작된다. 여기서 '너'는 예레미야이다.

여호와께서 예레미야에게 느헬람 사람 스마야에게 말씀을 전하라고 하셨다. 예레미야가 말씀을 전하기 위해서는 사람을 보내거나, 편지를 써서 보내야 했다. 1절과 31절에 언급된 것으로 보아 편지를 써 보낸 것으로 봐야 할 것이다.

편지의 수신자 '느헬람 사람 스마야' 역시 본문(24절, 31절) 외에 성서 어디에도 언급되지 않아 누구인지 알 수 없는 인물이다.

단지 25~31절의 내용을 통하여 바벨론에서 예언 활동을 하는 사람인데, '느헬람'이 지명인지 또는 가문인지도 확인할 길이 없다. 그를 지칭하는 '느헬람 사람'(네헬라미)이 '할룸'(꿈)이란 어근의 자음을 가지고 있어, 8절에 언급된 바벨론에서 포로들의 꿈을 해석해 주던 거짓 선지자 중 하나였을 것으로 짐작한다.

이런 스마야에게 예레미야는 25절에서 '만군의 여호와 이스라엘의 하나님이 이같이 말씀하여 이르시되'라고 함으로, 그에게 보낸 편지의 내용이 여호와께로부터 비롯되었음을 밝힌다.

스마야가 '예루살렘에 있는 모든 백성과 제사장 마아세야의 아들 스바냐와 모든 제사장에게' 글을 보내되, '자기의 이름'으로 보낸 것과는 비교될 수 없는 권위 있는 말씀임을 나타낸 것이다.

이런 언급은 29장에만 해도 4, 8, 21절에 언급되어 있어 예레미야의 편지가 여호와의 권위로 선포된 것이라는 사실을 강조한다.

스마야의 편지의 수신자는 25절에서는 여러 사람이 언급되었으나,

26절에서는 한 사람, 곧 스바냐로 나타난다. 이것은 제사장 스바냐가 예루살렘 백성과 제사장들을 대표하는 인물임을 뜻한다.

스바냐는 렘21:1에서 보듯이 예루살렘이 바벨론에 정복될 위기에 처하자 시드기야가 말기야의 아들 바스훌과 함께 예레미야에게 보내어 하나님의 도움을 요청하도록 한 사람이었다.(렘37:3에 다시 언급된다.)

그런데 바벨론에 있는 스마야가 고국의 조정에서 중요한 역할을 하는 스바냐에게 편지를 보내어, 그가 역할을 잘못하고 있다는 불만을 토로했던 것이다. 그 내용이 26~28절이다.

스마야는 우선 여호와께서 스바냐를 제사장 여호야다 대신 제사장으로 삼아 여호와의 집 유사(성전 감독관)로 세우신 특별한 목적이 있다고 하였다. 그것은 '모든 미친 자와 선지자 노릇을 하는 자들을 목에 씌우는 나무고랑과 목에 씌우는 쇠고랑을' 채우는 일이다.

이와 같은 스마야의 주장은 렘20:1~3에서 보듯이 여호와께서 바벨론을 통해 예루살렘에 재앙을 내릴 것이라고 선포한 예레미야를 붙잡아 때리고 하루 동안 차꼬를 채웠던 제사장 바스훌처럼 그 일을 행해야 한다는 것이었다.

그런데 그 직무를 수행하지 않고 자칭 선지자라고 하는 아나돗 사람 예레미야를 책망하지 않느냐고 한다.(27절)

여기서 '미친 자'(이쉬 미슈타게아)란 다윗이 사울을 피하여 가드 왕 아기스에게 피하였을 때 정체가 밝혀질 것을 우려해 성문을 긁고 수염에 침을 흘려 아기스가 그를 미친 자로 여기게 했던 사건을 상기시킨다.(삼상21:10~15 참조)

스마야는 예레미야를 정상적인 사람으로 인정하지 않고 있다. 예레미야를 '아나돗 사람'이라고 한 것은, 그의 출신 성분이 과거 아비아달이 그러했듯이(왕상2:26~27) 정권에 반대하는 온선치 못한 사람이라는 의도를 드러낸 것이다.

스마야는 예레미야가 자칭 선지자라고 하는 거짓 선지자이며, 그가 편지에서(이 편지는 1절의 편지를 염두에 둔 것임) 고국으로의 귀환은 속히 이루어지지 않을 것이므로 바벨론에서 집을 짓고 거기 살며 텃밭을 만들고 그 열매를 먹으라고 한 것은(4~5절 참조) 거짓 예언이라고 한다.

예레미야 편지에 대한 스마야의 이런 평가는 예레미야의 선포로 바벨론 포로들은 실망에 빠지게 되고 여호와의 약속에 회의를 갖게 되므로, 예레미야를 그냥 놔두어서는 안 된다는 의도이다. 여호와의 집 유사인 스바냐는 예레미야에게 바스훌이 했던 것과 같은 조치를 취해야 한다고 판단한 것이다.

스마야는 포로기간이 길어질 것이라고 한 예레미야를 거짓 선지자로, 조기 송환을 선포하여 백성들을 위로하고 희망을 갖게 한 하나냐를(렘28장) 참 선지자로 평가한 것이다.

28절 뒤에는 스마야에 대한 여호와의 심판 선언이 나올 것으로 기대되지만, 여호와의 말씀은 중단되고 29절에는 제사장 스바냐가 스마야에게서 온 편지를 예레미야에게 읽어주었다고 한다.

렘21장(37장)에서 보듯이 스바냐는 시드기야가 그를 예레미야에게 보낼 정도로 예레미야와 우호적인 관계에 있었기에 스마야의 요구를 묵살하고 그의 편지를 예레미야에게 들려주었을 것이다. 이 일로 예레미야가 바벨론 포로들에게 세번째 편지를 쓰게 된다.

세번째 편지는 '여호와의 말씀이 예레미야에게 임하여 이르시되'(30절)로 시작되는데, 이와 같은 언급은 렘29장 전체에서 유일하게 나타난 하나님의 계시 사건으로(렘28:12도 마찬가지였음) 렘29장에서 가장 중요한 언급이다.

예레미야가 하나님이 보내신 참선지자이며 그가 바벨론 포로들에게 편지를 쓰는 행위와 그 편지 내용(31~32절)이 여호와께 근거한 것임을 밝혀준다.

예레미야의 편지 내용은 느헬람 사람 스마야에 대한 하나님의 평가를 포로들에게 알리는 것이다. 스마야는 하나님이 보내지 않은 사람이며 그는 포로들에게 거짓을 믿게 한다고 한다. 스마야의 예언이 하나냐의 선포처럼 조기 송환의 꿈을 전하는 것이었음을 짐작할 수 있다.(렘28:1~4, 15 참조)

스마야의 운명이 어찌 될 것인지도 짐작할 수 있다.(32절) 스마야의 자손이 유다 백성 가운데 한 사람도 거할 수 없으며, 여호와께서 백성들에게 행하실 복된 일(70년 후에 이루어질 귀환)을 스마야가 보지 못할 것이다. 스마야에게 이런 징벌이 내려지는 이유는 '스마야가 여호와께 패역한 말을 하였기 때문이다.'(32절중)

이것은 렘28:16에 이미 언급된 것으로 여호와의 뜻이 아닌 거짓말을 여호와의 말씀인 양 백성들에게 믿도록 한 것이 곧 여호와께 패역한 말을 한 것과 같다는 의미이다.

렘29장의 초점은 바벨론 포로생활은 금방 끝나지 않으며, 렘26~28장에서 강조되었던 대로 예루살렘은 파괴되고 바벨론으로 잡혀간 포로들은 그곳에서 장기 체류할 생각으로 살아야 한다는 것이다.

그러나 렘29장은 예루살렘과 그의 백성들에게 재난이 임할 것이라는 렘26장과 바벨론의 통치를 받아들이라는 렘27장과 또 바벨론 멍에에서 벗어 날 수 없음을 확실히 한 렘28장과는 달리, 여호와께서 정하신 때가 되면 반드시 고국으로 돌아오게 하리라는 약속을 확인한다.(렘29:10~14)

렘29장은 렘26~28장의 재난 선포에서 렘30~31장(작은 위로의 책)의 구원 선포를 연결하는 역할을 한다.

●●●회복의 약속 렘30:1~31:1

유다왕국의 멸망과 예루살렘 성전 파괴를 선포한 예레미야의 예언활동은 조국에 대한 반역적 행위였나? 그렇지 않다. 회개하는 것이 살 길임에도 불구하고 돌아오기를 거부하여 결국 민족이 패망하는 슬픔을 온몸으로 짊어진 거룩한 선포였다.

예레미야는 민족의 수난을 자신의 아픔으로 노래한 비극의 예언자였다.(렘4:19, 6:26, 8:21~22, 9:1, 17~19, 14:2,17, 20:14~18 참조)

여호와는 당신의 백성을 포기하지 않으시는 분이시다. 그러나 여호와의 구원은 백성들의 지금의 모습으로는 이루어지지 않는다. 깨어져 새로 지음 받아야 할 것이며 그러기 위해 죄에 대한 심판은 필연적이다.(렘18장, 19장 참조)

또한 바벨론 포로들을 반드시 송환시키실 것이나 이 일은 그들의 죄에 대한 심판 이후에 가능하다. 포로송환은 70년이 지나야 한다.(렘25:11~12, 29:10) 70년은 단지 물리적인 시간만을 의미하지 않는다.

7이 완전수라는 의미로 볼 때 70은 하나님의 뜻이 온전히 이루어지는 시간을 뜻한다.(사23:15~18 참조)

그러므로 **70년**이란 유다백성이 죄악으로 인해 하나님의 심판을 받고 새로이 지음 받는 기간을 의미한다. 유다백성의 회복은 이렇게 하나님의 심판 이후에 오게 될 것이며 이것이 참된 희망인 것이다.

예레미야나 거짓선지자들이나 모두 회복을 선포했지만 현재의 죄악 상황에 대해 하나님의 심판을 전제한 것이냐의 여부에서 차이가 난다. 사실 하나님의 심판 자체는 고통스러운 것이기는 하지만 결코 절망적인 것은 아니다. 하나님의 심판은 그의 백성을 고치시려는 하나님의 사랑과 은혜의 표현이었다.(렘29:11)

예레미야는 포로들에게 바벨론에서 정착하며 살라고 권면하는 렘29장에 이어 하나님께서 베푸실 새로운 구원에 대한 약속의 말씀을 렘30~31장(작은 위로의 책)에서 선포한다.

1~3절은 '위로의 책'(렘30~31상)에 대한 '머리말'인 동시에 렘30~31장을 하나의 말씀으로 통틀어 읽게 하는 역할을 한다. 도입문구는 4절에 나온다.

여호와는 예레미야에게 당신께서 알려주는 말씀을 책(쎄페르)에 기록하라고 명령하셨다.(2절, 렘36:2 참조) 그런데 책에 기록할 말씀은 그동안 예레미야를 통해 계속 선포되었던 심판의 메시지가 아니라 여호와께서 포로들을 돌아가게 할 때가 되었다는 회복의 말씀이다.(3,10,18절 참조)

> '여호와의 말씀이니라
> 보라 내가 내 백성 이스라엘과 유다의 포로를 돌아가게 할 날이 오리니
> 내가 그들을 그 조상들에게 준 땅으로 돌아오게 할 것이라
> 그들이 그 땅을 차지하리라 여호와께서 말씀하시니라' (3절)

여기서 '돌아가다'(슙 셔붓)는 '운명을 되돌리다'는 의미로 여호와께서 포로로 잡혀간 유다백성의 운명을 되돌리어 선조들에게 주신 땅으로 다시 돌아오게 해주시겠다는 뜻이다.

여호와는 이스라엘을 그냥 '이스라엘'이라 하지 않고 **'내 백성 이스라엘과 유다'**라고 하심으로써 이미 멸망한 북 이스라엘까지를 당신의 백

성이라고 하신다.

지금은 북 이스라엘(사마리아) 사람과 바벨론 포로로 잡혀가 있는 유다 백성들이 약속의 땅 가나안을 떠나 여기저기 흩어져 살지만(디아스포라), 이들을 다시 고국의 땅으로 귀환시켜주실 것이라는 약속이었다. 이렇게 기록된 말씀은 훗날 남 왕국이 멸망한 후에도 여호와의 백성들에게 희망이 되었다.

3절의 이스라엘과 유다의 회복에 대한 여호와 하나님의 약속은 중요한 의미를 내포하고 있다. '내가 내 백성 이스라엘과 유다의 포로를 돌아가게 할 날이 오리라'는 것은 이들의 귀환이 바벨론 제국의 쇠약이나 다른 어떤 국제 정치의 역학문제에서 기인하는 것이 아니라 여호와 하나님 자신이 **'회복의 주체'**이심을 분명히 밝히신 것이다.

4~11절에는 하나님 백성들의 귀환이 심판 이후에 이루어질 것임을 밝힌다. 5~7절은 운문형태로 이스라엘과 유다에 대한 재난을 예고하며, 8~9절은 산문형태로 5~7절과 반대되는 희망의 선포이다. 10~11절은 운문형태로 야곱을 향해 직접 하시는 여호와의 말씀이다.

5절의 '무서워 떠는 자의 소리를 들으니'에서 무서운 소리를 듣는 '우리'가 여호와 하나님인지 대적인지는 정확히 알 수 없다.

이 공포의 소리는 렘4:31과 사42:14에는 해산의 고통소리로 나타나지만, 성전聖戰(신2:25, 11:25, 삼상14:15, 사19:16, 렘6:24~25)과 여호와의 날(사2:10~17)에는 공포(하라다), 두려움(파하드), 평화 없음(에인 샬롬) 등의 특별한 단어가 사용되어 있어 엄청난 재난과 혼란의 상황임을 알 수 있다.

6절에서 여호와는 이 소리를 듣는 사람들에게 '물어보라'고 요청한다. 과연 남자들이 해산할 수 있는지 물어보라고 하며, 어찌하여 남자들이 해산하는 여인처럼 손으로 허리를 움켜잡고 얼굴빛이 창백하였는지를 물어보라고 한다.

있을 수 없는 상황이 벌어졌는데 이는 남자가 지니고 있는 힘이 전혀 쓸모없는 극도의 곤란한 상황이 벌어졌다는 의미이다.

7절 전반절에서는 이런 환란과 고난의 날이 도래했음을, 후반절에서는 그 날을 통한 역전의 상황을 밝힌다.

그날은 '슬프다'(호이, 재난이 임했을 때의 심정을 표현하는 말)로 시작하여 '그와 같이 엄청난 날이 없으리라'는 말로 미루어 고통이 극심함을 나타낸다. 이러한 표현은 하나님이 하늘의 천사들에게 둘러싸여 영광을 나타내시며, 주님의 거룩함과 양립할 수 없는 모든 것을 쓸어버리시는 **'여호와의 날'**을 가리키는 표현이다.(욜1:15, 2:1, 습1:14~18 참조)

하나님의 백성 이스라엘과 유다가 6절에 언급된 대로 지금껏 겪어보지 못한 지독한 재난의 상황을 맞이했으며(야곱의 환란의 때), 5절에서 들려온 공포의 소리를 내는 이들도 다름 아닌 하나님의 백성들이다. 이렇게 하나님의 백성들이 심각한 재난으로 괴로움을 겪게 된다.

그런데 7절 하반절에서 '그러나 그가 환난에서 구하여 냄을 얻으리로다'라고 한다. 그 환난과 괴로움에서 하나님의 백성인 야곱이 벗어나게 되리라는 것이다. 야곱은 스스로 환난을 벗어나는 것이 아니라 오직 여호와의 손길에 의지할 뿐이다.

이스라엘의 구원은 하나님의 심판으로 인한 재난을 겪은 후에 이루어질 것이며, 그러기에 극심한 고통의 상황에서도 절망하지 말고 구원의 희망을 가질 수 있어야 할 것이다. 고통이 깊으면 깊을수록 구원의 날이 가까워지고 있다.

8~9절은 7절 하반절에 나타나는 그날에 이루어질 하나님의 구원이 어떤 것인지 구체적으로 밝힌다. 8절의 '그날'은 7절의 '그날'과 내용적으로는 동일한 날이 아니다. 7절의 그날은 '환난의 날'이지만, 8절의 그날은 7절 하반절에 이어 여호와께서 베푸시는 **'구원의 날'**이다.

여호와께서 야곱의 어깨에서 멍에를 꺾어 버리며 포박을 끊어버리므로 더 이상 남의 종노릇을 하지 않고 여호와를 저희 하나님으로 섬기며 여호와가 세워줄 다윗 왕을 섬기게 될 구원의 날이다.(8~9절)

'네 목에서 그 멍에를 꺾어 버리며'에서 '멍에'는 유다와 주변국들을

정복했던 느부갓네살의 식민통치를 가리킨다.(렘27:12)

그날이 되면 여호와의 백성 야곱은 더 이상 이방인의 통치를 받지 않게 될 것이다. 그날이 되면 여호와의 백성이 섬겨야 할 대상은 그들의 하나님 여호와시며(출15:18, 삼상8:4~7 참조) 여호와께서 그들의 왕으로 다윗을 세우실 것이다.

특히 '다윗을 섬기리라'는 것은 이스라엘 역사에서 다윗을 가장 훌륭한 왕으로 여겼기에, 이방 제국의 통치가 끝나고(다윗은 팔레스틴 주변국을 모두 정복한 왕이었음, 삼하8:1~15 참조) 다윗과 같은 훌륭한 통치자가 나타나 그들을 다스리게 될 것을 의미한다.(렘33:15~17, 겔34:23 참조)

이렇게 회복의 희망을 약속한 여호와께서 야곱에게 말씀하신다.(10~11절) 야곱을 '내 종'이라고 부르시면서 이제 두려워하거나 놀라지 말라고 하신다.(사41:8~10 참조, 제2 이사야가 많이 사용하는 용어다.) 원방 포로 된 땅에서 구원해주시니 약속의 땅 팔레스틴으로 돌아와 태평과 안락을 얻으라고 하신다.

여호와 백성의 온전한 회복을 의미한다. 그러나 이 회복의 약속이 지난 잘못에 대하여 여호와께서 합당한 징벌을 내리지 않으시겠다는 의미는 아니다.

11절에서 여호와는 그들을 흩었던 모든 이방은 멸망시키시겠지만 야곱은 멸망시키지 않으시겠다고 한다. '그러나 법에 따라 징계할 것'이며 결코 무죄한 자로만 여기지 아니하시겠다고 한다.

'법(미쉬파트)'은 '공평' '정의'를 의미하는데, 하나님께서 세상을 다스리시는 원칙인 동시에 재판의 기준이 된다. 여호와께서 사랑과 은혜로 포로된 이스라엘을 회복시키시지만 동시에 하나님의 미쉬파트는 여전히 생생하게 존재하여 그들의 잘못에 대해 심판하신다.

하나님은 그의 백성을 회복시키시지만 그들의 잘못에 대해 합당한 징계를 하시며 이를 통해 그들을 정결하고 온전하게 하신 후 구원하신다.

여호와는 당신의 백성을 **'나의 종'**이라고 부르신다.(10절, 사41:8,9,

44:1,2,21, 45:4 참조)

예레미야서에서 여호와는 느부갓네살(렘25:9, 27:6, 43:10)과 다윗(렘33:21, 22, 26절)을 '나의 종'이라고 하셨다. '여호와의 종'이란 하나님의 뜻을 실현하기 위해 하나님의 손에 쓰임 받는 존재다.

여호와께서 당신의 백성을 회복시켜주시는 이유는 단순히 그들에게 태평과 안락을 주시기 위함이 아니라 그들을 당신의 백성으로 삼으신 본래의 목적을 이루기 위함이다. 곧 온 세계를 위한 복의 근원적 책임(선교적 책임)을 감당토록 하기 위함이다.(렘29:7, 창12:1~3, 사49:6 참조)

10~11절에서는 야곱과 이스라엘이 남성 '너'로 불렸으나 12~17절에서는 여성 '너'로 불린다.

12~13절은 이스라엘의 절망적인 상황에 대한 묘사이다. '네 상처(쉐베르)는 고칠 수 없고 네 부상(막카)은 중하도다. 네 송사를 처리할 재판관(단 딘)이 없고 네 상처에는 약도 없고 처방도 없도다'(12절하)는 언급은 주전 587년 예루살렘이 바벨론에 의해 패망되었던 상황을 암시한다.

'너를 사랑하던 자가 다 너를 잊고 찾지 아니하는' 상황이다. 주변 동맹국들이(렘27:3 참조) 유다를 떠나갔다.(14절상, 특히 에돔에 관하여는 오바댜 참고)

이스라엘이 왜 이런 비참한 현실을 맞이할 수밖에 없었나?

이들의 악행이 많고 죄가 허다하기 때문이다.(14절중)

그리하여 주변 '사랑하던 자들'(동맹국들)은 이스라엘을 버렸으며 여호와께서는 이스라엘을 징계하셨다.(14절하)

이스라엘이 당한 재난은 그들의 죄의 대가이며, 그 재난은 여호와께서 내리신 것이 분명하다. 여호와 하나님은 당신의 백성일지라도 범죄했을 때 그들을 심하게 징계하신다.

그러데도 이스라엘은 자신들의 재난의 원인이 무엇인지 모르고 여호와께 부르짖고 있다. 과거 이들의 '부르짖음'(제아카)는 그들이 이방세력에 의해 고통당하고 있을 때 하나님을 향한 구원의 외침이었다.(출

2:23, 3:7, 시107:13, 19 참조)

지금의 재난은 그들의 죄가 많고 허물이 커서 하나님이 내리신 것이요(15절), 사랑하던 자들조차 다 떠나고 누구도 도울 수 없으니 부르짖어 봤자 소용이 없다.

16~17절에서는 12~15절과는 전혀 다른 말씀이 나온다. 아무도 이스라엘을 도울 수 없기에 여호와께서 나서서 도우신다고 한다. 아무런 도움을 받을 수 없어 절망에 빠진 이스라엘을 도우사 그들을 괴롭히던 적들(그들을 먹는 자, 치는 자, 탈취하는 자, 약탈하는 자)을 여호와께서 물리치시겠다는 말씀이다.

17절은 12~15절의 내용을 뒤집는 말씀으로, 사람들은 시온(이스라엘 백성)을 쫓겨난 자라고 하며 찾는 자가 없다고 조롱하겠지만 여호와께서는 그들을 치료하시어 상처를 낫게 해주신다는 약속이다. 이방 제국에게 침략을 당하고, 동맹국들에게 버림받았지만 여호와는 그들을 보호하시고 회복시켜주시겠다고 한다.

여호와는 이스라엘이 인간적으로는 해결할 능력이 전혀 없는 막다른 골목에 다다랐을 때 그들을 고쳐주시겠다고 하신다. 여호와는 당신의 백성들이 저지른 잘못에 대해 재난을 통하여 징계하시나 그들을 영원히 버리시거나 포기하지 않으시며 새로운 구원을 베푸시는 분이시다.

18~22절은 이스라엘의 삶의 터전을 회복시켜주시겠다는 말씀이며, 23~24절은 렘23:19~20과 거의 같은 내용이다.

렘31:1의 '그때에'가 렘30:24의 '끝날'을 가리키고, 렘31:2의 '여호와께서 이같이 말씀하시니라'는 말로 새 단락을 시작하니 렘30:23~31:1을 한 단락으로 보아야 한다.

여호와께서 악인에게는 진노를 내리시겠지만(렘30:23~24) 이스라엘과는 특별한 관계를 맺으실 것(렘31:1)이라는 내용이다.

이스라엘의 상처를 치료하시는 여호와의 행위는 구체적으로 어떠한 것일까? 18~22절이 밝혀준다.

우선 야곱 장막의 포로들을 돌아오게 하고 그 거처들에 사랑을 베풀 것이다.(18절상) '야곱의 장막'은 이스라엘이 과거 유목인이었으므로 거처를 표현한 말로 '거하는 곳' 주거공간을 뜻한다.

'돌아오다'(숩 셔붓)는 '운명을 되돌리다'의 의미다.(렘29:14, 30:3 참조) 여호와께서 바벨론의 침략으로 파괴된 이스라엘의 삶의 터전을 예전처럼 회복시켜주실 것이다. '성읍은 그 폐허가 된 언덕 위에 건축될 것이요 그 보루는 규정에 따라 사람이 살게 되리라'(18절하)

이스라엘 백성 개개인의 삶의 터전 뿐 아니라 바벨론에 의해 불타버린 성읍과 무너져버린 통치사의 왕궁이 다시 건설될 것이다. 이스라엘은 개인적으로나 민족적 차원에서 온전히 회복될 것이다.

이스라엘에서는 '감사하는 소리와 즐거워하는 자들의 소리가 나오고' 여호와는 이스라엘을 '번성하게 하리니 그들의 수가 줄어들지 아니하겠고 내가 그들을 존귀하게 하리니 그들은 비천하여지지 아니하리라'(19절) 하신다.

또 '그 자손은 예전과 같겠고', '회중'은 여호와 앞에 굳게 설 것이다. 민족적인 번영이 회복되고 여호와 하나님을 예배하는 공동체가 온전히 회복될 것을 의미한다. 또한 여호와는 이스라엘의 보호자가 되시어 이들을 압박하는 자를 다 벌하시겠다고 한다.(20절)

또 영도자(힘센 자라는 의미의 '앗디르')는 그들 중에서 나올 것이며 그 통치자(다스리는 자라는 의미의 '모셸')도 그들 중에서 나올 것이다. 다시는 외국인의 통치를 받지 않게 될 것이다.(신17:15 참조) 특히 '영도자'를 언급할 때 '멜렉'이라는 단어 대신에 '앗디르'가 사용된 것은 지금까지의 '왕'들의 의미가 부정적이고 나약했음을 암시한다.

21절에서 여호와는 이스라엘의 새 통치자와 자신의 관계를 언급하신다. '내가 그를 가까이 오게 하리니 그가 내게 가까이 오리라'는 것이다.

이스라엘의 지도자는 누구든지 스스로 여호와께 가까이 나올 수 없으며('담대히 내게 접근할 자가 누구뇨'라는 말은 목숨을 걸어야만 가까이 할 수 있다는 의미임) 택하신 자만이 가까이 올 수 있는데(민16:5,9 참조), 새 통치자를 가까이 오도록 하신다는 것은 여호와께서 이들과는 특별히 선택하신 관계를 가지시겠다는 것이다.

또 '~에 가까이 나아가다'는 표현은 주로 제사장들과 연관된 것으로(출19:22, 28:43, 30:20, 레21:23, 겔44:13 참조) 하나님 앞에 가까이 나갈 수 있었던 지도자는 모세뿐이었다.(출20:21, 24:2 참조) 그런데 여호와께서 새로운 통치자를 당신에게 가까이 오도록 하시겠다는 것은 그를 모세와 같이 하나님 앞에 서서 백성들을 올바로 인도할 지도자가 되게 하시겠다는 뜻이다.

이스라엘과 여호와의 관계는 **'너희는 내 백성이 되겠고 나는 너희 하나님이 되리라'**.(22절) 이것은 렘11:4에서 언급된 것처럼 출애굽을 통하여 이스라엘이 여호와의 언약백성이 된 것처럼 이제 이스라엘을 여호와의 언약백성으로 완전히 회복시켜주시겠다는 말씀이다.(렘7:23, 11:4, 24:7, 31:1,33 참조)

23~24절을 렘23:19~20과 비교해보면 약간의 차이가 있을 뿐이다.

렘23:19~20의 '악인'(레샤임)은 '거짓선지자'를 일컬으며 여호와께서 '폭풍과 회오리바람'과 같은 진노를 이들에게 내리시겠다고 했다.

렘30:23의 '악인'은 20절의 '야곱을 압박하는 자'(이스라엘의 적, 사14:5 참조)를 의미하며 이들에게 당신의 진노를 쏟아 부으시겠다는 것이다. 하나님이 이스라엘의 적들에게 진노를 쏟아 부으실 그 날에 여호와는 이스라엘 모든 종족의 하나님이 되고 그들은 하나님의 백성이 될 것이다.(렘31:1)

이 단락은 이스라엘의 회복을 언급한 렘30장, 특히 18~22절을 요약 정리한 것으로, 렘31:1의 '이스라엘 모든 종족'이라는 언급은 예레미야의 선포의 대상과 여호와의 구원 대상이 '야곱 집과 이스라엘 집 모든 종족'(북 이스라엘과 남 유다 백성 모두, 렘2:4)임을 밝히면서, 렘31:2 이하에 언급되는 남북 왕국의 회복에 대한 내용으로 연결된다.

●●● 이스라엘의 회복 렘31:2~6

렘31장은 정경(Canon, Bible)을 구약성서(Old Testament)와 신약성서(New Testament)로 나누는 구절(31~32절)이 들어있는 장으로, '나 여호와가 이같이 말하노라'(코 아마르 야훼)라는 구절로 시작되는 여러 개의 짧은 신탁들이 모여 있다.

렘30~31장을 '작은 위로의 책'이라는 한 단위로 볼 때 렘30장에서 여호와의 위로와 희망의 말씀을 듣는 대상이 '이스라엘과 유다'로 남북왕국 모두를 포함한 온 이스라엘이었는데 반해(렘30:4), 렘31장에서는 그 대상이 대부분 '에브라임' '라헬' '사마리아'로 지칭되는 북 왕국이다. 북 왕국은 이미 아시리아에게 멸망당한 지(기원전 722년) 오래되었으나 예레미야의 선포 대상에는 이들까지 포함하고 있다.(렘2:4)

물론 '이스라엘과 유다' 또는 '시온'이 언급되므로 남 왕국이 제외되는 것은 아니다. 특히 27절 이하에는 '이스라엘 집과 유다 집'이라는 언급이 있어(27, 31절) 남북왕국 모두를 포함한 온 이스라엘이 말씀을 듣는 대상임을 알 수 있다.

2절에서 여호와는 과거 이스라엘에게 베푸셨던 구원의 역사를 회상시킨다. 2절의 '칼에서 벗어난 백성이 광야에서 은혜를 입었다'는 것은 이집트에서 탈출하여 가나안에 이르는 광야에 있던 이스라엘이 여호와를 통해 구원받은 경험을 말한다.

이때는 여호와께서 이스라엘에게 안식을 주셨는데, 그 때 이스라엘은 바로의 추격으로부터 구원을 얻었고(출14~15장) 아말렉과의 전쟁에서(출17:8~16) 이겼다.

3절 하반절부터 5절까지는 옛적에 이스라엘에게 나타나셨던 여호와께서 하신 말씀이다. 그 여호와께서 하신 말씀이 무엇인가?

이스라엘을 영원한 사랑으로 사랑하시며, 인자함으로 그들을 인도하셨다는 것이다. 여호와께서 이스라엘을 사랑하셨다는 표현은 주로 호세아와 신명기에 자주 언급된다.(호3:1, 11:1, 14:4, 신4:37, 7: 9,13, 10: 15, 23:5 참조)

특히 '영원한(러올람) 사랑'이란 표현은 신7:9에 나타난 조건적 언약을 초월하여 계산할 수 없는 세대와, 더 나아가 범죄했을 때에도 미치는 여호와의 사랑을 의미한다. 이렇게 광야에서 영원한 사랑과 인자함으로 인도하셨던 여호와께서 이제 '다시'(오드) 이스라엘을 회복시켜주실 것이다.

여기서 '옛적에'(메라호크)는 '멀리서'(메라호크)로 번역될 수 있는 말이다. 여호와께서 과거 광야의 이스라엘을 구원하시기 위해 나타나셨듯이 이제는 시간과 공간을 넘어서 지금 황폐한 땅에서 아시리아 사람들의 칼에 위협 받고 있는 이스라엘 사람들도 구원하실 것이라는 희망을 말한 것이다.

4절의 '처녀 이스라엘'(베툴라트 이스라엘)은 앞서 오직 하나님께만 순결을 유지했어야 할 이스라엘이 여호와를 저버리고 우상을 숭배하는 가증한 일을 행한 것을 안타까워한 표현으로 렘18:13에 언급되었다.

여기서는 이와 반대로 다시 세움을 입을 것이라는 여호와의 구원소식을 듣는 이스라엘 백성을 가리키고 있다. 이들이 다시 세움을 입으면 '다시 소고를 들고 즐거워하는 자들과 함께 춤추며 나오리라'(4절)에서 '들다'(아다)라는 말은 신부의 준비(사61:10, 겔16:13) 또는 남자를 유혹하는 여자의 꾸밈(렘4:30, 겔23:40, 호2:13)을 의미한다.

이스라엘은 과거에는 여호와를 의지하지 않고 자기의 사랑하는 자들, 곧 이방제국에 잘 보이기 위하여 헛된 수고를 했던 황폐한 자들과 같았었는데(렘4:30), 이제는 여호와를 맞이하기 위해 준비하는 처녀와 같다. 소고를 치고 춤추는 것은 승전한 사람을 맞이하거나(출15:20, 삼상18:6) 하나님을 찬양하는 모습이다.(시149:3)

이렇게 즐겁게 춤을 춘다는 것은 렘7:34, 16:9, 25:10에서 보듯 중단되었던 기쁨의 회복을 의미한다.

특히 '처녀 이스라엘'이라는 언급은 소고를 치고 춤추며 나아갔으나 아버지의 서원에 따라 처녀로 죽는 것을 인하여 애곡할 수밖에 없었던 '입다의 딸'의 비극과 대소된다.(삿11:29~40 참조)

하나님은 한 남자로부터 여자를 만드셨다.(바나, 창2:22) 그리고 여자는 자녀를 낳으므로 한 가문을 세우고(룻4:11) 여성은 어머니가 되는 것으로 비로소 자신을 세운다.(창16:2, 30:3) 그런데 입다의 딸은 자기 자녀를 가지지 못한 채 처녀로 죽으므로 한 여성으로서 자신을 세우지 못한 비극적인 여인이다.

이제 처녀 이스라엘은 여호와 하나님을 통하여 다시 세워질 것이다. '세운다'(바나)는 것은 예레미야의 소명 중 하나이며(렘1:10) 또한 여호와 하나님께서 이스라엘을 회복하시는 특징이기도 하다.(렘24:6, 30:18, 31:38, 33:7, 42:10)

그러므로 '처녀 이스라엘을 다시 세우신다.'는 것은 입다의 딸과는 다르게 많은 후손을 낳으며 무너진 왕국을 회복하게 될 것이라는 희망의 메시지다.

'네가 다시 사마리아 산들에 포도나무들을 심되 심는 자가 그 열매를 따기 시작하리라'(5절)에서 '심다(나타)도 예레미야의 소명 중 중요한 단어에 해당한다.(렘1:10) 일찍이 여호와는 이스라엘을 가나안에 심어서 그곳에서 살도록 하는 축복을 주셨고(렘2:21, 11:17) 미래에 대한 회복의 이미지로 심는 것을 약속하셨다.(렘18:9, 24:6, 31:28, 32:41, 42:10)

그러므로 다시 심어 열매를 딴다는 것은 약속의 땅으로 돌아와 풍요로움을 누리게 될 것임을 의미한다.

6절은 이러한 여호와의 구원이 이루어질 때 이스라엘의 반응이 언급되어 있다. '에브라임 산'은 북 왕국 남쪽에 위치한 산지다. 여기서 북이스라엘의 대표 지파인 에브라임은 북 왕국 자체를 의미한다.

산 위에 있는 파수꾼의 역할은 본디 적의 침략이나 약탈자들의 침입을 막는 것이었으나, 이제는 '시온(예루살렘)에 올라가서 우리 하나님 여호와께 나아가자'고 순례여행을 독려하게 된다.

분단되었던 남북 왕국이 더 이상 원수로 맞서지 않고 평화롭게 지내게 될 것이며 더불어 여호와가 베푸신 구원으로 인해 회복된 안정과 평화와 풍요를 누리며 여호와께 감사의 제사를 드리게 될 것이다. 민족의 통합과 종교의 회복으로 온전한 이스라엘이 다시 이룩될 것이다.

7절에서 여호와는 '너희'에게 다섯 가지 명령을 내리신다. 야곱을 위하여 기뻐 외치라! 전파하라! 찬양하라! 여호와여 주의 백성 이스라엘의 남은 자를 구원하소서 하라(말하라)!

'야곱'은 세계 만민 가운데서 특별히 선택하여 으뜸 되게 하신(신 7:7~8, 32:8~9) 주의 백성 이스라엘을 의미한다. 이들 중 '남은 자'란 고난 속에서도 하나님의 구원의 대상이 된 사람들이다. 그런데 이들을 위하여 노래하고 외치고 전파하고 찬양하고 말하라고 명령받은 '너희는' 누군가? 이스라엘이 아니라 이방인들이다.

이스라엘을 침략하여 고난을 주었거나 하나님의 백성들을 조롱했던(렘29:18 참조) 이방 민족들이다. 이제 여호와는 이들에게 이스라엘에게 베푸실 하나님의 구원을 노래하고 외치고 전파하고 찬양하고 말하라고 명령하신다.

그들이 여호와의 명령에 따라야 할 말은 8~9절에 언급되어 있다. '여호와께서 그들(이스라엘)을 북쪽 땅에서 인도하며 땅 끝에서부터 모으리라'. 북쪽 땅은 여호와를 거스른 유다백성을 심판하시고자 도구로 삼았던 바벨론을 의미하나(렘4:6, 23:8절) 여기서는 북 이스라엘을 멸망시켰던 아시리아를 지칭한다. 이들에게 포로로 잡혀가 있는 남은 자들을 고국으로 인도하실 것이라는 말씀이다.

또 '그들을 땅 끝에서부터 모으리라'는 말씀은 여호와는 이스라엘을 심판하러 흩으셨지만(렘9:16, 13:24, 18:17) 이제는 그들을 모으시는 회복을 이루시겠다는 뜻이다. 그들 중에는 '맹인과 다리 저는 사람과 잉태한 여인과 해산하는 여인이 함께 있으며 큰 무리를 이루어 이곳으로 돌아올 것이라'고 한다.

이들은 이스라엘 공동체에서는 따돌림 당하고(레위21:18, 12:1~8 참조) 시온 순례여행에 합당치 못한 사람들이다. 그런데 이들까지도 함께 하여 큰 무리가 되어 돌아온다는 것은 여호와께서 베푸시는 구원의 은총이 이스라엘 공동체 모든 사람들에게 미치게 됨을 의미한다.(사35:5~6에는 소경과 절뚝발이들의 치료까지 약속되어 있다.)

'그들이 울며 돌아오리니 여호와의 인도함을 받고 간구할 때에 여호와가 그들을 넘어지지 않고 물 있는 계곡의 곧은 길로 가게'한다.(9절)

회복되는 사람들은 회개와 구원에 감사해서 운다. 또한 이들이 여호와께 간구할 때에 이들의 간구는 응답될 것이며, 물 있는 계곡의 곧은(야사르) 길, 곧 여행길에서 여호와의 인도를 받는 가운데(출17:1~7 참조) 하나님의 백성으로서 곧은 길에서 벗어나지 않게 될 것이다.

'여호와는 이스라엘의 아비요, 에브라임은 여호와의 장자'이기 때문이다.(9절하) '여호와의 장자'란 하나님과의 특별한 관계를 의미하는데, 본디 여호와의 장자는 이스라엘이었다.(출4:22)

또 시89:27에서는 이스라엘의 왕을 여호와의 장자로 일컬었나. 그런데 회복될 북 왕국 이스라엘을 당신의 장자로 삼으시고 당신이 그들의 아비가 되시겠다는 것은 이들을 향한 여호와의 지극한 사랑과 그들과의 관계를 다시 회복하시겠다는 여호와의 의지의 표현이다.

●●●열방을 향한 명령 렘31:10~14

10~14절까지는 예레미야가 열방에게 이스라엘의 회복을 선포하라는 명령과 함께 그 선포의 내용이 언급되어 있고, 15~17절은 자식을 잃은 슬픔에 울부짖는 라헬을 위로하시는 여호와의 말씀이다.

10절의 '이방들이여 너희는 여호와의 말씀을 듣고 먼 섬에 전파하여 이르기를'에서 이방은 예레미야를 통해 여호와의 말씀을 듣고 '먼 섬' 즉 다른 나라 사람들에게 이를 전파해야 할 명령을 받았다.(렘2:10, 사49:1 참조)

이방이 선포해야 할 말씀은 10절 하반절부터 14절까지다.

'이스라엘을 흩으신 자가 그를 모으시고 목자가 그 양 떼에게 행함같이 그를 지키시리로다'(10절) 이스라엘을 흩으신 자는 다름 아닌 여호와이시다. 이스라엘이 멸망하고 이방으로 흩어졌던 것은 그들의 연약함이나 그들을 멸망시킨 아시리아의 권세 때문이 아니라 그들의 범죄에 대한 여호와의 심판 결과이다.

이제 그 여호와께서 그들을 다시 모으시고 목자처럼(사40:11 참조) 그들을 지키실 것이라고 말씀하신다.(시121:4 참조) 이런 약속은 '여호와께서 야곱을 구원하시되 그들보다 강한 자의 손에서 속량하셨기에' 반드시 실현될 것이다.(11절)

'구원'(파다)은 본디 종이 된 사람(출21:8)을 값을 치르고 자유인이 되게 하는 것이다.(출21:11) 특히 신명기에서는 여호와께서 이스라엘을 이집트의 노예로부터 구원하신 데 대한 전형적인 의미로 쓰인다.(신7:8, 9:26, 13:5, 15:15, 21:8, 24:18)

'속량'(가알)은 어느 사람이 빚 때문에 땅을 팔거나 종살이를 하게 될 때 그 빚을 청산해주는 친족의 의무를 말한다.(레25:25, 렘32:7~8, 룻기의 보아스 참조)

출6:6, 15:15에서 여호와께서 이스라엘을 이집트에서 구원하실 때 '속량'이 사용되었다. 이사야는 바벨론 포로 구원에 이 '속량(구속)'을 사용하였다.(사43:1, 44:22, 23. 48:20) 이사야는 여호와를 '구속자'라고 부른다.(사59:20)

'구원'과 '속량'은 여호와 하나님의 구원사건을 나타낼 때 나란히 사용되기도 한다.(사35:9~10, 51:10~11, 호13:14, 시69:18)

여호와께서 야곱(이스라엘)을 구원하시고 강한 자의 손에서 속량하셨으니 이제 그들을 모으시고 목자처럼 그들을 지키실 것이다.(10절) 이스라엘을 향하신 새로운 출애굽 사건이 일어날 것이다.

12~13절은 여호와의 구원을 허락받은 이스라엘의 반응에 대한 말씀이다. '그들이 와서 시온의 높은 곳(예루살렘 성전)에서 찬송하며 여호와의 복 곧 곡식과 새 포도주와 기름과 어린 양의 떼와 소의 떼를 얻고 크게 기뻐하리라 그 심령은 물 댄 동산 같겠고 다시는 근심이 없으리로다'(12절)

여호와의 백성이 '물 댄 동산 같다'는 표현은 사58:11에 한 번 더 나오는데 여호와가 그들의 삶의 원동력이 되신다는 의미이다. 다시 약해질 것이라는 근심은 사라질 것이다.

그때에는 공동체 모두가 즐거워 할 것이다. 슬픔을 돌리시 즐겁게 해주고 위로하여 근심으로부터 기쁨을 얻게 할 것이다.(13절, 스6:22, 느12:43, 시86:4, 90:15, 92:4, 사56:7 참조)

여호와는 기름으로 제사장들의 마음을 흡족하게 하며 당신의 복으로 이스라엘 백성을 만족하게 할 것이다.

이스라엘이 흩어져 살 때에는 제사장들의 생활도 궁핍할 수밖에 없었다. 그러나 다시 모으시고 지키시고 풍족한 선물을 허락하실 때에는 시온의 높은 곳에 하나님께 찬송하는 사람들로 인해(12절), 제사장들도 기름진 음식을 공급받아 마음이 흡족할 것이며 백성들 역시 넉넉히 주시는 은혜(12절의 복과 동일한 단어임)로 만족할 것이다.

여호와의 구원을 허락받을 이스라엘은 예루살렘 성전에서 잔치하며 즐거움과 기쁨으로 만족하게 될 것이다. 특히 이스라엘이 예루살렘에서 여호와를 찬송하고 기뻐하게 될 것이라는 말씀은 남북왕국의 온전한 회복과 함께 여호와께 대한 신앙의 회복까지 이루실 것임을 의미한다.

●●●라헬 Rachel의 애도와 위로 렘31:15~17

본문은 15절, 16절 처음이 '여호와가 이같이 말씀하시니라'로 시작되고 16절 하반절과 17절에 '여호와의 발씀이니라'가 두 번 들이가 있어 본문 전체가 '여호와의 말씀'이라는 강력한 인상을 준다.

15절은 제삼자의 입장에서 라헬의 애도를 묘사하고 있으나 16~17절은 이 라헬을 '너'로 호칭하신다. 본문은 15절에서 라헬의 부르짖는 소리를 들으신 여호와께서 그를 위로하신다는 뜻이다.

15절은 라마 Ramah에서 슬퍼하며 통곡하고 있는 라헬이 묘사되어 있다. '슬픈 소리'는 '애가'(네히)로 개인이나 공동체의 죽음을 슬퍼하는 소리다.(렘9:10, 18:20, 암5:16, 미2:4 참조) 라헬 역시 그 자식이 없기에 애곡하는 것이며 위로받기를 거절할 정도로 슬퍼하고 있다.

예레미야 활동 시대에 죽은 지 오래된 라헬이 자식이 없어져서 애곡한다는 것은 이상한 일이다. 라헬의 애곡의 의미가 무엇인지 그 울음소리가 '라마'에서 들린다는 점을 주목해야 한다.

라마는 렘40:1에 의하면 바벨론에 의해 멸망당한 유대인 포로들이 바벨론으로 떠나는 곳이다. 예레미야도 포로 중 한 사람으로 끌려가다 이 라마에서 바벨론 시위대장 느부사라단에 의해 풀려난다.

예레미야는 이 라마에서 동족들이 바벨론으로 끌려가는 것을 안타까운 마음으로 바라보았을 것이며 자신의 경험을 라헬의 슬픔으로 반영시켰을 것이다.

라마는 예루살렘에서 북쪽으로 10여km 떨어진 곳으로 예레미야의 고향 아나돗에서 5km 거리에 있다. 라헬은 벧엘에서 에브랏으로 이동하는 중에 난산으로 베냐민을 출산하고 '에브랏'(베들레헴)에 묻힌다.(창 35:16~19)

라헬의 무덤 위치를 삼상10:2~3에는 베냐민 지파의 경계인 '셀사'라 하였다. 베들레헴과 셀사 모두가 라마 근처에 위치해 있다. 예레미야는 라마에서 그리 멀리 떨어져 있지 않은 곳에 라헬의 무덤이 있었기에 라마와 자식이 없어 슬피 우는 라헬을 연결시켜 포로지로 떠나는 동족을 눈물로 바라보는 자신의 아픔을 반영시켰을 것이다.

라헬은 야곱의 자녀들 가운데 요셉과 베냐민의 어머니이며 요셉은 북왕국을 가리키는 말이다.(암5:6, 슥10:6, 왕상11:28) 요셉의 둘째 아들 에브라임이 북왕국의 중심지파이기 때문이다. 그러므로 라헬은 북왕국 이스라엘의 시조 할머니다.

예레미야는 라마에서 자신이 경험한 것처럼, 오래 전 이미 멸망당해 아시리아 땅으로 사로잡혀 간 북 왕국 사람들의 불행을(왕하17장) 이미 오래 전 사람인 시조 할머니 라헬의 울부짖는 모습으로 표현하고 있는 것이다.

16절에서 여호와는 라헬을 위로하시는 말씀을 통하여 이런 북 이스라엘의 현실이 변화될 것임을 말씀하신다.

'네 울음 소리와 네 눈물을 멈추어라 네 일에 삯을 받을 것인즉 그들이 그의 대적의 땅에서 돌아오리라'는 것이다.

라헬의 '일'(페울라, '수고'라는 의미)이 무엇인지는 불확실하다. 자식을 키우는 어머니의 수고인지 그 외의 무엇인지 알 수 없다. 라헬은 자신의 아들 요셉과 베냐민의 성장을 보지 못하였기에 키우는 수고보다는 고대 이스라엘 여인들이 했던 일, 곧 애곡하는 일을 의미할 것이다.

사라진 후손들로 인해 아픈 마음으로 울부짖는 그 일이 보상을 받아 돌아오게 될 것이라는 의미이다.(17절에서도 강조된다.)

15~17절에서 통곡하는 라헬을 위로하시며 북 이스라엘의 회복을 약속하신 여호와는 18~20절에서는 라헬의 손자인 에브라임의 탄식을 들으시고 북 이스라엘의 구원을 약속하신다.

에브라임은 요셉의 둘째 아들로(창41:50~52, 48:8~22, 49:22~26 참조) 렘7:15, 31:9에서 확인하듯이 북 이스라엘을 대표하는 인물이다.

에브라임의 탄식은 여호와의 징벌에 대하여 회개하는 탄식이다. 에브라임은 멍에에 익숙지 못한 송아지처럼 길들여지지 않았기에 징벌(매)을 받았다. 징벌은 여호와의 교육의 수단이다.(시94:12, 119:75, 렘10:24, 30:11, 46:28, 호5:2, 10:10)

에브라임의 탄식은 단순히 징벌의 고통에 대한 탄식이 아니라 여호와께서 내리신 징벌의 목적을 깨달았다는 고백이다. 남 유다는 여호와께서 바벨론을 통해 그들을 징벌하신다는 예레미야의 권고를 받아들이지 않지만(렘6:8의 '훈계'는 '징벌'과 동일한 단어 '무싸르'임) 이미 패망한 북 이스라엘은 여호와의 징벌을 달게 받아들이고 있다.

이렇게 고백한 에브라임은 '주는 나의 하나님 여호와시니 나를 이끌어 돌이키소서. 그러하시면 내가 돌아오겠나이다.'고 간구한다.(18절하) 여기서 '돌이키다'(슈브)는 '회개시키다'로 이해하기보다는 '고향으로 돌아가게 해달라'는 의미로 이해하는 것이 좋다.

여호와의 징벌을 받아들인 에브라임이 징벌을 받으면서도 '주는 나의 하나님이시다'고 고백하는 데서 알 수 있듯이 자신들의 하나님이라는 관계를 잊지 않고, 그 고백에 근거해서 여호와께 고국으로 돌아가게 해달라고 간구하고 있다.

에브라임은 징벌을 통한 깨달음을 19절에서 아뢴다. '내가 돌이킨 후에 뉘우쳤고 내가 교훈을 받은 후에 내 볼기를 쳤사오니'에서 '돌이킴'과 '교훈'은 에브라임을 여호와께 돌아오게 하는 긍정적인 수단인 '징벌'을 의미한다.

뉘우치다(니함)는 지난날의 잘못을 안타깝게 여기는 것을 의미하며, '볼기를 친다'(싸파크티 알야레크)는 '넓적다리를 친다'(겔21:12)는 말로서,

우리의 '가슴을 치는 것'과 같이 근동지역의 고통과 애도의 몸짓이다.

에브라임은 자신의 과거의 잘못이 얼마나 부끄러운지를 깨닫는다.(19절하) 이렇게 18~19절에서 에브라임은 징벌을 통하여 자신의 잘못을 깨닫고 그 징벌을 기꺼이 받아들이면서도 여전히 여호와는 자신들의 하나님이시기에 고국으로 돌아가게 해달라고 간구하였던 것이다.

20절의 '에브라임은 나의 사랑하는 아들 기뻐하는 자식이 아니냐?'라는 히브리어 본문은 '에브라임은 나의 사랑하는 아들이지? 기뻐하는 자식이지?'라는 이중 의문문이다. 에브라임이 여호와의 사랑하는 아들이며 기뻐하는 자식이 분명함을 강조한 것이다.

북 이스라엘이 나라를 잃고 남의 땅에서 떠돌이로 백여 년 동안 살아가고 있지만, 여호와는 그들이 여전히 당신의 귀한 백성이라고 하신다.

여호와는 그들을 책망할 때마다 깊이 생각하셨다. '깊이 생각하다'(자카르)는 '기억하다'는 의미다. 에브라임을 책망하실 때에도 여호와는 에브라임이 당신의 사랑하는 아들이며 기뻐하는 자식임을 잊지 않으셨다. 여호와는 에브라임을 징벌하실 때에도 당신과의 관계 속에서 그들에게 사랑과 훈계의 매를 드신 것이지 결코 징벌 자체를 목적으로 하지 않으셨다.

에브라임을 향한 여호와의 마음은 측은할 수밖에 없었고 그들을 긍휼히 여기실 수밖에 없었다. 여호와의 창자가 들끓는다, 애간장이 타들어간다는 뜻이다. 이것은 에브라임을 향한 여호와의 격정에 대한 표현으로 애간장을 녹일 정도로 그들을 불쌍히 여긴다는 뜻이다.

'불쌍히 여기다'(라함)는 어머니의 자궁(레헴)에서 유래된 것으로 여호와의 사랑은 신실하지 못한 자식일지라도 자궁을 찢는 고통을 통해 낳았기에 끝까지 감싸안고 용서하고 사랑하는 모성적인 사랑임을 말한다.

이것을 예수님은 눅15장의 '잃어버린 아들의 비유'에서 여호와를 '기다리는 아버지'로 묘사하여 아무리 방탕한 자식일지라도 포기하지 않고 끝까지 기다리시고 불쌍히 여기시는 사랑의 하나님이심을 나타내셨다.

그런데 20절에서 특별한 점은, 라헬의 통곡에는 직접 응답하셨던(16절) 여호와께서 에브라임에게는 직접 말씀하지 않으신다.

20절에서 여호와는 에브라임을 '너'로 부르시지 않으시고, 제삼자에게 또는 홀로 말씀하시는 식으로 에브라임을 향한 당신의 긍휼하신 사랑을 나타내셨다. 이것은 무엇을 의미하는가?

여호와의 구원의 약속이 에브라임(북 이스라엘)의 참회와 부끄러움과 탄식이 있은 후에 이루어진다는 사실을 공포하심으로 아직도 자신의 잘못을 깨닫지 못하는 남 유다에게(렘3:3, 5:3, 6:15, 8:12) 돌아올 것을 권면함과 동시에 에브라임을 향한 하나님의 절대적인 사랑은 북 이스라엘만이 아니라 남 유다에도 미친다는 사실을 나타내려 함이다.

'에브라임'은 보통 북 이스라엘을 가리킬 때 쓰는 표현이지만, 예레미야서에는 남 유다를 포함한 '온 이스라엘'을 나타내는 표현이라 하겠다.

에브라임을 향한 여호와의 사랑은 지금 예레미야를 통해 당신의 말씀을 선포하는 남 유다백성을 향한 마음이다. 이러한 '온 이스라엘' 관점은 예레미야와 동일한 시대에 활동했던 에스겔에서도 잘 나타난다.(겔37:15~17)

렘31:18~20은 호세아 11장과 유사성이 많다. 20절에서 에브라임이 여호와의 아들로 언급되었는데 호11:1에도 동일하게 나타나며, 18절의 '멍에에 익숙지 못한 송아지'는 '길들지 않은 송아지'로 호11:4을 연상시킨다.(호4:16 참조)

호11장에 의하면 에브라임(북 이스라엘)은 여호와의 멍에를 거부하여 패망하게 된다. 그들의 죄에 대한 여호와의 징벌이다. 그럼에도 불구하고 그들을 향한 여호와의 사랑은 여전하셨다.

이들을 향한 여호와의 사랑은 '에브라임이여 내가 어찌 너를 놓겠느냐 이스라엘이여 내가 어찌 너를 버리겠느냐 내가 어찌 너를 아드마 같이 놓겠느냐 어찌 너를 스보임 같이 두겠느냐 내 마음이 내 속에서 돌이키어 나의 긍휼이 온전히 불붙듯 하도다'(호11:8)에 잘 나타난다.

아드마와 스보임은 소돔이 심판받을 때 함께 멸망당한 인근 성읍이다.(신29:23) 그런데 여호와는 에브라임을 이들처럼 멸망당하도록 하지 않으시겠다고 한다.

오히려 여호와는 당신의 마음을 돌이키신다. '돌이키다'(하파크)는 창19:25에서 소돔과 고모라를 '엎으신다'고 하실 때 사용된 단어다. 그런데 소돔과 고모라를 엎으시고 멸망시키셨던 여호와께서 에브라임에 대해서는 그들을 엎으시려는 당신의 마음을 엎으신 것이다.

렘31:20에 나타난 것처럼 에브라임에게 긍휼을 베풀어 구원하신다. 렘31:18~20의 내용은 이렇듯 호11장 내용과 흡사하다. 학자들은 예레미야가 호세아보다 후대 인물로 호세아에게 영향을 받은 것으로 보고 있다.

●●●이스라엘을 향한 여호와의 새로운 일 렘31:21~22

여기서 에브라임은 '처녀 이스라엘'(21절)과 '반역한 딸'(22절)로 의인화되었다. 21절에서 이스라엘을 '처녀'(베툴라)라고 지칭한 것은 여호와께서 이스라엘을 다시 아내로 맞이하시려는 '희망의 초대의지'가 담겨져 있다.

여호와는 이스라엘에게 '이정표'(치유님, 돌 유물, markers)를 세우고 '푯말'(탐루림, 돌기둥, signposts)을 만들어 전에 가던 길에 마음을 두고 돌아오라, 네 성읍으로 돌아오라고 하신다.

이스라엘이 포로로 끌려가던 길을 기억하여 바로 그 길로 돌아와서 그들의 성읍에서 다시 살 것을 권고하는 말이다. 18절에서 에브라임이 고국으로 돌아가게 해달라고 간구하였던 것에 대한 여호와의 응답이라 하겠다.

그런데 22절에서 이스라엘은 '반역한 딸'(바트 하쇼베바)로 불리어 여호와를 배신한 여인으로 묘사된다. '반역한'(쇼베바)은 길을 곧게 가지 못하고 헤매며 비틀거리는 모습을 나타낸다.

그러므로 '네가 어느 때까지 방황하겠느냐?'는 말은 여호와께 돌아와야 할 이스라엘이 여전히 온전히 돌아오지 못하고 비틀거리고 있는 것에 대한 안타까움을 표현한 것이다.

북 이스라엘이 '고국으로 돌아오는 것'(21절)은 '여호와께로 돌아오는 것'(22절)과 깊은 관련이 있다. 다시는 방황하지 말라는 권면으로 '여호와가 새 일을 세상에 창조하였나니 곧 여자가 남자를 둘러싸리라'는 것이다.(22절하)

여기서 여호와가 3인칭으로 나타나는 것으로 보아 21~22절은 여호와의 말씀이 아닌 예레미야의 말씀이다.

'창조하다'(바라)는 예레미야서에는 여기에 단 한번 사용된 동사로 주어가 오직 여호와시다. 여호와가 새 일을 세상에 창조하셨다는 것은 창세기에서처럼 첫 창조 때에 하셨던 놀라운 일을 이스라엘을 위하여 일으키셨다는 말씀이다.

새로운 놀라운 일이란 '여자가 남자를 둘러싸리라'는 것으로, 이 구절은 아직까지 수수께끼와 같이 난해한 말이다.

'여자'(느케바)는 '남성, 사내'의 반대되는 여성을 뜻하는 말이며 '남자'(게베르)는 힘센 젊은 사내를 가리킨다. '둘러싸다'(싸바브)라는 동사는 문맥에 따라 다양한 뜻을 나타낸다. 신32:10에서는 여호와께서 당신의 백성을 '호위하신다'로, 시32:7에서는 여호와께서 시인을 구원의 노래로 '에우신다'로, 시32:10에서는 여호와의 인자하심이 그를 신뢰하는 자를 '두른다'로 사용되었다.

즉 '둘러싸다'의 의미는 '보호'이다. 이와 달리 시55:10, 59:6에서는 '두루 다닌다'로, 욘2:3에서는 큰 물이 요나를 '둘렀다'로, 욘2:5에서는 깊음이 요나를 '에웠다'라는 의미로 사용되었다.

일반적으로 22절의 '여자'는 21절의 '처녀 이스라엘'이나 22절 전반절의 '반역한 딸' 곧 이스라엘을 가리키는 것으로 이해하고, '남자'는 '이스라엘이 다시 사랑으로 포옹해 오기를 기다라는' 여호와 하나님으로 이해한다.

이스라엘 백성들이 자신의 하나님을 둘러싸야 한다는 말씀이다. 바로 이 일을 여호와께서 가능하게 하셨다는 의미이다.

남편을 배반하여 간음한 여인이 다시 남편에게 돌아오는 것은 율법에 금지된 것이지만(신24:1~4, 렘3:1~5 참조) 여호와께서는 그런 간음한 여인과 같은 이스라엘을 당신의 아내로 기꺼이 받아주시겠다고 한다.(호2:14~20 참조)

이러한 관계의 회복은 여호와의 새로운 일의 창조로서만 가능하다. 그런 의미에서 이 **'새 일'**은 렘31:31~34의 '새 언약'에 대한 다른 표현이라 할 수 있다.

이 새로운 일은 예수 그리스도의 십자가 사건에서 구체화되었다. 하나님은 더 이상 심판의 하나님이 아니며 죄인들을 사랑과 긍휼로 용서하시는 분이시다.

●●●단 꿈과 같은 환상(vision) 렘31:23~26

예레미야는 남 유다에서 활동한 예언자로(렘1:1~3) 줄기차게 여호와의 말씀을 전하며, 여호와께 돌아오기를 거부하여 멸망할 수밖에 없는 그들의 운명을 눈물로 지켜본 사람이다.

그러나 예레미야의 관심은 남 유다만은 아니었다. 그의 소명기사에서 볼 수 있듯이 열방 만국(렘1:10), 특히 북 이스라엘도 관심의 대상이었다.(렘2:4)

23~26절에는 렘31장 전반부에 언급된 북 이스라엘의 회복이 남 유다에 어떤 의미가 있는지를 밝히며, 27절 이하에서는 '이스라엘 집과 유다 집' 곧 '온 이스라엘'의 회복에 대한 말씀이 나온다.

23~25절은 예레미야가 전하는 여호와의 말씀이며, 26절의 '나'는 예레미야 자신으로 여호와의 말씀을 전하는 그의 반응이다.

여호와의 말씀은 '내가 그 사로잡힌 자를 돌아오게 할 때에 ~'로 시작된다. 이 때는 앞서 렘31:15~22에 언급된 북 이스라엘의 운명이 회복될 때를 의미한다.

이렇게 여호와께서 당신의 백성을 구원하실 때, '그들이 유다 땅과 그 성읍들에서 다시 이 말을 쓰리니 곧 의로운 처소여, 거룩한 산이여, 여호와께서 네게 복 주시기를 원하노라 할 것이라'고 하신다.

여기서 '그들이' 누구인지는 분명하지 않지만 여호와의 구원을 경험하는 그의 백성(북 이스라엘이나 남 유다 백성)으로 짐작된다.

이들이 '다시'(오드) 사용하는 말이 있다. 중단되었던 것이 새로 시작됨을 뜻한다.

'의로운 처소'는 렘50:7에서는 '여호와의 호칭'으로 나타나지만 '처소'(나웨)가 본디 '목초지'를 뜻하므로, 직역하면 '의로운(정의, 체덱) 목장 또는 정의의 보금자리'라고 할 수 있다. '거룩한 산'(하르 학고데쉬)은 좁은 의미로는 여호와의 거처인 시온 산, 넓은 의미로는 예루살렘을 의미한다.

'의로운 처소여, 거룩한 산이여'라는 말을 유다 땅과 그 성읍들에서 다시 사용한다는 것은 유다 땅 전체가 여호와께서 계시는 곳이며, 그래서 의로운 목장이 되었다는 의미이다. 여호와가 시온성뿐 아니라 온 유다 땅에 거하시며 통치하시며 보살피신다는 뜻이다.

'여호와께서 네게 복 주시기를 원하노라'는 축복의 인사를 듣게 된다는 말이다.

지금까지 유다 땅은 황폐하고 적막하여 여호와 하나님이 버리신 곳이며, 예루살렘 성전은 형식적인 예배와 거짓 예언으로 더럽혀지고 여호와는 당신의 거처를 떠나셨지만, 이제 다시 여호와는 남 유다를 회복하시어 의로운 목장으로, 당신의 거처로 삼으시며 중단되었던 시온에서의 예배가 회복되어 여호와의 축복을 받게 될 것이다.

이처럼 북 이스라엘의 회복은 남 유다의 회복으로 이어진다. 북 이스라엘을 회복시킨 여호와께서 남 유다의 회복과 함께 여호와를 향한 신앙의 회복도 이루신다.

'유다와 그 모든 성읍의 농부와 양떼를 인도하는 자가 거기에 함께 살리니'(24절)는 유다에게 임할 회복의 또 다른 내용이다.

고대근동에서 농부들과 유목인들은 전통적으로 적대관계에 있었다.(창43:31~32, 46:33~34 참조) 그런데 이들이 함께 '거기'(바흐, 유다 땅,

'아레츠'를 지칭함) 거하게 된다는 것은 화목하게 된다는 말이다.

모든 분열과 반목이 치유되어 평화의 세계가 열리게 된다. 피곤하고 슬픈 사람들이 상쾌하고 만족하게 되는 심령의 완전한 평화를 이루게 된다.(25절)

26절의 '내가 깨어보니 내 잠이 달았더라.'는 여호와의 말씀을 전한 예레미야의 반응이다. 자신이 전한 여호와의 말씀대로 장차 '온 이스라엘'에 일어날 미래를 앞당겨 보니 이런 환상(vision)이 단 꿈을 꾼 것처럼 황홀하고 기분이 좋았다는 표현이다.

예레미야는 여호와의 말씀을 통하여 그의 백성에게 성취될 미래를 바라보았다.

예언자는 이처럼 하나님의 말씀으로 미래에 이루실 하나님의 구원을 내다보며 현재를 사는 사람이다. 어찌 오늘의 고난에 절망하고 괴로워하겠는가? 하나님 안에서의 미래는 언제나 긍정적(happy ending)이다.

● ● ● '온 이스라엘'에게 내릴 여호와의 축복 렘31:27~30

27절은 '보라 내가 사람의 씨와 짐승의 씨를 이스라엘 집과 유다 집에 뿌릴 날이 이르리니'로 시작하므로 여호와의 말씀을 듣는 대상이 '온 이스라엘'임을 분명히 하고 있다.

'씨'(제라)는 '종자, 자손, 후손'을 의미하는데, 셀 수 없이 많은 자손을 가지게 될 것이라는 이스라엘 조상들에게 주신 약속의 핵심 단어다.(창12:7, 13:16, 22:17, 28:14, 35:12 참조)

그러므로 사람의 씨와 짐승의 씨를 온 이스라엘에 뿌리실 날이 이른다는 것은 이스라엘 조상들에게 하셨던 약속을 다시 성취하시겠다는 의미이다.

이스라엘은 여호와 하나님께 패역하였으므로 기근과 역병, 그리고 전쟁과 유배라는 심판을 받아 인구가 감소할 수밖에 없었다. 그런데 이제 여호와께서 이들을 번성하게 하시겠다고 하신다.

함께 이루어질 짐승의 증가는 단순히 늘어나는 백성들의 생존을 위한 식량 조달만 의미하지는 않는다. 여호와께서 노아와 맺으셨던 약속을 성취하신다는 의미이다.

여호와는 홍수 심판 이후 노아의 후손뿐 아니라 모든 생물이 보호와 생존, 번영을 약속하는 '생태학적 인약'(ecological covenant)을 맺으셨다.(창9:8~17 참조)

그러므로 27절은 여호와께서 당신의 약속을 온전히 지키어 다시는 이스라엘에 심판을 내리지 않으시겠다는 말씀이다.

여호와는 28절에서 이 약속성취를 위해 당신께서 하실 일을 렘1:10에서 사용되었던 여섯 개의 동사, 곧 '뽑다'(나타쉬), '파괴하다'(나타츠), '파멸하다'(아바드), '넘어뜨리다'(하라스), '건설하다'(바나), '심다'(나타)를 그대로 사용하며 밝히신다.

> '깨어서 그들을 뿌리 뽑으며 무너뜨리며 전복하며 멸망시키며
> 괴롭게 하던 것과 같이
> 내가 깨어서 그들을 세우며 심으리라 여호와의 말씀이니라' (28절)

앞의 부정적인 동사 네 개(뽑고, 파괴하고, 파멸하고 넘어뜨리다)는 '괴롭게 하다'(레하레아, '재앙을 가져오다, 곤란케 하다'는 의미)라는 단어로 더 강화되었다.

그런데 여호와는 지금까지 이렇게 다섯 개의 부정적인 단어의 의미로 온 이스라엘을 대하셨지만, 이제는 긍정적인 두 동사(건설하고 심다)의 의미로 대하시겠다고 하신다.

특히 여호와는 부정적인 일들을 '깨어서'(샤카드, '정신을 바싹 차리다'라는 의미) 해 오셨던 것처럼 이제 긍정적인 일을 반드시 실행하실 것이다. 심판의 시대는 지나고 회복과 구원의 시간이 다가온 것이며, 여호와의 구원은 필연적으로 성취될 것이다.

29~30절은 '그 때에' 곧 회복(구원)의 때에 벌어질 또 다른 상황에 대한 언급이다. '아버지가 신 포도를 먹었으므로 아들들의 이가 시다 하지 아니하겠다.'는 것이다.

이것은 바벨론 포로들 사이에 떠돌던 속담으로, 포로들이 자신들의 현실을 선조들의 잘못 때문이라고 해석했던 것에 기인한다.(애5:7, 겔18:2~3, 25~29 참조) 또한 출20:5~6, 출34:7, 민14:18을 오해한 것에서

비롯되었다.

이 구절들의 본 뜻은 아비의 죄 때문에 자녀들이 벌을 받는다는 뜻이 아니라, 아비가 저지른 죄의 부정적인 결과가 자녀들에게 미친다는 의미이다. 그런데 포로들은 이를 오해하여 조상에게 책임을 전가하고 자신들의 현실을 운명론적으로 받아들였다.

그러나 회복의 날에는 자신의 책임이 강조된다. '신 포도를 먹는 자마다 그의 이가 신 것같이 누구나 자기 죄악으로 말미암아 죽으리라'는 것이다. 개인이 잘못에 대하여 반성하고 회개해야 살 수 있다.

바벨론 포로라는 고난과 절망의 현실을 운명론적으로 받아들이며 구원의 희망을 포기한 사람들에게 구원의 희망은 언제나 각자에게 달려 있다는 여호와의 긍정적인 선포였다.

여호와의 백성에게 절망은 존재하지 않는다. 여호와 하나님은 잘못을 범한 당신의 백성들을 심판하시지만 그것은 구원을 위한 과정일 뿐이며, 언제나 새로운 일을 시작하시어 구원하시는 분이시다.

여호와의 새로운 일은 예수 그리스도를 통하여 십자가에서 구체적으로 나타났으며, 이제 구원을 위해 우리들이 해야 할 일이란 잘못에 대한 회개이다.(요1서 1:9 참조)

●●●새 언약 렘31:31~40

렘31장의 북 이스라엘을 향한 회복의 말씀은 23~30절에서 '온 이스라엘'로 확장되고, 이제 31~34절에서 절정을 이룬다.

여호와께서 이스라엘 집과 유다 집에 **'새 언약'**(new covenent)을 맺으신다. '이스라엘 집과 유다 집'은 예레미야서에서만 사용되는 표현으로 **'온 이스라엘'**을 가리키는 말이다.(렘3:18, 11:10,17, 31:27,31, 33:14 참조)

> '여호와의 말씀이니라 보라 날이 이르리니
> 내가 이스라엘 집과 유다 집에 새 언약을 맺으리라' (31절)

새 언약을 약속하신 때는 북 이스라엘이 아시리아에게 멸망하였고(기원전 722년), 남 유다 역시 바벨론의 침략(기원전 597년)으로 이미 1차포로가 일어난 이후 왕국의 운명은 풍전등화였던 때이다.

그런데 '날이 이르리니' 여호와께서 '온 이스라엘'과 새 언약을 맺으시겠다고 하신다.(31절) '보라 날이 이르리니~'(힌네 야밈 바임)는 예레미야서에서 앞으로 여호와께서 하실 일에 대해 알려주는 첫머리 용어다.(렘7:32, 9:25, 16:14, 19:6, 23:5,7, 30:3, 31:38, 33:14, 48:12, 49:2, 51:47, 52절. 그 외 삼상2:31, 왕하20:17=사39:6, 암4:2, 8:11, 9:13 참조)

'그날'은 언제인지 분명히 알 수 없으나 '세상 끝'을 가리키기보다는 여호와께서 전적으로 당신의 일을 이루실 역사 가운데 어느 한 구체적인 시점을 가리킨다. 그날에 여호와께서는 이스라엘 집과 유다 집에 '새 언약'을 맺으시겠다고 한다.

'새 언약'(베리트 하다샤)에서 형용사 '새로운'(하다쉬)이 구약성서에서 '언약'(베리트)이라는 명사와 결합된 경우는 여기밖에 없다. 구약성서에서 '새 언약'을 언급하는 구절도 이곳이 유일하다.

이로써 이 구절은 유대교의 경전 '타낙 Tanak'(율법서 Torah, 예언서 Neviim, 성문서 Kethubim의 앞 대문자를 합한 말)을 기독교에서 '구약'(Old Covenant)으로 부르는 근거를 제공하게 되었다.

'언약'(베리트)이라는 단어는 고대근동지방의 'karath berith'(~ 사이를 자르다)라는 말에서 유래되었다. 고대근동지방에서는 계약을 맺을 때(Hittite의 종주권 계약) 짐승을 둘로 쪼개어 놓고 그 사이를 계약당사자들이 지나갔다. 계약을 어길 경우 쪼개진 짐승의 현실을 맞이하게 되리라면서 계약이행의 의무를 확인한 의식이다.

'karath berith'는 바로 이런 배경 아래서 '계약을 맺는다'는 의미를 나타내는 말로 세월이 흐르면서 'karath'(자르다)는 떨어져 나가고 'berith'(~ 사이)가 명사화 되어 오늘날 '계약'이라는 용어가 되었다.

이와 같은 고대근동의 계약의식형태는 창15:7~21, 렘34:15~19에서도 볼 수 있다.

구약성서의 계약(언약)은 크게 아브라함 계약(창15장), 모세 계약(시내산 계약, 출19장), 다윗 계약(삼하7장) 등 세 가지로 나타난다.

이 중 아브라함 계약과 다윗 계약은 여호와 하나님이 일방적인(편무적) 계약이행의무를 지닌 '무조건적 계약'인데 반해, 모세 계약은 계약당사자인 여호와와 이스라엘 백성들이 상호간(쌍무적) 계약이행의무를 지닌 '조건적 계약'이다.

즉 이스라엘이 여호와의 말씀을 잘 듣고 그 언약을 지키면 그들이 여호와의 소유가 되고 제사장 나라가 되며 거룩한 백성이 되지만 그렇지 않을 때 그런 은혜는 그들의 것이 될 수 없고 오히려 하나님의 심판을 받게 된다.(출19:5~6)

31절의 언약이 '새 언약'인 까닭은 이것이 이전에 맺은 언약과 다르기 때문이다. '이전의 언약'은 32절이 나타내주듯이 여호와께서 이스라엘 조상들과 맺은 언약으로 그들의 손을 잡고 이집트에서 이끌어내실 때 맺으신 것이다. 그러므로 이 언약은 '모세 계약'(시내산 계약)임이 틀림없으며, 이 언약의 특징은 언약이행 의무가 여호와와 이스라엘 백성 모두에게 주어지는 '쌍무적인 언약'이다.

32절 하반절은 이 언약에서, 여호와는 이스라엘의 '남편'(바알, 주인이라는 의미도 포함되어 있음)이며 이스라엘은 여호와를 남편으로 섬겨야 할 '아내'의 관계로 비유한다.

이스라엘은 남편인 여호와께 순종해야 했는데 언약을 파기하고 여호와를 저버렸음을 암시하고 있다. 이스라엘은 광야시절을 여호와 하나님과 결혼을 맺은 때로 표현했다.(렘2:2 참조) 여호와가 이스라엘의 '남편'이라는 표현은 렘3:14에도 나타난다.

여기서 '바알'은 이스라엘이 여호와를 저버리고 섬겨오던 가나안 신 '바알'을 연상시킨다. 곧 이스라엘 백성은 여호와 하나님만을 남편(주인)으로 섬겨 여호와의 사랑과 보호를 받았어야 했지만 여호와를 버리고 바알을 하나님(남편, 주인)으로 섬겼다.(렘2:11~13, 19 참조)

이러한 이스라엘의 여호와께 대한 배반이 이스라엘 역사의 중심내용이다.

구약성서에서 여호와께 대한 이스라엘의 이상적인 모습은 좀처럼 찾아보기 어렵다. 그럼에도 불구하고 여호와는 그런 이스라엘을 줄기차게 붙잡으시고 관계를 맺으신다.

이스라엘은 여호와의 백성(아내)으로서 자신의 위치를 포기했지만 그들의 남편이신 여호와는 신실하신 분으로 그들의 남편(하나님)되심을 포기하지 않으신다.

일방적인 은혜로 용서하시며 그들을 부르신다. 31절에서 '새 언약'을 맺으시겠다는 것 역시 남편이신 여호와를 배반한 이스라엘을 향하신 신실하신 하나님의 일방적인 사랑과 은혜의 선언이다.(호세아서 참조)

새 언약의 내용은 '내가 나의 법(토라)을 그들의 속에 두며 그들의 마음에 기록하여 나는 그들의 하나님이 되고 그들은 내 백성이 될 것이라'는 것이다.(33절)

이것은 옛 언약이 하나님의 법(토라)이 돌판 위에 새겨졌다는 사실을 전제로 한다.(출31:18, 32:15, 34:1, 신5:22 참조) 그런데 이제 맺을 새 언약에서 여호와는 돌판에 기록했던 하나님의 법을 백성들의 마음속에 기록하시겠다고 한다. 이를 통해 여호와가 그들의 하나님이 되시고 그들은 여호와의 백성이 된다.

여호와와 이스라엘의 관계를 '너희 하나님~내 백성'으로 표현한 것은 예레미야서에 여러 번 언급되었다.(렘7:23, 11:4, 24:7, 30:22, 31:1)

특히 렘7:23, 11:4에서 이와 같은 관계는 이집트에서 나올 때 하나님과 맺은 언약의 결과였다. 그 언약은 하나님의 법을 돌판에 새긴 것이었는데 이스라엘 백성들은 언약을 파기하여 여호와 대신에 바알을 섬김으로 스스로 여호와의 백성임을 거부했다.

그런데 여호와는 이들과의 관계를 다시 회복하시겠다며 당신의 법(토라)을 인간의 사고와 의지의 중심인 마음에 기록하시겠다고 한다. 이스라엘에게는 아무런 요구도 없으시고 여호와께서 일방적으로 하나님의 법을 마음에 새겨 넣으시겠다고 한다.

하나님의 법을 석비石碑가 아니라 심비心碑에 새기시겠다는 것이다. '토라의 내면화'를 이루시겠다는 것으로 여호와께서 하나님의 법을 따르는 이스라엘의 마음 자체를 바꾸시겠다는 말씀이다.(렘32:39~40)

옛 언약의 대상은 이집트에 종 되었다가 여호와의 인도를 받고 광야로 나온 이스라엘 백성이었다.

그러나 새 언약의 대상은 '온 이스라엘'이다. 이들은 여호와의 말씀에 불순종한 결과 아시리아에 멸망당하여 포로가 되어 있거나 이방에 흩어져 있는 북 이스라엘 백성들과, 바벨론에 1차 포로로 잡혀가 있거나 이제 왕국멸망을 눈앞에 둔 남 유다 백성들로 이제 여호와의 은혜로 고국으로 다시 돌아와 왕국을 재건할 백성들이다.(렘31:1~30 참조)

여호와는 당신의 법을 이들의 마음에 새겨 넣으므로 다시는 지난날의 무서운 심판을 당하지 않게 하시겠다고 한다. 여호와 하나님께서 '온 이스라엘'과 오직 사랑의 능력으로만 관계를 맺으시겠다고 하신다.

이처럼 이스라엘의 마음을 바꾸시는 여호와의 역사는 에스겔에서도 확인된다.(겔11:19~20, 36:26~27) 여호와께서 **'새로운 영'**을 그들의 '마음'에 넣어주어 하나님과 이스라엘의 관계를 회복하신다.

이런 차원에서 예레미야의 '토라의 내면화'는 이스라엘 백성들의 마음에 '새 영'을 부어주시는 것을 의미한다.

34절은 새 언약의 결과이다. 그때에는 그들이 다시는 각기 이웃과 형제를 가르쳐 이르기를 '너는 여호와를 알라'라고 말하지 않는 사회가 된다. 작은 자로부터 큰 자까지 다 여호와를 알기 때문이다.

여호와를 '안다'(야다)라는 것은 머리로 여호와를 이해하는 것이 아니라 말씀을 실천함으로 삶으로 여호와와 밀접한 관계를 맺고 사는 것이다. 예레미야는 이스라엘이 여호와를 알지 못하는 것을 탄식했다.(렘2:8, 4:22, 9:3,6) 이것이 그들의 멸망의 원인이기 때문이었다.

그런데 이제 새 언약이 맺어져 하나님의 법이 백성들의 마음에 새겨지면 모든 사람들이 여호와를 알게 되는 완전한 구원을 이룰 수 있을 것이다.

여호와를 아는 것이 구원의 완성이라는 예레미야의 언급은 호세아서에서도 확인된다. 호세아는 이스라엘 백성들이 여호와를 알지 못함을 안타까워하며(호4:1,6, 5:4) 여호와를 알자고 외쳤다.(호6:3) 구원의 때

가 되면 여호와를 알게 되리라고 하였다.(호2:20)

시기적으로 예레미야가 호세아의 영향을 받았을 것이다.

이스라엘이 여호와를 떠나고 이방 신을 섬긴 것은 그들이 하나님이 누구인지 알지 못했기 때문이다. 그들은 하나님을 알지 못한 채 성전 제사를 통하여 많은 제물을 드리면 죄를 용서받고 구원을 얻는다고 믿었다. 이러한 그릇된 믿음을 예레미야를 포함한 다른 예언자들이 책망하였다.(호6:6 참조)

용서는 백성들이 제사를 드려서 얻게 되는 것이 아니라 하나님을 제내로 알아야 이루어지는 것이다.(렘24:7 참조) '내가 그들의 죄악을 사하고 다시는 그 죄를 기억치 아니하리라'(34절하) 여기서 여호와는 백성들의 회개를 전세하지 않고 용서를 약속하신다.

이것은 하나님의 법을 백성들의 마음에 새기어 하나님을 알게 되므로 죄를 지어도 죄인으로 정죄되지 않기 때문이다. '여호와의 말씀이니라 그날 그때에는 이스라엘의 죄악을 찾을지라도 없겠고 유다의 죄를 찾을지라도 찾아내지 못하리니 이는 내가 남긴 자를 용서할 것임이니라'(렘50:20)

백성들의 현 상태로는 전혀 불가능한 일이지만 일방적인 하나님의 용서의 은총으로는 가능한 일이다.

여기서 '용서하다'(살라흐)라는 동사의 주어는 구약성서에서 오직 여호와뿐이다. 하나님과 온전한 관계회복인 구원은 인간의 본성이나 율법에 순종하려는 의지적 노력으로는 얻을 수 없는 것이며 그것을 뛰어넘는 일방적인 하나님의 은총으로만 가능하다.

이와 같은 구원이 예수 그리스도를 통하여 성취되었음을 신약성서가 증언한다. 예수 그리스도의 죽음을 통하여 새 언약이 이루어졌다.(마26:28, 막14:24, 눅22:20, 고전11:25, 고후3:6, 히8:8~12, 9:15, 10:15~18)

마26:28, 막14:24에는 '새'라는 말이 언급되어 있지 않지만, 눅22:20,

고전11:25과 함께 예수의 피가 용서를 위한 '새 언약'의 성취임을 나타낸다.

특히 히브리서 기자는 히8:8~12에서 렘31:31~34을 그대로 인용하고, 히10:10~18에서는 '그들의 불법을' 더 첨가하여(17절) 예수 그리스도의 피로 말미암아 단번에 영원한 제사를 드리심으로 죄 사함이 이루어졌음을 강조하며, 예레미야의 새 언약이 죄 사함과 관련 있음을 분명히 한다.

신약성서 새 언약의 핵심은 예수 그리스도의 피로 인한 죄 사함(용서)이다. 예수 그리스도는 인류구원을 위한 유일한 희망이며, 그분 안에서만이 인간은 새 마음을 가진 하나님의 백성이 될 수 있다.(33절)

예수 그리스도 안에 있는 사람들은 모든 죄에서 완전히 해방되는 종말의 날(완전한 구원의 날)까지 '의인이면서 동시에 죄인'(simul justus et peccator)인 것이다.

35~37절은 폐할 수 없는 이스라엘에 대한 언급이며, 38~40절은 예루살렘 성읍 재건에 대한 말씀이다. 두 부분이 다른 주제를 다루고 있는 듯하지만 31~34절에 언급된 '새 언약'의 확고함에 대한 증거로 함께 다룰 수 있다.

35절은 만군의 여호와를 '해를 낮의 빛으로 주셨고 달과 별들을 밤의 빛으로 정하였고 바다를 뒤흔들어 그 파도로 소리치게 하신 분'으로 묘사하며 창조주이심을 상기시킨다.(창1 : 14~19 참조)

36절에서는 '이 법도가 내 앞에서 폐할진대 이스라엘 자손도 내 앞에서 끊어져 영영히 나라가 되지 못하리라'고 한다. 여기서 '이 법도'란 35절에 언급된 창조주 하나님의 우주운행 법칙이나 질서를 의미한다. 이것은 결코 사라지거나 변화되지 않는다. 이처럼 이스라엘 자손도 영원할 것이라는 말씀이다.

37절의 '위에 있는 하늘을 측량할 수 있으며 밑에 있는 땅의 기초를 탐지할 수 있다면 내가 이스라엘 자손이 행한 모든 일로 말미암아 그들을 다 버리리라'는 말은 어느 누구도 하늘을 잴 수 없고 땅의 기초를 밝힐 수 없듯이 이스라엘이 아무리 악행을 저질렀어도 여호와는 그들을 버리지 않으신다는 뜻이다. 새 언약을 맺은 이스라엘은 영원히 하나님 앞에 확고하게 설 것이다.

38절의 '보라 날이 이르리니 이 성은 하나넬 Hananel 망대에서부터 모퉁이 문(Corner Gate를 지칭한다)까지 여호와를 위하여 건축할 것이라'에서 '이 성'은 예루살렘 성읍을 가리키며, '하나넬 망대'는 예루살렘 성벽에 있던 탑으로 추측된다.(슥14:10, 느3:1, 12:39) 모퉁이 문은 어디를 일컫는지 알 수 없으나 하나넬 망대로부터 모퉁이 문까지란 예루살렘 성벽 전체를 의미하는 듯하다.

예루살렘 성은 재건될 것이라는 말씀이다. 예루살렘 성은 기원전 587년 바벨론의 침공으로 성벽은 무너지고 성진조차 초토화된다.(왕하25:1~17) 그러나 재건될 날이 곧 임할 것이라는 약속이다.

39절은 건축을 위해 사용되는 측량줄이 곧게 가렙 Gareb 언덕에 이르고 고아 Goah 방면으로 돌아갈 것이라고 한다. '가렙'은 다윗의 용사 중 한 사람인데(삼하23:38) '가렙 언덕'이 그와 관련되었는지는 확인할 수 없다. '고아' 역시 불확실한 장소로 힌놈의 골짜기로 추측한다.

40절은 시체와 재의 골짜기(렘7:31을 참조하여 힌놈의 골짜기로 여겨짐)와 기드론 Kidron 시내(예루살렘 남쪽 골짜기), 동편 말문 모퉁이(알 수 없는 장소다)에 이르기까지의 모든 밭이 다 여호와의 성지가 되고 영영히 다시는 뽑히거나 전복되지 않으리라는 내용이다. 예루살렘 성읍이 재건될 뿐 아니라 이스라엘도 여호와의 백성으로 회복될 것이다.(겔48:35은 회복된 예루살렘이 '여호와 삼마', 곧 '여호와의 거처'로 지칭된다고 한다.)

예루살렘 성읍의 재건과 예루살렘 성이 성지가 되고 그곳 백성이 여호와의 백성으로 회복된다. 이것은 '새 언약'이 성취되는 구체적인 증거이며, 예레미야의 예언자로서의 소명 완성이라 하겠다.

이런 새 언약의 성취는 오늘날 예수 그리스도를 믿는 성도들에게 베풀어주시는 하나님의 은총인 영원한 구원(영생의 축복)인 것이다.

●●●예레미야의 아나돗 토지 매입 렘32:1~44

렘32장은 렘33장과 더불어 '위로와 회복'을 중심주제로 전하는 렘30~31장과 긴밀하게 연결되어 있다. 학자들에 따라 렘30~33장을 '작은 위로의 책'으로 부르기도 한다.

렘32장은 예레미야의 상징적인 행동을 통하여 여호와께서 유다를 회복시켜주실 것이라는 내용을 전한다.

내용을 크게 네 부분으로 나눌 수 있는데, 1~5절은 시드기야에 대한 심판 예고, 6~15절은 아나돗 토지를 무르는 예레미야, 16~25절은 예레미야의 기도, 26~44절은 예레미야의 기도에 대한 여호와의 응답이다.

1절은 렘32장의 시대적 배경이 시드기야 왕 10년, 곧 느부갓네살 왕 18년 때라는 것과 그 내용이 예레미야에게 임한 여호와의 말씀임을 알려준다. 시드기야 왕 10년(기원전 588년)은 유다 왕국이 멸망하기 한 해 전으로 바벨론 군대가 예루살렘을 에워싸고 1년 반 동안 위협하고 있던 때이다.(2절, 왕하25:1~2,8 참조)

시대적 배경을 언급하면서 시드기야와 느부갓네살을 함께 거론한 것은 그에 의해 유다 왕국이 멸망했기 때문이다.(렘25:1 참조)

그 때 예레미야는 유다 왕의 시위대 뜰에 갇혀있었다.(2절)

'그때에 바벨론 군대는 예루살렘을 에워싸고
선지자 예레미야는 유다의 왕의 궁중에 있는 시위대 뜰에 갇혔으니' (2절)

'시위대 뜰'이라는 표현은 구약성서에서 느3:24을 제외하고는 오직 렘32, 37~39장에 집중해 언급된 곳으로(렘32:2,8,12, 33:1, 37:21,21, 38:6,13,28, 39:14,15) 좁은 감옥과 같은 곳이 아닌, 왕궁을 지키는 근위대 뜰을 말한다.

예레미야가 그곳에 갇혀있게 된 이유는 3~5절에 나온다. 예레미야가 예루살렘이 바벨론에 의해 함락될 것과 시드기야가 바벨론으로 끌려갈 것을 예언하며, 바벨론 군대에 대항하는 것은 무모한 일이라고 했기 때문이었다. 이러한 예레미야의 예언은 시드기야의 마음을 불편하게 했으며 반민족적 언사였기에 그를 가두었을 것이다.

3~5절에서 '시드기야가 여호와가 돌볼 때까지 바벨론에 있을 것'이라는 언급은, 시드기야의 포로기간을 여호와가 정해놓았다는 뜻이다. '돌보다'(파캇)는 '보살피다' '마음을 쓰다'라는 의미로(렘15:15, 29:10 참조) 여호와께서 시드기야를 포로기간에도 보살피시다가 정한 때에 고국으로 돌아오게 해 주실 것을 의미한다.

그러나 시드기야에게 실제로 일어난 일은 예레미야의 언급과는 차이가 있다. 시드기야는 예루살렘 함락 직전 도주하다 바벨론 군대에 체포되어 느부갓네살에게 끌려가 눈앞에서 아들들이 살해되는 것을 목격했으며 두 눈이 뽑힌 채 바벨론으로 끌려가 죽는 날까지 옥에 갇혀 있었다.(왕하25:4~7, 렘39:4~7, 52:4~11 참조)

그러므로 시드기야가 여호와가 권고할 때까지 바벨론에 있을 것이라는 언급은 시드기야 개인에게 국한된 말이 아니라, 유다 백성들이 여호와가 정해놓은 때가 되면 고국으로 귀환될 것이라는 희망을 시드기야에게 적용하여 한 말이다. 이러한 희망의 메시지는 예레미야가 하나멜의 아나돗 밭을 사는 6절 이하에서 분명히 나타난다.

시드기야와 예레미야는 이미 알고 있는 사이였으며, 예루살렘이 멸망할 것이라는 예언도 이번이 처음이 아니다.(렘27장) 또 시드기야가 예레미야에게 호의를 보인 적도 있어(렘38:10, 26~28) 예레미야의 예언 때문에 그를 가두었다는 2~5절은 후대의 편집으로 보는 학자들도 있다.

그러나 이번 예레미야의 예언은 시드기야가 포로가 되어 바벨론 왕에게 직접 심문을 받게 될 것이라는 언급까지 하고 있어서 시드기야의 분노는 예레미야를 감옥에 가두기에 충분했을 것이다.

예레미야는 인간적인 관계나 자신의 일신상의 편리함에 얽매이지 않고 오직 하나님으로부터 받은 말씀을 그대로 전하며 그 말씀에 따라 행동한 사람이었음이 분명하다.

그러나 3~5절의 시드기야에 대한 심판 예언은 예레미야가 시위대 뜰에 갇히게 된 이유를 밝힐 뿐, 1절에 언급된 렘32장의 내용인 '예레미야에게 임한 여호와의 말씀'이 아니다. 여호와의 말씀은 7절에서 비로소 나타난다.

6절 이하는 1절에 언급된 '예레미야에게 임한 여호와의 말씀'을 예레미야가 자신의 경험으로 전하는 부분이다.

예레미야에게 임한 여호와의 말씀은 7절에서 보듯이 '예레미야의 사촌 하나멜 Hanamel이 그를 찾아와서 아나돗에 있는 자기 밭을 사라 이 기업을 무를 권리가 그에게 있다고 말하리라'는 것이었다. 여호와의 이 말씀은 그대로 이루어져 하나멜이 시위대 뜰에 갇혀있는 예레미야를 찾아와 밭을 사달라고 요청하였다.(8절)

하나멜이 예레미야에게 '기업 무를 권리'(7절)나 '기업의 상속권'(8절)이 그에게 있다며 자기 밭을 사달라고 요청하는 것은 이스라엘의 오랜 관습인 '기업 무르기'를 해달라는 요청이다.

이스라엘 사람은 누군가 가난하여 자기 기업의 토지를 팔게 될 경우 그의 가까운 친척이 이 토지를 물렀다.(레25:23~34, 룻4:1~6 참조) 여기서 '무른다'(가알)라는 말은 '되사다'라는 의미다.

출애굽한 이스라엘 사람들은 가나안에 들어온 후 지파에 따라 토지를 공정하게 분배받았다.(수13:8~19:51 참조) 이 토지는 여호와 하나님의 것으로 이들은 사용권을 가지고 있을 뿐, 매매를 통해 지파 사이에 소유권을 이전할 수 없었다.(레25:23)

어떤 지파의 사람이 가난하게 되어 토지를 팔아야 할 처지가 되었을 때는 그 가난한 사람의 친척이 그 밭을 되사서 그 토지가 다른 지파로 넘어가지 않도록 해주었다.

이것은 토지뿐 아니라 신체에도 해당되었다. 몸을 팔아야 할 가난한 상황이 되었을 때 가까운 친척이 몸값을 대신 지불하고 그 몸을 되사서 사유롭세 해 주어야 했다.(레25:47~49 참조) 이 때 '무른다'(가알)는 말은 대개 '속량하다'로 번역된다.

이렇게 하여 비록 그 토지의 소유권은 되산 친척이 가지고 있으나 사용권을 가난한 사람에게 되돌려주므로 그의 인권을 보호해주었고 지파간의 경제정의(평등)를 실현하였다.

이러한 '기업 무르기'는 여호와와 이스라엘의 관계에서 명확히 나타난다. 여호와는 이스라엘의 '기업 무를 자'(고엘, 구속자, redeemer, 룻기의 보아스가 '고엘'이다)이시다. 그는 이집트의 종이었던 이스라엘 백성을 되사시고 당신의 백성으로 삼으셨는데 이렇게 이스라엘이 여호와의 백성이 되었다는 것은 그들에게 자유가 주어졌다는 의미다.

예레미야는 하나멜의 말이 자신에게 전달된 여호와의 말씀인 것을 깨닫고 이에 순종하여 하나멜의 밭을 산다. 가격으로 은 17세겔을 달아주어 정당하고 적법하게 거래를 한다.

그리고 증인을 세워 공개적으로 거래를 진행하고, 매매증서를 2매 작성하여 하나는 봉인하고 하나는 봉인하지 않고, 매매증서에 서명한 사람들과 시위대 뜰에 있던 사람늘 앞에서 그 증서를 바룩 Baruch에세 주어 토기에 담아 오랫동안 보존하도록 하였다.(9~14절)

바룩은 예레미야서에는 여기에 처음으로 등장하는 인물이지만, 시기적으로는 이보다 일찍 여호야김 왕 때에 예레미야의 예언을 두 번이나 두루마리 책에 받아 적었고(렘36:4, 45:1), 두루마리에 기록된 예레미야의 말씀을 백성 앞에서 낭독하였던 인물이다.(렘36:10)

훗날 바룩은 유다 멸망 후 이집트로 피신하는 사람들에게 끌려 예레미야와 함께 이집트로 간다.(렘43:1~7) 예레미야와 일생을 함께 했던 바룩은 예레미야의 제자나 비서였을 것으로 짐작한다.

예레미야는 하나멜의 밭을 산 매매증서를 사람들 앞에서 바룩에게 맡기면서 그에게 하나님의 말씀을 전하였다.(13절)

14절과 15절은 둘 다 '만군의 여호와 이스라엘의 하나님이 이같이 말씀하셨다'(코 아마르 야훼 체바오트 엘로헤 이스라엘)로 시작되어, 이어 나오는 말씀의 권위가 여호와 하나님께 있음을 강조한다.

여호와께서 예레미야를 통해 바룩에게 하신 첫 번째 말씀은 매매증서를 토기에 담아 오랫동안 잘 보관하라는 것이며(14절), 두번째 말씀은 사람들이 이 땅의 집과 포도원을 다시 사게 될 것이라는 것이다.(15절) '이 땅'은 유다 땅을 일컫는다.

'다시'(오드) 사게 될 것이라는 것은 예전처럼 자기 집과 포도원을 정상적으로 소유하고 살게 될 것이라는 의미로 일상생활이 회복될 것이라는 뜻이다.

지금 유다왕국은 바벨론이 예루살렘을 에워싸고 있으며 결국 함락될 것이다. 시드기야가 느부갓네살에게 포로로 붙잡혀 가는 미래가 불투명한 상황이다. 예레미야 자신은 시위대 뜰에 갇혀 있다. 그런데 이런 상황에서 사촌 하나멜의 밭을 무르는(가알) 예레미야의 행위는 단순히 '기업의 상속권'을 가진 자로서의 토지매매 행위가 아니었다.

여호와의 말씀을 전하는 선지자로서의 상징적인 행위였다. 비록 예루살렘은 바벨론에 함락되는 재난을 당하겠으나 여호와는 유다백성이 재난을 넘어서 새로운 삶을 살게 되리라는 희망을 예레미야의 매매행위를 통해 미리 보여준 것이다.

2~5절에서 예레미야를 통해 예루살렘의 함락과 시드기야의 비극을 예언하게 하셨던 여호와는, 6~15절에서는 그 비극 이후에 백성들에게 임할 '희망'을 밭을 무르는 예레미야의 상징적 행동을 통해 보여 주신 것이다.

여호와를 향한 예레미야의 기도가 '슬프도소이다'(아하)로 시작하면서(16~17절) 예레미야가 지금 예루살렘과 자신의 현실(2~5절)을 아파하고 있음을 드러낸다. 동시에 그런 어려운 상황에서 아나돗의 밭을 매매하도록 하신 하나님 말씀에 당혹하고 있음을 드러낸다.

그러나 그의 기도는 이내 여호와 하나님께 대한 고백으로 바뀐다.

우선 하나님은 큰 능력과 펴신 팔로 천지를 지으신 분으로 능치 못한 일이 없으시다.(17절하)

'큰 능력과 드신 팔'은 주로 출애굽 사건과 연관되어 사용되는 표현인데(신9:29, 왕하17:36, 렘32:21) 여기서는 렘27:5처럼 여호와의 창조 능력을 표현하는 말로 쓰여 여호와가 창조주이심을 고백한다.

18절에서 예레미야는 여호와의 은혜를 죄악에 대한 보응보다 먼저 언급하므로 '하나님의 은혜'를 강조한다. 또 여호와를 '크고 능하신 하나님'(신10:17, 느9:32 참조), '만군의 여호와'(렘10:16, 31:35)라고 고백하고 있다.(18절)

19절에서는 18절과는 다른 여호와에 대한 고백을 한다. '책략이 크신 분'은 '계획하시는 일이 위대하신 분'이라는 것이며, '하시는 일에 능하신 분'은 '하시는 일이 거창하신 분'이라는 것이며, '인류의 모든 길에 주목하시며 그 길과 그 행위의 열매대로 보응하시는 분'은 '사람들의 모든 길을 살피시고 사람의 길과 행위의 결과에 따라 갚아주시는 분'이시라는 의미이다.(시33:13~15, 62:13, 잠5:21, 겔18:30, 호12:2 참조)

이어 예레미야는 과거 이스라엘을 향한 여호와의 구원역사, 곧 출애굽(20~21절)과 가나안 정복(22절)을 열거한다. 이스라엘을 향한 여호와의 구원 역사는 이스라엘로 하여금 가나안 땅에서 하나님의 백성으로 살도록 하는 것이며, 하나님의 백성인 이스라엘은 하나님의 계명(십계명, 계약법전, 성결법전, 신명기법전)을 준수하여야 했다.

그러나 이스라엘이 여호와의 말씀을 듣지 않고 가르침대로 행하지 않았기에 그들에게 재앙을 내리셨다.(23절) 이제 예루살렘은 점령될 위기에 처해 있으며 칼과 기근과 염병(렘14:12, 21:7, 9, 24:10, 27:8,13, 29:17,18)과 함께 갈대아인의 손에 붙인 바 되었으니 주님의 말씀대로 되었음을 보고 계신다고 한다.(24절)

예레미야는 그의 기도를 통하여 이스라엘을 향한 창조주 하나님의 구원의 은혜를 기억하고 감사하면서도 지금 이스라엘이 그 은혜에 제대로 응답하지 못하여 재난을 당하게 되었다고 안타까워한다.

예레미야 기도의 핵심은 25절이다.

> '주 여호와여 주께서 내게 은으로 밭을 사며 증인을 세우라 하셨으나
> 이 성은 갈대아인의 손에 넘긴 바 되었나이다' (25절)

히브리어 본문의 의미를 살려 번역하면 '그런데도 주 여호와여, 당신께서는 저에게 분부하시기를 돈을 주고 밭을 사고 증인들을 세우라고 하십니다. 이 도성이 갈대아 사람들의 손에 넘어갔는데도 말입니다'이다.

예레미야는 자신에게 임한 여호와의 말씀대로 사촌 하나멜의 밭을 정당하고 공개적으로 구입하였다. 또한 바룩에게 매매증서를 토기에 보존토록 하며 이스라엘 사람들이 지금 당하는 재난을 넘어 정상적인 일상생활을 회복하게 될 것이라는 여호와의 말씀을 전했다.(13~15절)

그런데 25절의 예레미야의 기도는 여호와께서 풍전등화와 같은 민족의 위기 가운데 밭을 사게 하시므로 이스라엘이 회복될 것이라는 희망을 전하시는 하나님의 뜻을 자신은 아직 제대로 이해하지 못하고 있음을 아뢴 것이다.

선지자 예레미야는 여호와의 뜻을 온전히 깨달아서 상징적인 행동으

로 하나님의 뜻을 전한 것이 아니다. 제대로 깨닫지 못하고 이해하기 어려운 말씀이지만 여호와께서 명령하시니 순종하였을 뿐이었다.

예레미야 기도에 대한 하나님의 응답(26~44절)은 예레미야의 고백을 그대로 반복하며 시작된다. '나는 여호와요 모든 육체의 하나님이라 내게 할 수 없는 일이 있겠느냐'(27절, 17절 참조)

이 말씀은 예레미야가 여호와 하나님이 창조주이시기에 능치 못할 일이 없으시고 책략이 크시고 하시는 일에 능하신 분이라고 고백하면서도 예루살렘이 함락되는 상황에서 밭을 사라는 뜻을 이해하지 못하겠다고 하자 하나님께서 당신은 '할 수 없는 일이 없으신 분'임을 다시 확인시켜 주시는 내용이다.

이어진 하나님의 응답은 두 부분으로 나눌 수 있는데 28~35절은 예레미야의 기도의 내용을 그대로 반복하여 긍정하며, 36~44절은 예레미야의 상징적 행동을 통해 보여준 하나님의 뜻이 무엇인지를 구체적으로 밝혀주신다.

28~35절에서 여호와는 24절의 예레미야의 말대로 예루살렘이 느부갓네살에 의해 함락될 것을 말씀하신다.(28절) 하나님의 백성들이 모두 여호와 하나님 섬기기를 거부하고 우상을 숭배하여 하나님의 노를 격발하였기 때문이다.

하나님은 부지런히 그들을 가르쳤으나 그들은 듣지 않으며 하나님의 집에까지 가증한 것을 세워 더럽혔고 심지어 인신희생 제사를 드리기까지 했다.(29~35절)

이제 여호와는 이스라엘 백성을 그 땅에서 옮겨버리시려 한다.(31절) 여기서 '옮기다'(수르)는 '없애 버리다' '지워 버리다'는 뜻으로 멸망시키기겠다는 뜻이다.(왕하17:18, 23, 23:27, 24:3 참조)

36~44절 여호와의 응답은 앞부분과는 전혀 다른 구원의 말씀이다. 예루살렘이 바벨론에 의해 멸망하겠지만 여호와는 그들을 쫓아 보냈

던 모든 곳에서 다시 유다 땅으로 인도하여 안전하게 살게 해주실 것이다.(36~37절) 고국으로 귀환이라는 희망의 약속이다.

여호와의 약속은 단지 고국 귀환으로 끝나지 않는다. 이스라엘은 하나님의 백성이 되고 여호와는 그들의 하나님이 되는 하나님과의 관계가 재정립되고(38절, 렘30:22, 31:33 참조) 여호와께서 이스라엘에게 한 마음과 한 도를 주어 그들과 그들 후손의 복을 위하여 항상 여호와를 경외케 하시겠다고 한다.(39절)

이스라엘이 다시는 여호와를 떠나가지 않도록 렘31:33에 언급된 대로 당신의 법을 그들 마음에 기록하시겠다는 뜻이다.(겔11:19, 36:26 참조)

이와 같은 사실은 40절에서 더욱 분명히 나타난다. 여호와께서 그들에게 **'영원한 언약'**(베리트 올람)을 주시겠다고 한다.

'영원한 언약'은 '노아와의 언약'(창9:16), '아브라함과 그의 후손들과의 언약'(창17:7,13,19), '이스라엘 백성과의 언약'(출31:16, 레24:8, 대상16:17, 시105:10), '다윗과의 언약'(삼하23:5, 사55:3)을 언급할 때 사용된 용어로 여호와는 장차 고국으로 귀환시킬 이스라엘과 이와 같은 언약을 맺으시겠다고 하신다.(렘50:5, 사55:3, 61:8, 겔16:60, 37:26 참조) 다시는 여호와를 떠나지 않고 경외하는 마음을 주시겠다고 하신다.(겔36:26~27 참조)

이스라엘은 복을 받으며 고국으로 돌아오게 되며, 여호와께서 재앙을 내렸듯이 이제는 온갖 좋은 것을 내리시어 갈대아 사람들 손에 넘겨 황폐하게 된 모든 유다 땅에서 사람들이 밭을 사서 계약서를 꾸미고 봉인한 다음 증인을 세우게 될 것이다. 여호와께서 그들의 운명을 돌려놓으셨기 때문이다.(41~44절)

예레미야의 기도에 대한 여호와의 응답은 밭을 사는 자신의 상징적 행동의 의미를 이해하지 못하는 예레미야 개인에게 하신 설명인 동시에, 그 행동이 의미하는 대로 장차 여호와께서 이스라엘에게 행하실 위대한 일을 분명히 보여주는 약속이다.

여호와는 할 수 없는 일이 없는 분으로(17, 27절) '심판'과 '회복' 모두를 행하신다.

그러나 하나님이 행하실 회복은 단순한 고국 귀환과 일상생활의 회복이 아니라 예레미야의 '토지 무르기'를 통하여 알 수 있듯이 하나님의 백성으로서의 이상이 실현되는 온전한 회복이다.

레25:23~34의 토지 무르기 규정은 여호와 하나님을 왕으로 섬기는 신정정치와 12지파 동맹 체제를 이루었던 광야시절에 이스라엘 백성들 중에 가난한 자들을 돕는 **'이웃 환대법'**(hospitality)의 일환으로 경제정의와 평등을 통한 평화를 추구하는 규정이었다. 이것을 실행함으로 이스라엘은 하나님의 선민 역할을 하였던 것이다.

그러나 가나안에 들어온 후 도시문화와 함께 지파연합이 붕괴되고 인간의 왕정이 시작되면서 백성들 사이에 평화가 깨졌다. 여호와는 비벨론 포로 이후에 그들을 귀환시키고 관계를 새롭게 하고 영원한 언약을 맺으며 토지를 매매하게 하므로 이스라엘을 광야시절과 같은 이상적인 백성으로 만드시겠다는 뜻을 바로 예레미야의 토지 무르기를 통해 보여준 것이다.

이스라엘을 향한 여호와의 꿈은 갈릴리에서 복음을 전파하시며 하나님 나라를 건설하신 예수님을 통해 현실적이고 구체적으로 실현되었다.(눅4:16~21 참조)

●●●여호와의 회복의 말씀 렘33:1~26

렘33장은 렘32장에 이어 '이스라엘의 위로와 회복'을 주제로 다룬다. 또한 배경도 렘32장과 동일하다.(렘32:1~2, 렘33:1 비교)

렘33장의 전체 내용은 예레미야가 전한 여호와의 말씀으로 설교 형식의 산문으로 되어 있으며, '여호와의 말씀이 예레미야에게 임하니라'라는 도입문이 1, 19, 23절에 언급되어 있어 이것을 기준으로 1~18절, 19~22절, 23~26절로 구분할 수 있다.

1~18절 안에는 '이같이 여호와께서 말씀하시니라'(코 아마르 야훼)가 다섯 번(2, 4, 10, 12, 17절), 또한 '여호와의 말이니라'(네움 야훼)가 두 번(11, 13절) 언급되어 있어, 1~18절을 1~3절, 4~9절, 10~11절, 12~13절, 14~16절, 17~18절의 여섯 단락으로 구분할 수 있다.

그러나 10~11절과 12~13절이 내용이 비슷하고, 14~16절과 17~18절은 새로운 통치자에 대한 여호와의 약속이기에 이것들을 하나로 묶어 1~3절, 4~9절, 10~13절, 14~18절의 네 단락으로 구분하기도 한다. 특히 14~26절까지는 70인역(LXX)에 는 생략되어 있다.

예레미야가 렘32:2에서처럼 왕궁 시위대 뜰에 갇혀 있을 때 '두번째로'(쉐리) 여호와의 말씀이 임하였다.(1절)

1절은 렘33장의 배경이 렘32장과 동일함을 알려준다. 예레미야는 자신에게 임한 여호와의 말씀을 전하기에 앞서 여호와가 어떤 분이신지를 설명한다. 이것은 렘32:17~19에서 예레미야가 여호와께 기도하기에 앞서 여호와가 어떤 분이신지를 밝힌 것과 같다.

예레미야는 2절에서 '일을 행하시는 여호와, 그것을 만들며 성취하시는 여호와, 그의 이름을 여호와라고 하는 이'라고 밝히고 있다.

히브리어 본문에는 '그것을 행하시는 분, 그것을 지어 굳게 하시는 분, 그 이름은 여호와다'로 되어 있어 '그것'이 무엇인지 불확실하다.

70인역에서는 '땅을 지어 굳게 하시는 분'으로 옮겨 여호와는 무슨 일이든 당신의 뜻대로 이루시는 창조주이심을 밝힌다.

이제 창조주 여호와께서 예레미야에게 말씀하셨다.

> '너는 내게 부르짖으라 내가 네게 응답하겠고
> 네가 알지 못하는 크고 은밀한 일을 네게 보이리라' (3절)

'부르짖다'(카라)는 말은 여호와께 어려움을 토로하며 도움을 요청할 때 사용되는 말이다.(신4:7, 15:9, 24:15, 삿16:28, 삼상12:17,18, 왕상8:43, 52, 왕상17:20,21, 시4:3, 28:1, 30:8, 55:16, 86:3, 99:6, 120:1 등 참조)

그러므로 '부르짖으라'는 말은 '기도하라'는 말로 그동안 예레미야에게 백성을 위해 기도하지 말라고 하셨던(렘7:16, 11:14, 14:11) 여호와께서 이제는 기도하라고 당신께서 응답하시겠다고 '네가 알지 못하는 크고 비밀한 일을 네게 보이리라'고 하신다.

히브리어 본문에서는 '네가' 가 아니라 '너희가'로 되어 있어, 예레미야 개인이 아니라 이스라엘 전체가 미처 생각하지도 못할 엄청난 놀라운 일을 나타내시겠다고 하신다.

예레미야의 기도가 응답되어 크고 은밀한 일을 나타내 보이시겠다는 것은 여호와께서 이스라엘을 구원하시겠다는 약속이다. 렘30장 이하에서 계속 언급되었듯이 이스라엘 백성의 죄악으로 인한 심판을 넘어 이제 그들에게 하나님의 위로와 희망의 역사가 펼쳐질 것이다.

4~9절은 여호와께서 보이시겠노라는 크고 비밀한 일이 무엇인지 알려주는 첫번째 내용이다. 4~5절에서 갈대아 사람들의 침입을 막고 싸우려다 헐어지고 여호와의 진노로 죽은 시체로 채우게 된 '이 성읍'은 '예루살렘 성읍'이다.

예루살렘 성읍이 그렇게 된 것은 여호와로 말미암은 것이다. 예루살렘 성읍 사람들의 모든 악을 인하여 여호와께서 그의 얼굴을 가려 그 성을 돌아보지 않았기 때문이다.

여호와께서 **'얼굴을 가리신다, 또는 숨기신다'**는 표현은 은혜를 베풀지 않으시고 내버려 두신다는 의미다.(신31:17, 18, 32:20, 시10:11, 27:9, 30:7, 44:24, 69:17, 88:14, 102:2, 143:7, 사8:17, 54:8, 57:17, 64:7, 겔39:23, 24, 미3:4 등 참조)

예루살렘 성읍의 멸망은 바벨론 군대의 강력한 힘 때문이 아니라 백성들의 죄악에 대한 여호와 하나님의 심판이다.

그런데 6~9절에서 여호와는 이런 예루살렘 성읍을 회복시키시겠다고 하신다. '그러나 보라 내가 이 성을 치료하며 고쳐 낫게 하고 ~'(6절상)에서 히브리어 본문에는 '그러나'가 없지만 내용적으로 '그러나'를 넣어 예루살렘 성읍에 임할 반전을 표현했다.

예루살렘 성읍의 치료와 고침은 렘30:17과 비슷한 내용으로 구약에서는 이 두 곳에서 발견된다. 고침받은 예루살렘 성읍에 평안과 진실이 풍성함을 나타낼 것이다. '평안과 진실'(살롬 에메트)은 '평화와 안전'을 의미하여, 예루살렘은 이제 여호와께서 베푸시는 풍성한 평화와 안전을 누리게 될 것이다.

여호와께서 유다와 이스라엘의 포로를 돌아오게 하여 두 왕국이 붕괴되기 이전처럼 다시 세우시기 때문이다.(7절) 그들을 여호와께 범한 모든 죄악에서 정하게 하시어(8절) 세계 열방 앞에 여호와의 기쁜 이름과 찬송과 영광이 되게 하신다.(9절) 열방이 예루살렘에 베푼 여호와의 모든 복과 평안으로 인하여 두려워할 것이다.(9절)

이것은 하나님의 도성 예루살렘의 온전한 회복을 의미한다. 죄악으로 인해 버리시고 심판하셨다는 4~5절과 정반대가 되는 것으로 예루살렘과의 관계 회복이 여호와가 보이실 '크고 비밀한 첫번째 일'이다.

여호와께서 말씀하시는 10절의 '여기'가 어떤 곳인가? 이곳은 4~5절에 언급된 예루살렘 성읍으로, 본문에서는 '너희가 가리켜 말하기를 황폐하여 사람도 없고 주민도 없고 짐승도 없던 유다 성읍들과 예루살렘 거리'라고 설명하고 있다.(10,12절)

이곳에서 다시 소리(콜)가 들리게 된다고 한다. 다시 들리게 될 소리가 '즐거워하는 소리', '기뻐하는 소리', '신랑의 소리', '신부의 소리', '만군의 여호와께 감사하라 여호와는 선하시니 그 인자하심이 영원하다 하는 소리', '여호와의 성전에 감사제를 드리는 자들의 소리'이다.

이런 소리가 예루살렘과 유다 성읍에서 들려온다는 것은 렘7:34에 언급된 하나님의 심판으로 인한 재난의 때가 끝나고 완전한 회복의 때가 왔음을 의미한다.

이런 완전한 회복이 이루어지는 근거는 11절 하반절 곧 '이는 내가 이 땅의 포로를 돌려보내어 지난날처럼 되게 할 것임이라'이다. 히브리어 본문의 의미는 '내가 이 땅의 운명을 처음처럼 되돌릴 것이기 때문'이다.

이어 예레미야는 다시 황폐한 유다의 모든 성읍을 언급하며 그곳에 다시 '목자가 살 곳이 있으리니 그의 양떼를 눕게 할 것이라'(12절)고 회복의 내용을 첨가한다.

이 말의 히브리어 본문의 의미는 '목자들이 양떼를 쉬게 할 목장이 다시 생겨날 것'이다. 유다 땅에서 중요한 직업은 목축업이었는데 황폐했던 성읍까지 목장이 생기게 되므로 성읍이 번영하는 회복이 이루어진다는 뜻이다.

그리하여 유다의 모든 곳, 곧 산지 성읍들, 평지 성읍들, 네겝의 성읍들, 베냐민 땅, 예루살렘 사면, 유다 성읍들에서 '양 떼가 다시 계수하는 자의 손 아래로 지나리라'는 것이다.(13절)

목축업의 번성으로 유다의 모든 성읍들이 놀라운 경제적 번영을 누리게 될 것이다. 이것이 여호와께서 이스라엘에 나타내실 '크고 비밀스런 두번째 일'이다.

14절은 '보라 내가 이스라엘 집과 유다 집에 대하여 일러 준 선한 말을 성취할 날이 이르리라'고 말씀하시어 여호와의 회복이 남 유다(예루살렘)을 넘어 북 이스라엘까지 확대됨을 알린다.

여호와께서 이른 선한 말은 무엇인가? 15절과 연관지어 볼 때 렘23:5~6의 약속으로 보인다. 때가 이르면 다윗에게 '한 공의로운 가지'(체마흐 차디크) 즉 다윗의 후손에서 통치자가 나와 유다뿐 아니라 이스라엘까지 정의와 공의로 다스릴 것이라는 약속이다.

그리하여 '그날에 유다가 구원을 받겠고 예루살렘이 안전히 살 것이며 이 성은 여호와 우리의 의라는 이름을 얻으리라'고 한다.(16절)

16절은 렘23:6과 차이가 있다. 렘23:6에서는 평안히 거할 것은 '이스라엘'인데 16절에는 '예루살렘'이며, 렘23:6절에서 '여호와 우리의 공의(여호와 치드케누)라 일컬음 받으리라'는 이, 즉 '다윗에게서 난 한 의로운 가지'인데, 16절에서는 '예루살렘'이라고 함으로 '예루살렘의 회복'을 강조하고 있다.

예루살렘을 강조하는 이유는 17~18절에 언급되어 있듯이 예루살렘이 정치 종교의 중심지로 이곳에 다윗의 후손에서 통치자가 다시 등장하고 또한 이곳에 레위 지파 제사장이 다시 등장하게 되기 때문이다. 이것이 여호와께서 보이실 '크고 비밀한 세번째 일'이다.

19절이 '여호와의 말씀이 예레미야에게 임하니라'로 시작되고, 23절 또한 동일한 말씀으로 시작하므로 19~22절과 23~26절은 다른 단락으로 나눠야 한다.

20절의 '나 여호와가 이같이 말하노라'는 히브리어 성서에는 '나'가 없다.

여호와는 사람들이 여호와의 창조 질서를 깨뜨릴 수 없듯이 당신의 언약은 결코 파기되지 않을 것이라고 하신다. 20절의 '너희가 낮과 밤에 대한 여호와의 약정을 파하여 주야로 그때를 잃게 할 수 있을진대'에서 '약정'(베리트 – 언약)은 낮과 밤이 지속적으로 바뀌면서 영원히 존재하도록 제정해 놓으신 여호와의 질서(자연법)를 말한다.(창8:22 참조)

이 여호와의 질서를 사람이 깨뜨릴 수 없듯이 여호와께서 다윗과 맺은 언약(베리트)과 레위인 제사장과 맺은 언약(베리트)은 파기되지 않는 영원한(올람) 약속(베리트)이다. 여기서 다윗과 맺은 언약이란 17절에서 말씀하신 '다윗계약'(Davidic covenant)을 말한다.(삼하7:13~16, 삼하23:5 참조)

레위인 제사장과 맺은 언약은 아론의 후손 비느하스 Phinehas와 그의 자손과 맺은 언약으로 그들에게 영원한(올림) 제사장 직분을 주시겠노라는 약속이다.(민25:10~13 참조)

다윗 후손에서 통치자가 나오고 레위 후손에서 제사장이 나오리라는 약속, 즉 17~18절에 언급된 정치 종교의 회복이 다시 강조된 것이다.

여호와는 한걸음 더 나아가 '하늘의 만상'(차바, 군대를 의미하는 말이나 여기서는 천체를 나타냄)을 셀 수 없고 바다의 모래를 헤아릴 수 없듯이 여호와의 종 다윗의 자손과 여호와를 섬기는 레위인을 번성케 하리라'고 하신다.(22절)

다윗과 레위의 후손에서 왕과 제사장이 끊기지 않으리라는 약속을 넘어 이 두 계열의 후손이 번성될 것이라는 약속은, 다윗과 레위가 특별히 선택된 사람들로 하나님의 선민이 번성할 것임을 의미한다.

여호와는 예레미야에게 24절에서 '이 백성이 여호와께서 택하신 두 가계를 버리셨다고 말하는 것을 생각하지 않았느냐?'고 질문하신다.

여기서 '가계(미쉬파하)는 혈연으로 맺어진 가문이나 씨족을 의미하는데, 21~22절과 연결시켜 보면 다윗과 레위 집안을 일컫는 것 같지만,

26절에서 다윗만을 거론하고 레위는 거론하지 않으며, 24절 하반절에 '그들이 내 백성을 멸시하여 자기들 앞에서 나라로 인정하지 아니하도다'에서 '내 백성'(암미)과 '나라'(고이)가 언급되므로, 두 족속은 렘30:3에서처럼 '이스라엘과 유다'를 의미하는 것으로 본다.

예언자들의 관심이 두 국가, 곧 이스라엘과 유다로 이루어진 하나님의 백성이라는 것으로도 짐작된다.(렘3:6~18, 33:14, 사8:14, 겔23장, 35:10, 37:15~28 참조)

25~26절은 20~21절과 비슷한 형태로 이스라엘의 회복이 강조된다. 25절은 '여호와께서 낮과 밤과 계약을 맺지 않고 하늘과 땅의 법칙(후카, 질서를 의미함)을 정해 놓지 않았다면'이라는 뜻이다. 그렇다면, '야곱과 다윗의 후손을 내치고 아브라함과 이삭과 야곱 자손을 다스릴 자를 다윗의 후손에서 뽑지 않았을 것이라'는 말씀이다.

그러나 여호와는 그들을 불쌍히(라함) 여겨 그들의 운명을 되돌리시겠다고 한다(26절).

렘33장의 내용인 회복의 약속은 예루살렘이 바벨론 군대에 함락되기 직전이며 예레미야 역시 시위대에 갇혀 미래가 불투명한 상황이다. 이 회복의 약속은 예루살렘(유다)을 넘어 북 이스라엘에게까지 미치는 것이요, 정치 종교의 회복까지 이어지는 완전한 회복이다. 여호와 하나님은 절망을 넘어 희망과 위로를 선포하시는 긍휼하신 분이시다.

여호와의 약속은 참 왕이시자 참 제사장이신 예수 그리스도를 통해 궁극적으로 성취되었다. 또한 그리스도를 믿고 따르는 택하신 백성인 모든 그리스도인들은 역시 '왕 같은 제사장들로 하나님의 긍휼을 얻은 자'(벧전2:9~10)로 이 땅에서 번성할 것이다.

●●●시드기야의 운명 렘34:1~22

렘30~33장까지는 이스라엘을 향한 여호와의 위로와 회복의 말씀이 중심 내용이었다. 그러나 렘34~39장에는 예루살렘의 함락과 유다의 멸망으로 내용이 바뀐다.

이러한 배열은 이스라엘을 향한 여호와의 회복은 그들의 죄악에 대한 심판이 전제되어야 하기 때문이다. 유다의 멸망이라는 참혹한 현실은 여호와의 심판 뒤에 찾아올 위로와 회복을 기대하게 한다.

렘34~39장의 배열은 연대적 순서에 따르지 않는다.

렘34장은 시드기야 말엽이며(아마 9~10년 경), 렘35~36장은 여호야김 때이며(35:1, 36:1), 렘37~39장은 다시 시드기야 시대로 돌아와 그의 즉위로부터 예루살렘 멸망을 연대기적 순서에 따라 기록하고 있다.

특히 렘34, 35, 36장은 첫머리가 '여호와로부터 말씀이 예레미야에 임하니라'로 시작하여 여호와의 말씀을 다루고 있으나, 시드기야 즉위부터 예루살렘 멸망을 다루는 렘37~39장까지는 예레미야에 임한 말씀이 아닌 그 때에 일어난 사건들을 다루므로 렘34~36장과 렘37~39장은 분명히 구분된다.

이런 까닭에 학자들은 렘34~36장을 한 단위로 묶어 내용을 이해하려고 한다. 렘34장은 시드기야와 그의 방백들의 잘못된 행동에 대한 여호와의 심판의 말씀을 다루고, 렘36장은 여호야김의 부정적인 행동에 대한 여호와의 심판의 말씀을 다루며, 렘35장은 조상들의 명령에 순종하는 레갑 족속들을 축복하는 여호와의 말씀을 다룬다.

레갑 족속들의 축복을 다루는 렘35장을 여호와의 명령에 불순종하여 심판을 당하는 시드기야를 다루는 렘34장과 여호야김을 다루는 렘36장 가운데 배열하어, 순종과 불순종의 결과가 어떤 것인지를 대조하고 있다.

즉 조상의 명령에 자손대대로 순종한 레갑 족속들은 축복을 받는데 비해 여호와의 명령임에도 불순종한 유다는 멸망당할 수밖에 없음을 대조시키고 있다. 렘34~36장은 렘37장부터 이어지는 유다에 대한 여호와의 심판이 불가피한 일임을 알려준다.

또한 도시문화를 거부하고 떠돌이 생활을 하는 자손의 순종과 다윗의 후예인 왕들의 불순종을 극명하게 대조시켜, 무엇이 약속을 따라 사는 삶인지, 또 불순종하면서 다윗계약이 지켜질 것을 기대하는 것이 얼마나 헛된 일인지를 알려준다.

렘34장은 시드기야의 운명을 예고한 1~7절, 그리고 유다 방백들의 불의에 대한 여호와의 심판을 다룬 8~22절로 나눌 수 있다.

렘34장의 배경은 바벨론의 느부갓네살이 예루살렘과 유다의 성읍들을 공격하고 있을 때로 시드기야 왕 9년 경(기원전 588년)으로 본다.(렘52:4=왕하25:1 참조)

이때 예레미야에게 여호와의 말씀이 임하였는데, 그 내용은 시드기야에게 장차 그가 당할 운명에 대하여 알려주라는 것이었다. 예루살렘성이 느부갓네살에 함락되고 시드기야는 그에게 사로잡혀 직접 심문을 당하고 바벨론으로 끌려갈 것이고 평안히 죽게 될 것이라는 말씀이다.

백성들이 그의 죽음에 예의를 갖춰 분향할 것이라고 하신다.(2~5절)

이와 같은 말씀은 시드기야가 후일 당하는 실제 상황과는 다르다. 시드기야는 느부갓네살에게 사로잡혀 목전에서 아들들이 살해되는 것을 보고는 두 눈이 뽑힌 채 바벨론으로 끌려가 죽을 때까지 포로로 살았다. 그의 삶은 결코 평안한 삶이 아니었다.(왕하25:7 참조)

몇 학자들은 4~5절을 조건부 약속으로 해석하여, '만일 네가 여호와의 말씀을 들으면~ 네가 평안히 잠들 것이요'로 해석하기도 한다.(Rueggemann이 대표적 학자다.)

어쨌든 이렇게 예레미야는 여호와의 명령대로 시드기야에게 그의 운명에 대해 알렸다.

당시는 바벨론 군대가 예루살렘과 유다의 모든 성읍을 공격하고 있었고, 유다 성읍 중 남은 성읍은 예루살렘을 둘러싸고 있는 요새 중 라기스 Lachish와 아세가 Azekah 뿐이었다.(6~7절) 유다의 멸망과 함께 시드기야의 운명에 암운이 깃든 때이다.

1~7절은 단순히 시드기야의 운명을 예고한 여호와의 말씀이라기보다는 8~22절 사건의 시대적 배경이라고 볼 수 있다.

8절은 '시드기야 왕이 예루살렘에 있는 모든 백성과 한가지로 하나님 앞에서 계약을 맺고 자유를 선포한 후에 여호와께로부터 말씀이 예레미야에게 임하니라'고 시작하고, 9~11절은 그 말씀이 임한 상황을 좀 더 구체적으로 알려준다.

그리고 12~22절은 예레미야에게 임한 말씀의 구체적인 내용이다.

시드기야가 예루살렘에 있는 모든 백성(10, 19, 21절에는 고관들, 환관들, 제사장들이 포함되어 있어 예루살렘에 살고 있던 부유한 지도층을 총칭함)과 더불어 언약을 맺었다.

그 언약이란 그들이 거느리고 있던 히브리(사회의 최하층 사람들을 일컫는 용어) 노예들을 해방시키고 동족 유다인을 종으로 삼지 못하도록 하는 것이었다. 곧 '자유'(데로르)를 선포하였다. 그런데 얼마 후에 이들이 마음이 변하여 자유케 하였던 노예들을 다시 노예로 삼았다.(8~11절)

시드기야가 자유를 선언하는 언약은 '내 이름으로 일컬음을 받는 집에서 내 앞에서'(15절) 곧 예루살렘 성전에서 엄숙하게 행해졌으며, '송아지를 둘로 쪼개고 그 사이를 지나는'(18절) 고전적인 언약체결의식(힛타이트의 종주권 계약의식)으로 거행되었다.

이런 언약체결의식은 만약 계약 당사자가 언약을 지키지 않을 때에는 쪼갠 짐승과 똑같이 징계받을 것임을 상징적으로 나타내는 것이었다. '~ 사이를 자르다'(베리트 카라트)라는 말에서 '자르다'(카라트)가 사라지고 '~ 사이'(between)에 라는 '베리트'가 명사화되어 오늘날 **'언약'**(베리트)이라는 단어가 탄생되었다.(창15장 참조)

시드기야와 예루살렘 지도층들의 이와 같은 언약의식은 바벨론에게 함락당할 위기에 처해 있는 상황에서 노예들의 반항을 우려한 정치적인 조치였거나, 여호와 하나님 앞에 회개함으로 위기를 벗어나려는 신앙적인 행위였을 것이다.

이것은 '여호와의 목전에 정당히 행한 일', 곧 올바른 일이었다.(15절)

노예에게 자유를 선언하는 이 언약은 출애굽 이후 바로의 노예로부터 자유하게 해주신 여호와와 이스라엘 사이에서 맺은 언약을 바탕으로 한다.(13~14절)

히브리 노예를 칠년 째에는 해방시켜 자유롭게 해주라는 율법은 출21:2~11, 레25:39~43, 신15:12~18에 언급되어 있다. 그러나 출21:2~11 말씀은 남자 노예에게만 적용된 규례이며, 신15:12~18은 출21장의 경우와 동일하게 일한 년 수에 따라 각 사람에게 적용되는 규례이기에 시드기야와 백성들이 행한 '일시에 모든 남녀 노예들을 해방시킨' 이 행사와는 차이가 있다.

14절에 의하면 예루살렘 사람들은 그때까지 노예해방 규례를 단 한 차례도 지키지 않았다. 시드기야의 자유선포는 모든 노예들에게 동시에 일괄 적용된 조치였을 것이다.

따라서 시드기야의 자유선포는 레25:39~43의 희년(요벨) 예식으로 행해졌음을 짐작할 수 있다. 일부 학자들은(Holladay, Bergsma) 기원전 588년 또는 587년에 이 일이 있었을 것으로 보고 그 해가 안식년이나 희년이었을 것이라고 주장한다.

희년에는 모든 이스라엘 백성이 오직 여호와 하나님의 종으로서 여호와께서 맡겨주신 땅을 소유하고 자유의 몸으로 가족과 함께 살아가게 된다. 이 자유에는 그 누구도 제외되지 않는다.

이렇듯 희년의 자유는 추상적이거나 관념적인 개념이 아니라 구체적이고 실제적인 것으로 가나안 땅에 들어올 때 모든 하나님의 백성들에게 주어진 평등, 평화, 자유의 상황을 회복하는 일이었다.

시드기야와 유다 백성들은 비록 늦기는 했지만 멸망이 목전에 다다른 상황에서 지금까지 실행하지 않았던 노예에게 자유를 선포하는 행사를 통하여 여호와 앞에 선한 일을 행하였다.

지금까지 자신들의 잘못을 '회개'(슈브)하여 하나님께로 '돌이키는'(슈브) 행위였다.(15절의 '그러나 너희는 이제 돌이켜 내 목전에 정당히 행하여 ~'에서 "돌이켜"는 "슈브" 동사가 사용되었다.)

포로에서 귀환한 이스라엘이 예루살렘 성벽을 재건할 때 느헤미야의 주도로 귀족들이 가난한 백성의 빚을 탕감하여 땅을 되돌려주는 조치를 취할 때 '돌아가다' '돌이키다'라는 의미의 '슈브'동사가 두 번 사용되었는데(느5:11, 12절) 이 동사는 레25장의 희년 행사와 관련하여 여러 번 사용되었다.(레25:10,13,27,28,41,51,52)

그런데 렘34장에서 이 동사가 시드기야와 백성의 '돌이킴'으로 사용된 것은 우연한 일이 아니다. 레25장에서 하나님께로 돌아간다는 것은 잃었던 땅과 잃었던 자유를 원래대로 '돌아가게 하는 것'이며, 느5장에서 하나님을 경외하는 삶이란 가난한 동족에게 저당 잡았던 땅과 이자들을 되돌려주는 행위로 나타난다.(느5:9~12)

그러므로 여호와께로 돌아가는 것은 구체적인 행동(삶)의 변화를 수반하는 것이며, 시드기야와 유다 백성들이 노예에게 자유를 선포한 것은 여호와 앞에 선한 행위였다.(15절)

일찍이 예레미야는 성전설교를 통하여 여호와가 원하시는 일은 예루살렘 성전을 일컬어 '여호와의 집'이라고 칭송하며 여호와의 안전을 구하는 것이 아니라, '길과 행위를 바르게 하여 이웃들 사이에 정의를 행하며 이방인과 고아와 과부를 압제하지 아니하는 것'임을 선포하였다.(렘7:1~6)

비록 늦기는 했으나 시드기야의 자유선언을 통한 희년예식은 여호와께로 돌이키는(슈브) 행위라 하겠다.

시드기야와 백성들이 예루살렘 함락과 유다의 패망이라는 위기 상황에서 여호와께로 돌이켜 노예들에게 자유를 선포했으니 이제 여호와께서도 이스라엘을 돌아보셨다.

바벨론의 느부갓네살이 예루살렘 포위를 풀고 떠나갔다.(21절하, 렘37:5 참조) 바벨론의 느부갓네살이 이집트의 바로 호프라 Hophra(기원전 589~570년)가 유다를 지원하기 위해 군대를 출전시키자 이를 막기 위해 잠시 예루살렘을 떠난 일은 여호와께 돌이킨 이스라엘에 대한 여호와 하나님의 돌이킴과 관련이 있다.

바벨론 군대의 후퇴는 히스기야의 기도로 예루살렘을 포위하고 있던 아시리아의 산헤립 Sennacherib 군대가 본국으로 귀환한 사건을 연상시킨다.(왕하19장, 사37장 참조)

바벨론 군대가 잠시 예루살렘을 떠난 이 사건은 시드기야와 백성들에게 자신들의 회개에 대한 여호와의 응답이며, 또한 예루살렘 성전은 결코 함락되지 않고 영원할 것이라는 다윗계약을 재확인한 계기가 되었을 것이다.

그런데 느부갓네살이 예루살렘을 떠나자(21절하) 시드기야와 백성들이 자유선포를 취소하고 풀어주었던 노예들을 다시 끌어다가 노예로 삼았다.(11절) 상황이 호전되자 노예라는 경제적 가치에 눈을 돌리게 된 것이다.

11절의 '후에 그들의 뜻이 "변하여"(슈브) 자유를 주었던 노비를 "끌어다가"(슈브) 복종시켜(카바쉬, 억누르다는 의미) 다시 노비를 삼았더라'에는 흥미롭게도 '돌아가다'라는 '슈브' 동사가 두 번 사용되어, 백성들이 그 뜻을 '돌이켰으며' 풀어주었던 노비들을 '돌아오게 했다'고 밝힌다.

위기를 맞이했을 때 그들은 여호와께 '돌이켜' 노비들에게 자유를 선포했으나 상황이 호전되자 경제적 유익에 눈이 멀어 그들의 마음을 다시 '돌이켰으며' 풀어주었던 사람들을 다시 '돌아오게 하여' 노예로 삼았던 것이다.(15~16절)

이스라엘 백성들에게 칠 년에는 노예에게 자유를 주라는 명령은 그들을 바로의 노예에서 해방시키신 여호와 하나님의 명령이었다. 그러므로 풀어주었던 노예를 다시 노예로 삼은 행위는 여호와로부터 받은 은혜에 대한 배반인 동시에, 그들에게 자유를 주신 여호와의 이름을 더럽히는 패역한 행위였다.(16절)

그러므로(라켄, '라켄'은 죄를 지적한 후 재난을 예고하실 때 앞세우는 접속어임) 여호와께서 시드기야와 백성들을 향하여 심판을 선언하신다.

'너희가 나에게 순종하지 아니하고 각기 형제와 이웃에게 자유를 선포한 것을 실행하지 아니하였은즉 내가 너희를 대적하여 칼과 전염병과 기근에게 자유를 주리라'(17절)

그들이 이웃들에게 자유를 선언하지 않았기에 이제 여호와가 칼과 염병과 기근에게 자유를 선언하신다는 의미다. 시드기야와 백성들은 더 이상 여호와의 백성이 아니다. 여호와의 돌보심에서 자유하게 된 이들은 더 이상 약속의 땅 가나안으로 돌아가지 못하고 열방 중에 흩어지게 될 것이라는 말씀이다.

또한 짐승을 둘로 쪼개고 그 사이를 지나가는 언약체결예식이 상징적으로 보여주듯이 이제 그들을 원수의 손, 곧 그들의 생명을 찾는 느부갓네살의 손에 붙일 것이라는 말씀이다.(18~21절)

여호와는 예루살렘을 떠났던 바벨론 군대로 '다시 오게'(슈브) 하실 것이다.(22절) 시드기야와 백성들이 풀어준 노예들을 '다시 오게'(슈브) 하니 그들을 떠났던 느부갓네살 군대를 '다시 오게'(슈브) 하신다고 한다.

영원할 것으로 믿었던 예루살렘 성전은 초토화되고, 영원한 언약으로 믿어 그릇된 평화를 기대했던 다윗 왕조는 무너지게 된다.

또한 여호와의 말씀을 전하므로 많은 시간을 옥에 갇혀 있던 예레미야는 예루살렘이 바벨론 군대에 함락된 후 자유의 몸이 되고, 다윗 왕조가 무너지고 이스라엘이 바벨론의 통치를 받게 되자 한 뼘 땅도 없던 가난한 사람들은 경작할 땅을 분배받게 된다.(렘39:1~14 참조)

유다의 멸망은 예레미야를 통하여 선포된 여호와의 뜻이었다.

시드기야와 백성들의 패역함으로 그 멸망은 현실이 된다. 여호와가 정한 유다의 심판을 사람이 바꿀 수 있느냐 없느냐를 떠나 시드기야와 백성들이 해야 할 일은 하나님이 기뻐하시는 선한 일이었다.

유다의 멸망과 시드기야의 불행한 종말은 세속적 욕망에 사로잡혀 하나님의 언약을 파기하고 불순종한 결과라 하겠다.

●●●레갑 Rechabites 족속들의 순종 렘35:1~11

렘34장에서 시드기야와 그의 고관들의 잘못된 행동에 대한 여호와의 심판을 다룬 데 이어서, 렘35장은 조상들의 명령에 순종하는 레갑 족속들을 축복하는 여호와의 말씀을 다룬다.

레갑 족속들의 축복을 다루는 렘35장은 여호와의 명령에 불순종하여 심판을 당하는 시드기야를 다루는 렘34장과 여호야김을 다루는 렘36장 가운데 배열되어, 순종과 불순종의 결과가 어떤 것인지를 대조하고 있다.

'시드기야 – 레갑 족속 – 여호야김'(a-b-a')의 구조를 통해 렘37장부터 이어지는 유다심판의 불가피함을 알려주고 있다.

렘35장은 레갑 족속들의 순종을 다루는 1~11절, 유다와 예루살렘 사람들의 불순종을 다루는 12~19절로 나눌 수 있다.

여호야김 때에 여호와로부터 예레미야에게 레갑 족속에게 가서 그들에게 말하고 성전 어느 방으로 데려가 포도주를 마시게 하라는 말씀이 내려졌다.(1~2절) 예레미야가 레갑 족속에게 포도주를 마시도록 권한 것은 우연한 일이 아니라 철저히 하나님의 명에 따른 것으로 베띠(렘13:1~11), 토기장이(렘18:1~11), 오지병(렘19:1~15), 멍에(렘27:1~15) 등과 함께 일종의 선지자의 상징적 행동이라 하겠다.

예레미야는 레갑 족속의 대표자격인 야아사냐(선지자 예레미야의 아들이 아님), 그 형제들과 그 모든 아들과 온 레갑 족속을 데려다가 성전에 있는 하나님의 사람 하난의 아들들의 방에 포도주 잔을 베풀고 마시기를 권면했으나 레갑 족속들은 거부했다.(3~5절)

'하나님의 사람'이라는 용어는 '하나님께 가까이 서 있는 사람'을 지칭하는 용어로 모세(신33:1, 수14:6, 대상23:14, 대하30:16, 스3:2, 시90:1), 다윗(대하8:14, 느12:24, 36), 사무엘(삼상9:6~10), 엘리야(왕상17:18, 24, 왕하1:9~13), 엘리사(왕하4:7~13:19), 스마야(왕상12:22) 등에 나타난다.

하난 Hanan은 당시 존경받던 종교지도자로 예레미야와 친분이 있던 사람으로 보인다.

레갑 족속들은 포도주를 마시지 않을 뿐 아니라, 평생 거처할 집도 없이 장막에 거하며, 밭에 작물을 재배하지 않으며 포도원을 가꾸거나 소유하지 않는다. 그들의 선조인 레갑의 아들 요나답 Jonadab(=Jehonadab)이 그렇게 살도록 명령하였으며, 그렇게 나그네로 살 때 거주하는 땅에서 오래 살게 될 것이라고 가르쳤기에 그대로 순종한 것이다.(6~10절)

그들이 지금 예루살렘에 있는 이유는 바벨론 느부갓네살이 주변 속국들을 이끌고 유다를 침공했을 때 피신해 왔기 때문이다.(11절, 왕하24:1~2 참조)

레갑 족속은 어떤 사람들인가? 레갑 족속의 선조 요나답(여호나답의 약칭)은 예후 Jehu의 반란과 관련되어 등장하는 인물이다.

엘리사 Elisha에 의해 기름부음 받은 예후는 아합 Ahab의 아들 요람 Joram(=Jehoram)뿐 아니라 사돈 관계인 유다왕 아하시야 Ahaziah, 그리고 그의 형제들과 바알 숭배의 원흉인 이세벨 Ezebel을 살해하였다.

이렇게 오므리 Omri 왕조를 붕괴시키고 이 왕조로 인해 북 이스라엘 전역에 퍼져있던 바알 신앙을 청산하였다. 이때 예후는 바알을 섬기는 모든 제사장들과 선지자들을 진멸하는데 여호나답이 이 일에 참여한 것이다.(왕하9~10장, 특히 왕하10:15~29 참조. 열왕기에는 두 번 모두 여호나답으로, 렘35:6, 10, 19절에는 약칭인 요나답으로, 8, 14, 16, 18절에는 여호나답으로 표기되어 있다. 개역성경 렘35장에는 모두 요나답으로 표기되어 있다.)

요나답은 철저하고 순수한 여호와 신앙 신봉자였다.

그의 후예인 레갑 족속은 유다 남부지방에 우거하던 반半유목부족인 겐 Kenites 족속의 후예이다.(대상2:55 참조) 모세의 장인 이드로(출2:18에는 르우엘, 출4:18, 18:1~12에는 이드로)도 겐 족속이며, 이들은 출애굽 사건 이후 이스라엘과 친밀한 관계를 가졌던 것으로 보인다.(삿1:16 참조) 이들은 순수한 이스라엘의 후예가 아닌 이방인(미디안)의 후손으로 출애굽 이후 가나안에 들어와 이스라엘과 공생하게 되었다.

레갑 족속이 집을 짓지도 않고 파종도 하지 않고 포도원을 재배하지도 소유하지도 않으며 평생 장막에 거처하는 최소한의 소유로 생활하고 있는 것은 가나안 풍요종교와 물질문화를 거부하고, 광야생활을 이상적인 삶으로 여기고 있음을 나타내는 것이다.

특히 포도주와 포도원은 가나안의 풍요와 향락의 상징이었으며, 이스라엘은 가나안에 정착한 이후 이런 문화에 유혹을 받아 여호와를 떠났다.(렘2:1~8 참조)

'레갑 Rechab'이라는 단어는 '~을 타다(ride)'라는 의미를 갖고 있어 이름 자체가 유목민족임을 드러내고 있다. 이들은 가나안 종교의 물질문명보다 여호와종교의 정신문명을 소중히 여겨 정착생활이 가져다주는 인생의 풍요로움과 즐거움을 거부했다. 물질문명은 개인주의와 향락소비문화를 조장하여 빈부격차를 일으켜 공동체를 파괴하지만 여호와종교의 정신문화는 공동체의 평등평화와 공존의식을 중시한다.

이들은 예후의 '여호와를 위한 열심'에 동의한 선조 요나답의 순수한 신앙 열정(왕하10:15~16 참조)의 명령에 순종하며 살아왔다.

레갑 족속들의 선조 요나답은 여호와 종교를 삶의 근본으로 믿고 살아야 자식들의 땅에서 오래 살 수 있음을 가르쳤다. 인간의 생명은 소유한 물질에 의해 유지되는 것이 아니라 오직 여호와께 달려 있음을 전한 것이다. 그리고 후손들은 철저하게 그의 명령에 순종했다.

●●●유다와 예루살렘 사람들의 불순종 렘35:12~19

다시 예레미야에게 여호와의 말씀이 임하였다.(12절)

여호와의 말씀은 레갑 족속과 유다와 예루살렘 사람들을 대조한 것으로, 레갑 족속들은 선조의 말에 순종하여 대대로 포도주를 마시지 않고 살아왔다.

그러나 유다와 예루살렘 사람들은 '만군의 여호와 이스라엘의 하나님'께서 끊임없이 말씀하시고 선지자들을 보내어 '악한 길에서 돌이켜 행위를 고치고 다른 신을 따라 그를 섬기지 말라 그리하면 허락해주신 이 땅에 살리라'고 끊임없이 가르쳤으나 듣지 않았다.

레갑 족속은 선조가 한 번 말해도 순종하고 있는데 유다와 예루살렘 사람들은 여호와께서 열심히 거듭 말씀하셨으나 **불순종**하였다.(13~16절)

그러므로 여호와의 말씀을 듣지 않았기 때문에 이미 선포하신 모든 재앙을 겪게 될 것이라고 분명히 밝힌다.(17절)

이어 선조 요나답의 명령에 순종한 레갑 족속들에게는 그들에게서 하나님 앞에 설 자가 영원히 끊어지지 않게 될 것이라는 약속이 내려졌다.(18~19절)

'하나님 앞에 서다'는 표현은 하나님을 섬기는 자가 된다는 의미로(렘15:19 참조) 레갑 족속이 대대로 여호와를 섬기는 이들이 될 것이라는 선언이다.

렘35장의 레갑 족속에게 포도주를 권하는 예레미야의 이야기는 시드기야(34장)와 여호야김(36장)의 불순종을 다루는 중간에 소개되는 예레미야의 선지자적 행동으로 특별한 교훈을 준다.

레갑 족속은 사막에서 생활하다 지금 예루살렘에 거주하고 있다. 유다 역시 광야생활을 거쳐 지금 예루살렘에 거주하고 있다. 그런데 레갑 족속은 선조 '요나답(인간)'의 말씀에 순종하고 있는 반면, 유다는 '여호와 하나님'의 말씀에 불순종하고 있다. 선지자를 부지런히 보내어 거듭거듭 말씀하셨으나 그들은 **목이 곧은 백성**으로 불순종하였다.

유다가 여호와 하나님의 백성으로 선택되어 가나안 땅을 허락받은 것은 다른 민족이 누리지 못하는 엄청난 축복이다.(신7:6~8 참조)

이런 축복을 허락하신 여호와께서 그의 백성에게 '당신을 잊지 말고 말씀에 순종하라. 순종하는 것이 축복이요 불순종은 저주다'(신28장 참조)라고 그렇게 권면했지만 듣지 않았다. 유다와 예루살렘 백성들은 렘34장에서 살펴보았듯이 순종하는 척하다가 다시 돌이키면서 여호와를 우롱하고 있다.

사무엘은 '여호와께서 번제와 다른 제사를 그의 목소리를 청종하는 것을 좋아하심 같이 좋아하시겠느냐? 말씀에 순종하는 것이 제사보다 낫고 듣는 것이 수양의 기름보다 나으며, 거역하는 것은 점치는 죄와 같고, 완고한 것(말씀을 거부하는 것)이 사신(거짓 신) 우상에게 절하는 죄와 같다'(삼상15:22~23)고 사울에게 경고하였다.

또한 히브리서 기자는 하나님의 말씀에 순종하는 것이 하나님을 기쁘게 하는 것이며 참 안식을 얻는 길임을 강조하였다.(히3:7~4:11 참조)

레갑 족속의 행위는 시대에 뒤떨어진 것 같고 미개한 것 같아 보이지만, 그들이 여호와 신앙을 유지하기 위해 선조의 말씀에 순종한 것은 멸망을 눈앞에 두고도 여호와의 말씀에 불순종한 유다와 예루살렘 사람들과 시드기야(렘34:19~22)와, 여호와의 말씀을 불태워버린 여호야김에게(렘36장) 생명의 길이 무엇인지를 알려주고 있다.

●●●세 번에 걸친 두루마리 책 낭독 렘36:1~26

여호야김이 여호와의 말씀을 기록한 두루마리 책을 불태운 이야기를 기록한 렘36장은 시드기야와 방백들의 불순종을 다룬 렘34장과 함께, 선조 요나답의 명령에 순종한 레갑 족속을 다룬 렘35장에 대비되어(시드기야 - 레갑 족속 - 여호야김, a-b-a' 구조), 렘37장부터 이어지는 유다와 예루살렘의 멸망의 원인이 무엇인지 실제적으로 보여주고 있다.

렘36장은 여호와의 명령에 의해 예레미야가 바룩에게 지금까지의 모든 말씀을 두루마리 책에 기록하도록 하여 여호와의 성전에 있는 그마랴의 방에서 모든 백성들에게 낭독하는 1~10절(1차 낭독), 바룩의 낭독을 들은 미가야가 왕궁의 모든 고관들에게 그 사실을 알려 그들이 바룩을 불러 두루마리 책의 내용을 다시 낭독하도록 한 11~19절(2차 낭독), 여호야김이 여후디를 시켜 두루마리를 가져다 읽히며 칼로 베어 불태운 20~26절(3차 낭독), 여호와께서 예레미야를 통해 불태운 두루마리를 다시 기록하도록 하고 유다에게 임할 심판의 말씀을 여호야김에게 선언한 27~32절로 나누어 살펴볼 수 있다.

렘36장의 배경은 여호야김 4년(기원전 605년, 1절)과 5년(9절)이다. 기원전 605년은 바벨론 군대가 안디옥 북쪽에 위치한 갈그미스에서 이집트 군대를 패배시킴으로 근동의 패권을 완전히 장악한 해이다.

이때 여호와께서 예레미야에게 그가 소명을 받던 요시야 때부터 지금까지의 이스라엘과 유다와 열방에 대하여 입으로 선포하였던 모든 말씀을 두루마리 책에 기록하라고 하셨다.

'두루마리 책'(메길로트 세페르)은 파피루스나 짐승의 가죽으로 길게 만든 것이다.

이것을 기록하도록 하신 이유는 유다 족속이 여호와께서 내리시려는 재앙의 소식을 듣고 악한 길에서 돌이킬 듯하여(울라이) 재난을 면하는 은혜를 경험하기 원하셨기 때문이다.(3,7절)

히브리어 '울라이'는 '혹시 ~일지 모르다, 만약 ~하였으면'이라는 의미로 '소망을 품은 심정'을 표현하는 단어다. 여호와는 심판하시는 분이 아니라 용서하시기를 기뻐하시는 분이시며(출34:6~7, 호11:8~9, 미7:18~20 참조) 마지막까지 유다가 회개하기를 간절히 바라고 계신다.

예레미야는 바룩 Baruch에게 자신이 불러주는 대로 말씀을 기록하도록 하고, 자신은 감금당하고 있어 성전에 들어갈 수 없으니 대신 금식일에 성전에 들어가 백성들에게 읽어주고, 또 유다의 모든 성에서 온 사람들에게 읽어주라고 명령하였다.(4~6절)

바룩은 서기관으로(소페르 ,Scribes, 26, 32절 참조) 고대 이스라엘에서 문서를 만들고 보관하며 왕궁 사무실에서 주요 행정을 돌보던 공무원이었다.

예레미야가 '감금을 당하였다'(아추르)는 것은 19, 26절을 고려해 볼 때, 여기서는 감시를 당하여 성전 출입이 통제된 상태를 의미한다. 예레미야의 발언이 반민족적이었으므로 당국자들에게 적대적 반응을 일으켰기 때문이다.(렘20:1~6 참조)

바룩이 예레미야의 명대로 두루마리 책에 기록된 여호와의 말씀을 성전 새 문 어귀에 있는 서기관 그마랴 Gemariah의 집에서 낭독하여 백성들이 듣도록 하였다.

여호와의 말씀을 성전에서 낭독하는 것은 위험한 일이었으나, 그마랴의 아버지 사반 Shaphan과 예레미야는 친밀한 관계였고(렘26:24, 29:3, 39:14 참조) 그마랴의 방이 성전 어귀에 있으므로 많은 백성들이 들을 수 있는 장소였기에 가능했을 것이다.

여호와의 말씀이 기록된 두루마리 책이 처음으로 낭독된 때가 여호야김 5년 아홉째 달(기슬래 달, 슥7:1 참조)의 금식일이었다.(8~10절)

유다의 공식적인 금식일은 일곱째 달(티쉬리 달) 10일인 속죄일뿐이었다.(레16:29) 그러므로 36장에 언급된 금식일은 특별한 상황 때문에 선포된 금식일이었을 것이다.

아마도 여호야김 4년이 바벨론이 갈그미스 대전으로 근동의 패권을 장악한 해이기에 바벨론의 세력 확장에 대한 두려움으로 금식을 선포했을 것으로 짐작한다.(대하20:1~4 참조)

따라서 예레미야가 이 금식일을 택하여 두루마리 책에 기록된 여호와의 말씀을 선포하도록 한 이유는 여호와의 말씀에 순종하는 것이 국가적 위기 속에서 살 길임을 일러주기 위해서였을 것이다.

바룩이 그마랴의 집에서 여호와의 말씀을 낭독할 때 청중 중에 그마랴의 아들인 미가야 Michiah가 있었다. 말씀을 들은 미가야는 왕궁 서기관 방으로 가 왕궁 고관들에게 자신이 들은 말씀을 전하였다. 이에 고관들은 여후디 Jehudi를 시켜 바룩에게 두루마리 책을 가져와 낭독하도록 하였다.(11~14절)

이리하여 두루마리 책이 고관들을 대상으로 두번째로 낭독되었다. 바룩의 낭독을 듣고 놀란 고관들은 바룩과 예레미야를 은밀히 숨도록 하고 여호야김에게 보고하겠다고 하였다.(15~19절)

바룩과 예레미야를 숨도록 한 것은 여호야김이 예레미야와 동일한 말씀을 선포한 예언자 우리야를 이집트에서 데려와 처형한 적이 있었기에(렘26:20~24) 두루마리 책의 내용을 받아들이기는커녕 바룩과 예레미야를 처형할 것을 염려했기 때문이었다.

특히 고관들이 놀랐다(16절)에서 '놀라다'(파하드)라는 동사는 '겁에 질려 두려워 몸을 떠는 것'을 의미한다.

고관들은 말씀의 내용이 여호와의 노함과 분노라는 사실에 두려움에 떨었으며, 동시에 악에서 돌이킬 때에 죄 사함을 입어 진노에서 벗어날 수 있었기에(3,7절) 바룩과 예레미야를 피신시킨 후 왕에게 말씀을 전하여 여호와의 진노를 피할 길을 얻고자 했다.

고관들은 두루마리 책을 서기관 엘리사마 Elishama의 방에 두고 왕궁에 들어가 여호야김에게 책의 내용을 알렸다.(20절) 여호야김은 여후디에게 두루마리를 가져와 낭독하도록 하였다.

이리하여 여후디를 통해 여호야김과 궁중의 고관들을 대상으로 두루마리가 세번째 낭독되었다. 때는 아홉째 달로 태양력으로는 11~12월에 해당되는 겨울이었다.

겨울 궁전에 있던 여호야김은 여후디가 두루마리 책을 하나하나 읽을 때마다 칼로 그것을 베었고 조각들을 화롯불에 던져 태웠다.(21~23절)

바룩이 낭독할 때 들었던 고관들은 두려워 떨었으나 여호야김과 신하들은 여호와의 말씀을 듣고도 두려워하거나 옷을 찢지도 않았다.

엘라단 Elnathan과 들라야 Delaiah와 그마랴가 왕의 행동을 말렸으나 왕은 자신의 옷을 찢기는커녕 두루마리를 찢어 전부 태운 후 바룩과 예레미야를 잡아오라고 명령했다.(24~26절)

여호와의 말씀을 기록하도록 한 예레미야와 두루마리에 기록하여 낭독한 바룩을 일전의 우리야처럼 처형하려고 했다. 그러나 여호와께서 이들을 이미 숨겨주셨으며 이후 예레미야는 공개적으로 나타나지 못한 채 숨어 지내게 되었다.

●●●두루마리의 재再기록 렘36:27~32

여호와께서 예레미야에게 여호야김이 불사른 첫 두루마리를 다시 기록하도록 하고 여호야김에 대한 심판의 말씀을 선포하셨다.

여호와는 여호야김이 두루마리를 불사르며 '어찌하여 바벨론 왕이 유다를 멸망시킬 것이라는 말씀을 기록하였느냐'고 하겠지만 그에게 다윗 왕위에 앉을 자가 없게 될 것이고 그의 시체는 버림을 받아 낮의 더위와 밤의 추위를 당하게 될 것이며 왕의 후손들과 유다 백성, 그리고 예루살렘 거민들이 재난을 당할 것임을 선언하셨다.(29~31절)

즉 여호야김은 '다윗 왕조의 영원성'이라는 여호와의 약속만을 믿고 유다의 멸망은 결코 없을 것이라고 생각하여 두루마리 책의 내용을 거부하겠지만 오히려 여호와는 그의 믿음이 헛것이며 그의 후손은 다시는 왕이 되지 못할 것이며 유다는 멸망당할 것이라고 선언하셨다.

실제로 기원전 597년 바벨론의 1차 공격으로 유다와 예루살렘의 재난이 시작되었으며 여호야김의 아들 여호야긴이 왕위를 계승하지만 3개월 만에 폐위되어 바벨론으로 포로가 되어 잡혀가게 되고(왕하24:8~16) 바벨론에서 37년간의 포로생활을 한 후에야 자유의 몸이 된다.(왕하25:27~30)

여호야긴 다음에 왕이 된 시드기야(맛다니야)는 여호야김의 형제지만 자기 백성이 아닌 바벨론 느부갓네살에 의해서 왕이 되었다.(왕하24:17)

두번째 두루마리 책은 첫 책보다 그 내용이 증가하였다.(32절)

여호야김은 여호와의 말씀을 불태워 없애려 했지만 여호와의 말씀은 폐기되기는커녕 오히려 더 증보되어 영원히 보존되게 되었다. 또한 예레미야를 감금하여 성전출입을 제한하면서 여호와의 말씀을 선포하지 못하게 되었을 때 여호와는 두루마리 책을 기록하여 다른 사람을 통하여서 전파하는 방법을 사용하셔서 여호와의 말씀은 그 누구에 의해서도 어떤 방법으로도 제한될 수 없음을 보여주셨다.

이것이 바로 하나님의 말씀의 역동성이다. 여호와의 말씀은 불태운다고 없어지는 것이 아니다. 온갖 박해와 억압 속에서도 여전히 살아 움직이며 흥왕하게 된다.(행12장, 특히 24절, 19:20, 마5:18 참조)

여호야김은 국가적인 위기를 벗어나기 위해 백성들에게 금식까지 선포했으나 그는 어떻게 해야 위기를 벗어날 수 있는지를 제대로 깨닫지 못했다. 금식을 선포하고 하나님의 도우심을 구하는 모양은 갖췄지만 정작 그들에게 선포된 하나님의 말씀에는 귀 기울이지 않았던 것이다.

금식이라는 종교적 형식을 취하면 여호와께서 바벨론의 침략에서 그들을 구원할 것이며 다윗 왕조를 영원히 지켜주실 것이라는 약속만을 믿었다. 여호와께서 여호야김과 백성들에게 바라시는 것은 레갑 자손이 조상의 말에 순종하였던 것처럼 당신의 말씀에 순종하여 악과 죄에서 돌이키는 것이었음을 깨닫지 못했다.

다윗에게 주신 '다윗 왕조의 영원성'이라는 약속은 분명히 유효하다. 그러나 여호와의 말씀에 귀 기울이지 않는 다윗의 후손에게는 아무런 의미가 없다. 약속을 지키실 것인가 지키지 않으실 것인가의 주권은 전적으로 여호와께 있다.

그 약속의 은혜를 베푸실 분도 오로지 여호와이시다. 여호와 하나님은 돌들로도 아브라함의 후손이 되게 하실 수 있는 분이시다.(마3:9 참조) 그러므로 하나님의 말씀에 귀 기울이지 않는 다윗의 후손(렘34장의 시드기야와 렘36장의 여호야김)에게는 '다윗 왕조의 영원성'이라는 약속은 헛될 뿐이다.

●●●시드기야의 기도 부탁 렘37:1~10

렘37~44장은 렘36장의 여호야김 시대로부터 다시 시드기야 시대로 돌아가 유다의 멸망과 그 이후의 이야기를 다룬다.

이 부분의 기록자를 바룩으로 보기에(렘45:1) '바룩의 비망록'이라고 부르기도 하나, 내용은 예레미야의 고난의 삶을 기록한 '예레미야의 수난기'다.

일평생 여호와의 말씀을 전하며 백성들과 고난을 함께 했던 예레미야의 삶은 하나님의 일을 한 사람들에게 기대되는 행복한 보상 없이 최후까지 고난이 연속될 뿐이었다.

앞으로 살펴보겠지만 예레미야는 고관들에게 오해를 받아 옥에 갇혀(렘37:16) 죽음에서 벗어나고자 시드기야에게 탄원을 해야 할 지경에 이르기도 하고(렘37:20), 물 없는 구덩이에 던져져 위기에 처했을 때 이방인의 도움으로 간신히 목숨을 건지기도 한다.(렘38:7~13)

또 예루살렘 함락 후 포로로 잡혀가던 중 느부갓네살에 의해 자유의 몸이 되어 바벨론에서 평안한 삶을 살 기회가 주어지기도 했으나 고국에 남아 있는 동족들과 함께 머물다가 정변政變을 만나 친바벨론주의자로 오해받아 이집트로 끌려가게 된다.(렘43:1~7) 그곳에서도 여호와의 말씀을 전하다 동족들의 반대에 직면하게 된다.(렘44:15~19)

그의 예언자로서의 삶은 처음부터 마지막까지 고난의 연속이었다.

렘37~44장에는 예레미야의 소명기사에서 이미 나타났듯이(렘1:10) 여호와 하나님께서 모든 것을 뽑고 파괴하고 파멸하며 넘어뜨리는 과정 중에 그러한 일들을 고스란히 경험하고 있는 그의 모습이 잘 나타나 있다.

예레미야는 동족이 당하는 고난에 동참하고 있다. 그의 최후는 해피엔딩이 아니다. 마지막까지 인간적인 영광은 그에게 주어지지 않았고, 그 역시 바라지 않았다. 아마 여호와의 부름에 응답하여 그의 말씀을 순전히 전하는 것만을 오로지 자신의 영광으로 여겼을 것이다.

하나님의 말씀을 전하는 예언자 예레미야의 모습이 오늘날 모든 목회자들의 삶의 표본이 되어야 하지 않을까?

렘37장은 시드기야 왕 시대의 신앙적 상황을 알려주는 1~2절, 시드기야가 예레미야에게 기도를 요청한 3~10절, 예레미야의 고난을 알려주는 11~21절로 나눌 수 있다.

1~2절은 렘37~38장의 머리말에 해당하는데 느부갓네살에 의해 왕위에 오른(왕하24:17) 시드기야 시대(기원전 597~587년)의 신앙적 상황을 알려준다. 시드기야 왕을 포함하여 그의 신하와 백성들이 예레미야를 통해 선포되는 여호와의 말씀을 듣지 않았으며, 결국 이것이 유다의 멸망 원인이었다.

이러한 시드기야가 여후갈 Jehucal(렘38:1에는 유갈)과 스바냐(렘21:1, 29:25~29 참조)를 예레미야에게 보내어 여호와께 기도해주기를 부탁했다.(3절) 시드기야의 기도 부탁은 마침 이집트 군대(렘44:30에 언급된 호프라의 군대)가 유다를 도우려고 출정했다는 소식을 바벨론 군대가 듣고 그들과 대항하려고 잠시 예루살렘 포위공격을 풀었던 상황에서 어떤 희망의 빛을 보았기 때문이다.(5절)

바벨론 군대가 잠시 예루살렘 포위를 풀었던 사건은 렘34:21~22에도 언급되어 있다. 시드기야와 그의 신하들의 노예 해방이 배경으로 그들은 포위가 풀리자 노예들을 다시 잡아들였고 이에 여호와는 바벨론 군대를 예루살렘에 다시 오게 하였다.

2절에 언급되어 있듯이 시드기야는 여호와의 말씀을 듣지 아니하다가 상황이 급변하자 하나님께 기도하면 위기에서 벗어날 것이라고 여겨 두 사람을 예레미야에게 보내어 기도를 요청한 것이다.

시드기야처럼 언제든지 기도하면 하나님이 들어주실 것이라는 생각은 올바른 믿음이 아니다. 그와 같은 생각은 일종의 종교적 행동인 '기도'를 통하여 하나님을 움직여 보려는 것일 뿐 진정 하나님을 신뢰하는 것이 아니다.

하나님은 인간의 종교적 행위에 좌우되는 분이 아니다. 하나님은 언제나 당신께 돌아오는 사람들에게 은혜를 베푸시지만 이것이 하나님의 이름으로 기도하면 무조건 들어주신다는 의미는 아니다.

이와 같은 사실은 바벨론 포로에서 귀환하여 성전을 재건할 때 사람들이 스가랴를 찾아와 하나님의 은혜를 얻기 위해 무엇을 해야 하는지 물었을 때 스가랴의 대답에도 잘 나타나 있다.(슥7:5)

그들이 70년간의 포로생활을 하는 동안 예루살렘의 멸망을 슬퍼하여 탄식하며 5월과 7월에 금식하였지만 그것은 여호와 하나님을 위한 금식이 아니었다는 것이다. 여기서 5월 금식은 예루살렘의 함락을 기념한 것이며(왕하25:8, 렘52:12 참조), 7월 금식은 그다랴 총독이 이스마엘에게 암살된 것을 기념한 금식이었다.(왕하25:25 참조)

스가랴가 이들의 금식을 하나님을 위한 금식이 아니었다고 단언한 것은 그들의 금식이 종교적인 형식으로만 진행되었기 때문이다.(슥7:6) 여호와께서 백성들에게 바라신 것은 종교적인 형식이 아니라 예언자들을 통해 선포되는 말씀에 순종하여 삶을 바꾸는 것이었다.(슥7:9~12)

스가랴가 이런 단호한 선포를 할 때는 '성전 재건 중'이었다. 하나님이 기뻐하시는 것이 금식이나 성전 재건 같은 종교적인 행동이 아님을 특별히 강조한 것이다. 백성들은 금식과 같은 종교적인 행동으로 하나님을 움직여 보려 하지만 하나님은 그것을 기뻐하지 아니하시고 오히려 예언자들을 통해 선포하신 가난한 이웃을 사랑하는 삶(hospitality)을 살라고 하신다.

하나님의 뜻에 순종하지 않으면서 기도(금식)나 제사(예배와 찬양)등으로 하나님을 움직일 수 있다는 생각은 믿음이 아니며 단지 종교적 착각이다. 시드기야는 기도로 하나님을 움직여 기적을 경험하려 했지만(렘21:1 참조) 하나님은 기도로 움직일 수 있는 분이 아니며, 기도는 기적을 일으키는 만능의 수단도 아니다. 하나님을 움직일 수 있는 것은 하나님께로 돌이키는 것이며, 하나님께 돌이킨다는 것은 곧 예언자를 통해 선포되는 하나님의 말씀을 일상의 삶에서 순종하는 것이다 (렘21:12 참조)

여호와께서는 예레미야에게 백성을 위해 기도하지 말라고 세 번이나 말씀하신 가운데(렘7:16, 11:14, 14:11 참조) 기도를 요청한 시드기야에게 선포될 여호와의 말씀이 예레미야에게 임하였다.

여호와의 말씀은 시드기야의 기대를 완전히 무너뜨렸다. 유다를 도우러 출전한 바로의 군대는 이집트로 돌아가겠고 바벨론 군대가 다시 쳐들어와서 예루살렘을 불사를 것이다.(렘37:6~10)

여호와의 말씀에 순종하지 않으면서 삶의 변화가 없는 그들에게(2절 참조) 기도가 무슨 효력을 나타내겠는가? 시드기야는 구원이라는 기적을 기대했지만 하나님은 멸망이라는 심판을 선언하셨다.

기도하면 하나님이 응답하시어 기적을 일으켜서라도 상황을 변화시켜주실 것이라는 기대는 오늘날 교회 안에도 여전하다. 그리하여 기도의 제목을 나누며 하나님께 기도해 달라고 부탁한다.

그러나 삶의 변화 없이 기도만 부탁하는 것은 기도를 통해 내 욕망을 이루어보겠다는 태도로 하나님을 신뢰하는 신정한 믿음이 아니며, 하나님은 그러한 기도에 시드기야의 경우처럼 심판의 말씀으로 응답하실 수 있음을 심각하게 생각해야 한다.

●●●예레미야의 고난 렘37:11~21

바벨론 군대가 이집트 군대의 출정에 대응하기 위해 잠시 예루살렘 포위를 풀었을 때 예레미야가 베냐민 땅으로 가려고 성문을 나서다가 이리야 Irijah라는 문지기(수문장)에게 잡혀 감옥에 갇히게 된다.(11~16절)

예레미야가 베냐민 땅으로 가려고 한 이유는 12절의 해석이 난해하여 분명하지 않다. '분깃을 받으려고'에 해당하는 히브리어 '라할리크 미샴'이 무엇을 얻으려는지 정확하지 않다.

학자들에 따라 '하나멜'에게서 산 땅(렘32:6~15 참조)을 받으려 했다고도 하고, 또는 그와 상관없이 가나안 땅에 들어왔을 때 지파별로 받은 땅 중에 상속재산으로 물려받을 일이 있었기 때문에(삼상30:24 참조) 베냐민 지파 출신인 그가 그곳으로 가려고 했을 것이라고도 한다.

어쨌든 예레미야가 포위가 잠시 풀린 때에 예루살렘을 떠나는 것은 평소 친바벨론적 언사를 일삼았던 그가 바벨론에 투항하는 매국적 행동을 하는 것으로 오해받을 만했다.

그는 고관들에게(이들은 렘26, 36장에 나타난 예레미야에게 호의적이었던 고관들과는 다른 사람들이었으리라) 끌려가 매를 맞고 당시 옥으로 사용하던 서기관 요나단의 집 토굴에 갇히게 되었다.

예레미야가 토굴에 갇힌 지 여러 날이 지났을 때 시드기야가 그를 옥

에서 이끌어내어 어떻게 해야 할지 여호와의 말씀을 비밀히 물어보았다.(17절)

시드기야가 예레미야에게 '비밀히'(세테르, 은밀하게) 물어본 것으로 보아 그는 반바벨론주의자들인 고관들을 두려워하고 있었음을 알 수 있다.(렘38:16 참조)

시드기야의 물음에 예레미야는 '왕이 바벨론 왕의 손에 붙임을 입을 것이다'고 대답하였다.(18절) 예레미야가 그렇게 대답한 것은 그것이 여호와께서 자신에게 주신 말씀이기 때문이며(6~10절), 지금까지 줄기차게 선포했던 대로 바벨론에 항복하면 살 것이고 저항하면 죽게 될 것임을 재차 확인한 것이다.(렘21:8~10 참소)

그러면서 안전을 예언하던 '왕의 선지자들'이 어디 있느냐고 물었다.(19절) 일촉즉발의 위기 상황 속에서도 여전히 왕에게 인전을 선포하는 그들이야말로 거짓 예언자들이다.

이어 예레미야는 잘못이 없이 옥에 갇혀서 죽음의 두려움에 떨고 있다고 시드기야에게 탄원을 하여 왕의 권한이 미치는 시위대 뜰에서 떡을 공급받게 된다.

예레미야가 이렇게 탄원하는 모습은 하나님 말씀 전달자인 그의 고통이 얼마나 극심했는지를 보여준다.

●●●물 없는 구덩이에 던져진 예레미야 렘38:1~6

학자들은 렘38장은 렘37장과 비슷한 사건이 중복되어 기록된 것으로 본다.

방백들에게 끌려가 반역죄로 고소당하여 감금되고(렘37:11~15, 38:1~6) 예레미야가 은밀히 여호와의 말씀을 들으려는 시드기야에게 말씀을 전하고는 갇혀있던 요나단 집으로 되돌려지지 않게 해달라고 호소하는 것이(렘37:16~21, 38:16~27) 겹쳐진 것이라고 보는 것이다.

어쨌든 렘38장도 렘37장에 예레미야가 받는 고난이 중심 내용이다.

렘38장은 예레미야가 방백들에 의해 시위대 뜰의 물 없는 구덩이에 던져진 1~6절, 예레미야를 구스 사람 에벳멜렉이 구출한 7~13절, 시드기야가 은밀히 예레미야에게 앞으로 될 일에 대하여 묻는 14~28절로 구분할 수 있다.

예레미야는 자신의 안전보다 여호와의 말씀을 전하는 예언자로서의 사명감을 최우선으로 여겼다.

그래서 시위대 뜰에 거하면서 바벨론에 의해 예루살렘 성이 멸망하게 될 것이니(렘32:3, 28, 34:2 참조) 그들에게 항복하면 살고 그렇지 않으면 칼과 기근과 염병에 죽을 것이라는 여호와의 말씀을 선포했다.(2~3절) 살고자 하면 죽고 죽고자 하면 살 것이다.

예레미야의 선포를 들은 고관들이(1절, 이들은 반바벨론주의자였으리라) 시드기야에게 예레미야가 백성들의 평안(살롬, 안전)이 아니라 재난(라아, 나쁜 것)을 구하고, 사기를 떨어뜨리니 죽여야 한다고 고발하였다.(4절)

바벨론에 대한 저항을 내세웠던 당시의 귀족들은 평소 친 바벨론적 언사로 유다와 예루살렘의 멸망을 선포하는 예레미야를 살려두는 것은 위기에 처한 백성들에 대한 애국적인 처사가 아니라고 여겼을 것이다. 그래서 반역 행위를 하는 예레미야를 죽여야 한다고 강력히 고발하였다.(렘26:1~11 참조)

유약한 왕이었던 시드기야는 고관들의 눈이 무서워 그들의 뜻대로 하라고 예레미야의 일에서 손을 뗐다.(5절) 그러자 고관들은 예레미야를 물이 없는 진흙 구덩이에 던졌다.(6절) 예레미야는 이제 왕의 보호의 손길을 떠나 죽음에 이르게 된 것이다.

어떠한 상황에서도 오로지 여호와의 말씀을 똑바로 전한 예레미야는 이제 먹을 음식과 마실 물이 없는 구덩이에 던져져 죽음을 기다리게 되었다. 그러나 그가 선포한 여호와 하나님의 말씀은 차근차근 이루어지고 있었다.

●●●에벳멜렉에 의해 구출된 예레미야 렘38:7~13

고관들의 권세에 눌려 그들의 요청대로 예레미야를 구덩이에 던져 죽도록 방관한 시드기야와는 달리 왕의 환관(싸리스, 내시)인 구스 사람(검은 피부의 에티오피아 사람) 에벳멜렉이 왕을 찾아와 고관들의 행위가 악하다고 직언을 했다.(7~9절) 이에 시드기야는 에벳멜렉에게 삼십 명을 주어 예레미야를 구덩이에서 건지도록 하였다.(10~13절) 다른 고대 사본에는 삼십(쉘로쉼)이 아니라 셋(쉘로솨)으로 기록되어 있다.

예레미야는 동족인 유다 고관들에게 여호와의 말씀을 전하다 미움을 받아 죽음에 던져졌지만, 이방인이요 환관이었던 에벳멜렉에 의해 목숨을 건질 수 있었다. 에벳멜렉 Ebed–melech이라는 이름의 의미는 '왕의 종'이지만, 그는 실상 시드기야의 종이 아니라 만군의 왕이신 여호와의 종이었던 것이다.

누가 하나님의 백성인가를 결정하는 조건은 아브라함의 후예 여부에 따른 혈통이 아니다. 또 진정한 이스라엘이란 다윗왕조의 영속성이라는 여호와의 약속을 믿으면서 예루살렘에서 여호와께 제사를 드리며 왕국의 안전과 번영을 기원하는 사람이 아니다.

하나님의 종으로 하나님의 일을 하는 사람이 곧 여호와 하나님의 백성 이스라엘인 것이다. 이런 차원에서 에벳멜렉은 진정한 이스라엘이었다.(렘39:18 참조)

●●●시드기야의 두번째 요청 렘38:14~28

예레미야가 에벳멜렉에게 구출되어 시위대 뜰에 있을 때(13, 28절) 시드기야가 예레미야를 비밀히(세테르, 은밀하세, 16, 24~27절 참조) 불러 여호와의 말씀을 듣고자 했다. 렘37:17에 이어 두번째다.

시드기야는 여전히 고관들을 두려워하고 있었고, 예레미야를 부른 성전의 세번째 출입구는(14절) 그 위치를 정확히 알 수 없으나 사람들의 눈을 피할 수 있는 곳이었다.

예레미야는 시드기야에게 여호와의 말씀을 있는 그대로 전할 때 자신을 죽이지 않을까 염려하고 있으며 또한 말씀으로 권면한다 해도 듣지 않을 것으로 생각했다.(15절)

이미 예레미야가 여러 차례 권면했음에도 실효를 거두지 못했으며(렘37:1~2 참조) 렘36장에서 볼 수 있듯이 왕에게 불길한 내용의 말씀을 기록하여 전하였을 때 죽임을 당할 뻔했기 때문이다.(렘36:26)

그러자 시드기야는 여호와의 이름으로 자신이나 혹은 다른 사람들로 인해 그의 생명이 다치는 일이 없게 해줄 것이라고 맹세하였다.(16절)

17~23절은 시드기야에 대한 예레미야의 권면이다.

그것은 지금까지 일관되게 선포하였던 여호와의 말씀을 다시 강소하는 것일 뿐 새로운 내용은 아니다. 시드기야 개인과 그의 가족이 살 수 있는 유일한 길은 바벨론에 무조건 항복하는 것이요, 그렇지 않으면 죽게 될 것이며 예루살렘 성읍도 불탈 것이라는 내용이다.(17~18절)

시드기야는 여호와의 초자연적 개입으로 지금 맞이한 위기상황을 벗어날 것을 기대했는지 모른다. 그러나 예레미야는 초지일관 자신에게 임한 여호와의 말씀을 전하며 항복만이 살 길임을 전한다.

시드기야는 이미 바벨론에 끌려간 유다인들을 두려워하고 있었다.(19절) 즉 바벨론에 항복하면 그들이 이미 끌려간 유다인들에게 자신을 넘겨 조롱을 받게 하지 않을까 두려워하고 있었다.

시드기야는 어리석게도 지금 자신과 예루살렘을 향한 여호와의 심판을 두려워하는 것이 아니라 동족들의 조롱을 두려워하고 있다.

여호와의 말씀에 귀 기울이는 것이 살 길이라는 예레미야의 최후 권면을 받아들이지 않았다.(20~23절) 그저 자신과 예레미야가 은밀하게 한 말에 대해 고관들이 물을 때 대답해야 할 적절한 말을 알려줄 뿐이다.(24~26절)

여전히 그는 사람들을 두려워하고 있다. 그러니 어찌 생명으로 인도하는 여호와의 말씀을 들을 수 있겠으며(렘37:1~2) 예루살렘이 어찌 바벨론에 함락되지 않을 수 있겠는가?

마지막 28절은 렘39장의 예루살렘 함락 사건으로 이어지는 말씀으로 개역성경에는 '예레미야가 예루살렘이 함락되는 날까지 시위대 뜰에 머물렀더라'로 끝나지만 히브리어 본문에는 '예루살렘이 함락되었을 때'라는 말이 이어져 있다.

개역성경에는 히브리어 본문의 뒷부분을 렘39:2 뒤에 붙여 번역해 놓았다. 공동번역과 표준새번역성서에는 이 뒷부분을 완전히 생략했다.

여호와의 말씀에 청종하지 않는 시드기야와 백성들은 바벨론에 의해 예루살렘이 함락되는 최후를 맞이한다.(렘39장)

●●●예루살렘의 함락 렘39:1~10

렘39장은 '예루살렘의 함락'을 두 번이나 언급한 히브리어 성서(MT)의 렘38:28과 자연스럽게 연결되어 예루살렘의 함락을 중심 내용으로 다룬다.

렘39장은 예루살렘 함락을 다룬 1~10절, 예레미야에 대한 느부갓네살의 조치를 다룬 11~14절, 에벳멜렉의 생존이 예언된 15~18절로 나눌 수 있다. 1~10절은 렘52:4~16과 왕하25:1~12에 거의 같은 내용이 기록되어 있다.

특이한 점은 여러 번역본들이 히브리어 성서의 렘38:28의 뒷부분, 곧 '예루살렘이 함락되었을 때'를 2절 뒤에 붙여 3절과 관련시켰으며, 히브리어 성서의 4~13절이 70인역(LXX)에는 생략되어 있다는 것이다.

여호와의 말씀을 거부하며 바벨론에 저항하는 유다백성에게 최후의 날이 임했다.

1~3절은 바벨론 느부갓네살의 군대가 예루살렘을 포위 공격하여 함락한 일정을 소개한다. 왕하25:1(렘52:4)에는 토성(나엑, 흉벽)을 성 사면에 쌓아 포위 공격하였다고 기록되어 있다.

포위 공격은 시드기야 구년 시월(데벳 월, 에2:16 참소)에 시작되어(왕하25:1=렘52:4에는 시월 십일이라고 날짜까지 밝힘) 제 십일년 사월(성서 어디에도 언급된 곳이 없는 탐무스 월) 구일에 함락되었다.

태양력으로 환산하면 기원전 588년 1월 15일에 포위 공격이 시작되어 일 년 반이 지난 주전 587년 7월 29일에 함락된 것이다.(Fischer의 환산)

함락된 예루살렘은 이제 바벨론 고관들 차지가 되었다. 3절에 나타난 중문中門에 앉았다는 네 명의 바벨론 고관들 이름은 지명과 관직명이 뒤섞여 있어(네르갈사레셀은 두 번 언급됨) 정체를 파악하기 어렵다.

다만 학자들은 처음에 언급된 네르갈사레셀을 느부갓네살의 사위로 느부갓네살의 아들 아멜므로닥(렘52:31에는 에윌므로닥으로 기록됨)에 이어 왕위에 오른 네리글릿사르(기원전560~556년)라고 본다.(H. Donner)

예루살렘이 함락되자 시드기야는 밤을 이용하여 예루살렘 북동쪽인 아라바 Arabah로 향하여 여리고 Jericho까지 도망했으나(요단강 건너편 암몬 왕의 보호를 받으려 했던 것으로 추측) 추격한 바벨론 군대에 체포되어 하맛 Hamath(왕상8:65, 대상13:5에 의하면 다윗과 솔로몬 시대에는 이스라엘 북쪽 경계였던 곳임) 땅 립나 Riblah(느부갓네살이 팔레스타인 정복 전쟁 때 본부로 삼았던 곳)에 있는 느부갓네살에게 끌려가 심문을 받았다.

느부갓네살은 시드기야가 보는 앞에서 유다의 귀족들과 아들들을 처형하고 그의 눈을 뽑고는 사슬에 묶어 바벨론으로 끌고 갔다.(4~7절) 예레미야를 통해 선포된 여호와의 말씀이 그대로 현실이 되었다.

바벨론 군대는 예루살렘 성을 초토화시켰다. 왕궁과 백성들의 집을 불사르고 성벽도 허물었으며 시위대장(라브 타빠힘, 살육의 두목이란 뜻) 느부사라단 Nebuzaradan은 성중에 남아 있던 백성과 항복한 자들을 모두 바벨론으로 잡아갔다.(8~9절) 이것이 기원전 597년 여호야긴과 함께 유다의 주요한 사람들을 포로로 잡아간 1차 포로에 이은 2차 포로 사건이다.

렘52:29~30에 1차 포로로 잡혀간 사람은 3,203명(왕하24:12~16 비교 참조), 2차 포로는 832명, 그다랴의 암살과 관련되었을 것으로 추측하는(기원전 582년 사건으로 정확한 이유를 확인할 수 없으며 학자들은 전통적으로 그다랴 암살에 따른 바벨론의 반응으로 이해함) 3차 포로에 745명이 잡혀갔다.

왕하25:8~9(렘52:12~15)에 따르면 예루살렘 성이 초토화된 것은 예루살렘 성 함락 후 한 달 만(느부갓네살 19년 5월 10일, 느부갓네살 19년은 시드기야 11년으로 기원전 587년임)이며 이때 성전도 파괴되었다.

슥7:5에 기록된 바벨론 포로기간 동안 진행되었던 5월(아브 달) 금식은 예루살렘 성전 파괴를 기념한 것으로 유대인들은 예루살렘 멸망 기념일(아브 월 9일)에 '애가'를 읽는다.

본문에서 예루살렘 성전이 불탄 사실이 언급되지 않는 이유는 아마 예레미야서에서 문제가 되었던 '다윗왕조 영속 성'이라는 다윗 왕가의 붕괴에 초점을 맞추기 위함인 것 같다.

영원할 것이라고 믿었던 다윗 왕조는 붕괴되고 말았다. 이것은 여호와의 약속이 파기된 것이 아니라 오히려 예레미야를 통해 선포되었던 여호와의 말씀이 실현되었음을 밝힌다. 예루살렘 성전의 멸망은 하나님이 그의 백성을 버리고 떠나신 것이 아니라 여전히 살아계셔서 역사하시고 그의 백성들을 주관하고 계심을 나타낸다.

바벨론에 포로로 잡혀간 사람들은 하나님의 때가 이르렀을 때 고국으로 돌아와 새로운 역사의 주역이 될 것이다.(렘29:10~14 참조)

많은 유다인들이 바벨론으로 잡혀간 반면에 소유가 없던 극빈자들은 유다 땅에 남겨져 경작할 땅을 허락받았다.(10절) 이들은 다윗 왕조가 다스리던 동안에는 하나님의 백성이라면 마땅히 소유했어야 할 기업을 잃고 땅을 소유하지 못하고 있다가 다윗 왕조가 무너지자 이방 바벨론에 의해 포도원과 밭을 받은 것이다.

이들은 그야말로 사신들이 가꾸지 않은 포도원을 허락받은 것이요, 과거 출애굽한 이스라엘이 여호와 하나님으로부터 가나안 땅을 허락받았던 은혜를(신6:11 참조) 바벨론을 통하여 새롭게 경험하게 된 것이다.

예루살렘의 멸망은 다윗의 후예들인 왕족과 귀족, 그리고 제사장들 곧 기득권자들에게는 청천벽력이었겠으나, 극심한 가난 속에서 압제받으며 살아가던 최하층 사람들에게는 짓지도 않고 심지도 않은 포도원과 토지를 허락받는 여호와의 은혜를 경험하는 기쁨의 날이었을 것이다.

이제 유다 땅, 곧 약속의 땅은 과거 출애굽한 이스라엘이 그랬던 것처럼 가난한 사람들의 땅이 되었다. 약속의 땅 가나안은 비로소 제 주인에게 허락되었으며 이로써 여호와를 통한 이스라엘의 새 역사가 출발한다.

●●●예레미야의 석방 렘39:11~14

바벨론 군대가 예루살렘을 함락하기 전까지 예레미야는 긴 시간 동안 옥에 갇힌 채 지내야 했다. 예레미야는 예루살렘이 함락되자 느부갓네살의 명령에 의해 자유의 몸이 되었다.

느부갓네살은 그 동안 바벨론에 항복하는 것이 살 길이라는 여호와의 말씀을 선포한 예레미야를 친바벨론주의자로 여겨 선대하도록 하였다.

자유의 몸이 된 예레미야는 사반의 손자 아히감의 아들 그다랴에 의탁해 살게 되었다.(14절)

사반Shaphan은 요시야 왕 때 대제사장 힐기야가 성전에서 발견한 책(원신명기서로 불리는 신12~26장을 기록한 율법서로 추측함)을 요시야에게 전달하고 종교개혁에 주도적으로 참여한 인물이다.(왕하22~23장)

아히감 Ahikam은 사반과 더불어 요시야의 종교개혁에 참여했을 뿐 아니라(왕하22:14) 백성들이 예레미야를 죽이려 할 때 그를 살려준 사람이다.(렘26:24)

그다랴 Gedaliah는 렘38:1에 언급된 바스훌의 아들 그다랴와는 다른 사람이다.(왕하25:22~24에는 그달리야로 기록되어 있다.)

예레미야가 느부갓네살에 의해 목숨을 건지게 된 것은 예루살렘은 멸망했지만 아직 그의 사명이 남아 있었기 때문이다. 그는 단지 예루살렘만을 향한 하나님의 예언자가 아니라 그 외 다른 백성들에게도 여호와의 말씀을 선포해야 할 사람이었다.(렘1:4~10, 렘46~51장 참조)

여호와는 그 일을 위해 예레미야의 생명을 보살펴주어 그가 사명을 다하도록 한 것이다.

●●●에벳멜렉의 생존 예언 렘39:15~18

예루살렘의 멸망과 함께 예루살렘의 모든 고관들이 죽임을 당하거나 포로로 끌려갈 때 에벳멜렉이 구원을 얻을 것이라는 여호와의 말씀이 예레미야를 통해 그에게 전해졌다.

이것은 예레미야가 시위대 뜰에 갇혀 있을 때에 임한 말씀이기에(15절) 예루살렘 함락 이후 이 말씀이 어떻게 이루어졌는지 본문에는 언급되어 있지 않아 추측할 뿐이다. 그러나 예레미야가 느부갓네살에 의해 생명을 구한 것으로 보아 에벳멜렉 역시 구원받았을 것이 분명하다. 여호와의 말씀은 한 말씀도 예외 없이 그대로 실현되었다.

죽음의 시대에도 까닭 없는 심판은 없고 억울한 진멸은 없다. 어떤 상황에서도 하나님의 구원은 받을 사람에게 베풀어진다. 구원받는 사람 역시 받을 만하기에 생명을 허락받는 것이다.

에벳멜렉은 방백들이 예레미야를 물 없는 구덩이에 던져 죽이려고 할 때 그들의 행위가 악하다고 용감하게 직언하였다. 그가 여호와를 믿었기 때문에 그렇게 할 수 있었다.(18절)

'믿다'(바타흐)라는 동사는 예레미야서에 12번 언급된 단어로 '의지하다'라는 의미로 번역되기도 하는데, 에벳멜렉처럼 여호와를 의지하는 자는 복이 있으며(렘17:7 참조), 옳지 못한 신뢰의 대상으로는 견고한 성들(렘5:17), 여호와의 집이라는 거짓말들(렘7:4), 바알과 우상숭배라는 거짓(렘13:25), 성전 건물(렘7:8,14), 사람(렘17:5), 형제(렘9:4), 이집트의 바로(렘46:25), 재물(렘49:4) 등이 언급된다.

시드기야의 문제는 여호와를 거부하거나 예레미야에 대해 부정적인 것이 아니었다.고관들의 압력에 용기 있게 행동하지 못한 것이 그의 문제였다.(계3:15 참조) 여호와를 신뢰하지 못하고 사람들의 눈치를 보다 결국 멸망의 길로 들어섰다.

그러나 그의 종 에벳멜렉은 여호와를 신뢰하여 멸망의 날에 구원받았다. 이로써 에벳멜렉의 구원사건인 본문은, 연대기적으로 맞지 않는 시드기야의 멸망사건(렘39:1~10)과 짝을 이루어 '신앙과 불신앙 간의 결과'가 어떤 것인지를 분명하게 대조시켜 준다.

하나님을 믿는 올바른 신앙은 이방인 에벳멜렉처럼 어려운 상황 가운데서도 사람이 아닌 여호와를 신뢰하여 여호와 앞에 올바른 생활을 하는 것이다.

예수 그리스도를 믿으면 구원이라는 공식적이고 개념적인 신앙으로 구원의 약속에 안주하면서 정작 예수님의 말씀과는 유리된 신앙생활을 하는 오늘날 기독교인들이 깊이 헤아려 보아야 할 부분이다.

●●●예레미야의 석방과 그다랴 시대 렘40:1~16

렘40장도 MT와 LXX와의 차이점이 여러 군데 발견된다.

특히 인물을 소개할 때 LXX는 6절의 '아히감의 아들' 11절의 '사반의 아들', 14절의 '느다냐의 아들' '아히감의 아들', 15절의 '가레아의 아들' '느다냐의 아들', 16절의 '아히감의 아들' '가레아의 아들'이 생략되어 있다.

히브리어 성서(MT)의 1절은 첫 머리가 '여호와로부터 예레미야에게 임한 말씀'으로 시작되어 여호와의 말씀이 임한 때가 예레미야가 석방되었을 때임을 알려주므로 렘40장의 표제와 같으나 그 말씀이 무엇인지 나타나지 않는 것과 예레미야의 포로와 석방에 관한 내용을 렘39:10~14에 이어 다시 보도하는 문제점 등을 갖고 있다.

렘40장은 예레미야의 석방을 보도하는 1~6절, 그다랴의 시대를 알려주는 7~16절로 구분할 수 있다.

1절은 예레미야에게 여호와의 말씀이 임한 때가 예레미야가 바벨론의 포로가 되어 잡혀가던 중 라마 Ramah에서 석방되었을 때임을 알려준다. 그러나 1절은 두 가지 문제를 안고 있다.

첫째, 일반적으로 여호와의 말씀이 임하였다면 그 말씀의 내용이 바로 나와야 하는데 이곳에는 예레미야에게 임한 여호와의 말씀이 어떤 것인지 언급되지 않았고 둘째, 예레미야의 석방보도가 렘39:10~14에 이어 다시 등장한다는 점이다.

우선 예레미야의 석방에 관해서는, 동일한 사건에 대하여 렘39:11~14과 본문이 '중복'하여 보도하고 있다기보다는 그의 석방이 '두 번' 이뤄졌다고 보는 것이 학자들의 일반적인 해석이다.

렘39장에서 느부갓네살에 의해 시위대 뜰에서 석방되었던 예레미야가 무슨 일인지(아마 예레미야를 잘 알지 못하는 군사들에 의해 다른 유다의 포로들처럼 대우받았을 것으로 추측) 포로가 되어 사슬에 결박되어 잡혀가던 중 라마에서 느부사라단에 발견되어 다시 석방되었다.

라마는 예루살렘 북쪽 가까이에 위치한 곳으로 바벨론으로 잡혀가던 유대인 포로들의 집합장소였던 것 같다. 예레미야는 이곳에서 그가 줄기차게 외쳤던 대로 조국이 멸망하고 수많은 동족이 포로로 끌려가는 것을 직접 목격하고 경험했다.

'라마에서 슬퍼하며 통곡하는 소리'(렘31:15)는 바벨론 포로로 끌려가는 동족들의 비탄어린 통곡소리를 들은 그의 고통스런 경험에서 비롯되었다. 예레미야는 느부갓네살에 의해 시위대 뜰에서 1차로 석방되었다가 느부사라단에 의해 라마에서 2차로 석방되었다.

유다 고관들은 예레미야를 죽이려고 했으나(렘38:1~6) 여호와는 그를 이방인 에벳멜렉(렘38:7~13)과 유다의 적국 지도자인 느부갓네살과 느부사라단을 통해 살려주셨다. 유대인들에게는 용납될 수 없는 일이겠으나 여호와는 선민인 유대인만을 당신의 도구로 사용하시는 것이 아니라 이방인과 유대인의 적敵조차 당신의 도구로 사용하신다.

이러한 사실은 1절의 또 다른 문제인 예레미야에게 임한 여호와의 말씀에 관하여 살펴보면 더욱 확실하게 알 수 있다.

1절에서 말씀이 예레미야에게 임했다면 이어지는 2절 이하에서 그 내용이 선포되어야 하건만 그렇지 않은 가운데, 오히려 2~6절은 느부사라단이 석방된 예레미야를 불러다가 한 말이 이어진다.

느부사라단은 예레미야에게 '네 하나님 여호와께서 이곳에 이 재앙을 선포하시더니'(2절)라고 하며 그간 예레미야가 줄기차게 선포한 말씀을 그대로 반복하고 있다. 지금까지는 예레미야가 선포했던 말을 이제는 이방인의 입을 통해 선포하고 있는 것이다.

지금 유다의 다윗 왕조는 무너지고 예루살렘 성은 파괴되고 성전은 초토화되었는데, 이 재앙의 사건이 그동안 여호와께서 예레미야를 통해 선포하신 말씀대로 그대로 이루어졌다.

그 이유는 자국인 바벨론의 강력한 군사력 때문이라거나 다윗 왕조의 정치력의 부재 등에 기인한 것이 아니라 오로지 유다 사람들이 여호와께 범죄하고 말씀에 불순종했기 때문이다.(3절)

이러한 느부사라단의 말은 그 동안 예레미야를 통해 선포된 여호와의 말씀과 동일하며 철저히 여호와신앙에 근거한 고백이다. 느부사라단의 말을 통해 1절에 언급된 예레미야에게 임한 여호와의 말씀의 내용이 무엇인지를 알 수 있다. 예레미야에게 임했던 여호와의 말씀이 이번에는 예레미야가 아닌 바벨론 시위대장 느부사라단을 통해 선포되었다.

여호와는 전통적인 유다의 예언자들을 통해서만 당신의 말씀을 전하시는 것이 아니라 필요하면 누구든지 당신의 말씀 사역자로 사용하신다.

유다의 지도자들과 예언자들이 여호와의 말씀을 듣지 못하거나 거부할 때(렘28:1~11, 36:20~26, 37:1~2 등 참조) 여호와는 바벨론의 느부갓네살을 그의 종(렘27:6, 사45:1 참조)으로 사용하시고, 시위대장 느부사라단을 당신의 말씀 전달자로 세워 예레미야를 대신하여 말씀을 선포하게 하셨다.(왕하18:25=사36:10의 랍사게의 말 참조)

예레미야에게 여호와의 말씀을 전한 느부사라단은 이어 예레미야에게 선택의 자유를 주었다. 자신이 선대할(렘39:12 참조) 바벨론으로 가든지 유다의 한 장소에 선택하여 남아 있든지 원하는 대로 하라고 했다. 예레미야는 그다랴(렘39:14 참조)에게 가서 유다 땅에 남아 있는 백성과 함께 하기로 했다.

5절의 '예레미야가 돌이키기 전에' 라는 히브리어 본문은 의미가 모호하고 문맥이 흐름에 맞지 않는다. LXX나 기타 번역본은 '만일 여기에 머물기를 원한다면'으로 번역하여 예레미야에게 바벨론 왕이 유다 총독으로 세운 그다랴를 추천하면서 모든 결정권을 예레미야에 맡긴 것으로 이해한다.

예레미야는 느부사라단에게 양식과 선물을 받고 미스바 Mizpah에 있는 그다랴에게 가서 그 땅에 남아 있는 백성들과 함께 한다.(4~6절, 왕하25:23 참조) 바벨론에서 느부사라단에게 받을 선대를 생각한다면 그곳으로 가는 것이 낫겠지만 예레미야는 폐허가 된 고국 땅에서 아무것도 가진 것 없는 가난한 백성들과(렘39:10 참조) 함께하기로 한 것이다.

예레미야는 하나님께서 모든 것을 심고 뽑고 파괴하시는 과정에도 고난 받는 백성들과 모든 것을 함께 겪는다. 예언자로서 예레미야는 고난당하는 백성들의 아픔을 온 몸으로 받아들이다가 끝내는 이집트까지 끌려가 흔적도 없이 사라져버리는 비운의 사람이었다.

그러나 예레미야는 사라졌지만 그가 전한 여호와의 말씀은 오늘까지 살아있어 여호와의 말씀을 전하는 사람들이 어떻게 살아야 할 것인지 보여주고 있다.

그다랴가 머물며 유다 땅에 남아 있는 백성들을 다스리는 곳은 미스바 Mizpah였다.(6,8,12,13절, 왕하25:23 참조)

다윗 이후 지금까지 유다의 중심지는 예루살렘이었지만 다윗 왕조의 멸망 이후 미스바가 유다의 중심지가 되었다. 미스바는 예루살렘과 베델 Bethel 중간에 위치한 곳으로 예루살렘에서 북쪽으로 얼마 떨어져 있지 않다.

왕조시대 이전 12지파들이 함께 제사 드리며 중대한 일을 결정하던 곳이며 또한 사무엘과 연관이 있는 곳이다.(삿20:1~3, 21:1~8, 삼상 7:5~9, 10:17 참조)

미스바가 그다랴의 거주지가 되면서 예루살렘 멸망 이후에는 다윗 왕조 이전시대의 제사중심지로 새롭게 부각되었다. 그다랴는 이곳 미스바에서 자신에게 맡겨진 유다의 남은 자들, 곧 남녀백성과 유아와 바벨론으로 옮기지 아니한 빈민(7절)을 다스리게 되었다.

느부사라단은 가진 것 없는 빈민들에게 포로로 잡혀간 왕족들과 귀족들이 소유하였던 토지를 나누어주었다.(렘39:10) 이 소식이 퍼지자 광야로 피해 있던 군별 세력(8절)과 전쟁을 피하여 주변 나라로 피신했던 유다 사람들이 모두 그다랴에게로 돌아왔다.(11~12절)

그들에게는 그들이 얻은 성읍(바벨론에 의해 재분배 받은 거주지)에 거하며 포도주와 여름 실과와 기름을 밤썻 보으며 사는 것이 허락되었다.

바벨론에 의해 남아 있는 사람들에게 새로운 평화의 시대가 열렸음을 의미한다. 이제 그다랴를 통해 풍요와 안정이라는 새로운 시대가 열렸다.

다윗 왕조 시대의 백성들은 이웃들에게 공의를 행치 아니하며 이방인과 고아 과부 등 가난한 사람들을 학대하였으며(렘7:3~6 참조), 다윗의 후예인 시드기야와 고관들은 노예를 풀어주었다가 다시 잡아들였다.(렘35:8~11)

그러나 느부사라단은 예레미야를 석방하고 가난한 사람들에게 경작할 토지를 재분배하여 이들이 더 이상 사회에서 배제되거나 밀려나지 않게 하였다.

그다랴는 바벨론의 통치를 두려워하는 이들에게 바벨론에 순응할 것과 그것이 살 길임을 권면하였다.(9절)

> '너희는 갈대아인 섬기기를 두려워하지 말고 이 땅에 거하여
> 바벨론 왕을 섬기라 그리하면 너희에게 유익하리라' (9절하)

그다랴의 권면은 예레미야가 다윗 왕가와 그의 백성들에게 외쳤던 여호와의 말씀이었다.(렘27:11~12, 38:2,17) 예레미야가 외쳤던 말씀들이 그다랴를 통해 응답되고 현실로 나타났다.

바벨론이 가난한 사람들에게 실행했던 토지재분배는 '기업 무르기'라는 이스라엘의 전통토지법(이것은 일종의 이웃 환대법이다)의 회복으로 이해할 수 있다.

본래 이스라엘은 기업을 잃게 될 때 친족(고엘)이 무를 수 있으며 희년에는 되찾게 된다.(레25장) 예레미야가 하나멜의 땅을 되물었던 것은(렘32:6~15) 이스라엘의 전통토지법이 현실화되어야 함과 토지법의 준행이 이스라엘의 회복과 연관되어 있음을 알려준 것이었다.

다윗왕조시대에는 이 토지법이 준행되지 않았으며 동족을 종으로 삼았고 7년이 되어도 해방시키지 않았다.

이제 여호와께서 다윗왕조의 유다를 바벨론의 종이 되게 하셨다. 그리고 바벨론을 통하여 왕족을 포함한 정치 종교 기득권자들을 예루살렘과 유다에서 추방하심으로 그들이 독점하였던 토지를 가난한 사람들에게 재분배하게 한 것이다. 기업 무르기라는 여호와의 거룩한 명령인 이웃 환대법이 바벨론에 의해 실현되었다.

그다랴의 통치로 실현되었던 유다의 평화는 오래가지 못했다. 미스바의 그다랴에게 광야로부터 온 유다 군대 지휘관들이 있었는데(7~8절), 그들은 아마도 바벨론 공격 때 흩어진 왕의 군대 지휘관이었을 것이다.(렘52:8 참조) 이들 중 대표적인 인물은 느다냐의 아들 이스마엘 Ishmael과 가레아의 아들 요하난 Johanan이었다.

그다랴를 찾아온 요하난과 들에 있던 군대장관들은 이스마엘의 음모를 전하였다. 이스마엘은 암몬 왕 바알리스가 그를 살해하기 위해 보낸 사람이라고 경고하며 자신이 이스마엘을 미리 은밀하게 제거하겠다고 제안하였다.(13~15절)

요하난은 그다랴가 살해될 경우 예루살렘 멸망 후 남은 자들로 형성된 유다 공동체가 구심점을 잃고 흩어져 결국은 사라져버리지 않을까 염려했던 것이다. 이스마엘의 음모는 이스마엘이 그다랴를 살해한 후 암몬으로 피신했다는 점에서(렘41:10, 15) 사실이었을 가능성이 크다.

그다랴는 요하난의 경고를 믿지 않았고 그의 제안도 거절했으며, 그가 이스마엘을 모함하고 있다고 생각했다.(14~16절) 어쩌면 그다랴는 이스마엘을 믿었다고 볼 수 있다.

그다랴는 이스마엘이 왕의 종친(다윗 가문의 한 사람, 렘41:1)이지만 예루살렘 멸망 후 쫓겨났던 이들이 돌아와 간신히 평화를 이룩하고 있는데 이스마엘이 정치적 욕망을 채우기 위해 자기를 살해할 것이라고 생각하지 않았다. 요하난의 경고를 받아들이지 않은 그다랴와 그가 통치하는 왕조 멸망 이후 유다 공동체는 어떻게 되었을까?

바벨론에 항복하는 것이 살 길이라는 예레미야의 경고를(렘38:17~21) 무시한 시드기야가 자신과 왕국을 비극적인 운명에 이르게 했듯이, 요하난의 경고를 무시한 그다랴 역시 결국 자신의 생명을 잃을 뿐 아니라 유다 공동체를 비극적인 종말에 이르도록 했음을 이어지는 렘41장에서 확인할 수 있다.

●●●그다랴 암살과 요하난의 대처 렘41:1~18

렘41장은 그다랴의 암살사건을 다룬 1~10절, 이 사건에 따른 요하난의 대처를 알려주는 11~18절로 나눌 수 있다. 렘41장의 의문점은 그다랴의 암살이 언제 실행되었는지에 대한 것이다.

렘41장도 MT와 LXX가 차이점이 있는데 특히 사람을 언급함에 있어 LXX에는 1절의 '아히감의 아들', 2절의 '느다냐의 아들', 6절의 '느다냐의 아들' '아히감의 아들', 7절의 '느다냐의 아들 이스마엘', 10절의 '미스바에 있는 모든 백성', '그리고 느다냐의 아들 이스마엘이 그들을 사로잡았다', 11절의 '느다냐의 아들', 13절의 '가레아의 아들', 14절의 '가레아의 아들', 15절의 '느다냐의 아들' '요하난으로부터', 16절의 '가레아의 아들', '느다냐의 아들 이스마엘이 아히감의 아들 그다랴를 죽이고 미스바에서 잡아간', 18절의 '느다냐의 아들' '가레아의 아들'이 생략되어 있다.

이스마엘의 그다랴 암살 음모는 요하난의 말대로 진행되었다. 이스마엘은 심복 열 명을 데리고 미스바에 있는 그다랴를 방문하여 식사를 하는 중에 그를 암살하였다. 이스마엘이 요하난처럼 그다랴를 방문하여 식사를 함께 했다는 것은 그가 군벌의 우두머리였으며 그다랴도 그를 인정했음을 뜻한다. 그는 또한 '왕의 종친'(1절) 곧 왕족 출신이므로 총독인 그다랴와 식사를 할 충분한 자격이 있었다.

그러나 이스마엘의 그다랴 방문은 암살을 위한 위장술이었으며 식사 중에 계획을 실행에 옮겼다. 이스마엘이 살해한 사람은 그다랴만이 아니었다. 그다랴와 함께 한 유다인과 거기 있던 갈대아 군사까지 죽였다.(3절) 이스마엘의 살해계획은 성공적으로 마무리되었다.

그다랴가 살해된 때가 연대를 밝히지 않은 채 칠월(1절, 티쉬리 달=에다님 월, 태양력의 9~10월에 해당됨, 레16:29, 23:34~36, 민29:1, 왕상8:2, 슥7:5 참조)로만 언급되어 있어 그의 통치가 얼마동안 진행되었는지 정확하게 알 수 없다.

그 해가 예루살렘이 함락된 해(기원전 587년)와 같은 해였다면 함락이 4월이요, 느부사라단이 예루살렘에 입성하여 왕궁과 성전을 불태우고 그다랴에게 빈민을 맡긴 것이 5월(렘39:8~14, 52:12~16 참조)이었기에, 그다랴의 통치기간은 두 달 정도 되었을 것이다.(왕하25:25 참조)

그러나 학자에 따라 렘52:30에 기록된 느부갓네살 23년(기원전582년)에 있었던 세번째 포로로 잡혀간 사건이 그다랴의 암살에 대한 보복이었을 것으로 보기도 한다. 그렇다면 그다랴의 통치는 약 5년간 지속되었을 것이다.

이스마엘이 그다랴를 죽인 이유가 무엇일까? 이스마엘이 다윗 왕가 출신이라는 점에서 그 이유를 추론할 수 있다.

예루살렘이 바벨론에 의해 함락된 후 그다랴는 느부사라단에 의해 남아 있는 유대인들을 다스리는 총독으로 임명된 사람이다. 그다랴는 예루살렘이 아닌 미스바에서 유다인들을 다스렸다. 그러자 전쟁으로 여러 곳으로 피신했던 사람들이 그에게 모여 들었고 나름대로 풍요와 평화의 공동체를 형성했다.

이렇게 그다랴를 통해 시작된 새 시대를 다윗 왕족인 이스마엘은 어떻게 받아들였을까? 다윗 왕조는 이미 무너졌으며 다윗의 후손이 아닌 그다라가 유다 공동체의 통치자가 되었다. 다윗 왕족의 정치 종교 중심지인 예루살렘은 더 이상 세상의 중심이 아니다.

미스바에서 형성된 유다 공동체는 그다랴의 주도 아래 평화로운 사회를 이룩해 나갔다. 이런 새 시대에 이스마엘이 다윗 왕족의 한 사람으로서 할 수 있는 역할이 무엇이었을까? 아무 것도 없었을 것이다. 이스마엘로 대표되는 다윗 왕가는 폐족이 되어 있다.

그다랴는 친바벨론자이다. 이스마엘은 그의 통치와 그가 주도하는 새 공동체에서 아무 역할도 할 수 없었으며 이 공동체를 용납할 수 없었다. 그는 다윗왕조의 회복과 민족주의라는 이상을 꿈꾸고(어쩌면 전통신앙을 지켜야한다는 열정도 포함되어 있으리라 여겨짐) 그다랴를 제거하고 그를 중심으로 한 행정조직을 파괴했다.

이스마엘은 그다랴뿐 아니라 그와 함께 한 사람들과 이들을 보호하려고 주둔하고 있던 갈대아 군사들까지 죽였다. 이스마엘의 그다랴 살해는 정권전복을 노린 일종의 쿠데타였다. 팔레스틴에 세력을 넓혀가는 바벨론을 거부하는 암몬 Ammon의 도움을 받아 어떻게 해서든지 다윗 왕조의 회복을 이룩하려 했을 것이다.

이스마엘이 그다랴를 살해한 후 백성들을 이끌고 암몬으로 가려고 했던 것은(10절) 이런 추론이 사실에 가까움을 나타낸다.

4절 이하에는 이스마엘의 또 다른 만행을 보도하고 있다. 그다랴가 살해되었으나 이틀이 지나도록 아직 세상에 알려지지 않았을 때(4절), 세겜과 실로와 사마리아에서 팔십 명의 사람들이 수염을 깎고 옷을 찢고 몸에 상처를 내고는 제물과 유향을 가지고 여호와의 집으로 가고자 미스바에 들렀다.(5절)

이들은 북 이스라엘에 속한 사람들로 그들의 행색으로 보아 예루살렘 성전이 초토화된 것을 애통해 하며 남아 있는 성전 어디에서나마(마치 현재의 통곡의 벽과 같은 곳) 제사를 드리기를 원한 것 같다.

이스마엘은 자신의 소행을 숨긴 채 이들을 그다랴에게 데려다주겠다고 속인 후 숨겨둔 곡식을 바치겠다는 열 명을 제외하고 모두 살해하여 구덩이에 던졌다.(6~8절) 자신의 소행이 외부로 알려지는 것을 막으려 했을 것이다. 이스마엘은 그다랴에 속한 사람들을 죽인 시체를 북 이스라엘 사람들의 시체를 던진 구덩이에 던졌는데 그 구덩이는 유다 왕 아사 Asa가 이스라엘 왕 바아사 Basha를 두려워하여 팠던 구덩이였다.(9절, 왕상15:16~22 참조, 그러나 구덩이에 대한 기록은 더 찾아볼 수 없다.)

이렇게 잔혹한 일을 저지른 이스마엘은 미스바에 남아 있던 사람들을 인질로 잡고는 암몬으로 향하였다. 이스마엘이 그다랴 암살 이후 암몬에 망명정부를 세우려 했음을 짐작할 수 있다.

요하난은 그다랴를 암살하려는 이스마엘의 계획을 미리 알고는 그다랴에게 경고했을 뿐 아니라 이스마엘을 사전에 살해하고자 했었다.(렘40:13~16) 그다랴를 중심으로 형성된 유다 공동체가 그의 죽음으로 흩어지는 것을 염려했기 때문이었다.

그러나 요하난의 염려는 현실이 되었고, 그다랴 암살 소식이 요하난과 군벌들에게 전해졌다. 이들은 이스마엘 일행과 전쟁을 벌이기 위해 기브온 큰 물가에서 만났다.(11~12절) 기브온 Gibeon은 미스바의 남서쪽 방향에 위치해 있어 암몬과는 반대 방향이다.

학자들은 아마 기브온은 기브아 Gebeah를 잘못 기록했거나 또는 기브온을 통하여 암몬으로 직접 가는 통로가 있어서 이스마엘 일행이 그곳으로 내려갔을 것으로 추측한다.

이스마엘에게 인질로 잡혀가던 백성들은 추격해온 요하난을 만나자 기뻐하였다. 이들은 요하난에게로 돌아가고 이스마엘은 가까스로 심복 여덟 명만 데리고 암몬으로 들어갔다.(13~15절)

16~18절은 이스마엘에게 인질로 잡혀가던 백성들을(군사들, 여인들, 아이들, 고관들) 구출한 요하난과 그와 함께 하는 군벌들의 이후 행동을 알려주고 있다. 이들은 미스바로 되돌아가지 않고 남쪽으로 예루살렘을 지나 베들레헴 근처에 있는 게롯김함 Geruth Chimham까지 가서 머문다. 이들의 중간 정착지인 '게롯김함'은, '게롯'이 나그네들이 묵는 '숙박장소'(객사, 여관)란 의미가 있으며 '김함'은 고유명사인 듯하여 '김함의 여관'으로 이해할 수 있다.

요하난 일행이 남쪽으로 간 것은 이스마엘이 그다랴를 죽인 것에 대한 바벨론의 보복이 두려워 이집트로 피하고자 함이었을 것이다.

이스마엘의 그다랴 암살사건으로 발생한 일련의 사건들은 바벨론 포로 이후 팔레스틴에 가까스로 형성된 유다 공동체를 파괴하였다.

이스마엘은 심복 여덟 명과 함께 암몬으로 피신하였고, 요하난과 그와 함께 한 군벌들도 바벨론의 보복을 피해 남은 백성들을 데리고 이집트로 피신한다. 이 사건으로 포로기 이후 유다 공동체 건설의 꿈은 팔레스틴에 남아 있는 사람들에게는 물거품이 되었고, 바벨론에 포로로 잡혀간 사람들에게 열쇠가 넘어가게 되었다.

놀랍게도 이런 역사의 진행은 우연히 일어나는 것이 아니라 예레미야를 통해 이미 선포된 하나님의 뜻이었다.(예레미야는 바벨론 포로에서 귀환한 사람들에 의해 유다 공동체가 회복될 것이라고 선포하였다. 위로의 책인 렘30~31장 참조) 하나님의 말씀은 일점일획도 떨어지지 않고 다 이루어진다.(마5:17~18, 벧전1:24~25, 사40:6~9 참조)

예루살렘이 바벨론에 의해 멸망되었으니 '다윗왕조의 영원성'이라는 여호와의 약속(삼하7장)이 파기되는 것은 어떻게 이해하여야 할까?

다윗은 압살롬의 반란으로 암몬 땅 마하나임 Mahanaim으로 피하였다가(삼하17:27 참조) 그곳에서 다시 힘을 모아 정권을 회복했으나, 이스마엘은 암몬으로 도망친 것으로 마무리 된다. 결국 다윗왕조는 회복되지 못했고 다윗왕조가 영원하리라는 여호와의 약속은 파기되는 것처럼 보인다.

여호와는 나단을 통해 다윗왕조가 영원할 것이라는 약속을 하셨다. 그러나 여호와의 약속이 실현되어 다윗의 왕권이 영원히 유지되고 견고해지는 것은 '예레미야의 궁중설교' 중 하나인 렘22:1~9에서 알 수 있듯이 오직 다윗 가문의 왕들이 여호와의 율법을 준수할 때 보장되는 것이다. 왕들이 탈취당한 자를 압박하는 자의 손에서 건지고 이방인과 고아와 과부를 압제하거나 학대하지 말며 무죄한 피를 흘리지 않는 '공

평과 정의'를 행할 때 왕권은 영원히 유지될 수 있다.(렘22:1~4 참조)

공평과 정의가 실행되지 않을 때 백향목에 거하는 다윗의 위位에 앉은 왕도 예루살렘 문 밖으로 던져질 수밖에 없다.(렘22:13~19 참조) 여호와는 왕들에게 공평과 정의를 행할 것을 요구하셨다.(렘21:12, 사9:7, 11:1~5, 16:5, 32:1 참조)

다윗왕조의 통치의 본질이 '공평과 정의'라는 사실은, 새로운 목자를 세우실 것이라는 렘23장에도 잘 나타나 있다. 지금까지 왕들은 양을 흩어버리는 목자였으나 여호와는 새로운 목자를 세울 것인데 곧 세상에서 '공평과 정의'를 행할 다윗의 의로운 가지이다.(렘23:5~6, 렘33:15~16 참조)

이어 의로운 가지인 새로운 목자가 공평과 정의로 통치할 때 흩어진 포로의 회복이 이루어질 것이라는 것도 밝힌다.(렘23:7~8) 렘33장에서도 다윗 가문의 영원함과 레위 제사장의 영원함이 '공평과 정의'에 기반하고 있음을 확인할 수 있다.(렘33:14~18)

왕들이 '공평과 정의'로 통치하지 않는 것은 다윗 왕조가 영원하리라는 여호와의 약속을 그들 스스로가 파기하는 행위이다. 이런 점에서 세례 요한이 자기 제자들을 예수님께 보내어 '오실 메시아'가 당신인지를 물을 때 하신 대답은 의미가 있다.(마11:2~5)

예수님은 자신의 혈통이 다윗의 후손임을 밝히기보다는 오직 메시아가 오셨을 때 나타날 일, 곧 '공평과 정의의 통치로 나타날 일'을 말씀하시며, 가서 듣고 본 것을 요한에게 알리라고 하셨다.

다윗 왕조가 영원할 것이라는 여호와의 약속은 '공평과 정의'를 실행하지 않은 다윗의 후예인 유다 왕들에 의해서 파기된 것 같으나, 여호와의 말씀은 사라지지 않고 영원하기에 그 약속은 훗날 예수 그리스도를 통하여 역시 속에 구현되었다.

이렇게 다윗의 왕권은 그의 핏줄에 의해서가 아니라 '공평과 정의'라는 여호와의 뜻을 실현함으로 영원히 유지되며, 여호와의 말씀 또한 영원한 것이다.

●●●요하난 일행의 기도 부탁과 거부 렘42:1~22

렘42장에는 예레미야가 이스마엘의 그다랴 살해 사건과 이후 연속되는 사건들에 등장하지 않다가 갑자기 중심인물로 등장한다.

그다랴 집에 머물던 예레미야는 그다랴가 살해될 때 어떻게 아무런 해를 입지 않았을까? 이스마엘이 그다랴를 살해한 이유 중에는 그다랴가 바벨론에 의해 유대 총독이 된 친바벨론주의자라는 점도 있다.

그와 함께 있던 예레미야도 그간의 언행으로(대표적인 것은 렘27, 37장) 미루어 친바벨론주의자로 인식되었기에 함께 살해되었을 가능성이 높다.

그러나 예레미야가 어떻게 생존하게 되었는지에 대해서 성서는 침묵하고 있다. 또한 그다랴와 그의 측근들, 그리고 예루살렘 순례자들의 살해에 대하여 그가 어떤 반응을 보였는지에 대해서도 성서는 아무런 언급이 없다.

렘42장의 중심내용은 이스마엘이 그다랴를 살해하자 바벨론의 보복이 두려워 미스바가 아닌 이집트로 향하려고 게롯김함에 머물고 있던(렘41:17~18) 요하난의 일행이 예레미야에게 기도를 부탁하고는 정작 기도의 응답으로 선포되는 여호와의 말씀에 순종하지 않는 내용이다.

예레미야는 2절에 다시 등장하는데 1절은 예레미야에게 기도를 부탁한 사람들로 모든 군대의 지휘관과 요하난과 여사냐와 백성의 낮은 자로부터 높은 자까지, 곧 요하난과 함께 한 모든 사람들이다.

1절에서 처음으로 언급되는 '여사냐'가 누구인지에 대하여 학자들 사이에 논란이 있다.

1절에는 그가 '호사야의 아들'로 나타나지만, 렘43:2에는 '호사야의 아들'이 '여사냐'가 아니라 '아사랴'이다. 렘40:8에는 '여사냐'가 '마아가 사람의 아들'로 나타나기에, 이 세 곳에 언급된 사람들이 동일 인물인지에 대해 논란이 있다. 또한 본문과 같은 내용을 전하는 왕하25:23에는 '마아가 사람의 아들'이 '야아사니야'로 나타나 혼란을 가중시킨다.

일반적으로 1절의 '여사냐'를 렘43:2의 '아사랴'와 왕하25:23의 '야아사니야', 렘40:8의 '마아가의 아들 여사냐'와 모두 동일 인물로 본다.

또한 1절의 '호사야의 아들 여사냐'는 렘40:8의 '마아가 사람의 아들 여사냐', 왕하25:23의 '마아가 사람의 아들 야아사니야'와 동일 인물로 보지만, 렘43:2의 '호사야의 아들 아사랴'은 그의 형제로 봐야 한다는 학자도 있다.(Fischer)

어쨌든 요하난과 함께 한 모든 사람들이 예레미야를 찾아와 기도를 부탁한다.(2절) 이들의 기도 부탁은 시드기야가 사람을 보내어 예레미야에게 기도를 부탁한 것과 비슷하다.(렘37:3)

이들이 스스로를 '남은 자'로 부르는 것은, 그들이 한때 국가를 이루었으나 이제는 지극히 소수만 남아 위기의식을 느끼고 있음을 뜻한다.

이들이 예레미야에게 '당신의 하나님 여호와께'(2,3,5절) 기도를 부탁한 것은 이들이 예레미야와 여호와 사이가 남다른 관계임을 인정한 것이요, 그리하여 자신들이 마땅히 '갈 길과 할 일'이 무엇인지를 기도하여 하나님의 뜻을 알려달라는 것이었다.(3절)

> '당신의 하나님 여호와께서 우리가 마땅히 갈 길과 할 일을 보이시기를 원하나이다' (3절)

그러나 예레미야는 이들에게 여호와를 '너희 하나님'이라고 표현함으로 여호와는 어느 개인의 하나님이 아니라 백성 모두의 하나님임을 알려준다.

이들은 여호와를 '진실무망한 증인'으로 삼겠다고 하였다.(5절)

자신들의 기도 부탁이 진심으로 하는 것이며 여호와의 말씀에 절대 복종하겠다고 한다. 여호와의 말씀이 자신들에게 좋은 말씀이든 나쁜 말씀이든 온전히 순종할 것이며, 여호와의 말씀에 순종하는 것이 자신들에게 복된 것임을 고백하였다.(6절)

기도 부탁을 받은 예레미야는 그들의 부탁을 받아들여 하나님께서 응답하시는 말씀을 숨김없이 그들에게 알리겠다고 하였다.(4절)

예레미야가 기도한 지 열흘 후에 여호와의 말씀이 그에게 임하였다.(7절) 열흘이 지난 후에야 그에게 여호와의 말씀이 임하였다는 것은 예레미야가 성별된 사람임에도(렘1:5 참조) 불구하고 그는 하나님의 말씀을 조종할 수 없으며(렘11:18 참조, 거짓 선지자 하나냐는 예레미야와 달리 여호와께 받은 말씀이 아니라 자신의 말을 여호와의 말씀처럼 전하였음, 렘28:1~4, 12~14절 비교 참조) 여호와께서 말씀을 주실 때까지 기다리는 모습을 보여준다.

예레미야는 여호와께서 무엇을 행하실 것인지 또 백성들이 무엇을 행해야 할 것인지 미리 결정하지 않고 오직 하나님의 말씀을 듣기 위해 진지하게 열흘을 기다려서 말씀을 받았다.

예레미야는 요하난을 포함하여 모든 백성들을 모으고 자신에게 임한 여호와의 말씀을 전하였다.

여호와의 말씀은 한 마디로 요약하면 '이집트로 내려가지 말고 이 땅에 거하라'는 것이었다. 예레미야는 이 사실을 강조하기 위해 자신의 소명 기사(렘1:10)에 나오는 표현들을 사용한다.

'너희가 이 땅(팔레스틴 유다 땅)에 눌러 앉아 산다면

내가 너희를 세우고 헐지 아니하며 너희를 심고 뽑지 아니하리니
이는 내가 너희에게 내린 재난에 대하여 뜻을 돌이킴이니라.' (10절)

헐고, 뽑고, 세우고, 심는 것이 예레미야에게 주신 하나님의 사명이었는데, 이제 백성들이 예레미야에게 임한 하나님의 말씀에 순종하면 그들이 세워지고 심겨질 것이요, 불순종하면 헐리고 뽑힐 것이라는 말씀이다.

백성들은 바벨론 왕을 두려워하였다.(렘41:18 참조) 그래서 전쟁도 없고 식물도 넉넉한 이집트로 가고 싶어했다.

예레미야는 이들의 생각을 전면 부정한다. 바벨론 왕을 두려워하지 말라고 한다. 여호와께서 그들과 함께 계셔서 그들을 바벨론 왕의 손에서 건지실 것이라고 한다.(11절) 더 나아가 여호와께서 그들을 불쌍히 여겨 바벨론 왕에게 그들을 불쌍히 여기는 마음을 주어 그들을 본향으로 돌아오게 하시겠다고 한다.(12절)

만일 여호와의 말씀을 거역하여 이집트에 거하기를 고집한다면 그들이 두려워하는 칼(바벨론의 칼)이 이집트에 미쳐 그들을 죽일 것이며, 결국 그곳에서 칼(헤레브)과 기근(라아브)과 염병(데베르)에 죽는 재앙을 만나 살아날 사람이 없을 것이라고 하였다.(13~17절, '칼, 기근, 염병' 이 세 가지는 예레미야서에 여러 번 함께 반복되는 재앙의 목록이다. 14:12, 21:9, 24:10, 27:8,13, 29:17,18, 32:24, 36, 34:17, 38:2, 42:17, 22, 44:13 참조)

또한 그들이 이집트에 들어가면 예루살렘 거민들에게 분노를 쏟아 부었던 것처럼 그들에게도 진노를 쏟아 부을 것이며, 그들은 가증함과 놀램과 저주와 치욕거리가 될 것이며, 다시는 고국에 돌아오지 못하게 될 것이라고 말씀하셨다.(18절, 렘24:9, 29:18, 44:12 참조)

7~18절까지는 여호와의 말씀이며 19~22절은 백성들을 향한 예레미야의 말이다.

예레미야는 백성들에게 여호와께서 이집트로 내려가지 말라고 하셨고 자신도 동일하게 경고했음을 밝히면서 기도의 응답으로 받은 여호와의 말씀에 부정적 반응을 보이는 그들을 이집트로 보내며 그곳에서 칼과 기근과 염병으로 죽을 것임을 분명히 하였다.

예레미야는 이미 백성들이 기도의 응답으로 전한 여호와의 말씀을 거절하고 있음을 눈치채고 있었다. 20절의 '너희 마음을 속였느니라'의 히브리어의 의미는 '목숨을 잃을 실수를 저질렀다'이다.

그들은 예레미야에게 여호와께서 말씀하시면 무엇이든지 순종하겠다고 기도부탁을 하고는 막상 예레미야가 자신에게 임한 여호와의 말씀을 전하자 오히려 거역하고 있다.

이것은 무엇을 의미하는가?

그들은 예레미야에게 기도를 부탁할 때 '이미' 이집트로 내려가기로 작정하고 게롯김함에 머물던 상태였다. 기도를 통하여 그들이 듣고자 했던 여호와의 말씀은 자신들의 결정에 대한 하나님의 추후승인이었다.

그러니 예레미야는 그들이 기도 부탁을 하면서 자신의 마음을 속였다고 폭로한 것이다. 겉으로는 기도를 부탁하여 하나님의 뜻을 알려고 한 것 같지만, 사실 이들의 관심은 하나님의 뜻에 대한 순종보다는 하나님이 자신들의 뜻을 받아주길 바라고 자신들이 안전하다고 생각하는 이집트로 내려가 평안하기를 바랐던 것이다.

오늘날에도 많은 성도들이 무엇이든지 하나님의 말씀에 순종하겠다고 말하면서 자신의 마음을 속인다.

자신이 기도할 때 또는 다른 사람에게 기도를 부탁할 때, 사실 자신들이 이미 결정한 사항을 하나님께서 정당하다고 승인해주기를 바라는 것이다.

자신들의 결정을 신앙적으로 포장하고 하나님의 뜻이라는 말로 위장한다. 그래서 교회 안에는 하나님의 뜻이 난무하고, 하나님의 뜻이라는 명목으로 분쟁과 분열이 일어나고 있다.

거짓 선지자 하나냐도 자신의 말을 '여호와 이스라엘의 하나님'이 주신 말씀이라고 선포했다.(렘28:1~4 참조) 거짓말을 하나님의 권위로 전하고 자신의 생각을 하나님의 뜻으로 전하는 것이(렘23:16, 25 참조) 오늘날 안타까운 교회의 현실인 것이다.

요하난과 함께 한 백성들은 자신들의 생각대로 바벨론의 칼을 두려워하여(렘41:18, 42:11,16) 이집트로 가지 말라는 여호와의 말씀을 거역했다. 칼이 두려워 피하는 것은 여호와를 신뢰하지 않는 행위이다. 결국 여호와를 신뢰하지 않고 칼을 피하다가는 칼에 죽고 말 것이며, 여호와를 신뢰하여 칼을 두려워하지 않으면 칼이 그들에게 미치시 않을 것이다.(13~14절)

이집트 땅은 전쟁이 없고, 식물이 넉넉한 땅이라 생존하기에 조건이 좋다고 생각할 수 있다. 그래서 많은 사람들이 이집트에 내려갔고(창12:10~20, 45:9~11, 46:1~7, 렘26:21 참조) 요하난의 무리들도 그곳으로 내려가려는 것이다.

생존의 조건이 좋다는 것은 땅의 좋고 나쁨이 아니라 하나님이 함께 계시는가 아닌가의 문제다. 하나님이 함께 계시는 땅은 이집트가 아니라 약속의 땅 팔레스틴(가나안)이다. 여호와는 이집트를 당신의 백성들이 다시 돌아가지 말아야 할 곳으로 지정하셨던 것이다.(신17:16)

오늘날 성도들이 머물 곳은 어딘가? 눈에 보이는 좋은 조건이 있는 곳이 아니라 하나님과 함께 머물 수 있는 곳이어야 한다.

물이 넉넉하여 여호와의 동산 같고 이집트 땅과 같아 요단 들을 택하고 끝내는 멸망의 땅 소돔에까지 이르렀던 롯을 기억해야 할 것이다.(창13:10~13 참조)

●●●요하난 일행의 이집트 도주 렘43:1~7

렘43장은 요하난의 일행이(렘42:1, 8 참조) 이집트의 다바네스 Tahpanhes에 이르는 과정을 알려주는 1~7절과 그곳에서 유다 사람들 목전에서 행한 예레미야의 상징적 행위를 알려주는 8~13절로 구성되어 있다.

이집트로 가는 것이 살 길이라 생각하고 그곳으로 가겠다는 그들의 뜻은 이미 확고했다.(렘41:17~18) 예레미야가 자신들의 뜻과 반대되는 말을 전하니 그 말씀이 진정 하나님의 말씀이었음에도 듣지 않았던 것이다.

그들이 여호와를 '우리 하나님'이라고 고백하며 기도를 부탁할 때, 그들은 하나님이 오로지 자신들의 뜻을 차후 승인해주시기를 기대했을 뿐이다. 하나님을 자신들의 뜻에 복종시키고자 했던 것이다. 하나님을 자신들의 하수인처럼 여겼던 것이다.

이 얼마나 교만한 일인가? 2절의 '호사야의 아들 아사랴와 가레아의 아들 요하난과 및 모든 교만한 자'라는 언급은 예레미야에게 하나님께 기도해 달라고 부탁하고는 그 응답의 말씀을 거부하는 요하난 일행 '모두'를 일컫는 말이다.

'교만한'이라는 히브리어 '제드'는 '건방지고 주제넘고 불손하고 오만방자하다'는 의미다.(시119:21,51,69,78,85, 잠21:24 참조)

곧 하나님을 자신들보다 아래에 두며 하나님의 말씀보다 자신의 뜻을 앞세우고, 하나님은 오직 자신들의 뜻에 따라주기를 강요하여 자기들의 뜻과 상반되면 언제나 거부하는 모든 사람들이 바로 '교만한 자'인 것이다. 요하난의 일행이 바로 이런 교만한 자들이었다.

그런데 이런 교만한 자들이 우리 중에 얼마나 많은가?

이런 교만한 자들은 예레미야의 말이 거짓이라는 데서 한 발 더 나아가 바룩에게 비난의 화살을 돌렸다. 바룩이 자신들을 바벨론 군대에 넘겨 죽게 하려고 예레미야를 꼬드겼기에 예레미야가 그런 말을 한다는 것이다.(3절)

렘37~42장까지 언급되지 않고 갑작스럽게 등장한 바룩을 이들이 왜 친 바벨론주의자(반민족주의자)로 여겼는지, 예레미야가 그들을 바벨론에게 넘기려는 그의 음모에 가담한 것으로 생각했는지 성서적 근거는 불확실하다.

바룩에 대한 그들의 주장은 여호와의 말씀을 거역하는 자신들의 행동을 정당화하려는 근거 없는 억지였을 것이다.

요하난과 군대 장관들은 유다 땅에 거하라는 여호와의 말씀을 적극적으로 거역한다.(이와 같은 거역은 시드기야의 경우와 흡사하다. 렘37:2 참조)

그들은 그다랴가 통치한다는 좋은 소식을 듣고 전쟁의 공포를 피해 이방나라로 도망했다가 되돌아온 모든 사람들과 예레미야와 바룩까지 데리고 되돌아가서는 안 되는 땅 이집트(신17:16)로 들어가 나일 강 델타지역에 있는 다바네스에 이르렀다.(4~7절)

이 일은 모세의 출애굽 사건의 역전, 곧 '환還-출애굽'을 의미한다. 그들은 여호와께서 출애굽 사건으로 베푸신 구원의 은혜를 스스로 완전히 뒤집은 것이다.

그 결과는 무엇일까? 출애굽으로 그들 조상은 여호와 하나님으로부터 생명과 자유와 평화의 은혜를 허락받았지만, 환-출애굽한 이들에게 주어질 것은 죽음뿐이다.

●●●이집트에서의 예레미야의 상징적 행위 렘43:8~13

이집트로 내려가는 것이 여호와의 뜻이 아니라고 주장했으나 요하난 일행에 의해 강제로 끌려가서 이집트 땅 다바네스에 머물던 예레미야에게 여호와의 말씀이 임했다.(8절)

여호와는 유다 땅에서만 말씀하시는 분이 아니라 이집트 땅에서도 말씀하시는 분이시며, 유다에 있는 이스라엘만 그의 백성이 아니라 당신의 말씀을 거역하고 다바네스로 내려간 그들 역시 당신의 백성이기에 말씀을 주셨던 것이다.

하나님은 예레미야에게 유다 사람들('바벨론의 디아스포라'는 타의에 의해 이방에 와 있는 사람들이지만, 이들은 스스로 '이집트의 디아스포라'가 된 사람들임) 목전에서 큰 돌을 가져다가 바로 왕궁(그곳에 바로의 궁이 없었기에 바로의 권위를 상징하는 정부 공공건물일 것으로 이해함)의 입구 진흙 벽돌 깔린 곳에 묻으라고 하신다.(9절)

일종의 상징적 행동을 하라는 것이다.(렘13:4~7, 19:1~13, 27:1~11, 겔4:1~12, 5:1~4, 12:3~6, 18, 37:15~17 등 참조)

예레미야의 이러한 상징적 행동은 10~13절에서 보듯이 여호와께서 바벨론 왕 느부갓네살을 이집트에 불러와 왕궁에 감춘 큰 돌 위에 그의 왕좌를 두게 할 것이며, 그곳이 그의 화려한 장막을 칠 자리가 될 것임을 알려주는 것이다.

느부갓네살이 이집트에서 자기 권한을 행사하게 할 것이라는 뜻이다. 그가 예루살렘을 공격하여 백성들을 살해하고 많은 사람을 포로로 삼아갔듯이 이집트에서도 그렇게 할 것이며, 이집트 신전들을 불태우고 신상들을 전리품으로 가져갈 것이며, 목자가 제 맘대로 그 몸에 옷을 두르는 것같이 이집트 땅을 맘대로 유린하고 평안히 떠날 것이라는 의미이다.

13절에 언급된 이집트 땅 벧세메스 Beth-shemesh는 삼상6:1~18에 언급된 유다 땅 벧세메스가 아니다.

벧세메스는 히브리말로 '태양의 집'을 의미하며, 이집트의 북쪽 신전도시 '헬리오폴리스 Heliopolis'('태양의 성읍'이라는 헬라식 지명으로, 태양신을 섬기는 신전 주위에 세워진 도시임, 창41:45, 50, 46:20에서는 이곳을 '온'이라 했으며 겔30:17에는 '아웬'이라고 불림)를 일컫는다.

예레미야를 통해 예고된 바벨론의 이집트 침공은 실제로 기원전 568~567년에 일어났다. 느부갓네살이 이집트의 제26왕조 아마시아 Amasia(기원전 570~526년)를 공격하여 피해를 입혔다.(겔29:19~20 참조)

여호와 하나님은 이렇게 이집트를 침공하여 유린한 이방 나라 바벨론의 왕 느부갓네살을 '내 종'이라고 부르신다.(10절, 렘25:9, 27:6 참조) 여호와는 느부갓네살을 당신의 일을 진행하는 도구로 사용하신다.

따라서 느부갓네살이 이집트에 행한 모든 일은 곧 하나님의 일을 대행代行한 것이다. 느부갓네살이 이집트를 유린한 것은 국제적인 관계 속에 발생된 전쟁이 아니라 그 배후에 하나님의 계획이 있었고 하나님의 의도대로 진행된 일이다.

요하난의 일행(이집트의 디아스포라)은 느부갓네살을 두려워하지 말고 유대 땅에 거하라는 여호와의 말씀을 거역하며 자신들의 안정과 평안을 위해 느부갓네살의 칼을 피하여 이집트로 갔지만, 그들은 예레미야의 예언대로(렘42:13~18, 43:10~13) 이집트를 침공한 바벨론에 의해 재난을 당하게 된다.

바벨론의 역사 기록에서 이집트의 디아스포라가 예레미야가 예고한 것과 같은 재난을 입었는지는 확인할 수 없다.

렘43장의 강조점은 여호와 하나님의 주권은 우주적이라는 사실이다. 하나님의 말씀을 거역하며 이집트로 도피한다고 하나님의 심판의 손길을 피할 수는 없다. 여호와 하나님은 유다뿐 아니라 이집트에서도 예레미야를 통해 선포된 말씀을 이루시는 분이시다.

요하난 일행이 안전을 찾겠다고 유다를 떠나 들어간 이집트는 결코 평화로운 땅이 아니다. 또한 여호와의 말씀을 거역하고 자기 뜻을 앞세운 이들에게 임하는 것은 생명이 아니라 죽음이다.

하나님을 의지하고 그 말씀에 순종하는 '믿음'을 저버리고 자신들의 뜻대로 눈앞의 평화와 안전을 좇아 '환-출애굽'한 요하난 일행의 비극은 안타깝게도 오늘날 성도들의 삶 속에서도 나타난다.

●●●이집트의 디아스포라를 향한 예레미야의 선포 렘44:1~14

렘44장은 렘43장의 상황에서 어느 정도의 시간이 지난 후 이집트에 들어와 살고 있는 유다 공동체, 곧 '이집트의 디아스포라'가 어떻게 살고 있는지, 그리고 이들에게 예레미야를 통해 선포된 여호와의 말씀이 무엇인지를 알려 준다.

렘44장은 이집트의 디아스포라를 향한 예레미야의 선포인 1~14절, 예레미야의 선포에 대하여 백성들이 완고하게 반박하는 15~19절, 이들의 반박에 대해 예레미야가 응답하며 심판을 선언하는 20~30절로 구분할 수 있다.

이집트 땅 믹돌 Migdol과 다바네스 Tahpanhes, 놉 Nof, 바드로스 Pathros에 사는 모든 유다인들에 대한 여호와의 말씀이 예레미야에게 임했다.(1절)

믹돌은 '탑' '요새'를 의미하는 나일강 하류 델타지역의 도시다. 이곳은 이스라엘이 출애굽할 때 거쳐 온 곳으로(출14:2, 민33:7 참조) 이집트 최북단의 변방도시다.(삼상3:20과 겔29:10, 30:6을 비교하여 참조)

다바네스는 렘43:7에 언급되어 있는 대로 이집트에 들어온 유다인들이 처음으로 정착한 나일강 델타지역의 도시이며 놉은 멤피스 Memphis를 일컫는데 나일 강 서쪽 강둑에 자리한 도시다. 다바네스와 놉은 렘2:16에 함께 언급되었고, 렘46:14에서는 믹돌, 놉, 다바네스는 함께 언급되는 나일 강 하류(이집트의 북쪽지역)의 도시들이다. 바드로스는 남부 이집트에 있는 도시라기보다는 넓은 지역을 일컫는다.

이 네 곳에 사는 유다인들은 아마 다바네스에 처음 발을 디딘 요하난 일행이 시간이 지나면서 여러 곳에 흩어져 살게 된 사람들이거나, 2절의 '너희가 예루살렘과 유다 모든 성읍에 내린 나의 모든 재앙을 보았느니라'는 말씀에 비춰볼 때, 그다랴 사건 이전 바벨론의 예루살렘 함락 전쟁을 피해 이집트에 들어온 사람들이었을 것이다.

렘43장에서 예레미야의 선포 대상은 요하난 일행이었으나, 렘44장은 어느 정도 시간이 경과된 후 이집트의 여러 곳에 흩어져 사는 모든 유대인들이 선포 대상이다.

예레미야는 우선 왜 예루살렘과 유다가 멸망했는지를 간결하고 명확하게 회상시킨다.(2~6절) 유대인들이 하나님께서 부지런히 보내신 선지자들의(렘7:25, 25:4) 끊임없는 경고에도 불구하고 도저히 섬겨서는 안 되는 다른 신들에게 분향하는 악을 버리지 않았기 때문이며(렘7:25~26, 25:4~7) 예레미야가 예루살렘과 유다의 멸망을 회상시킨 이유는 이들이 그 재앙을 본 사람들이므로 쓰라린 경험을 통해 반성하기를 바랐기 때문이다.

역사를 알아야 할 이유는 지난 역사를 반성하며 보다 나은 미래를 맞이하기 위해서이다. 예루살렘 멸망 이후의 시대를 다루는 구약의 본문들은 여러 곳에서 과거사에 대한 치열한 반성을 증거하고 있다.(느9:4~38, 시106:6~48, 단9:3~19 참조) 신명기 역사서(여호수아서~열왕기하)를 기록한 역사가들의 관점도 '왜 하나님께서 출애굽시켜 가나안에 살게 하신 이스라엘이 이렇게 멸망당하게 되었는가?'이다.

다시는 그런 아픈 역사를 되풀이하지 않기 위함이다. 과거를 알고 반성할 때 잘못을 반복하지 않고 새로운 미래를 맞이할 수 있다.

그러나 이집트의 디아스포라는 뼈아픈 과거를 경험했음에도 불구하고 반성이 없었다. 이집트에서도 여호와가 아니라 이집트의 우상들을 섬기는 일을 계속했다.

7절은 개역성서에는 번역되어 있지 않지만, 히브리 본문은 '그리고 이제'(웨아타)라는 말로 시작하는데 이것은 과거에서 현재로 분위기를 전환하는 말이다.

예레미야는 지금도 계속 우상숭배를 하고 있는 유대인들에게 여호와의 말씀을 선포한다. 7~8절에서 여호와는 '어찌하여'(라마)를 두 번 반복하며 유다인들이 우상숭배를 계속함으로 모든 백성이 멸절되고, 세상에서 저주와 모욕거리가 되는 것을 안타까워하신다.

이렇게 하는 것은 과거 그들이 유다 땅과 예루살렘 거리에서 행하던 그 악을 잊었기 때문이며(9절), 그들은 그런 과거의 아픈 역사경험에도 불구하고 뉘우치거나 두려워하지도 않고 하나님이 그들에게 내리신 법과 율례를 준행하지 않고 있다고 한다.(10절)

여기서 '법'(토라)과 '율례'(훅카)는 23절의 '증거'(에듯)와 더불어 하나님의 가르침과 율법 규정을 총칭하는 단어들이다.

11~14절은 '그러므로'(라켄)로 시작되어, 이렇게 여호와의 가르침을 저버리고 우상숭배를 일삼는 이집트의 유대인들에게 하나님께서 진노하실 것이라고 한다. 여호와께서 이들에게 당신의 얼굴을 향하신다.(11절) 얼굴을 향하신다는 것은 단호하게 심판하신다는 의미다.

특히 12절에는 '이집트 땅에 머물러 살기로 고집하고 그리로 들어간 유다의 남은 자들을 처단하리니 그들이 다 멸망하여 이집트 땅에서 엎드려질 것이라'고 하심으로, 렘42~43장에서 보았듯이 이집트에 내려가지 않는 것이 하나님의 뜻임을 예레미야를 통해 들었음에도 완고하게 거부하며 자신들의 안전과 평안을 얻겠다고 내려간 이들이 우상숭배를 일삼고 있기에, 예레미야의 예고대로 칼과 기근에 죽고, 저주와 놀램과 조롱과 수치의 대상이 될 것이라는 말씀이다.(렘42:16~18)

이들은 자신들이 재난을 목도했고(2절) 피하여 나온 이집트에서 예루살렘의 재앙을 그대로 당할 것이다.(13절) 그 재앙을 피하여 유다 땅에 돌아올 자가 없을 것이며, 소수의 도피자들이 돌아오겠지만, 남은 모든 사람들은 이집트에서 망할 것이라는 말씀이다.(14, 28절 참조)

15~19절은 과거의 역사경험에도 불구하고 반성 없이 여전히 우상숭배를 일삼는 유다백성에게 하나님의 심판이 임하리라는 예레미야의 선포에 이집트의 유다백성들이 강력히 반발하는 내용이다.

15절은 반발하는 사람들이 누구인지를 밝힌다. 자기 아내들이 우상에 분향하는 것을 알고 있는 남자들과 큰 무리의 여인들, 그리고 이집트 땅 바드로스에 거하는 모든 백성들이 그들이다. '이집트 땅 바드로스에 거하는'이라는 말은 '이집트의 남북에 사는'이라는 뜻이며, 15절에는 '모든'(콜)이라는 형용사가 세 번 반복되어, 이들은 1절에 언급된 네 지역에 거주하는 모든 이집트의 디아스포라를 일컫는다.

이들은 예레미야의 선포를 집단적으로 반박하였다. 예레미야가 여호와의 이름으로 그들에게 하는 말을 듣지 않고 자신들이 유다 땅에서 해 오던 대로 '하늘 여신'을 섬기겠다고 한다.(16~17절)

하늘 여신을 섬길 때 식물이 풍부하고 복을 받고 재앙을 만나지 않았으나 하늘 여신을 섬기는 것을 폐하자 모든 것이 핍절하고 칼과 기근에 멸망을 당하였기 때문이다.(17~18절)

아마도 이들은 비교적 오랫동안 평온했던 므낫세 통치시대(기원전 696~642년)와 종교개혁(기원전 622년)으로 인해 어려움을 겪은 요시야 시대를 비교하였던 것 같다.

요시야는 이방종교를 타파함으로 이방세력을 배격하는 민족주의적 개혁을 하였지만(왕하23:4~14 참조) 이집트의 느고에게 살해되었고(왕하23:29) 이후 이방 바벨론에게 많은 어려움을 당하게 되자 그 이유가 하늘 여신을 섬기는 것을 폐했기 때문이라고 본 것이다.

하늘 여신(Queen of Heaven)은 구약성서에서 오직 예레미야서에만 언급되어 있는(렘7:18에는 '하늘 황후', 44:17, 18, 19, 25절), 고대 근동지방에 편만해 있던 풍요의 신神이다.

고대 근동지방의 종교들은 주主신과 함께 짝(배우자)이 되는 여신을 함께 숭배했다. 가나안의 바알 Baal은 그의 배우자인 아낫 Anat 혹은 아세라 Asherah와 함께 숭배되었는데 하늘 여신 숭배도 같았을 것이며 그 흔적을 엘레판틴 Elephantine 공동체에서 찾아볼 수 있다.

엘레판틴 공동체는 기원전 5세기 후반 페르시아의 캄비세스 Cambyses II(기원전 ?~ 522년)의 이집트 원정으로 확인된 이집트 남부 나일강 유역의 섬인 엘레판틴에 거주하였던 유대 용병들로 이루어진 공동체다. 이들이 남긴 기록(엘레판틴 문서)에 보면 그들은 여호와 하나님의 배우자를 섬기는 제사를 거행했다.

하나님의 배우자에 대한 인식은 이스라엘 안에 오래 전부터 뿌리를 내리고 있었는데, 이것은 헤브론 서쪽에 있는 키르벳 엘-콤 Khirbet el-Qom 유적지를 비롯한 여러 유적지들에서 발견된 기원전 8세기 경의 글들에서도 볼 수 있다.

이들 글에는 '여호와와 그의 아세라'가 축복해 주기를 바란다는 축문이 담겨 있다. 이것으로 고대 이스라엘 사람들은 일반적으로 여호와의 배우자에 대한 생각을 갖고 있었음을 알 수 있다. 모압 지역에서 발굴된 어떤 성소에 두 명이 앉을 수 있는 보좌가 있었다는 점도 여호와 배우자에 대한 민속신앙의 흔적을 반영한다.

여러 유적들의 기록으로 보아 여호와가 아세라가 함께 숭배되었다는 것은 대다수 학자들이 받아들이고 있다. 멸망 이전 예루살렘과 유다에서도 이런 '하늘 여신' 숭배가 광범위하게 퍼져있었으며, 산당을 파괴한 히스기야와 요시야의 종교개혁은(왕하18:1~8, 23:1~25 참조) 이러한 것들을 제거하려는 노력의 일환이었을 것이다.

그럼에도 불구하고 '하늘 여신' 숭배는 완전히 청산되지 않았고 예레미야서에서도 여전히 그 흔적이 남아 있다. 이것은 여호와와 그의 배우자인 아세라로 상징되는 비옥과 풍요 제의의 영향이 얼마나 강력한지를 증거하고 있다.

남신과 여신의 결합에서 자연스럽게 생겨나는 풍요와 번성 개념은 이스라엘을 멸망에까지 이르게 한 바알신앙의 핵심이며 예레미야서에 전해지는 '하늘 여신' 숭배도 이와 같은 내용을 담고 있는 것이다.

'하늘 황후(여신)'를 숭배하는 다른 본문인 렘7장이 예루살렘 성전에 제사하러 오는 백성들을 향한 말씀이며 그들의 그릇된 생각에 대한 고발임을 생각할 때, 이들은 예루살렘 성전에서 여호와와 더불어 '하늘 여신'에 대한 제의도 함께 드렸음을 알 수 있다.

이집트에 내려가 살고 있던 '이집트 디아스포라'는 렘7장에서도 확인할 수 있듯이 유다 땅에서 행하던 대로 '하늘 여신'을 숭배했으며, 그 결과 '식물이 풍부하며 복을 받고 재앙을 만나지 아니했다'고 담대히 선언하고 있다.(17절) '하늘 여신' 숭배는 특히 임신과 해산의 위험으로부터 보호와 다산多産을 추구하는 여인들에게 매우 유혹적이었다.

19절에서 특히 여인들은 자기들이 하늘 여신을 섬기는 것은 남편들의 동의를 받아 한 일임을 강조하고 있다.

'하늘 여신' 숭배의 핵심내용은 바알 숭배와 마찬가지로 '제사'와 그로 인해 주어지는 '풍요'다. 숭배자들에게 강조된 것은 예식에 따른 제사의 반복과 예물의 양이며 이에 대한 응답으로 오는 풍요, 건강, 위험으로부터의 보호 등의 복이다.

이러한 요소들이 이스라엘을 끊임없이 유혹하였다. 수천수만의 예물뿐 아니라 심지어 자녀를 드리는 인신희생제사까지 생각했다.(미6:6~7, 왕하16:3, 17:17, 대하28:3, 33:6, 렘7:31, 19:5, 겔16:21 참조)

그러나 여호와 종교의 핵심은 예배를 통한 축복이 아니라 여호와의 법과 율례와 증거대로 행하는 것(10, 23절 참조), 곧 생활윤리이다. 이것은 유다왕조에 대한 말씀인 '공평과 정의의 실천'이며, 성전 설교에서 강조되었던 **'정의 구현과 약자 보호'**다.(렘7:5~7, 22:3, 미6:8 참조)

오늘날 교회는 여전히 예배를 강조하면서 기독교를 기복종교로 만들고 있다. 그러나 하나님의 말씀을 대언한 예언자들의 선포에는 예배와 제물의 강조와 그것으로 인해 복을 받는다는 내용은 찾아보기 어렵다.

그리스도이신 예수님의 선포 또한 그러하다. 그러므로 오늘날 교회 강단에서 강조하여 선포되어야 할 것은 예레미야 시대와 마찬가지로 윤리의 실천이어야 할 것이다.(롬12:1~2 참조)

20~30절에서 예레미야는 자신의 설교에 반박하는 이집트에 사는 모든 유다인들에게 여호와의 말씀을 전한다. 예레미야는 먼저 여호와께서 그들과 그들의 조상과 왕들과 고관들과 유다 '땅 백성'(암하아레츠, 땅을 소유한 유지들)이 유다 성읍들과 예루살렘 거리에서 분향한 일(하늘 여신 숭배로 여겨짐)을 기억하고 계신다는 사실을 언급한다.(21절)

그들의 악행을 더 참을 수 없어서 오늘과 같이 유다 땅에 재앙을 내리셨다고 한다. 예루살렘의 멸망은 그들의 주장대로(17~18절 참조) 하늘 여신을 분향하지 않아서가 아니라 여호와의 법과 율례와 증거대로 행하지 않았기 때문이라고 한다.(22~23절)

예레미야는 이집트 땅에 사는 모든 유다인들에게, 특히 '모든 여인'에게(하늘 여신 숭배에 적극적 역할을 하는 사람들임) 여호와의 말씀을 선포한다. '너희가 서원한 대로 하늘 여신에게 분향하라'는 것이다'(25절) 그러나 이는 그 결과에 대해서는 그들에게 책임이 있음을 강조하는 말씀이다. 그 결과는 26~27절에 나온다.

여호와께서 당신의 이름을 걸고 맹세하시는데(확실히 하시겠다는 의미인) 이집트 땅에 사는 모든 유다인들의 입에서 다시는 여호와의 이름을 일컬어서 '주 여호와의 사심으로 맹세하노라'고 하는 사람이 없도록 하시겠다고 한다.(26절)

즉 여호와께서는 이들이 하늘 여신을 섬기면서 또한 당신의 이름을 부르는 것은 가증스런 일이기에 용납하실 수가 없다. 여호와는 깨어 있어(쇼케드) 그들에게 재앙을 내리지 복을 내리지는 않으실 것이나. 재앙(라아, 나쁜 것, 악)은 사람의 삶을 메마르고 힘들게 하는 것이요, 복(토바, 좋은 것)은 사람의 삶을 기름지고 유익하게 하는 것이다. 그들은 칼

과 기근으로 망하여 멸절되는 것이다.(27절)

그러나 예레미야는 14절에서처럼, 생존하여 유다 땅으로 돌아갈 사람은 얼마 되지 않을 것이라는 여호와의 말씀을 전하며 이집트에 들어와 사는 모든 유대인들이 예언자가 전한 여호와의 말씀과 자신들의 말 중 누구의 말이 들어맞았는지 알게 될 것이라고 한다.(28절)

마지막으로 예레미야는 이집트의 유대인들에게 내려질 재앙의 표징을 제시한다. 시드기야를 바벨론 왕 느부갓네살의 손에 넘긴 것처럼 이집트 왕 호브라를 그 생명을 찾는 원수들의 손에 넘길 것이다.(29~30절)

호브라 Hofra(기원전 589~570년)는 이집트의 제26왕조를 다스리며 시드기야를 충동하여 바벨론에 반기를 들도록 하고 유다에 군대를 파견했던 이집트 왕이었다.(렘37:5)

그는 기원전 570년 리비아 전투 중에 일어난 군대 반란을 진압하고자 아마시스 Amasis 장군을 파견하지만 오히려 아마시스는 역반란을 일으켜 호브라와 맞서 왕권을 행사했고 3년 후 호브라를 처형했다.

호브라는 예레미야가 예고한 대로 그 생명을 찾는 자, 곧 아마시스에 의해 살해되었다. 아마시스는 느부갓네살이 이집트를 침공할 때(기원전 568~567년) 이집트 바로의 권좌에 있었다.

외부로부터 오는 위험에서 보호해줄 것이라고 믿고 의지했던 호브라마저 원수의 손에 넘어가게 하시겠다는 것은 이집트의 디아스포라에게 재앙을 내리시겠다는 여호와의 말씀이 이루어지는 징표였다.

이제 이들에게 임할 것은 예레미야를 통해 예고된 재앙뿐이다.

예레미야는 이렇게 죄로 말미암아 재앙을 받을 백성들과 함께 하고 있다. 그는 백성들에게 멸망을 선포했을 뿐 아니라 그들과 마지막 순간까지 함께 살아간 사람이다. 이것이 렘37~44장까지의 '예레미야 수난기'에 나타난 예레미야의 마지막 모습이다.

고난 받는 자기 백성과 마지막까지 함께 한 예레미야의 모습에서 인류의 죄를 대신하여 십자가를 지고 골고다까지 오르신 예수님의 모습이 발견된다.

●●●바룩에게 전달된 여호와의 말씀 렘45:1~5

학자들에 따라 견해 차이가 있지만 일반적으로 렘37~44장은 '바룩의 비망록(문서)' 또는 '예레미야의 수난기'로 부른다.(렘36~45상으로 분류하기도 한다.)

이것은 예레미야가 전해주는 여호와의 말씀을 그의 평생 동반자이며 서기관이었던 바룩이 기술하였다는 기록이 렘36장과 렘45장에 나타나 렘37~44장을 둘러싸고 있으며 중심 내용이 예레미야의 고난의 삶이기 때문이다.

렘45장은 예레미야서 가운데 다섯 절로 구성된 가장 짧은 장으로 예레미야가 바룩 개인에게 전한 여호와의 말씀이다. 렘45장의 배경은 렘44장의 내용과 아무런 연관성을 갖고 있지 않으며, 이집트의 유다 공동체와도 전혀 관련이 없어 보인다. 오히려 1절에서 볼 수 있듯이 렘36장의 배경과 연관이 있다.

히브리 성서의 1절 전반절은 '선지자 예레미야가 네리야의 아들 바룩에게 한 말'로 시작하므로 표제와 같다. 이 말은 바룩이 여호야김 제4년에 예레미야가 구술하는 대로 이 모든 말을 받아 책에 적었던 때에 한 것이다.

후에 언급하겠지만 여기서 '이 모든 말'이란 렘36장을 배경으로 살펴봐야 한다.

바룩 Baruch은 렘32:12에서 예레미야를 대신하여 아나돗의 땅을 매입한 예레미야가 신뢰하는 측근이다. 렘36장에서 바룩은 예레미야가 전하는 여호와의 말씀을 두 차례 받아 적어 두루마리를 만들었다.

첫 두루마리를 예레미야를 대신하여 성전 구역에서 고관들 앞에서 읽은 일로 여호야김이 죽이려 하자 예레미야와 함께 피신해야 했고, 후에 여호야김이 불태워버린 첫번째 두루마리 대신 두번째 두루마리를 기록한 서기관이다.(32절)

렘43장에서는 요하난의 일행으로부터 예레미야를 충동하여 그들을 바벨론으로 넘기려는 사람으로 오해받아 그들에 의해 예레미야와 함께 강제로 이집트로 끌려갔다.

예레미야가 바룩에게 2~5절의 내용을 말한 때가 여호야김 제4년으로 그가 예레미야가 불러주는 대로 모든 말을 책에 기록한 때라는 것은(1절) 렘45장을 이해하는 데 중요한 단서를 제공한다.

여호야김 제4년은 기원전 605년으로 예레미야서에서는 렘25:1, 렘36:1, 렘45:1, 렘46:2에 언급되는데 특별한 의미를 지닌 해였다.

렘25장에는 그 해가 예레미야가 여호와의 말씀을 전하는 선지자로 부름받은 지 23년이 되는 해(3절)로 유다를 포함하여 주변나라들이 장차 70년 동안 바벨론 왕을 섬기게 될 것을 선포했던 해라고 밝힌다.(9~14절)

예레미야의 이 예언은 국제 정세를 통해 이내 현실이 되었다. 렘46:2에 의하면 그 해에 바벨론의 느브갓네살이 아시리아를 도우려고 올라온 이집트의 바로 느고 Neco를 유브라데 강 갈그미스 Carchemish에서 격파했다. 렘25:1에서는 그 해를 느브갓네살 원년이라고 밝혔다.

즉 여호야김 제4년은 갈그미스의 전투에서 승리한 느브갓네살이 당시 중동지방의 패권을 쥐게 된 해이다. 렘36장에서 그 해는 바룩이 두번에 걸쳐 예레미야가 예언자로 부름받아 전해주었던 여호와의 말씀을 두루마리로 만든 해이기도 하다.

렘45장은 렘36장을 배경으로 한다. 렘45장에서 예레미야가 바룩에게 한 말(2~5절의 내용)은 렘36장에서 보듯이 바룩이 예레미야가 불러 주는 여호와의 말씀(1절의 '이 말'은 다름 아닌 예레미야가 불러준 여호와의 말씀임)을 받아 두루마리에 기록한 것이다.

바룩이 기록했다는 '모든 말'이 첫번째 것인지 두번째 것인지는 확실하지 않으나 배경이 여호야김 제4년인 것으로 보아 렘36장을 배경으로 하고 있음은 분명하다.

또한 렘45:5의 '너의 가는 모든 곳에서'라는 문구를 통해서 그가 예레미야와 함께 이집트에 끌려오기 이전으로 렘44장과는 관련이 없는 것이 분명하다. 렘45장에는 렘44장에서 일어난 사건이나 이집트의 유다 공동체에 대해선 아무런 언급이 없다.

야호야김 제4년에 예레미야가 바룩에게 한 말은 개인적인 말이 아니라 여호와 하나님의 말씀을 전한 것이다.(2절)

'바룩아 이스라엘의 하나님 여호와께서 네게 이같이 말씀하셨느니라' (2절)

지금까지 예레미야는 유다 백성이나 왕들에게 여호와의 말씀을 전했지만 이번에는 바룩 개인에게 여호와의 말씀을 전한 것이다.

여호와는 바룩이 자신의 처지를 한탄하고 있음을 아셨다.(3절은 바룩의 혼잣말이다.) 바룩은 여호와께서 자기에게 고통과 슬픔을 끊임없이 주시니 한숨짓기에도 피곤하고 평인이 없다고 했다.

여기서 '고통'(마크옵)은 예레미야가 백성들의 어려운 상황을 묘사할 때 사용했던 말이다.(렘30:15) '슬픔'(야곤)은 백성들이 겪을 고통을 미리 내다보며 괴로워하는 예레미야의 심정을 표현하는 말이다.(렘8:18, 20:18)

지금 바룩을 탄식하기에도 피곤하며 마음의 평안이 없게 만드는 고통과 슬픔은, 예레미야와 마찬가지로 자신의 개인적 어려움 때문이라기보다는 민족이 당할 불행한 운명 때문이다.

본문의 배경이 되는 여호야김 제4년은 바벨론 느브갓네살이 중동의 패권을 쥔 해이며, 유다백성들이 그에게 멸망당해 70년간의 포로생활을 하게 될 것이라는 말씀이 선포된 해다.

예레미야는 민족의 불행한 미래를 내다보며 재앙을 받지 않기 위해 악한 길에서 돌아오기를 간구하는 여호와의 말씀을 두루마리에 기록하게 하였다. 그러나 두루마리를 읽을 때 여호야김을 포함한 대신들은 두려워하거나 옷을 찢지도 않으며 오히려 두루마리를 불태우고 말씀을 전하는 예레미야와 바룩을 죽이려고 했던 것이다.

이런 현실을 맞이한 바룩의 심정은 3절에 나타나 있듯이 예레미야처럼 고통에 슬픔이 더해질 수밖에 없었다. 이와 같은 상황에서 이제 바룩이 동족과 함께 맞이할 운명 또한 그에게 고통이 될 수밖에 없었다.

그는 어쩌면 서기관으로서 정치적 야망을 품었을 수도 있다. 5절에서 바룩이 자신을 위하여 '큰 일(great things)을 찾느냐'는 것은 그가 큰 꿈을 이루려는 야망을 품었음을 의미한다.

그러나 그는 백성들로부터 이미 반민족주의자로 낙인이 찍혔고(렘 43:3), 또한 그의 꿈은 민족의 멸망과 함께 물거품이 되었기에 심적 고통을 받고 있었을 것이다.

이런 고통과 슬픔에 젖어 있는 바룩에게 여호와는 예레미야를 통해 말씀을 전하신다. 4절의 '또 내게 이르시기를 너는 그에게 이르라'에서 '내게' 와 '너는'은 예레미야이며, '그에게'는 바룩을 지칭한다.

여호와는 '보라 나는 나의 세운 것을 헐기도 하며 나의 심을 것을 뽑기도 하나니 온 땅에 이러하다'고 하신다. '세우고', '헐고', '심고', '뽑는다'는 동사는 예레미야의 소명에 언급된 말이다.(렘1:10 참조) 거기에서는 '세우고', '심는다'는 단어가 뒤에 언급되어 긍정적인 성격으로 마감되었지만, 바룩에게 하신 말씀 가운데는 '세운 것을 헐고 심은 것을 뽑으신다'고 하심으로 부정적인 성격, 곧 심판을 말씀하신다.

여호와께서 세우고 심으신 것이 무엇인가? '이스라엘 백성'이다.

이스라엘은 여호와께서 만민 가운데 특별히 당신의 백성으로 세우시고 약속의 땅 가나안에 심은 백성이다. 그런데 이렇게 세우고 심은 그들을 헐고 뽑으시겠다고 하신다. 이스라엘이 여호와의 말씀을 거역하였기에 이제 멸망시키시겠다는 뜻이다. 온 땅도 마찬가지이다.

여호와는 당신의 뜻대로 인간의 역사를 주관하시는 분이다.

그런데 여호와께서 왜 이런 말씀을 바룩에게 전하시는 것일까? 단순히 앞으로 진행하실 유다의 심판 계획을 알리려 하심일까? 아니다! 민족의 불행을 자신의 고통과 슬픔으로 받아들이는 바룩의 심정보다 이제 유다 백성을 심판하실 당신의 심정이 더 고통스럽기 때문이다.

살 길인 당신의 말씀을 거역하여 심판을 자초하는 유다백성을 당신의 백성으로 세우시고 심으신 이스라엘의 하나님 여호와의 고통이 바룩의 고통보다 더하시다.

형제(유다 백성)로 인해 받는 자식(바룩)의 고통보다, 자식(유다 백성) 때문에 받는 부모(여호와 하나님)의 고통이 더 심각하다는 말씀이다. 유다 백성을 향한 여호와의 심판은 그들의 잘못에 대한 냉혹하고 비정한 판결이 아니라 그들을 다시 세워 당신의 백성이 되게 하시려는 긍정적인 사랑의 판결임을 알 수 있다.

이러한 사실은 예레미야의 소명에서도 확인된다.(렘1:10 참조)

여호와는 큰 일을 찾는 바룩의 꿈을 무너뜨린다.(5절 상) 여기서 '큰 일'은 바룩이 이루고자 하는 개인적인 야망만을 의미하지 않는다. **'큰 일'**는 여호와께서 당신의 백성에게 베푸시는 구원의 일들을 의미한다.(신10:21, 시71:19, 행2:11 참조)

바룩이 '큰 일을 찾는다'는 것은 불운이 닥친 현실에서 민족의 구원이 여호와를 통해 일어나게 되길 바랐다는 의미이다. 그는 악행을 저지르는 백성들을 멸망시키시려는 여호와께서 당신의 뜻을 접으시고 구원하시기를 갈망했다

그러나 여호와는 '내가 모든 육체에게 재난을 내리리라'고 선언하셨다.(이 말씀 때문에 렘45장이 열국을 향한 여호와의 심판을 다루는 렘46~51장 앞에

편집되었던 것 같다.) 유다 백성뿐 아니라 살아 있는 모든 사람들을 심판하시겠다고 하신다. 여호와 하나님이 당신이 결정하신 일을 이루기 위해 행동하시겠다고 하신다. 세운 것을 헐고, 심은 것을 뽑으셔야 다시 세워지기 때문이며, 하나님의 심판은 긍정적인 미래를 위한 사랑의 행위이기 때문이다.

인간의 생각과 계획은 하나님의 일을 위해서는 기꺼이 사라져야 한다. 바룩처럼 의로운 자일지라도, 그리고 고난을 받는다 할지라도 하나님이 이루시려는 보다 크고 거룩한 목적을 위해서는 자기를 포기하고 하나님의 뜻을 받아들여야 한다.

이것을 예수님은 생애 내내, 특히 겟세마네 동산의 마지막 기도와 골고다 십자가 사건으로 보여주셨다.

그러나 여호와의 말씀은 바룩의 기대를 허물며 심판을 선언하시는 것으로 끝나지 않았다. 여호와께서는 바룩이 어디를 가든지 그의 생명을 보존시켜 주실 것이라고 약속하셨다.(5절하) 이 약속은 바벨론에 항복하는 유다인들과(렘38:2) 예레미야를 구덩이 옥에서 끌어내 준 구스인 에벳멜렉에게(렘39:17~18) 하신 약속과 동일하다.

바룩은 렘43장에서 살펴본 대로 이집트에 끌려와 있다. 이후 그의 삶이 어떠했는지는 확인되지 않는다. 그가 유다 땅으로 되돌아왔는지 또는 다른 곳으로 옮겨 살게 되었는지 알 길이 없다. 그러나 분명한 사실은 여호와 하나님께서 약속하신 대로 그의 생명이 보존되었다는 것이다.

일반적으로 학자들은 바룩을 이방 땅에 끌려간 의로운 유다인(diaspora)의 상징으로 본다. 바룩은 여호와 하나님을 예배드리는 성전도 없는 이방 땅에서 온갖 박해를 받으며 떠돌이 생활을 해야 했다.

그러나 바룩은 어디를 가든지 생명을 보호해 주시리라고 약속하신 여호와를 의지하며 살아갔으리라. 예레미야서의 마지막 말씀인 바룩의 이야기는 자신의 뜻과는 상관없이 억울하게 이방 땅에 흩어져 사는 디아스포라에게 희망과 위로의 메시지였다.

●●●이집트에 대한 여호와의 말씀 렘46:1~26

렘46:1~51:64은 이방 나라(학고임)에 대한 여호와의 말씀이다.

이방민족에 대한 하나님의 말씀은 렘46~51장뿐 아니라 사13~23장, 겔25~32장, 암1~2장, 습2:2~15절, 나훔, 오바댜에도 나타난다.

이와 같은 사실은 하나님의 주권이 우주적이라는 것과, 하나님께서 이스라엘과 관련하여 당신의 목적을 이루기 위해 이방민족을 이용하신다는 것과, 하나님께서 이방민족을 심판하실 권한을 가지고 계신다는 신앙을 예언자들이 가지고 있었음을 나타내 준다.

그러므로 예레미야가 '열방의 선지자'로 소명받고(렘1:5, 10절) 이스라엘의 운명을 근동의 주변 민족(특히 이집트와 바벨론)과 관련하여 선포하며 열방의 심판을 예언한 것(렘25:12~38)은 그리 놀라운 일이 아니다.

예레미야서는 구약 가운데 히브리어 본문(MT)과 헬라어 역본(LXX)이 상당한 차이가 있는 예언서다. 특히 70인역이 히브리어 본문에 비하여 약 3000단어 정도 짧다.

학자들은 이와 같은 차이점이 70인역이 고의로 히브리어 본문을 축소시켰기 때문이 아니라 쿰란에서 발견된 히브리어 본문의 단편에서 확인되듯이 70인역 번역자들이 현재 우리가 가지고 있는 히브리어 본문보다 '훨씬 짧은 히브리어 본문'을 번역의 자료로 삼았기 때문으로 본다.

이것은 현재의 히브리어 본문이 긴 세월 동안 여러 사람들과 여러 편집 단계를 거쳐 완성되었음을 의미한다. 특히 예레미야서의 역사가 '신명기 역사의 특징'(유일신 신앙, 선민사상, 인과응보를 강조함)을 많이 내포하고 있어서 예레미야서의 마지막 편집자들은 신명기 역사학파 사람들이었을 것으로 보고 있다.

렘46~51장은 70인역에는 렘25:13 다음에 삽입되어 있으며 14절은 생략되어 있다. 따라서 렘25:15~38(LXX에서는 렘32:15~38)은 이방민족에 대한 예언의 마무리와 같으며, 히브리어 본문의 렘26~45장과 52장이 70인역에는 후반부에 위치하고 있다.

렘46장의 1절은 렘46:2~렘51:64의 표제다. 여호와께서 이집트(렘46:2~28), 블레셋(렘47:1~7), 모압(렘48:1~47), 암몬(렘49:1~6), 에돔(렘49:7~22), 다메섹(렘49:23~27), 게달(렘49:28~33), 엘람(렘49:34~39), 바벨론(렘50:1~51:64)에 대하여 하시는 말씀이다.

여호와의 말씀이 이집트에서 시작하여 바벨론에서 마치는 것은 이 두 나라가 유다의 운명과 직결되었기 때문이다. 당시는 요하난의 무리와 함께 이집트에 들어와 있는 예레미야가 이집트의 유다백성의 재앙과 이집트 바로의 죽음을 예언하고 있는 상황이다.(렘44:24~30)

또 이집트로부터 열방에 대한 하나님의 말씀을 전하기 시작하여, 근동의 질서가 바벨론에 의해 좌우되며 유다 백성이 바벨론에 포로로 잡혀가 있는 상황이기에 바벨론을 마지막으로 다룬 것으로 여겨진다.

렘46장은 렘46~51장의 표제인 1절을 제외하면, 갈그미스 전투에서 패배한 이집트를 조롱하는 2~12절, 느부갓네살의 이집트 공격에 대한 말씀인 13~24절, 이집트의 멸망과 회복의 말씀인 25~26절, 이스라엘의 회복을 예언한 27~28절로 나눌 수 있다.

2절은 본문의 배경이 유프라테스 강 상류에 위치한 갈그미스 Carchemish 전투임을 분명히 밝힌다. 갈그미스 전투는 바벨론과 전쟁을 벌이는 아시리아의 세력이 약화되는 것을 우려하여 도우려고 올라왔던 이집트 느고 Neco의 군대를 바벨론 군대가 패배시켜 비옥한 초승달지역(Fertile Crescent)의 패권을 느부갓네살이 차지하게 된 사건이다.

그 해가 여호야김 제4년인 기원전 605년으로 느부갓네살은 그 해를 원년으로 삼는다.(렘25:1)

3~5절은 개역성경 5절의 첫마디 '여호와께서 가라사대'(네움 야훼, 여호와의 말씀)가 히브리어 본문에는 5절 맨 끝에 나오므로, 3~5절이 예언자가 전한 여호와의 말씀임을 알 수 있다.

3~4절의 '너희'는 이집트 군대를 지칭하는데, 누군가에 의해(아마 군대 지휘관일 것임) 전투명령이 내려졌다. 큰 방패와 작은 방패를 들고 싸우고, 기병들은 말에 안장을 지워 타고 투구를 쓰고 창을 가지고 갑옷을 입으라고 한다.

여기서 특징적인 것은 공격무기보다 방패라는 방어무기가 먼저 언급되었다는 사실이다. 이것은 갈그미스 전투에서 이집트 군대가 바벨론 군대에 비해 열세였음을 의미한다.

5절의 히브리어 본문은 '내가 본즉...어찜인고?'로 시작하는데, '어찜인고'(맛두아으)는 탄식을 의미하는 말로 이집트 군대의 패배에 대한 여호와의 심정을 나타낸다.

이집트 군대가 놀라 물러가며 그들의 용사는 패하여 뒤돌아볼 겨를도 없이 급히 도망하고 있다. 그들의 상황은 '마골 밋사빕'(두려움이 그들의 사방에 있음)이라는 격언으로 표현되었다.(렘6:25, 20:3, 4, 10, 49:29 참조) 그리하여 발이 빠른 자도 용사도 도망하지 못하고, 북방의 유프라테스 강가에서 쓰러졌다.(6절)

이런 현실에서 여호와가 질문을 하셨다. '강의 물이 출렁임 같고 나일

강이 불어남 같은 자가 누구냐?'(7절)

나일 Nail 강은 풍성한 수량과 수많은 지류를 지닌 이집트의 젖줄이다. 나일 강의 혜택으로 고대 문명을 발전시킨 이집트의 바로는 막강한 권세를 지닌 현현신顯現神으로 추앙되며 바벨론 제국이 등장하기 전까지 비옥한 반달형 지역의 주군主君이었다.

따라서 여호와의 질문에 나일 강이 불어남 같고 강물이 출렁임 같은 자는 '이집트'이며(8절상), 이집트를 물과 연관하여 언급한 것은 여러 차례(사19:5~8, 겔29:3~5, 9~10, 32:2,14) 발견된다.

이어 인격체로 묘사된 이집트가 나일 강이 범람하는 것처럼 주변 나라들을 덮을 것임과(8절하, 이것은 갈그미스에서의 전투에서 바벨론에게 승리를 전제로 함) 이것을 위해 기마병들이 출전하고 동맹국들의 군대(용병으로 추측)에게 소집 명령이 내려진 모습이다.(9절)

방패 잡은 구스사람과 붓사람과 활을 당기는 루딤사람도 나오라는 것이었다.(이집트의 동맹국에 대한 언급은 겔30:5, 나3:9에도 있다.) 구스 Cush는 에디오피아 사람을 지칭하며, 붓 Put은 리비아 사람들, 루딤 Lud은 아마도 소아시아 서부 지역의 리디아 사람들일 것으로 추정한다.

10절은 이렇게 막강한 이집트의 군대가 동맹국 군대와 함께 넘치는 나일 강처럼 위세를 떨치며 갈그미스 전투에 출전하지만 그 일이 여호와로 말미암아 실패할 것이라고 한다. 오히려 그날(전투의 날)은 주 만군의 여호와께 속한 날로 여호와께서 그의 대적에게 보복하시는 날이다.

이것은 여호와의 성전聖戰을 의미하는데 바벨론과 전투를 벌이는 이집트 군대는 바벨론의 적이 아니라 여호와의 적이기에 여호와께서 그들을 물리치실 것이다.

왜 이집트가 여호와의 대적이며 여호와께 벌을 받아야 했는가?

여호와 앞에 전무후무한 선왕으로 평가되는 종교개혁을 일으킨 요시야 Josiah를 기원전 609년 므깃도 Megiddo에서 살해했기 때문일까?(왕하23:24~29 참조) '여호와의 보복'(나캄, 원수를 갚음)은 렘11:20, 15:15,

20:12에서 예언자 예레미야를 박해하는 자들에 대한 여호와의 심판을 의미한다. 그러므로 10절의 이집트에 대한 여호와의 보복은 이집트가 당신의 뜻을 거스르기에 벌하신다고 이해해야 한다.

이집트가 여호와의 뜻을 거스른다는 것은 구체적으로 무엇을 의미할까? 25~26절에서는 이집트가 거짓 신들을 섬겼기에 여호와께 벌을 받았다고 밝히고 있으나 10절에서는 분명하게 나타나지 않는다.

7~9절에서 그 이유를 확인할 수 있듯이 이집트(바로)는 나일 강의 창일함처럼 자신들의 힘을 믿는 오만한 제국이었기에 여호와께 벌을 받으며, 바벨론은 이집트의 오만을 심판하시는 여호와의 도구라고 할 수 있다.

바벨론의 칼에 이집트 군대가 대량학살을 당하며 그들의 죽음은 유프라테스 강가에서 여호와께 드리는 희생제물(제바흐)과 같다.(10절하, 대적의 패배를 여호와를 위한 희생제물로 묘사된 것은 겔39:17~20, 습1:7~8에서도 나타난다.)

11~12절은 갈그미스 전투에서 패배할 것이 확실한 이집트에 대한 예레미야의 탄식이다. 예레미야는 이집트를 '처녀 딸 이집트'라고 여성인격체로 부르며(렘14:17에서 이스라엘을 '처녀 딸 내 백성'으로, 렘18:13, 31:4, 21에서는 '처녀 이스라엘'로 호칭됨) 길르앗 Gilead으로 올라가 유향을 구해보고 아무리 많은 약을 써 보아도 그들의 병을 고치지 못한다고 탄식한다.

길르앗과 유향의 관계는 창37:25, 렘8:22에서도 확인된다. 이렇게 유향(쯔리, 진통제)이라는 좋은 약재를 구하러 길르앗에 올라가도 그들의 병을 고칠 수 없다는 것은, 3~6절에 언급된 것처럼 이집트 군대가 바벨론과 전쟁을 하러 갈그미스에 올라가도 결국 패배할 것을 암시하는 조롱이다.

결국 그들의 참패소식을 열방이 듣게 되고, 패배로 인한 그들의 울부짖음은 땅에 가득하게 될 것이며, 혼비백산한 용사들은 도망치다 서로에게 걸려 넘어지게 될 것이다.

갈그미스 전투에서 이집트의 패배는 바벨론 느부갓네살의 군사력이 막강해서가 아니다. 나일 강의 창일함처럼 자신의 힘을 믿고 주변 열국을 위협하던 이집트의 오만에 대한 여호와의 심판이었다.

여호와는 느부갓네살을 당신의 종으로(렘25:9, 27:6, 43:10) 사용하여 이집트를 벌하셨으며 예레미야의 예언대로 당분간(70년 동안) 유다를 포함한 열방들의 역사를 움직여 나가게 하셨다.(렘25:8~11, 27:7 참조) 바벨론이 주도하였던 고대 근동의 역사는 예언자를 통해 선포된 여호와의 말씀이 구체적으로 실현되는 현장이었다.

13절은 14~24절까지의 표제로 바벨론 왕 느부갓네살이 이집트를 침공한 일에 대하여 하신 여호와의 말씀이다.

그러나 2~12절의 역사적 배경이 분명한데 비하여 13~24절의 배경은 분명하지 않다.

느부갓네살이 이집트를 침공한 일은 네 번으로 기원전 604년, 601년, 588년, 568년에 있었다. 기원전 604년에 갈그미스에서 이집트를 패배시킨 느부갓네살이 여세를 몰아 하맛 Hamath에서 남아 있던 이집트 군대를 완전히 몰아냈고, 이어 기원전 604년 아스글론 Ashkelon을 멸망시키면서 이집트까지 진출하였다.

기원전 601년에는 이집트 국경에서 이집트와 전쟁을 벌였으나 성과 없이 본국으로 귀환했다. 기원전 588년에는 느부갓네살이 예루살렘을 포위 공격하고 있을 때 이집트의 호브라 Hofra가 왕이 되어 예루살렘을 돕기 위해 진군하므로 잠시 예루살렘 포위를 풀고 이집트로 진군해야 했다.(렘37:6 참조) 기원전 568년의 침공은 기원전 570년에 이집트의 호브라가 아마시스 Amasis에게 왕위를 빼앗긴 후(렘44:30 참조) 얼마 지나지 않아 이집트의 국내 정치의 혼란을 틈타 이루어진 것이다.

많은 학자들은 13~24절의 배경을 기원전 568년 침공으로 보고 있다.

따라서 13~24절은 2~12절 사건보다 37년 뒤의 사건을 배경으로 하고 있다.

14절에서 여호와는 정확히 누구인지 알 수 없지만(누구라도) 이집트에게 알리고, 믹돌 Migdol과 놉 Noph(멤피스의 다른 이름)과 다바네스 Tahpanhes에게 선포하라고 하신다. 이 세 도시는 렘44:1에 이미 언급된 곳으로 나일 강 델타에 위치해 있는 이집트의 국경 주요 도시다.

선포해야 할 말은 '굳건히 서서 준비하라, 네 사방이 칼에 삼키웠느니라.'이다. 느부갓네살의 공격에 방어태세를 갖추라는 말씀이다.

그러나 15절 이하에서는 14절의 방어 명령과는 날리 패배한 이집트 군대의 모습이 나타난다. 15절의 '장사'라는 히브리어 '아비르'는 '강하고 힘센'이라는 형용사로, 여호와에 대하여 사용될 때에는 '전능자'(창49:24, 시132:2,5, 사1:24, 49:26, 60:16 참조)로 번역되었으며, 또한 '황소'를 지칭하기도 한다.(사34:7 참조)

15절에서 장사가 쓰러져 서지 못한다는 것은 단순히 군대 장수를 의미하기보다는 이집트의 풍요의 신 '아피스 Apis'가 황소로 형상화되어 이집트의 신이 쓰러진 것으로 이해해야 한다. 70인역은 히브리어 본문과 다르게 수소로 상징되는 '아피스'를 넣어 번역했다.(공동번역 참조)

고대 전쟁은 신神 대對 신神의 전쟁이기에, 장사(아비르)가 쓰러졌다는 말은 이집트의 신은 무능한 존재로 바벨론 침공에 아무 힘도 쓰지 못했음을 의미한다.

그러나 이집트의 패배는 느부갓네살의 능력이나 바벨론의 신(Marduk) 때문이 아님을 15절 하반절에서 분명히 밝힌다. 여호와께서 하신 일이다. 느부갓네살은 역사의 주인이신 여호와의 종(servant)일 뿐이며, 이집트의 신 아피스가 무너진 것은 느부갓네살이 아닌 여호와께서 하신 일이다.(삼상5:1~5, 사19:1 참조)

여호와는 수많은 이집트 군사들을 쓰러지게 하시고 용병들로 하여금

포악한 칼을 피하여 고국으로 돌아가게 하셨다.(16절)

싸움터에서는 '애굽의 바로 왕이 망하였도다. 그가 기회를 놓쳤도다.'라는 소리가 들려왔다. 8~9절에서 보듯 큰소리치던 이집트 왕이 사실은 '기회를 놓친 허풍쟁이다'라고 조롱을 받게 되었다.

18절에는 여호와의 맹세가 나온다. 그런데 여호와를 '만군의 여호와라 일컫는 왕'으로 밝힌다. 이 말은 이집트 왕이 허풍쟁이라고 조롱받는 것과 대조적으로 여호와야말로 바벨론 군대까지 움직여 이집트의 운명뿐 아니라 세계의 역사를 움직이시는 온 우주의 왕이시라는 존칭이다.

이 여호와께서 이제 '나의 삶으로' 맹세하신다. 여호와께서 당신의 삶으로 맹세하는 것은 가장 강력하고 확고한 맹세로(겔17:16, 습2:9, 렘22:24 참조), '산들 가운데 다볼 Tabor 같고, 바닷가에 갈멜 Carmel 같은 자가 반드시 쳐들어온다.'고 하신다.

다볼은 이스르엘 Jezreel 평원에 솟아 있는 산(해발 588m)이며, 갈멜은 지중해 연안에 솟아 있는 산(해발 550m)이다. 이 두 산은 높은 산이 없는 이스라엘에서 확연히 보이는 매우 인상적이고 위압적인 지형학적 특징을 가지고 있어 북으로부터 오는 침략자의 힘을 상징적으로 나타내 준다.

북으로부터 오는 강력한 힘을 가진 자가 누군가? 13절에 의하면 바벨론의 느부갓네살을 가리키지만 15~16절에 의하면 느부갓네살을 종으로 부리시는 여호와 하나님이시다.

이런 상황에서 여성 인격체로 묘사된 이집트사람들에게 명령이 내려진다. '포로의 짐을 꾸리라'는 것이다.(19절상) 그럴 수밖에 없는 상황이다. 북으로부터 오는 적으로 말미암아 놉(멤피스)이 황무하게 되어 사람이 살 수 없는 곳이 되기 때문이다.

이집트는 심히 아름다운 암송아지일지라도 북으로부터 멸망(콰라츠)

이 이르고 있다.(20절) 이 말은 15절의 황소로 상징되는 '아피스'의 무능함을 의미한다. '멸망'이라는 단어 '콰라츠'는 구약성서에서 단 한번 사용되었는데 아마도 짐승을 귀찮게 괴롭히는 '쇠파리 떼'일 것으로 본다. 북방의 바벨론이 이집트를 괴롭히는 존재요 끝내는 이집트 사람들을 포로로 잡아간다는 의미이다.

이집트를 멸망시키는 바벨론의 침공은 전쟁을 위해 외양간의 송아지처럼 살찌웠던 용병들에게도 재난의 날이 되고 징벌의 때가 되기에 이들은 등을 돌리고 도망칠 수밖에 없다.(21절)

이러한 날에는 이집트의 소리가 뱀의 소리와 같다는데 이는 바벨론의 군대가 벌목하는 사람처럼 도끼를 들고 쳐들어오기 때문이다.(22절) 특히 이집트의 소리를 뱀의 소리와 같다고 한 것은, 바로의 모자 위에 있는 최고 권세의 상징인 휘장 뱀 때문으로 여겨진다.

아피스 수소가 쓰러져 일어나지 못하는 것처럼 최고 권세인 뱀(이집트의 바로) 역시 벌목하는 자들의 소리에 흔적도 남기지 않고 소리 없이 사라지게 된다. 이집트의 힘, 바로의 권세는 느부갓네살의 침략에 속수무책이다.

23~24절은 조사할 수 없는(헤치고 나갈 수 없을 정도의 빽빽한) 숲으로 비유된 이집트가 엄청난 수의 황충으로 비유된 바벨론 군대에게 멸망되어 수치를 당할 것이라는 여호와의 말씀이다.

이집트의 숲이라는 것은 나일 강 델타 지역에 밀집된 인구人口이거나 이집트의 수많은 군사 이미지 때문일 것이다. 황충(아르베, 메뚜기)은 많은 수의 적군을 상징하거나(삿6:5, 7:12) 하나님이 내리시는 징벌의 한 수단을 비유한다.(출10:4, 12,13,14,19, 신28:38, 왕상8:37, 대하6:28, 욜1:4, 나3:15) 여호와께서 황충으로 비유된 수많은 바벨론 군대를 통해 이집트를 징벌하신다는 의미이다.

렘43~44장에서 살펴본 대로 요하난이 이끄는 유다 공동체는 '이집트 땅으로 들어가면 죽게 될 것이니 들어가지 말라, 여호와께서 바벨론 느부갓네살을 통하여 이집트를 칠 것이기에 그들과 함께 멸망당할 것이며, 이집트 왕 호브라도 그 생명을 찾는 자들의 손에 붙일 것이라'는 예레미야의 권고를 무시하고 자신들의 안전을 위해 이집트에 들어왔다. 여호와는 느부갓네살을 통해 자신의 힘을 믿는 오만한 강대국 이집트를 침공하여 엄청난 피해를 입게 하시겠다고 한다.

본문은 여호와의 말씀을 거부하고 이집트에서 안전을 얻고자 했던 이집트의 유다 공동체에게 다시 경고하시는 말씀이다.

요세푸스 Jesephus의 기록에 의하면 겔29:19~20에도 나타나는 예레미야의 바벨론의 이집트 정복 예언은 역사적 현실이 되었다.

오늘날 본문은 사31:1~3의 말씀대로 강대국의 힘을 의지하여 안전을 누리려 하지 말고 오직 역사의 주인이시며 온세계의 왕이신 여호와 하나님을 의지하고 그의 말씀에 순종하는 것이 참된 평화를 얻는 길임을 깨닫게 한다.

25~26절은 만군의 여호와 이스라엘의 하나님이 이집트의 멸망과 그 후의 회복에 대해 하신 말씀이다. 만군의 여호와(야훼 체바오트)라는 이름이 의미하듯 큰 권능을 가지신 이스라엘 하나님께서 이제 이집트에게 벌을 내리시겠다고 선언하신다.

여기서 '벌하다'(파캇)라는 단어는 저지른 잘못에 대해 책임을 묻는다는 의미다. 여호와께 벌 받을 대상은 노 No의 아몬 Amon과 바로와 이집트와 이집트 신들과 왕들 곧 바로와 그를 의지하는 자들이다. '바로와 이집트와 이집트 신들과 왕들'이란 말은 LXX에는 생략되어 있다.

'노'는 나일 강 상류에 위치한 신왕국의 수도 테베 Thebes를 가리키며, '아몬'은 사람이나 동물 등 여러 형태로 형상화되는 이집트의 전체 신을 대표하는 이름이다. 또 '바로 Pharaoh'는 '큰 집'이라는 의미로, 사람으로 현현된 태양신의 아들로 숭배되었던 이집트의 왕이다.

그러므로 여호와께 벌 받을 대상은 이집트의 바로를 포함하여 모든 백성, 그리고 그들이 숭배하는 모든 이집트의 신들이다. 특히 '그(바로)를 의지하는 자들'은 이집트백성은 물론이거니와 이집트의 그늘에서 안전을 얻겠다고 이집트로 들어온 '유다인들, 이집트의 디아스포라', 그리고 예루살렘에 남아 있는 친 이집트파 사람들까지를 가리킨다.

제국을 의지하는 것은 정치적 차원을 넘어 종교적 혼합으로 이어지는 행위이다.

바로를 의지하는 자들은 결국 여호와를 의지하지 않고 제국의 힘과 아몬을 포함한 이집트의 신들을 숭배했던 것이다. 이제 여호와는 이집트의 숭배 받는 자들이나 숭배하는 자들 모두에게 징벌을 내리시겠다고 한다. 이들 모두를 그늘의 생명을 찾는 자인 느부갓네살과 그의 신하의 손에 넘기시겠다는 말씀이다.

이집트가 바벨론의 손에 넘어가는 것은 바벨론의 군사력 때문이 아니라 역사의 주인이신 여호와로 말미암았음을 다시 밝히며, 여호와 아닌 것을 의지하는 모든 자들에게는 여호와의 심판이 있을 것임을 말씀하신다.(겔29:6~9, 16 참조)

26절 하반절은 이렇게 이집트가 멸망당한 후에 이어질 회복에 대한 말씀이다. 이집트가 예전처럼 사람이 살게 될 것이라고 하신다. 이 말씀은 사19:16~25, 겔29:13~15에서 예언되었던 것처럼 때가 되면 이집트가 재건될 것이라는 의미이다.(렘48:47에는 모압, 렘49:6에는 암몬, 렘49:39에는 엘람의 회복이 약속되었다.)

이집트가 회복되기 위한 전제조건은 없다. 그들이 오만함을 저버리고 여호와만을 섬기게 되면 회복시켜 주실 것이라는 등의 조건은 없다. 오로지 역사의 주인이신 여호와의 뜻이 그러하기 때문이다.

여호와는 그의 백성 이스라엘에게 그러하셨듯이 이방민족을 심판만 하시는 분이 아니라 구원의 길을 열어주시는 '만유의 주'이시다.

●●●이스라엘 백성의 회복 렘46:27~28

'내 종 야곱아 두려워하지 말라 이스라엘아 놀라지 말라 보라
내가 너를 먼 곳에서 구원하며 네 자손을 포로된 땅에서 구원하리니
야곱이 돌아와서 평안하며 걱정 없이 살게 될 것이라
그를 두렵게 할 자 없으리라' (27절)

이스라엘의 회복을 알리는 본문은 렘30:10~11과 내용은 매우 동일하나(렘30:10~11의 주석 참조) 본문의 위치가 다르다.

렘30:10~11에는 이스라엘의 구원을 예고한 다음에 이어져 있어 내용적으로 어울리지만 본문은 이집트의 멸망을 예고한 렘46장 마지막에 위치해 있어 내용적으로 어울리지 않는 것 같다.

그러나 렘46장 전반부에 언급된 것처럼 이집트에는 여호와가 내리시는 재난이 임하지만, 이스라엘은 두려워 할 필요가 없고 여호와는 당신의 종 야곱을 구원하시리라는 약속을 해주신다는 점에서는 내용의 흐름이 어울린다고 하겠다.

학자들에 따라 포로에서의 귀환과 대적들의 멸망을 약속한 본문의 형식과 내용이 사41:8~13절과 비슷하다고 보며(사41:14~16, 43:1~7, 44:2~5과도 비슷함), 렘46:27~28(=렘30:10~11)은 제2이사야를 작성했던 예언자 그룹에서 쓴 것으로 본다.

렘46장의 중심내용은 바벨론에 의해 이집트가 멸망할 것이라는 예고이다. 이집트의 바로는 나일 강이 창일하는 것처럼 제국의 힘을 믿는 오만함으로 주변 열국을 지배하려 했지만 뜻밖에 여호와의 종인 느부갓네살에 의해 무너지고 만다.

그러나 렘46장에는 느부갓네살이 세운 혁혁한 전공戰功은 조금도 나타나지 않고 오히려 무너지는 이집트의 비참함과 그 일을 진행하시는 여호와 하나님만 강조될 뿐이다. 여호와는 이집트의 오만을 조롱하시며 심판하셨다.

렘46장에는 바로의 계획과 여호와의 계획이 대조되어 주변 열국의 패권을 잡으려던 바로의 계획이 여호와의 계획 앞에 무산되는 것을 보여주고 있다.

인간이 계획은 할 수 있지만 여호와 하나님의 뜻에 어긋나는 일은 성사되지 않는다. 오늘날에도 이집트와 같이 세속의 힘을 의지하려 는 사람들은 여전히 존재한다.

그러나 만군의 여호와 앞에는 그 어떤 세속의 힘도 조롱거리가 될 뿐이며, 오직 여호와를 의지하여 그 말씀에 순종하는 것이 생명의 길임을 깨달아야 한다.

●●●블레셋에 대한 여호와의 말씀 렘47:1~7

렘47장은 블레셋 Philistine에 대한 심판의 말씀이다. 블레셋에 대한 심판의 말씀은 본문 외에 사14:29~32, 겔25:15~17, 암1:6~8, 습2:4~7에도 나타난다.

블레셋은 수13:3과 삼상6:17 등에서 확인할 수 있듯이 다섯 개의 주요 성읍(가사, 에그론, 가드, 아스돗, 아스글론)으로 이루어져 있었는데 이들은 지리적으로 이집트 북쪽 지중해 연안에 자리하고 있어 유다와 마찬가지로 이집트와 메소포타미아 양대 세력의 중간에서 어려움을 겪었다. 특히 이집트는 블레셋을 북쪽 제국의 군사적 위협을 막아내는 완충지대로 이용해 왔다.

렘47장의 본문은 일곱 절의 짧은 말씀이지만 내용을 이해하는 데 여러 가지 어려움이 있다. 1절은 렘47장의 표제이며, 2~7절까지는 2, 4, 6, 7절에서 확인할 수 있듯이 예언자가 여호와를 3인칭으로 하여 표제에서 밝히듯이 여호와께서 블레셋에 내리시는 심판의 말씀이다.

1절은 70인역(LXX)에는 히브리어 성경(MT)과는 달리 '블레셋 사람에 대하여'라고만 쓰여져 있다. 학자들은 LXX의 것이 원래 표제였으며 그 나머지 내용은 후대에 첨가된 것으로 본다.

1절에서는 렘47장의 배경을 밝히고 있는데, '바로가 가사를 치기 전'이라는 언급이 역사적으로 어떤 사건을 암시하고 있는지는 분명하지 않다. 가사 Gaza는 블레셋의 다섯 성읍 중 가장 남쪽에 위치한 곳인데 기시를 친 바로 Pharaoh가 구체적으로 이집트의 어떤 왕이며 또 언제 공격하였었는지 밝히지 않은 것이다.

학자들은 느고 2세 Neco II(기원전 610~594년)가 기원전 605년 갈그미스 전투에서 바벨론에게 패하고 돌아오던 길에 가사를 점령했거나, 호브라 Hopra(=Apries, 기원전 589~570년)가 페니키아와 동맹을 맺고 가사를 공격했을 때일 것이라고 추측한다.

5절과 7절에 언급된 아스글론 Ashkelon 함락이 2절의 '물이 북쪽에서 일어나 물결치는 시내'라는 표현으로 보아 북으로부터 내려오는 대적에 의한 것임을 알 수 있는데(렘46:7~8 참조), 이와 같은 '북쪽의 대직'은 예레미야에서는 줄곧 바벨론을 의미하기에 바벨론 느부갓네살이라고 추측한다.

'바로가 가사를 치기 전'이라는 표현은 바벨론의 느부갓네살이 비옥한 초승달 지역(Fertile Crescent)에 속한 블레셋을 점령하려는 것을 이집트가 일시적으로 막아보려고 하던 어떤 시점을 가리키는 것 같다. 이와 같은 내용을 배경으로 본문을 이해하면 렘47장은 바벨론을 통한 블레셋 심판의 말씀이다.

한편 렘47장을 바벨론이 아닌 이집트를 통한 블레셋 심판으로 이해하는 학자들도 있다. 1절의 '바로가 가사를 치기 전에 블레셋 사람을 향한 여호와의 심판의 말씀'과 관련하여 2~7절까지의 내용을 바벨론이 아닌 이집트의 바로가 장차 블레셋을 침공했을 때의 모습을 묘사한 것으로 볼 수도 있기 때문이다.

'물이 북쪽에서 일어나 물결치는 시내를 이루어'라는 표현을 이십트가 갈그미스 전투에서 돌아오다가 가사를 포함하여 다른 성읍들을 섬령하는 모습이라고 보는 것이다.

이와 같은 주장은 '북방'이라는 언급은 바벨론만을 특정하여 지칭하기보다는 여호와께서 내리시는 '재난의 발원지'를 상징하는 것으로(렘50:3,9,41,51:48 참조) 여호와께서 남쪽의 이집트를 블레셋을 심판하기 위한 도구로 사용하셨다는 것이요, 이를 '물이 북방에서 일어나 창일하는 시내'로 표현했다고 볼 수 있다.

본문에서는 블레셋을 공격하는 세력이 바벨론인지 이집트인지는 분명하지 않지만 2절은 블레셋을 향한 공격의 대상과 범위가 광범위함을 알려준다.

그 땅(아레츠)과 그중에 있는 모든 것과 그 성읍과 거기 거하는 자들이 휩쓸릴 것이라고 하신다. 사람들이 부르짖으며 그 땅 모든 거민(하아담)이 애곡하게 될 것이다.

3절에는 블레셋 전역과 모든 거민을 향한 공격의 모습이 나타난다. '군마의 발굽 소리와 달리는 병거 바퀴가 진동하는 소리'는 기마대와 전차부대가 거칠게 침공하는 것을 표현한다.

아비들은 손이 풀려서('손의 무력함 때문에'로 직역될 수 있는 이 말은 '절망'을 상징함, 렘6:24, 38:4, 50:43, 삼하4:1, 사13:7, 겔7:17 등 참조) 자녀들을 돌볼 겨를도 없는 상황을 맞이하게 된다.

예언자는 4절에서 블레셋이 이런 상황을 맞이한 것이 '여호와로 말미암은 것'임을 밝힌다. 여호와께서 블레셋 사람을 모두 멸하시고 두로 Tyre와 시돈 Sidon에 남아 그들을 도와 줄 자들조차 모두 끊어버리시는 날이 이르게 하셨다.

두로와 시돈은 지중해 연안에 자리한 도시국가로 블레셋의 동맹국이다. 여호와께서는 이들의 지원군조차 블레셋을 도울 수 없도록 쓸어버리신다.

또 갑돌 Caphtor 섬에 남아 있는 블레셋 사람을 유린하신다. 갑돌 섬은 블레셋 사람들의 발생지인 지중해에 위치한 크레타 Crete 섬을 말한다.(신2:23, 암9:7) 갑돌 섬의 남아 있는 블레셋 사람을 멸하신다는 것은 블레셋 혈육의 근원까지 도말하시겠다는 말씀이다.

5절은 이러한 대재앙이 블레셋 다른 성읍에까지 미칠 것임을 말한다. 가사와 아스글론은 블레셋의 다섯 성읍 중 대표적인 곳인데 이곳 사람들이 애곡 의식을 치르게 된다. '가사는 대머리가 되었고'는 직역하면 '대머리가 가사에 오고'로 죽은 자에 대한 장례예식을 의미한다.(렘16:6, 48:37, 사3:24, 15:2, 22:12, 겔7:18, 27:31, 암8:10, 미1:16 참조)

5절 하반절인 '아스글론과 그들에게 남아 있는 평지가 잠잠하게 되었나니 네가 네 몸 베기를 어느 때까지 하겠느냐'는 아스글론 사람들이 다 죽어 성읍 전체가 조용해졌음을 의미한다.

'그들에게 남아 있는 평지'는 '그들의 골짜기에 남은 자'로 번역되어야 하는데, '평지, 그들의 골짜기'의 히브리어 '임곰'은 '힘'이라는 의미를 가지고 있어, '그들의 힘으로 살아남은 자'로 옮길 수도 있다.

또한 '임곰'을 LXX는 '아나킴' 으로 고쳐 읽어 블레셋 지방에 생존해 있던 거인족인 아낙 사람들의 남은 자(후손)로 번역하였다.(민13:30~33, 수11:21~22 참조. 수11:22에는 아스글론 대신 아스돗이 언급되어 있다.)

또한 '네 몸 베기'라는 것은 '스스로 상처를 내는 일'로 죽은 자에 대한 장례예식의 다른 모습을 나타낸다.(렘16:6, 41:5, 신14:1, 왕상18:28 참조)

5절의 '가사는 대머리가 되었고, 아스글론과 그들에게 남아있는평지가 잠잠하게 되었나니 네가 네 몸 베기를 어느 때까지 하겠느냐?'는 예언자가 가사와 아스글론의 많은 사람들이 목숨을 잃는 것을 안타깝게 보고 외치고 있는 모습이다.

'오호라'(호이)로 시작되는 6절에서 예언자는 5절에서 보았듯이 많은 블레셋 사람들을 살해하는 군대를 '북방의 창일한 물'(2절)과는 달리 '여호와의 칼'이라 부르며(렘25:27, 50:35~38 참조) 사람을 대하듯 그 칼에게 말한다. 이제 그만 죽이는 일이 멈춰졌으면 좋겠다. 이것은 블레셋 사람들의 소원을 예언자의 입장에서 표현한 것이다.

7절은 이런 블레셋 사람들의 소원에 대해 예언자가 전하는 응답이다. 여호와께서 그 칼에게 명령하셨는데 어떻게 그것이 잠잠할 수 있겠느냐고 한다.

그 칼은 아스글론과 해변을 치려고 여호와께서 고르신 것이다. 여기서 해변은 블레셋 성읍들이 자리한 모든 곳을 의미하므로 블레셋을 향한 여호와의 심판은 일부분에 그치는 것이 아니라 블레셋 전역에 미치게 됨을 의미하는데, 그것이 여호와의 뜻이다.

그러나 왜 그렇게 하시려는지에 대한 이유가 본문에는 분명하게 나타나지 않는다. 블레셋이 어떤 점에서 여호와의 분노를 사게 되었는지, 어떤 윤리적, 종교적 비판도 언급되어 있지 않다.

특히 블레셋은 유다의 오래된 대적으로 악명이 높았으므로(삿13~16장, 삼상4~5장, 17장, 삼하5:17~25 참조) 유다를 침략한 행위에 대한 비난이 언급될 만한데 그런 기미도 보이지 않는다. 이런 점이 렘47장을 이해하는데 또 다른 어려움이다.

그러나 4절에 언급된 두로와 시돈이 블레셋의 동맹국이었다는 사실에 근거하여 블레셋의 심판 원인을 찾아보려는 학자들의 시도가 있다. 두로와 시돈은 렘27:3에서 확인할 수 있듯이 유다 왕 시드기야 4년(기원전 594년)에 에돔, 암몬, 모압과 함께 예루살렘에 모여 반反바벨론 동맹을 맺었었다.

렘27:3에는 블레셋이 언급되어 있지 않고, 렘47장의 배경이 언제인지 불분명하지만, 블레셋이 두로와 시돈과 동맹을 맺고 있었다면 블레셋 역시 반 바벨론 동맹에 동조하고 있었음을 짐작할 수 있다.

그런데 하나님은 바벨론의 느부갓네살에게 열국의 역사를 맡기려고 하셨으므로 예레미야에게 멍에를 메워 동맹회의 참석자들에게 보내 바벨론의 멍에를 받아들여 생존할 것을 권고했던 것이다.(렘27장 참조)

렘47장의 블레셋 침략국을 북쪽 바벨론이라고 전제한다면 느부갓네살에 대한 대항은 곧 여호와에 대한 대항이기에 블레셋에게 여호와 하나님의 심판이 내려지게 되었다는 해석이다.

그러나 블레셋의 침략국을 이집트로 본다면 이와 같은 해석은 초점을 빗나간 것이다. 오히려 본문을 통하여 세계 역사 속에 담겨진 하나님의 뜻을 찾아야 할 것이다.

인류역사에는 현재뿐 아니라 과거에도 국제정치의 역학 관계에서 강대국이 약소국을 침략하고 지배하는 일이 다반사로 일어났다. 이러한 소용돌이 속에 약소국의 운명은 강대국의 정치 이데올로기에 의해 좌우된다. 북쪽 바벨론과 남쪽 이집트 틈바구니에 있던 블레셋의 운명도 이들에 의해 좌우되었을 것이다.

이러한 논리는 세상의 눈으로 역사를 보는 것이다. 그러나 성서는 인간 역사를 신앙 고백적으로 해석한다. 렘47장에서 블레셋의 멸망이 바벨론에 의한 것인지 이집트에 의한 것인지 분명하지 않지만, 성서가 전하려고 하는 것은 유다뿐 아니라 블레셋을 포함한 열국의 운명은 단순히 강대국의 제국주의적인 침략에 의해서가 아니라 하나님의 의도적인 개입으로 결정된다는 사실이다.

인류역사는 인간의 생각을 뛰어넘는 웅장한 여호와의 의도 안에서 진행되며, 예언자는 역사 속에 담겨진 여호와의 뜻을 신앙의 눈으로 헤아려 전하는 사람이었다.

신앙의 눈으로 역사를 보고 그 속에 담겨진 하나님의 뜻을 헤아리는 것이 오늘날 기독교인들에게도 필요할 것이다.

●●● 모압에 대한 여호와의 말씀 렘48:1~47

렘48장은 1절의 '모압에 대한 말씀이라'와 47절 하반절의 '모압을 심판하는 말씀이 이에 그쳤느니라'에서 보듯이 모압 Moab에 대한 심판의 말씀이다.

모압은 사해 동쪽에 위치한 유다의 인접국가로 북쪽은 아르논 Arnon 강, 남쪽으로는 세레드 Zered 강, 서쪽으로는 사해(Arabah Sea), 동쪽은 사막을 경계로 하고 있다.

성서의 역사를 거슬러 올라가면 모압은 아브라함의 조카 롯 Lot이 큰 딸로 인해 출생한 아들의 후손이다.(창19:30~38 참조) 모압과 암몬인의 조상이 롯과 두 딸의 관계 속에서 출생되었다는 성서의 기록은 '근친상간'으로 단죄될 수 없는 고대사회의 종족보존의 중요성을 나타낸다.

당시 여인들은 가문을 잇는 것이 가장 중요한 일이었으므로 필사적인 행동을 통해서라도 아들을 얻고자 했다. 이러한 행동은 롯의 두 딸뿐 아니라 사라(창16장), 라헬(창30장), 다말(창38장)에게서도 볼 수 있다.

학자들은 이스라엘과 모압은 한 혈통이기에 초기에는 우호적이었으나, 이스라엘이 출애굽한 후 가나안에 들어갈 때부터 계속된 모압의 적대적인 행동으로(민22~24장, 왕하3:4, 신23:3~6 참조) 관계가 깨어졌다고 본다.

그러나 룻4:1~22에 모압 여인 룻 Ruth이 이스라엘인 보아스 Boaz와의 혼인으로 다윗의 조상을 낳게 되었다는 기록과 렘40:11에 바벨론 침략으로 인해 유다인들이 모압으로 피신하기도 했다는 기록으로 보아 이스라엘과 모압의 관계는 어느 정도 좋게 유지된 것으로 본다.

렘48장은 열방을 향한 하나님의 심판의 말씀 중 세번째로 바벨론에 대한 말씀(렘50~51장)을 제외하면 분량이 가장 많다. 모압에 대한 하나님의 말씀은 이곳 외에 사15~16장, 겔25:8~11, 암2:2~3, 습2:8~11에도 나타난다.

열국에 대한 말씀(렘46~51장)이 시詩 형태(운문)로 되어 있으나 렘48장은 산문인 10, 12~13, 21~24, 26~27, 30~31, 34~39절이 섞여 있는 특별한 구조를 이루고 있다. 이 구절들은 구약성서의 다른 단락과 비슷하며 그 자료를 사용하여 개작한 것으로 보인다.(5절=사15:5, 29~38절=사15~ 16장, 40~41절=신28:49, 52절, 43~44절=사24:17~18절, 45절~민21:28, 24:17절, 46절=민21:29)

렘48장에는 많은 지명이 언급되어 있다. 세 번 언급된 헤스본 Heshbon(2,34,45절)과 호로나임 Horonaim(3,5,34절) 외에 26개의 지명이 등장하며, 이들 중 위치를 파악할 수 있는 곳도 있지만 대부분은 불분명하다. 렘48장 본문은 LXX가 MT보다 많은 부분이 생략되어 있는데 특히 45~47절은 완전히 생략되어 있다.

또한 렘48장은 모압에 임할 재난에 대해 여러 형식으로 표현된 단편들로 구성되어 있어 본문을 어떻게 구분해야 하는지에 대해서 학자들의 견해가 다양하다.(브라이트-다섯, 바이저-열 둘, 크리스텐센-둘, 바트케-셋으로 구분함)

박동현 교수는 10절이 1~9절의 여호와의 말씀을 예언자가 마무리하고, 25절은 '여호와의 말이니라.'(네움 야훼)로 단락을 맺으며, 40절은 '나 여호와가 이같이 말하노라'로 1절에 이어 새로운 도입부로 나타나기에, 본문을 1~10절, 11~25절, 26~39절, 40~47절의 네 부분으로 구분한다.

1절의 '모압에 대한 말씀이라'는 렘48장 전체의 표제다.

이어 예언자는 '만군의 여호와 이스라엘의 하나님이 이같이 말씀하시되 ~'라고 함으로 렘48장의 메시지의 권위가 여호와 하나님께 있음을 강조한다.

여호와의 말씀은 '슬프다'(호이)로 시작하는데 이는 이어 언급된 느보한 성읍의 황폐에만 국한된 슬픔이라기보다는 렘48장 전체를 통해서 확인할 수 있는 모압 멸망에 대한 안타까움을 나타낸 것이다.

느보 Nebo는 모세가 가나안 땅을 바라보았던 비스가 Pisgah 산 북쪽에 있는 산이(신32:49, 34:1 참조) 아니고, 그곳 남쪽에 위치한 성읍인 무하얏 Muhaiyat으로 보인다.

가나안 정착초기에는 르우벤 지파가 차지했었으나(민32:3, 33~38, 대상5:8 참조) 주전 9세기 상황을 반영하고 있는 모압의 메사 비문(Mesha Stele, 또는 Moabite Stone)에 따르면 메사(왕하3:4 참조)가 점령한 것으로 나타난다. 느보는 목축에 적합한 성읍으로 철기문화가 발달한 곳이었다. 느보가 모압의 성읍 중 제일 먼저 언급된 것은 그만큼 중요한 성읍이었기 때문이다.

그런데 느보가 유린당하였다고 탄식하신다. 또 기랴다임 Qiryathaim도 르우벤 지파에 속했던 성읍이지만(민32:37, 수13:19 참조) 모압 비문에 의하면 메사가 다시 세운 곳으로 나타난다. 겔25:9에는 모압 변경 성읍 중 하나이며 현재 알쿠리에 al Qureiye로 여겨진다. 그런데 이곳도 수치를 당하고 점령되었다.

미스갑 Misgab은 지명이라기보다는 '요새, 망대'를 의미한다.(삼하22:3, 시9:9, 18:2, 46:7,11에는 여호와의 별칭으로 나타난다.) 그런데 이런 요새들도 모두 수치를 당하여 무너졌다. 1절에서 여호와는 모압의 전면적인 패망을 안타까워하신다.

모압의 전면적인 패망은 2절에서 분명히 나타난다. 모압의 명성은 사라지게 되었다. 적의 무리가 모압의 주요 성읍 중 하나인 헤스본 Heshbon에 모여 모압을 완전히 붕괴시킬 계획을 세웠다.(헤스본과 '악을 꾸미다'라는 동사 '아솨브'의 자음이 같아 언어유희이다.)

헤스본은 여리고에서 동쪽으로 30km 떨어진 언덕에 위치해 있으며 초창기에는 르우벤(수13:17)과 갓(수13:26)지파의 소유였으나 후에 모압에게 넘어간 곳으로, 렘49:3에는 암몬의 영토로 나타난다.

헤스본의 계획으로 맛멘 Madmen도 적막하게 될 것인데 칼이 그의 뒤를 따르기 때문이다. 맛멘은 구약에 오직 이곳에만 나타나서 그 위치를 알 수 없고 '거름덩이(히브리어 맛메나는 맛멘과 언어유희를 이룸)'를 의미하기에(사25:10 참조) 농경문화를 이루고 있는 모압의 주요 성읍 중 하나로 여겨지며, 또한 모압의 다른 성읍인 '디본Dibon'의 다른 이름으로도 여겨진다. 맛멘과 이어 나오는 '적막하게 되다'(다만)는 자음이 비슷하여 언어유희를 이루고 있다.

3절에는 재난을 당할 다른 성읍 호로나임 Horonaim이 언급되어 있다. 호로나임에서 울부짖는 소리, 곧 '황폐와 큰 파멸을 당하였다!'라는 소리가 들린다. 호로나임은 위치를 정확히 알 수 없으나 메사의 비문에 언급되어 있는 아르논 골짜기와 세렛 Zered 골짜기 사이의 모압 중앙부나 남부의 성읍으로 보인다.

5절에서 볼 수 있듯이 사해 남쪽에 위치한 소알에서부터(34절 참조) 모압 고원에 이르는 오르막길을 따라 호로나임이 루힛과 나란히 나오는 데서 확인할 수 있다.

4절에는 호로나임에서 들리는 소리처럼 '모압이 멸망당하였다'는 어린이들의 소리가 들린다고 한다. 어린이들이라는 히브리어 '체오레하'는 '통치자들'로 번역될 수 있으며, 또 사15:5과 관련하여 '소알'로 읽어 '사람들의 부르짖음이 소알까지 들린다'로 번역하기도 한다.

어쨌든 모압이 멸망하게 되었음을 어린이들(젊음이들, 통치자들)이 안타깝게 외치고 있는 상황이다. 그들은 울며불며 루힛 Luhith(모압 남쪽 성읍으로 그 위치를 정확히 알 수 없음, 사15:5 참조) 언덕을 오르고 호로나임으로 내려가는 길에서도 파멸의 고통스런 울부짖음을 듣는다.(5절)

6절은 이와 같은 모압 사람들에게 '너희는 도망하여 생명을 구하고 광야의 노간주나무같이 되라'고 명령하신다.

'노간주나무'의 히브리어는 모압의 성읍 이름인 '아로엘'(민32:34, 신2:36)로 옮길 수도 있고(그러나 아로엘은 사막에 위치하지 않음), 70인역(LXX)에서는 '들나귀'로 번역했다. 이제 나라가 멸망하게 되었으니 도망하여 광야에서나마 목숨을 부지하라는 의미로 해석된다.

7절은 6절에서 명령된 도망해야 할 이유를 밝힌다. 곧 모압의 멸망 원인이 무엇인지를 밝히는 것이다. 모압이 자기들의 업적(우상이나 요새를 의미함)과 창고에 넣어둔 보물을 의지하기에 정복당하게 된 것이다.

자신들이 이룩해 놓은 업적을 의지하는 것은 당시 종주국(suzerain)인 바벨론을 신뢰하지 않고 반역하는 행위인 동시에(렘27:1~8 참조), 느부갓네살을 근동의 종주宗主로 세우신 여호와 하나님의 뜻을 거부하는 일이다.

멸망으로 인해 그모스 Chemosh가 그의 제사장들과 방백들과 함께 포로로 잡혀가게 되리라고 하신다. 그모스는 모압 사람을 '그모스의 백성'이라고 부를(민21:29, 렘48:46 참조) 정도로 모압의 수호신으로 알려져 있다. 이런 사실은 주전 2600~2250년에 북서 메소포타미아 수리아 지방에 있던 에블라 Ebla 왕국의 토판문서에도 발견된다.

그러나 이스라엘에서 솔로몬이 그를 위한 산당을 지어 섬기게 하여(왕상11:7, 33) 요시야의 종교개혁 때까지 계속되었으며(왕하23:13), 삿11:24에 그모스가 암몬 사람들의 신으로 언급되어 있는 것으로 보아 그모스 숭배신앙은 주변나라에 널리 퍼져 있었던 것 같다.

그모스가 그 제사장들과 고관들과 함께 포로가 되어 갈 것이라는 언급은 고대 중동에서는 전쟁에서 패배했을 때 포로와 함께 신상神像도 이송되었으므로 모압이 멸망할 것임을 의미한다.(삼상4~5장, 암5:26, 사46:1~2, 렘49:3 참조).

8절은 7절의 패망을 다른 차원에서 전한다. 파멸하는 자(쇼뎃, 적군을 의미하며 여기서는 느부갓네살을 가리킬 것임, 렘6:26, 12:12, 15:8 참조)가 모든 성읍에 쳐들어오면 어떤 성읍도 피하지 못할 것이며, 골짜기(하에멕, 수

13:27에 근거할 때 요단 동편 골짜기로 추정됨)는 멸망하고, 평지(미쇼르, 고원지대로 아르논 북쪽에 있는 모압의 중심지역을 말함)는 파멸될 것인데 이것은 여호와께서 말씀하신 바와 같다.

9절의 '모압에 날개를 주어 날아 피하게 하라'는 문장은 난해하다. 날개(치츠)의 의미가 불명확하여 '소금'으로 번역하기도 한다. '날아 피하다'도 모호해서 '폐허가 되다'로 이해하여 재난에서 벗어날 수 없음을 표현한 것으로 본다.

사9:45에는 아비멜렉이 점령한 세겜 사람들에게 소금을 뿌리는 행동을 하는데 이것은 점령지역을 불모지로 만들거나 그곳을 재건하는 사람에세 저주를 내리는 상징적 행동인 동시에, 한편으로는 진쟁에시 승리하도록 한 신에게 그곳을 헌납하기 위한 성결행위였다.

9설 전반설의 의미는 황폐한 보압 땅에 소금을 뿌려 불모지로 만들라는 것이다. 이러한 의미는 9절 하반절에서 보다 확증된다. 그 성읍들이 황무하여 거기 거하는 사람이 없으리라고 한다.

1~9절이 여호와께서 모압을 향하여 하신 말씀인데 반해, 10절은 산문으로 되어 있으며, 여호와를 3인칭으로 부르며 예언자가 덧붙이는 말이다.

10절에는 두 가지 저주가 언급되어 있다. 여호와의 일을 소홀히 하는 자는 저주를 받고, 피 흘리는 일에서 칼을 거두는 자는 저주를 받을 것이다. 여기서 '여호와의 일'이란 두 번째 저주에 언급된 '피 흘리는 일'로 모압을 향한 하나님의 심판행위를 의미한다. 모압은 반드시 멸망할 것이고 이 일은 하나님의 일임을 강조한다.

11절은 모압이 지금까지 평안하고 포로가 된 적이 없던 안정된 민족이었음을 알려준다. 모압에는 포도 재배지역으로 유명한 십마 Sibmah가 있어(렘48:32, 사16:8~9) 모압을 포도주로 비유하였을 것이다.

모압은 포도주를 이 그릇에서 저 그릇으로 옮기지 않아 맛과 냄새가 변하지 않은 것 같은 평안하고 안정된 상태이다.

12~13절은 산문으로 기록되어 있는데, 12절은 11절에 언급된 '예로

부터 안정을 유지하고 있다'는 모압에게 하시는 여호와의 말씀이다.

'술을 옮겨 담는 사람을 보낼 것이라'는 것은 모압의 안정된 상태를 인정하는 것이 아니라 그런 상황에 자부심을 갖고 있는 그들의 잘못을 은근히 꾸짖는 말이다. 그들이 기울여서 그릇을 비게 하고 그 병들을 부수겠다고 하시는 것은 적군을 보내어 모압이 자부하고 있는 지금까지의 안정된 상황을 부숴버리시겠다는 말씀이다. 1~9절에 언급한 재난을 당하게 하시겠다는 것이다.

13절은 모압이 당할 재난을 다른 차원에서 표현한다. 모압이 그모스로 인하여 수치를 당할 것이다. 모압은 이스라엘이 벧엘을 의지했던 것처럼 그모스를 자신들의 재앙을 막아줄 신으로 의지했는데 그 환상을 깨뜨리겠다는 말씀이다.

여기서 이스라엘이 의지했던 벧엘 Bethel은 신의 이름을 가리키기보다는 북 왕국 여로보암 I세가 왕국분단 후 북쪽의 단 Dan과 함께 남쪽에 세웠던 성소와 그곳의 그릇된 종교적 행위(혼합종교)를 가리키는 것으로 보는 것이 맞다.(왕상12:25~33, 암5:4~5 참조)

모압이 그모스를 의지했기에 수치를 당하게 되리라는 것은 7절을 반복하여 강조한 것이다.

14절에서 여호와는 이렇게 수치를 당할 모압의 헛된 자만심을 깨뜨리신다.

'너희가 어찌하여 말하기를 우리는 용사요 능란한 전사라 하느냐' (14절)

스스로 자신들은 용사요 전쟁에 능한 군인이라고 말하지 말라고 하신다. 15절은 그 이유를 '만군의 여호와(야훼 체바오트)라는 이름의 왕'(70인역에는 생략되었음)의 말씀으로 밝힌다.

15절은 히브리어 본문에서는 '모압이 황폐하였도다.'라는 말로 시작되는데, 이것은 12절 이하에서 보듯이 앞으로 일어날 일을 이미 일어난 사건으로 표현한 것으로 모압이 황폐하게 될 것이 확실함을 강조한 것이다.

'그 성읍들은 사라졌고'는 히브리어 원문을 직역하면 '성읍들은 거슬러 올라갔다'로 적군이 모압을 황폐시키기 위해 성읍에 올라가(알라) 사라지게 했다는 의미이다. 그래서 선택 받은 장정들은(용사, 능란한 전사, 14절 참조) 내려가서 죽임을 당한다.

16절은 모압의 황폐가 속히 이루어질 것임을 밝혀준다. 17절에는 모압 주변 나라에게 아직 일어나지 않은 모압의 멸망을 애도할 것을 주문하는데, 모압의 멸망이 확실함을 다시 강조하는 것이다.

'어찌하여 강한 막대기, 아름다운 지팡이가 부러졌는고?'라고 애도하라고 한다. '어찌하여'(에카)는 장례 때에 단식을 표현하는 말로써 예루살렘의 멸망을 슬퍼하는 예레미야 애가에 여러 번 나타나며(애1:1, 2:1, 4:1,2) 그 책의 히브리어 이름이다.

이러한 애가의 요청은 단순히 탄식하라는 요청이라기보다는 일종의 조소(마샬)로 보인다.(사14:4에는 '노래', 미2:4에는 '슬픈 노래'로 번역되었다.) 이렇게 조롱할 수밖에 없는 이유는 모압이 과거에는 11, 14절에서 보듯이 스스로 강한 막대기(마테 오즈, 시110:2에서는 '권능의 홀' 겔19:11에서는 '권세 잡은 자의 홀'로 번역되었음)와 아름다운 지팡이(모압의 부유하고 화려함을 표현한 것임)였는데 이제는 꺾이게 되었기 때문이다.

18~19절에는 모압의 성읍 중 디본 Dibon과 아로엘 Aroer을 인격체로 다루며 권면하는 말로 모압의 비운을 나타낸다. 디본은 아르논 강의 북쪽 가까이에 있는 현재의 디반 Dhiban이며 당시에는 그모스 신전과 견고한 요새가 있었다. 아로엘은 아르논 골짜기 북쪽 가장자리에 위치한 현재의 카 아라이르 Kh Arair로 국경 검문소 역할을 하던 곳이다.

그런데 이들에게 이제 적(쇼뎃, 파멸하는 자)에 의해 디본의 영광, 견고함이 무너지게 되었음을 받아들이라고 한다. 그리고 국경에 사는 아로엘 사람들은 길 옆에 서서 적을 피하여 도망하는 자들에게 '무슨 일이 있느냐?'고 물어야 할 형편이 되었다고 한다.

20절에는 모압의 현실이 패망임을 분명히 한다. 모압이 수치를 당하고 정말 무너졌으니 통곡하고 부르짖으며 아르논에 가서 모압이 파괴되었음을 알리라고 한다. 특별히 아르논 Arnon에 가서 모압의 멸망을 외치라는 것은, 아르논 강이 모압 평야를 가로질러 깊이 파인 골짜기를 따라 사해로 흘러들어가므로 모압 전역에 멸망의 소식을 알려야 한다는 의미이다.

21~24절은 산문형태로 기록되었으며, 모압의 재난이 전역에 미쳤음을 여러 성읍들을 열거하며 나타내 준다.

심판이 평지(미쇼르, 고원에 위치한 평원의 땅으로 성읍들이 들어서는 곳을 의미함, 8절 참조)에 닥쳤는데, 홀론 Holon, 야사 Jahzah, 메바앗 Mephath, 디본 Dibo, 느보 Nebo, 벧디블라다임 Beth-diblathaim, 기랴다임 Qiryathaim, 벧가물 Beth-gamul, 벧므온 Beth-meon, 그리욧 Qerioth(41절에는 보통명사로 해석하여 '성읍들'로 번역됨), 보스라 Bozrah와 모압 땅 원근 모든 성에 이르렀다고 한다.

열거된 성읍들은 대부분 메사 비문에 언급된 곳들로 메사가 요새화한 성읍들이다. 그러나 이제 이 모든 성읍들에 재난이 임하게 되었다.

25절은 이와 같은 모압의 재난을 '모압의 뿔이 잘렸고 그 팔이 부러졌도다'라는 상징적인 말로 나타내준다.

구약성서에서 뿔(케렌, 삼상2:1, 시18:2, 애2:3 참조)과 팔(즈로아, 시10:15, 37: 17, 44:3, 77:15, 겔30:21 참조)은 힘을 나타내는 단어이므로 강력하던 모압의 운명이 끝장났음을 의미한다.

26~27절은 산문으로 26절은 모압에 대한 심판을 '모압을 술 취한 자로 만든다'로 표현한다. 술 취하게 한다는 것은 여호와의 진노의 잔을 받게 한다는 뜻이다.(렘25:15~17, 27~29, 51:7, 39, 57, 사51:17~23, 겔23:31~35, 애4:21, 시11:6, 75:8 참조)

술 취한 사람이 제 몸을 스스로 가누지 못하듯 자신들의 힘을 믿었던 모압이 속수무책으로 당하게 되므로(25절) 조롱거리가 되게 하시겠다는 것인데, 그들이 여호와를 거슬러 자만했기 때문이다.(42절에도 언급된다.) 모압의 자만이란 역사를 주관하시는 여호와 하나님을 거부하며 11~14절에 언급된 대로 그모스 신을 의지하고 자신들의 전투력으로 안전을 스스로 유지했다고 믿었던 것을 말한다.

27절에는 모압이 행한 다른 잘못을 지적한다.

모압은 이스라엘을 조롱거리로 삼았다. 이스라엘을 말할 때마다 그들이 도둑질하다 들키기나 한 것처럼 머리를 흔들었다. 이스라엘을 조롱한 것은 습2:8~11에도 언급되어 있는데 이것은 모압이 암몬과 함께 이스라엘을 침공한 것을 말한다. 이스라엘을 도둑질하다 들킨 사람처럼 머리를 흔들며 비웃었다는 것은 구체적으로 무엇을 의미하는지 불분명하다.

어쨌든 모압은 이스라엘을 까닭 없이 조롱하고 비웃었다. 여호와의 백성이라는 이스라엘을 조롱하는 것은 여호와를 조롱하는 것이다.

28절은 예언자가 이런 잘못을 저지른 모압 거민들에게 내린 명령이다.

성읍들을 버리고 바위에서 살고 깊은 골짜기 어귀에 둥지를 짓는 비둘기처럼 되라고 한다. 성읍을 떠나 정상적인 생활이 불가능한 곳으로 피신하라는 명령으로 렘4:29의 말씀대로 재난이 임했음을 알리는 것이다.

학자들은 29~39절이 사15~16장의 모압에 관한 탄식의 말이 들어 있는 단락들과 비슷한 점을 많이 가지고 있어 그것을 개작한 것으로 보고 있다. 29~33절은 사16:6~10을, 34~39절은 사15:1~7을 개작한 것이다. 이와 같은 사실은 29~30절은 사16:6, 31절은 사16:7, 32절은 사16:8~9, 33절은 사16:10, 34절은 사15:4~6, 35절은 사15:2, 16:12, 36절은 사15:5, 16:11, 37~38절은 사15:2~3과 비교하면 알 수 있다.

29절에서 예언자는 모압이 몹시 교만하다(가온)는 소리를 들었다고 한다. 모압의 교만을 강조하기 위해 '자고, 오만, 자긍, 마음의 거만'을 덧붙이는데 이런 표현들은 모두 '높다'라는 뜻과 관련이 있다.(사2:12~17 참조) 모압의 교만이 무엇인지 구체적으로 밝혀지지 않으나 렘27:3에 언급된 바벨론에 대항하는 회합을 가리키는 것으로 짐작된다.

30~31절은 산문으로 되어 있는데, 30절에서 여호와는 29절에서 예

언자가 들은 모압의 교만이 별 것이 아닌 헛것임을 밝히시며 31절에서 그들을 위해 한탄하신다.

모압을 위하여 울고(20절에는 '울면서 부르짖으며'로 번역됨), 온 모압을 위하여 부르짖으며, 길헤레스 모든 무리를 위하여 신음하신다.(비둘기가 구구하는 것처럼 차마 소리를 내지 못하고 안으로 삼키며 우는 것을 의미한다. 사38:14 참조. 하반절의 '무리가 길헤레스 사람을 위하여 신음하리로다'에서 주어는 여호와시며, '여호와께서 길헤레스의 무리를 위해 슬퍼하리로다'로 번역해야 한다.)

특히 '길헤레스 Qirheres 사람을 위해 신음하신다.'에서 길헤레스는 길하레셋(사16:7, 왕하3:25)이라고도 하는데 아르논 남쪽에 위치한 모압 남부지역의 중심으로 현재의 케락 Kerak이다. 이곳은 '질그릇 파편들의 성벽'이라는 이름의 의미에서 알 수 있듯이 강력한 요새이며 옛 모압의 수도 가운데 하나로 길헤레스 사람들은 결국 모압 사람들을 대표한다.

길헤레스 사람을 위하여 슬퍼하신다는 것은 여호와의 울부짖음이 '온(콜, 모든) 모압'을 위한 것이며, 여호와의 한탄은 모압이 교만하다가 재난을 겪게 되었다는 사실을 암시한다.

32~33절에서 여호와는 모압의 화려한 과거와 비참한 현재를 포도주 산업에 중점을 두어 비교하며 그들을 위해 애곡하신다. 32절의 십마 Sibmah는 원래 아모리 사람의 땅이었으나 르우벤 지파가 점령하였다가(민32:38, 수13:19) 후에 모압 사람들 손에 넘어갔으며(정확한 기록은 없음) 모압의 포도 생산지로 유명한 곳이다.(사16장)

모압의 화려한 과거는 십마의 포도나무 가지가 바다를 넘어 야셀 바다(사해, Dead Sea)까지 뻗었었다는 것에서 잘 나타난다.

야셀 Jazer은 요단 동편의 아모리 족속의 도시국가로 그 위치를 정확히 알 수 없으나, 가나안에 들어갈 때 이스라엘이 정탐한 곳이며(민13:3) 후에 갓 지파에 속한 레위인 성읍 중 하나였다.(민32:35, 수21:39 참조)

이곳이 언제 모압에게 넘어갔는지 기록은 없으나 야셀의 곡함이라는 표현으로 보아 모압 사람들에게는 중요한 곳이었다. 야셀 바다까지 포도나무 가지가 뻗었다는 언급은 야셀에 바다가 없기에 십마의 포도산업이 모압 전 지역에 풍요로움을 가져오게 했음을 의미하는 것으로 본다.

그러나 이런 찬란했던 모압이 이제 비참한 현실을 맞이하게 되었다. 그의 여름 실과와 포도에 탈취하는 자(쇼뎃, 8, 18절에도 언급되었고 적을 의미함)가 이르렀다. 32절 하반절 '내(여호와)가 너(십마의 포도나무)를 위하여 곡하기를 야셀의 곡함보다 더하리로다'는 말은 십마의 포도나무로 의인화된 모압을 위하여 야셀 때문에 울던 것보다 더 심하게 우신다는 뜻으로, 모압이 겪는 재난을 어느 때보다 더 안타까워하신다는 의미이다. 구약성서에서 '울다(브키, 곡하다)'라는 동사의 주어가 여호와로 나타나는 경우는 본문이 유일하다.

33절에는 모압이 겪는 재난을 좀 더 부연해서 설명한다. 모압의 옥토(카르멜, '기름진 땅'을 의미하며 렘2:7, 4:26에서는 보통명사로, 렘46:18, 50:19에서는 고유명사로 나타냄)는 기쁨과 즐거움을 빼앗기고 술틀에 포도주를 없애 버려 흥에 겨워 술틀을 밟는 자가 없겠고, 그들의 외치는 소리는 더 이상 흥겨운 소리가 아니다.

모압은 적군에 의해 더 이상 포도주를 생산하는 기쁨을 누릴 수 없게 되었으므로 여호와께서 울부짖으실 지경에 이르렀다.

34~39절도 산문으로, 이 단락은 사15~16장의 모압 예언들을 자유로이 선택하여 그 낱말들이 쓰이던 것과는 상관없이 개작했다.

34절은 이곳에 나오는 지명들의 위치를 고려하여 '헤스본 Heshbon과 엘르알레 Elealeh의 부르짖는 소리가 야하스 Jahaz까지 이르렀도다 사람들이 소알 Zoar에서 호로나임 Horonaim 곧 엘글랏셀리시야(Eglath–sheli–shah)까지 질렀도다'로 이해해야 한다.(공동번역, 표준새번역 참조)

헤스본은 2절에서 확인되듯이 적들이 모압을 파괴하기 위한 계획을 하던 곳으로, 헤스본의 부르짖음이란 이런 어려운 상황에 빠진 헤스본 사람들의 부르짖음을 말한다.

엘르알레는 헤스본 근처에 위치한 성읍으로 이들 역시 헤스본 사람들과 동일한 어려움으로 부르짖을 수밖에 없다. 그런데 이들의 부르짖음이 남쪽의 야하스, 사해 남동쪽의 소알, 또 사해남단의 호로나임(엘그랏셀리시야은 호로나임을 가리키는 다른 이름으로 이해함)까지 미쳤다는 것은 모압 전역에 재난이 닥쳤다는 의미이다.

또 후반절에 니므림 Nimrim(사해로 흘러들어가는 모압의 젖줄과 같은 시내, 오아시스)의 물이 말라 황무지가 되었다는 것 역시 적군의 침략으로 모압 전역이 황폐하게 되었다는 비유적 표현이다.

35절은 여호와께서 이렇게 모압을 황폐하게 한 장본인이 당신임을 밝히며 그 까닭이 어디에 있는지를 알려준다. 그들이 산당(바마, 높은 언덕)에서 제사하며 그들의 신들에게 분향(킷테르, 향 피우다)했기 때문이다. 이것은 여호와께서 이스라엘이 당신 외에 다른 신을 섬기는 것을 용납하지 않고 심판하시듯 이방민족에게도 그러하시다는 것이요, 여호와 유일신 신앙은 이스라엘을 넘어 우주적임을 나타낸다.

그러나 36절에는 35절의 심판하시는 여호와와는 다른 여호와의 모습을 보여준다. 31절에서 보았듯이 모압(길헤레스)을 위하여 여호와의 마음이 '피리같이 소리하신다.'고 한다. 마음(레브)은 감정을 주관하는 장소인 콩팥을 뜻하며, '소리하다(하마)'는 단어는 '소리를 발하다, 측은하다, 뛰놀다, 소동하다'라는 의미로, 렘4:19에서는 '예언자의 마음이 잠잠할 수 없다', 렘31:20에서는 '여호와의 마음이 측은하다'로 사용되어 재난을 겪는 이스라엘을 향한 예언자와 여호와의 안타까운 심정을 나타낸다.

여기서는 여호와께서 모압이 황폐하게 된 것을 안타까워하신다는 의미이다. 피리 같이 소리한다는 것은 피리 소리가 구슬프듯 여호와께서 모압이 그동안 애써 마련해 두었던 모든 것이 다 사라지는 것을 측은하게 여기시고 애간장이 녹듯이 안타까워하신다는 표현이다.

37~38절은 사15:2~3보다 더 자세히 모압의 재난을 묘사하고 있다. 머리마다(콜) 대머리가 되고, 수염마다(콜) 깎였고, 손마다(콜) 베였으며, 허리에 굵은 베가 둘렸다는(37절) 것은 죽은 사람을 향한 슬픔의 표현이다.(렘4:8, 16:6, 47:5 참조) 곧 모압 사람들이 초상을 치르고 있음을 의

미한다. 더 나아가 모압의 지붕마다(콜), 그 광장마다(콜) 애곡함이 있다고(38절상) 함으로 온 나라가 장례 분위기임을 알 수 있다.

'~마다(콜)'을 다섯 번 반복하며 모압 재난의 심각성을 강조한다. 이렇게 된 것은 여호와께서 '모압을 마음에 들지 않는 그릇 같이 깨뜨렸기' 때문이다.(38절 하) '마음에 들지 않는 그릇'이란 '좋아하지 않는 그릇'으로, 예레미야가 여호와의 명령을 받아 힌놈의 골짜기에서 옹기를 깨뜨려 예루살렘의 심판을 전했듯이(렘19:10~11 참조) 여호와께서 모압을 심판하셨음을 의미한다.

39절에는 두 번의 '어찌하여(에크)'를 사용하여 모압의 멸망을 한탄하는 소리를 들을 수 있다. '어찌하여 모압이 파괴되었는가! 그들이 애곡하도다.' '어찌하여 모압이 등을 돌렸는가! 그들이 수치를 당했도다.'

모압이 주변의 모든 민족에게 웃음거리와 조롱거리가 되었다. 결코 멸망당하지 않을 것이라고 자부하던 그들의 자부심은 이제 부끄러움이 되고 말았다.

40절 상반절의 '이는 여호와의 말씀이니라'(코 아마르 야훼)로 새로운 단락이 시작됨을 알려주며 44절 하반절에 '여호와의 말씀이니라'(네움 야훼)에서 단락이 끝난다.

여호와의 첫 말씀은 '보라 그가 독수리같이 날아와서 모압 위에 그의 날개를 펴리라'이다. 공격하는 적을 높이 날아 먹이를 잡아채기 위하여 위협적으로 날개를 펴는 독수리(네쉐르)에 비유하였다.(렘49:22, 신28:49, 겔17:3~7 참조) 곧 모압에게 대적이 침입할 것이라는 것이다.

41절에는 이러한 대적의 침입에 모압이 속수무책으로 당할 것임을 일러준다. 성읍들(그리욧, 24절 참조)은 점령을 당하며 요새(메차돗, 산성들)는 함락될 것이며 그날에 모압 용사의 마음은 '산고를 겪는 여인 같으리라'는 것이다. 모압 용사의 마음이 출산하는 여인과 같다는 것은 주변에 도울 자가 아무도 없는 무기력한 상황을 의미한다.(렘6:24 참조)

42절에는 모압이 완전히 멸망할 것과 그 원인이 무엇인지를 알려준다. 모압이 여호와를 거슬러 자만하였기 때문에(26~27절 참조) 더 이상 한 민족을 이루지 못하게 될 것이다.

43~44절은 사24:17~18과 거의 같으나 중대한 차이점은 사24:17의 '땅의 거민'이 43절에서는 '모압 거민'으로 대체된 것이다. 언어유희가 나타나는 43~44절에서 여호와는 모압 거민들에게 두려움(파하드)과 함정(파하트)과 올무(파흐)를 임하게 할 것이며 누구도 이 세 가지 재난에서 벗어나지 못하게 될 것이라고 하신다. 모압이 여호와께 벌 받는 해가 되기 때문이다.(렘46:21 참조)

45~47절은 70인역(LXX)에는 없는데, 이것은 70인역이 MT보다 앞서 있는 히브리어 본문을 원본으로 번역하였기 때문이며, MT의 45~47절은 후대에 첨가된 것으로 보인다.

45~46절은 모압 사람들이 당하는 재난을 다른 차원에서 묘사한다.

45절에서 도망하는 자들이 기진하여 헤스본 그늘 아래에 서게 된다는 것은, 모압 사람들이 적이 포진하고 있는 헤스본(2절 참조)에서 멀리 도망하지도 못할 정도로 지쳐있다는 뜻이다. 헤스본 '그늘(첼)'이란 큰 불로 인한 연기로 생긴 그림자를 의미하는데, 그 불은 헤스본과 시혼 Sihon의 속에서 발생한 것이다.

헤스본은 아모리 왕 시혼이 모압을 점령하고 수도로 삼았던 곳(민21:26)이므로 시혼의 속(왕궁)의 다른 표현이다. 이렇게 헤스본에서 발생한 큰 불은 모압의 살쩍(관자놀이)과 떠드는 자들(이들은 요란스러운 그모스 신을 섬기는 모압 사람들을 의미함)의 정수리를 살랐다는 것이다. 살쩍과 정수리는 모압 땅의 서쪽 비탈과 고원을 가리키는 것으로 헤스본에서 난 큰 불(모압을 멸망시키려는 전쟁의 화마)이 모압 전체를 살랐다는 뜻이다.

46절은 모압의 멸망을 마무리 짓는 말이다. 그모스의 백성 모압이 멸망하여 그들의 자녀들이 포로로 잡혀가게 되었다. 그러나 모압에 대한 여호와의 말씀은 47절에서 희망의 말씀으로 마감한다.

여호와가 정하신 마지막 날에 모압의 포로를 돌아오게 하리라고 하신다. 이들의 운명을 되돌리시겠다는 뜻이다.(렘46:26, 49:6, 39 참조)

렘48장에서 모압의 멸망은 이스라엘을 포함하여 블레셋, 이집트 등과 마찬가지로 고대 근동의 국제정치적인 인과관계에 의한 것이 아니라 여호와 하나님께서 내리시는 재난임을 밝힌다.

모압은 자신들이 이루어놓은 것에 의지했고(7절), 여호와 아닌 그모스신을 섬겼으며(7,13,35절), 스스로 안전하다고 믿고(11절), 자신의 군사력을 믿어 '우리는 용사요 능란한 전사'라고 자만했고(14절), '강한 막대기, 아름다운 지팡이'라고 자부했으며(17절), 이스라엘을 조롱하고(27절), 교만하였고(29~30절), 여호와를 거스르며 교만했던 것이다.(26,42절)

자신들이 이루어놓은 안정과 풍요로움, 그리고 힘을 자랑하며 그렇지 못한 이스라엘과 같은 이웃민족을 업신여기는 행동이 결국 여호와를 거스르는 교만이라는 성서의 해석이다.

이제 여호와는 이들에게 재난을 내리시겠다고 말씀하신다.(12, 33, 35, 38,44절) 그들이 교만스럽게 자랑하는 모든 것이 여호와로부터 온 것임을 인정하지 않고 하나님을 대적하기 때문이다.

모압을 파멸하는 적군(구체적인 언급은 없지만 여호와의 종 느부갓네살을 가리킴,2절상,8,10,12,18,40절)과 모압에게 닥치는 재난(7,13,15,16, 21, 43,44,46절)은 여호와께서 교만한 모압을 심판하시는 도구일 뿐이다. 열방에 대한 여호와의 주권을 재차 강조하고 있다.

그러나 렘48장에는 모압의 재난과 더불어 그 재난의 상황을 탄식하는 마음으로 묘사하고(1, 3~5, 25,34, 36~39,41,45절) 또한 재난을 당한 당사자에게 직접 탄식의 말씀을 하고(2절하,6.9,16~20, 26절상,28, 32~33, 46절상) 심지어 모압의 재난에 여호와께서 울부짖으시겠다고 하신다.(31,32,36절)

여호와는 사람들이 저지른 잘못에 대하여 심판하시지만 그 잘못으로 인해 재난을 겪는 사람들을 향하여 가슴 아파하시는 긍휼의 하나님이시다. 48장이 모압의 가공할 만한 '몰락'(36~46절)에 이어 '회복의 희망'(47절)으로 마무리되는 것은 이러한 여호와 하나님의 모습을 잘 나타내는 것이다.

●●●암몬에 대한 여호와의 말씀 렘49:1~6

렘49장에는 다섯 민족에 대한 여호와의 심판의 말씀이 기록되어 있다.(암몬:1~6절, 에돔:7~22절, 다메섹:23~27절, 게달:28~33절, 엘람:34~39절)

학자들은 렘49장에 예레미야 자신이 직접 전했을 가능성이 있는 내용은 없으며 오히려 다섯 민족 모두 느부갓네살의 정복 전쟁에 연루되었으므로 이들에 대한 여러 자료들이 예레미야서에 편집되었을 것으로 본다.

1~6절은 암몬 Ammon에 대한 여호와의 말씀이다. 암몬에 대한 여호와의 말씀은 본문 외에 겔21:20, 28~32, 25:1~7, 암1:13~15, 습2:8~11에도 나타난다.

암몬은 셈 족에 속한 사람들로 주전 12세기경에 오늘날의 암만 Amman인 라밧암몬 Rabbat-ammon을 수도로 하여 사해 동쪽에 왕국을 설립하였으며 전통적으로 이스라엘의 적대국이었다.(신23:3)

성서에 의하면 암몬은 모압과 더불어 이스라엘과 인척관계로, 아브라함의 조카 롯이 그의 둘째 딸과의 관계에서 출생한 벤암미(ben ammi, '내 친족의 아들'이라는 의미)의 후손이다.(창19:38, 신2:19 참조)

이들의 주변 민족과의 영토 경계는 분명치 않으나 성서 전승에 따르면 얍복 Jabbok 강의 동쪽 지류를 경계로 형성된 서쪽 지역에 위치했을 것이다.(신3:16, 수12:2, 13:10 참조)

삿11:4~33에 암몬 족속들이 지역을 확장하려는 첫번째 시도가 나오지만 입다 Jephthah의 활약으로 실패로 끝난다. 그 후 사울 Saul 시대에도 암몬의 이스라엘 침공이 있었으나 사울의 승리로 끝났다.(삼상 11:1~11) 다윗 David 시대에는 우호관계를 이루고 있었으나 암몬은 그 관계를 끊고 아람(수리아)의 도움을 받아 전쟁을 일으켰다가 다윗에게 평정당했다.(삼하10장, 12:26~31)

솔로몬 Solomon이 죽은 후에 암몬은 이스라엘에서 독립한 것으로 보이나 아시리아에게 조공을 바치는 봉신(vassal)이었으며, 기원전 582년에 바벨론에 굴복한 뒤로는 페르시아, 헬라, 로마의 지배를 받았다.

예레미야서에서는 암몬 왕 바알리스 Baalis가 이스마엘이 그다랴를 살해하는 일에 후원자 역할을 했음을 암시한다.(렘40:13~41:15 참조) 이스라엘은 전통적으로 암몬을 국경지역의 영토를 노리는 경쟁자요 위험스런 적으로 간주해왔다.

49장은 표제인 1절 첫머리가 '암몬 자손에 대한 말씀이라'로 시작하고 6절 '여호와의 말씀이니라'로 마쳐 한 단락임을 나타낸다.

2절 끝이 '여호와의 말씀이니라'로 되어 있어 1~2절을 재난을 예고하는 하나의 작은 단위로, 3~6절은 여호와께서 암몬 사람을 인격체로 보시며 하시는 말씀으로 구분할 수 있다.

1절에서 예언자는 암몬 자손에 대한 말씀을 '여호와께서 이같이 말씀하시되'(코 아마르 야훼)로 시작하므로 선포되는 말씀의 권위가 자신이 아닌 하나님께 있음을 밝힌다.(렘47:2, 48:1,40)

예언자가 여호와의 이름으로 전하는 말씀의 첫 마디는 두 개의 공개적인 질문을 통하여 암몬의 잘못을 지적한다.

'이스라엘에 자식이 없느냐?', '상속자가 없느냐?'라는 질문은 이스라엘에게 아들도 상속자도 있다는 말이다.

그런데 어찌하여(맛두아, 탄식의 문맥에서 자주 사용되는 단어임) 말감이 갓을 점령하며 그 백성이 그 성읍들에 사느냐고 하신다.

말감 Malcam은 '그들의 왕'이라는 뜻으로 암몬의 우두머리 신인 밀곰 Milcom의 다른 이름이다.(왕상11:5, 33, 왕하23:13) 왕상11:5의 '밀곰'과 관련된 왕상11:7절의 몰록(Molok)은 '왕'이라는 호칭으로 이스라엘의 '왕'을 일컫는 히브리어 '멜렉(Melek)'과 자음이 같다.

말감이 점령했다는 갓 Gad은 요단강 동쪽에 위치한 지역으로 이스라엘이 가나안에 들어가 갓 지파가 정착한 길르앗 Gilead 땅이다.(민32:34~35, 수13:24~28 참조)

이 지역은 끊임없이 이방민족의 위협을 받았는데 삿11:4~33에 나오는 암몬의 길르앗 침략이 성서에 기록된 대표적인 사건이며, 기원전 9세기에는 모압 왕 메사의 침략을 받았고(메사의 석비에 기록되어 있음), 기원전 8세기에는 아람 왕 하사엘 Hazael의 침략을 받았다.(왕하8:28~29, 10:32~33 참조)

1절은 여호와께서 당신이 갓 지파에게 허락한 땅을 말감을 섬기는 암몬이 점령하고 있는 부당함을 지적하시는 것이다.

암몬이 갓을 점령한 것이 언제인지는 불명확하다. 암몬은 기원전 598년에 바벨론이 유다를 침공했을 때 바벨론 군대에 원정군을 보냈고(왕하24:1~2), 시드기야 4년(기원전 594년)에는 유다와 함께 반 바벨론 동맹에 참여했으나(렘27:3) 반 바벨론 동맹은 무위無爲로 끝났다.

오히려 기원전 587년 유다가 바벨론에 멸망할 때 반 바벨론 동맹에 가담했던 에돔이 바벨론 군대에 협조한 것으로 보아(오바댜서 참조), 암몬도 요단강 국경 지역인 갓 지역을 자신들의 영토로 확대하기 위해 유다의 재난을 최대한 활용했을 것으로 짐작된다.

그러므로 1절은 언제인지 명확하지 않으나 암몬이 이스라엘 땅이었던 요단 동편 지역을 차지하고 있었던 상황에 대하여 말하고 있다.

여기서 '점령하다'(야라쉬, 소유하다)는 '상속자'(요레쉬)와 어근이 같다.

'갓'은 이스라엘의 왕이신 여호와가(출15:18, 삿8:22~23, 삼상8:4~7, 시93:1, 96:10, 97:1, 99:1, 146:10 참조) 갓 지파를 상속자로 소유하게 해주신 지역인데 말감을 왕으로 섬기는 암몬이 그 땅을 소유하고 있는 것은 땅의 주인이신(레25:23 참조) 여호와께 대한 범죄이기에 진노를 피할 수 없음을 말씀하고 있는 것이다.

2절은 암몬에게 재난을 내리시겠다는 말씀이다. 때가 되면 암몬의 수도 랍바에 전쟁의 소리가 들리게 할 것인데, 랍바는 거친 무더기(수8:28에서 보듯이 무너진 도시 터 위에 새로운 도시가 거듭 건설되면서 생겨난 폐허더미를 의미함)가 되고, 그 촌락들(직역하면 '그 딸들'임)은 불타고, 빼앗겼던 갓 지역을 이스라엘이 다시 소유하게 되리라고 하신다.

암몬을 불태우고 이스라엘에게 갓을 회복시킬 전쟁의 주역이 누구인지는 밝혀지지 않았으나 아마도 바벨론 느부갓네살일 것이다. 여기시도 여호와가 역사적 사건을 주관하시는 분으로 온 세계에 대한 여호와의 주권이 강조된다.

3절은 헤스본 Heshbon과 암몬의 촌락들(2절에서 보듯이 '랍바의 딸들'은 그 주변 촌락을 의미함)을 인격체로 여기면서 애곡하고 굵은 베를 걸치라고 한다.

헤스본이 렘48장에서는 모압의 성읍이었는데(렘48:2, 34, 45) 여기서는 암몬의 성읍으로 나타나는 것은 암몬에게 정복당한 이후이기 때문일 것이다. 헤스본에서 발굴된 암몬의 언어로 기록된 오스트라카 ostraca(도기파편)는 기원전 6,7세기 것으로 암몬 사람들이 헤스본에 거주했음을 증거하고 있다.

헤스본이 애곡해야 하는 이유는 '아이 Ai'가 황폐해졌기 때문이다.

아이는 벧엘 근처에 있는 이스라엘 성읍이므로 그곳이 황폐해졌다고 암몬이 애곡해야 할 이유는 없다. 또한 아이는 '폐허'를 의미하지만(수8:28) '그 폐허가 황폐하였도다'라는 번역은 문맥상 맞지 않는다.

그리하여 여러 학자들은 '그 성읍'을 뜻하는 히브리어 '하아이르(헤, 아인, 요드, 레쉬)'의 첫 자음(헤, h)과 마지막 자음(레쉬, r)이 빠진 것으로 보고 이 자음들을 덧붙여 '그 성읍'으로 옮기기도 한다. 그러나 암몬에 '아이'라는 성읍이 존재했을 수도 있다.

어쨌든 그 성읍(아이)의 황폐(2절에 언급된 전쟁을 통한 암몬 성읍들의 황폐)에 대해 헤스본과 촌락들로 대표되는 암몬 사람들에게 '애곡하고 울부짖고 굵은 베를 감고 애통해 하며 울타리 가운데서 앞뒤로 달리라'는 것이다.

'울타리 가운데서 앞뒤로 달리라'는 것은 울타리 안에 갇힌 짐승이 갈팡질팡하듯 백성들이 사람들의 죽음을 애도하면서 어쩔 줄 몰라 하는 것이다. 또한 '말감과 그 제사장들과 그 방백들이 다 사로잡혀 가리라'(3절하)는 암몬 성읍의 황폐의 심각성을 나타낸다.(렘48:7하 참조)

자신들이 '왕'으로 섬기며 안전하다고 믿었던 말감조차 적의 침략에 아무런 도움이 되지 못하고 그를 섬기던 제사장과 방백들이 그 신상과 함께 포로로 잡혀가는 황폐한 상황임을 말한다.

4절은 암몬을 '타락한 딸'(하바트 하쇼베바)로 부르며 그들의 교만을 정죄한다. '타락한 딸'은 렘31:22에서는 '패역한 딸'로 번역되었는데, 이것은 여호와에 대한 불신과 배신을 의미하는 것으로, 암몬 역시 여호와가 아닌 말감을 섬기며 헛된 것을 자랑하는 교만한 민족임을 의미한다.

'교만'은 이방민족이 심판받는 주요 원인 중 하나다.(렘46:8, 48:7, 29~30,42, 49:16, 50:29, 31~32, 사13:11, 16:6, 23:8~9, 겔28:2,5,17, 32:12 참조) 암몬은 흐르는 골짜기를 자랑하고 재물을 의지하며 '누가 내게 대적하여 오리요?' 라고 교만했다.

흐르는 '골짜기'(에메크)는 '평지, 계곡' 또는 '힘'을 뜻하기에(욥39:21) 언어유희다. 그러나 흐르는 골짜기는 비가 오면 물이 흐르다가 이내 스며드는 '와디'이기에 그들이 자랑하는 그 어떤 힘도 헛된 것임을 나타낸다. 그들이 의지하는 재물은 렘48:7에서처럼 창고에 쌓아 놓은 것들을 의미한다.

그들은 자신들이 이루어 놓은 것들을 의지하며 '누가 나를 치러 오겠느냐?'고 그릇된 안도감에 빠져있지만 이런 것들이 여호와 앞에 교만한 것임을 밝힌다.

일부 학자들은 '타락한'(하쇼베바)을 정치적인 의미로 해석하여 종주국(suzerain)에 대한 봉신국가(vassal)의 충성이 변질된 것으로 보기도 한다. 암몬이 바벨론의 봉신이었는데 그 멍에를 벗어던지고 종주의 허락도 없이 다른 봉신의 영토를 공격한 것을 의미한다고 본다.(1절 참조)

바벨론에게 반기를 드는 것은 곧 여호와 하나님의 뜻에 대한 거부임을 예레미야는 밝히고 있다.(렘27:1~11 참조)

5절은 이런 교만한 암몬을 심판하시는 여호와의 말씀이다. 두려움을 그들의 사방에게 오게 하리라고 하신다.

암몬이 누가 자신들을 치러 오겠느냐고 하였지만 여호와께서 주위의 모든 민족들로 하여금 그들을 공격하여 두려움이 되게 하시겠다고 말씀하신다.

두려움(파하드, 공포)은 이스라엘 조상들의 하나님 호칭 가운데 하나이므로(창31:42, 53절에는 '경외하는 자'로 번역됨), 이 옛 호칭을 회상시켜 교만한 암몬에게 여호와가 공포가 됨을 알리는 것이다.

각 사람이 앞으로 쫓겨날 것이요(이것은 멸망당한 성읍의 갈라진 틈으로 포로가 되어 떠나감을 암시함, 미2:13, 암4:3 참조), 도망하는 사람들을 모을 자가 없게 될 것이다. 암몬은 완전히 붕괴할 것이다.

그러나 6절은 이집트(렘46:26)와 모압(렘48:47)의 경우와 마찬가지로 암몬에 대한 희망의 말씀으로 마친다.

암몬이 여호와의 심판을 받는 이유는 이스라엘 땅을 점령한 것과 헛된 것을 의시하는 교만 때문이었다. 여호와는 이스라엘을 비롯한 열방의 경우처럼 암몬도 다른 민족(구체적인 언급은 없지만 바벨론일 것임)을 통하여 심판하실 것인데 이것은 하나님의 계획 속에 있는 느부갓네살의 역할을 강조하는 것이며 여호와의 주권이 우주적임을 나타낸다.

또한 암몬에게도 여호와는 잘못에 대한 심판과 더불어 희망을 약속하시는 긍휼의 하나님이심을 알려준다.

●●●에돔에 대한 여호와의 말씀 렘49:7~22

렘49:7~22은 렘46장부터 시작된 열방에 대한 여호와의 심판 말씀 중 다섯 번째인 에돔 Edom에 대한 말씀이다.

에돔에 대한 심판의 말씀은 본문 외에 사21:11~12, 34:5~15, 63:1~6, 겔25:12~14, 35:1~15, 암1:11~12, 오바댜, 말1:2~5에서도 나온다. 이외에도 사11:14, 애4:21~22, 겔32:29, 욜3:19, 시60:11~12, 137:7~9에도 에돔에 대한 적대감이나 심판의 위협을 발견할 수 있다.

에돔은 이스라엘의 조상 야곱의 형 에서 Esau의 후예다.(창25:30, 36:6~8) 사해 남서쪽에 위치하였던 에돔의 영토는 정확한 경계를 밝힐 수 없으나, 북쪽은 사해 최남단의 세렛 Zered 강을 기점으로 모압 Moab을 국경으로 하였고, 서쪽으로는 와디 아라바 Wadi Arabah, 동쪽으로는 아라비아 Arabia 사막, 남쪽으로는 한때 아카바 Aqaba 만의 엘랏 Elath (=Ezion geber)까지 확장되었던 것으로 추정한다.

성서에 의하면 이스라엘과 에돔의 갈등관계는 족장시대까지 거슬러 올라간다.(창25:19~26) 출애굽한 이스라엘이 가나안에 들어갈 때 에돔 땅을 지나가려 했으나 거절당한(민20:14~21) 이후 이스라엘과 수많은 갈등을 겪었다.(삼하8:13~14, 왕상9:26~28, 왕하8:20~22, 왕하14:7, 대하28:17)

그러나 에돔이 이스라엘과 결정적으로 적대관계가 된 것은 기원전 587년 예루살렘이 바벨론에 패망할 때 자행한 그들의 악행 때문이었다.(옵10~14, 시137:7, 애4:21~22, 겔25:12~14, 35:1~15 참조)

7절의 '에돔에 대한 말씀이라'가 22절까지의 표제인데, 12절의 '여호와께서 이와 같이 말씀하시니라'와 20절의 '여호와의 의도와 계획을 들으라' 라는 말로 새 단원이 시작되므로, 본문을 7~11절, 12~19절, 20~22절로 구분할 수 있다.

본문 중 12~13절, 17~18절은 산문으로 기록되어 있으며, 7절은 옵8절, 9절은 옵5절, 12절은 옵16절, 14~16절은 옵1~4절과 내용이 매우 비슷하다. 그러나 사2:1~5과 미4:1~4의 경우처럼 어느 것이 원본인지는 알 수 없다. 또한 19~21절은 렘50:44~46과, 22절은 렘48:40~41과 비슷하다.

7절에서 에돔에 대한 심판의 말씀은 여호와의 세 가지 질문으로 시작된다. '이제 데만에 더 이상 지혜가 없느냐?', '명철한 자에게서 통찰력이 사라졌느냐?', '그들의 지혜가 다했다는 말이냐?'라는 질문이다.

여기서 데만 Teman은 구약성서에서 다양하게 사용되는 단어다. 단순히 '남쪽' 또는 '남부지역'을 나타내기도 하고(출26:18, 35, 민2:10, 3:29, 수12:3, 겔20:46 등 참조), 에서와 관련된 사람이나 족장 이름을 지칭하기도 한다.(창36:11,15,34,42, 대상1:36,45,53)

그러나 에돔과 관련하여서는 보스라 Bozrah라는 에돔 북부 성읍과 짝을 이루는 남부 성읍을 지칭하기도 하고(암1:12), 에돔 자체를 의미하기도 한다.(렘49:20, 옵8~9) 대부분의 학자들은 데만이 에돔의 다른 명칭이라 보며 본문에서도 에돔을 지칭하는 것으로 이해한다.

여호와의 세 가지 질문은 에돔이 나름대로 지혜로운 백성이었는데 그 지혜가 이제 다 필요 없게 되었음을 의미한다. 8절 이하에서 언급된 대로 여호와께서 에돔에 재난을 내리실 때 그 재난을 자기들의 지혜로 막아낼 수 없게 되었다.

지혜(호크마)는 '경험에 근거한 인생과 세상에 관한 실제적 지식'(폰 라드)으로 사물을 꿰뚫어 보는 능력이나, 자연과 사회에 대한 통찰력, 역경을 극복하는 힘과 행복을 공급하는 지능을 말하는데 구약성서에는 에돔이 지혜로운 백성이라는 사실이 여러 곳에서 발견된다.

7절과 유사한 내용이 옵8절에도 나타나며, 잠30:1의 '야게의 아들 아굴의 잠언'과 31:1절에 '르무엘 왕의 말씀한 바 그 어머니가 그를 훈계한 잠언'에서 '잠언'은 '마사 massa'(한글 개역성경에서는 '경고'로 번역되었음)라는 아라비아 사막 북단에 살던 부족을 지칭하는데, 이러한 언급 역시 에돔이 지혜로운 지역과 관련이 있음을 알려준다.(공동번역에는 30:1절을 '이것은 마싸 사람 야케의 아들 아굴의 말이다'로 31:1절은 '마싸 왕 르무엘이 그의 어머니에게서 배운 교훈'으로 번역하였다.)

또한 욥을 위로하러 맨 처음으로 왔던 사람 엘리바스 Eliphaz가 데만 사람인 것(욥4:1)도 에돔인이 지혜로운 백성이라는 사실을 뒷받침해준다.

8절에서 여호와는 드단 거민들에게 달아나 깊은 데로 숨으라고 하신다. 드단 Dedan은 함 Ham의 후손의 이름이기도 하며(창10:6~7), 아브라함의 후처 그두라 Keturah가 낳은 후손의 이름이기도 하다.(창25:1~3) 예언자 시대에는 아라비아의 유명한 대상隊商의 한 무리를 일컬었다.(사21:13, 겔27:20, 38:13)

본문에서는 지역 이름으로 에돔 남동쪽에 위치한 아라비아의 '엘 울라 el Ula'라는 오아시스 성읍을 지칭한다. 고고학적 발굴 자료에 의하면 드단 사람들이 에돔을 그들의 생활권으로 하여 살았다는 사실이 나타나는데, 성서에 드단과 데만이 나란히 언급된 것으로도 확인할 수 있다.(렘49:7~8, 25:23, 사21:13~14, 겔25:13 참조)

따라서 드단 사람들에게 달아나 깊은 데로 숨으라는 말씀은 현재 그들이 생활하고 있는 에돔을 떠나 드단으로 돌아가거나, 또는 드단도 안전한 곳이 되지 못하기에 더 멀리 도피해야 한다는 뜻이다.

에서(에돔)에게 재난을 내려 그들을 벌할 때가 되었기 때문이다.(8절하) 드단 사람들을 향한 명령과 관련하여 에돔을 향한 재난의 심각성을 알려주는 말씀이다.

9절은 8절의 재난에 대한 새로운 설명으로 옵5절과 비슷하지만, 본문에서는 에돔의 적군을 '포도 거두는 자'와 '밤도둑'으로 비유하며 '멸하다'라는 동사를 사용하여 오바댜서의 인정 있는 도적과 강도와 달리 에돔을 비정하게 멸할 것임을 강조한 점에서 차이가 있다.

10절에는 이러한 에돔의 재난의 주체가 여호와 자신임을 밝히면서 에돔은 숨을 곳이 없을 뿐 아니라(16절에서 에돔은 자신들이 안전한 곳에 있다고 안심하고 있었음) 그의 자손과 형제와 이웃까지도 재난을 피할 수 없다고 하신다.

'형제와 이웃'은 8절에 언급된 드단 사람들뿐 아니라 에돔과 밀접한 관계를 맺고 있던 주변 사람들까지 포함한다.

이와 같은 심각한 재난에도 불구하고 11절에는 에돔의 약자들에 대한 여호와의 관심이 나타난다. 여호와께서 고아들과 과부들을 보살피실 것이라고 한다.

렘46:26, 48:47, 49:6에 언급된 이집트, 모압, 암몬에게는 포괄적인 희망이, 에돔에게는 사회적 약자로 대표되는 고아와 과부들에게 구체적으로 돌봄이 임할 것임을 알려준다.

12절의 '나 여호와가 이같이 말하노라'는 언급은 새로운 단락이 시작됨과 예언자의 선포가 여호와의 권위에 근거하고 있음을 알린다.

예언자는 에돔의 재난이 여호와의 심판의 잔(렘25:15~17, 27~29 참조)이라는 사실과 '잔을 마시지 않을 자'도 마시기에 에돔은 심판을 피할 수 없음을 강조한다.

여기서 '잔을 마시지 않을 자'가 누구인지 구체적으로 언급되지 않아 알 수 없으나 '이스라엘'을 연상시킨다. 이스라엘은 하나님의 선민이기에 여호와의 심판을 받지 않을 것으로 믿었지만 예루살렘 함락과 바벨론 포로라는 진노의 잔을 마셔야만 했는데 어찌 에서의 후예인 에돔이 이 잔을 피할 수 있겠느냐는 말씀이다.

13절은 피할 수 없는 에돔의 재난이 어떠할 것인지를 나타낸다.

여호와는 당신 자신을 두고 맹세하여 보스라가 놀램과 치욕거리와 황폐함과 저줏거리가 될 것이며 그 모든 성읍이 영원히 황폐하리라고 하신다.

여호와께서 '당신 자신을 걸고 맹세하심'(렘51:14, 창22:16, 사45:23, 암6:8, 히6:13)이나, 그 외 '당신의 거룩함을 걸고'(시89:35, 암4:2), '당신의 위대하신 이름을 걸고'(렘44:26), '당신의 오른손과 힘센 팔을 걸고'(사62:8), '당신의 성실을 걸고'(시89:49)하는 맹세는 여호와의 결심이 단호함을 나타내는 것이다.

보스라 Bozrah(창36:33, 사34:6 참조)는 모압 땅의 보스라(렘48:23)가 아니라 현대의 부세이라 Buseirah인데, 사방이 낭떠러지인 난공불락의 요새로 에돔의 옛 수도였다. 이런 성읍이 완전히 멸망하여 놀램과 치욕거리와 황폐함과 저줏거리가 된다는 말씀이다. 더불어 에돔의 모든 성읍도 폐허가 되리라고 하신다.

14~16절은 옵1~4절과 내용이 매우 비슷하다. 14절에서 예언자는 여호와로부터 오는 소식을 들었고, 한 사자使者가 열방 중에 보내져 '한데 모여 에돔으로 진격하고 일어나 싸우라'고 하신 것이다.

여기서 주변 나라에게 '에돔을 치라'는 말은 사자(여호와의 회의에 참석한 메신저일 것임)가 전한 여호와의 말씀이기도 하며 또한 예언자가 여호와로부터 들은 말씀이기도 하다.

15절에서 여호와께서는 에돔을 열방 중에 보잘 것 없이 만들어 사람들 중에서도 멸시를 받게 하시겠다고 한다. 주변 민족들과의 관계에서 따돌림을 받도록 하시겠다는 것이다.

16절에 에돔을 주변 민족들에게 멸시받게 하시려는 까닭이 나온다. 에돔이 바위틈에 살며 산꼭대기에 자리 잡고 있으면서 자신들이 다른 민족에게 두려운 존재가 된 것처럼 여기는 그 교만으로 스스로를 속였기 때문이다. 여기서 거하고 있다는 '바위'는 히브리어의 '셀라 Sela'로 성읍 이름을 지칭하는지(왕하14:7 참조), 단순히 바위를 지칭하는지는

(대하25:11~12 참조) 정확하지 않다.

어쨌든 여호와는 16절 하반절에서 에돔이 독수리가 높은 곳에 보금자리를 차리듯 13절의 '보스라'처럼 천연요새와 같은 곳(셀라)에 거주하면서 스스로 강하고 안전하다고 여기고 있는 그들의 교만을 무너뜨리시겠다고 한다.

17절은 에돔에 내리실 여호와의 재난을 묘사한다.

에돔은 그를 보는 사람들에게 '공포의 대상'(샴마, 두려움을 불러일으키는 것)이 될 것이며, 그 모든 재앙으로 인하여 '탄식'할 것이다. '탄식하다'라는 히브리어 샤라크(명사형 쉬레카는 탄식으로 번역됨)는 폐허가 된 장소를 지날 때 쉿 소리 같은 휘파람을 부는 것을 말하는데 멸망의 익명을 쫓는 방어행위다.(렘18:16, 19:8, 25:9, 18, 29:19, 51:37 참조)

결국 에돔은 여호와가 내리시는 재앙으로 사람들에게 두려움을 불러일으키는 폐허가 될 것이다.

18절은 오래 전부터 속담거리가 되어 왔던 평지성읍들의 파멸(창14:1~12 참조)을 멸망의 패턴으로 사용하여 에돔이 더 이상 사람들이 살지 않는 완전한 폐허가 될 것임을 밝힌다.

19~21절은 렘50:44~46과 매우 비슷하다. 19절은 에돔을 폐허로 만들 적군의 침략을 '요단강의 깊은 숲에서 나타나듯이 견고한 처소를 치는 사자'로 비유한다. '견고한 처소'로 번역된 히브리어 표현은 '늘 푸른 목장'을 의미하며 본문에서는 안정된 삶이 보장된 에돔 땅을 가리킨다.

19절 중반절의 '내가 즉시 그들을 거기서 쫓아내고 택한 자를 내가 그 위에 세우리니'에서 '나'는 여호와이며 '그들'은 에돔 사람, '거기'는 에돔 땅이다. 그러므로 에돔을 폐허로 만드는 적군은 여호와의 도구이며, 여호와께서는 에돔에 적군을 보내어 그들을 폐허로 만들고, 그 후 당신의 택한 자를 그들 위에 세우실 것이다.

여기서 여호와가 택한 자가 누구인지는 정확히 알 수 없으나 여호와께서 새로운 일꾼을 세워 에돔을 다스리게 할 것이라는 의미이다. 여호와의 주권이 우주적이어서 온 세계에 미친다는 사실을 나타낸다.

19절 하반절의 세 개의 질문은 여호와는 그 어떤 신과도 비할 수 없는 분이시며 그 누구도 여호와의 계획을 좌절시킬 수 없음을 의미한다.

20~22절은 에돔을 향한 여호와의 계획을 들으라는 명령으로 시작하여(20절상) 에돔에게 닥칠 일들을 상세히 알려준다. 20절에서 '에돔'과 '데만 거민'은 동의어로 에돔을 두고 계획하신 여호와의 결의를 들으라는 것이다.

여호와의 뜻은 에돔을 침략하는 적군을 통하여 어린 것들(힘없는 나약한 사람들)을 반드시 끌고 가고 에돔 땅을 황폐하게 만드시는 것이다.(20절) 에돔 사람들이 넘어지는 소리에 땅이 흔들리고 울부짖는 소리가 홍해까지 들릴 것이다.(21절)

22절은 렘48:40~41과 비슷한데, '보라 원수가 독수리같이 날아와서 그 날개를 보스라 위에 펴는'이라는 전반절은 렘48:40, '그날에 에돔 용사의 마음이 진통하는 여인 같으리라'는 후반절은 렘48:41과 비슷하다.

전반절의 '원수'는 히브리어 본문에는 없지만 삽입되었고, '보스라'는 에돔 전체를 대표한다. 에돔에 대한 여호와의 마지막 말씀은 적의 침략을 받는 날 에돔은 그 누구의 도움도 받지 못하는 산고를 겪는 여인처럼 무력할 뿐이라는 것으로 마감된다.

유다와 적대 관계에 있던 에돔에 대한 여호와의 심판은 유다에 대한 그들의 약탈행위나 그로 인한 적대감 때문이 아니다. 에돔의 심판은 오직 접근 불가능한 곳에 거주하고 있다는 안전감(10,16절)과 스스로 지혜롭고 강하다는 교만(7,16절) 때문이다.

본문에서도 여호와의 우주적 주권이 강조되며(8,10,13,16,19,20절), 또한 여호와는 심판만 하시는 분이 아니라 약자에게 특별한 관심을 가지고 계시는 분이심을 알 수 있다.

●●●다메섹에 대한 여호와의 말씀 렘49:23~27

본문은 예레미야서에 있는 열국에 대한 여호와의 심판의 말씀(렘46:1~51:64) 중 가장 짧은 부분으로 다메섹 Damascus에 대한 말씀이다. 다메섹에 대한 심판의 말씀은 본문 외에 사17:1~3, 암1:3~5에도 나타난다.

다메섹은 헤르몬 산 Mt. Hermon 동쪽의 비옥하고 물이 풍부한 평야에 자리잡은 성읍으로 북으로는 하란, 북동쪽으로는 유프라테스로 나아가는 대상隊商의 교역로의 교차점이었으며, 기원전 2천 년대 말기부터 기원전 732년 아시리아 Assyria에 병합될 때까지(왕하16:9 참조) 강력한 아람 Aram(=Syria) 왕국의 수도였다.

본문의 다메섹은 예루살렘이 이스라엘 사람을(렘2:2), 길헤레스가 모압 사람을(렘48:31), 보스라가 에돔 사람을(렘49:22)을 대표하듯 아람 사람을 대표하는 말이다.

본문에서 다메섹이라는 성읍 이름과 벤하닷이라는 왕조 이름 외에 시리아의 지형이나 문화, 또는 종교에 관한 자료가 전혀 언급되지 않아 이것이 시리아에 관한 말씀인지 확인하기 어려울 정도다.

대부뷰의 학자들은 렘25장에 있는 열국의 목록에 다메섹이 빠져 있으며(특히 15~26절) 다메섹이 이미 멸망하였기에 예레미야의 예언이 아니라고 본다.

그럼에도 본문을 예레미야의 사역으로 기록한 유일한 이유는 여호야김(기원전 609~598년) 때 유다를 공격한 아람인들에 대한 적대감 때문으로 본다.(왕하24:2 참조) 그러나 본문에는 이러한 적대감이 다메섹의 심판의 이유라는 단서는 나타나지 않는다.

다메섹에 대한 말씀은 '하맛과 아르밧이 수치를 당하리니'라는 말씀으로 시작한다.(23절상)

하맛 Hamath은 시리아 중부지역의 오른테스 Orontes 강에 자리 잡은 성읍으로 다메섹에서 북쪽으로 214km 떨어져 있다.

다윗과 솔로몬 시대에는 이스라엘 북쪽 경계였으며(왕상8:65, 대상13:5 참조), 고고학 자료에 의하면 주전 8세기에 전성기를 이루어 영토를 넓혔고(그러나 왕하14:28에는 여로보암 2세가 하맛을 되찾았다고 함) 기원전 720년 아시리아에 병합되었다.

아르밧 Arpad은 시리아 북부 지역의 알레포 Aleppo에서 북쪽으로 30km 떨어진 성읍으로 기원전 740년에 아시리아에게 점령되었다.(왕하18:34, 사10:9 참조)

이렇게 시리아의 중부와 북부의 중심이 되는 두 성읍(도시국가였음, 왕하19:13, 사37:13 참조)이 '수치를 당할 것이라'는 말은 렘46:24에서 이집트가 북방 백성에게 수치를 당하고, 렘48:13에서 모압이 그모스로 인하여 수치를 당할 것이라는 표현과 마찬가지로 전쟁의 재난을 겪게 된다는 의미다.(히브리어 성서에는 완료형이다.)

이들은 흉한 소문을 듣고 당황하고 낙담하고 '바닷가에 비틀거리며 평안이 없도다'라고 한다.(23절하) 출렁이는 바다처럼 슬픔으로 동요가 일어났다는 의미이다.(사57:20 참조)

하맛과 아르밧은 다메섹보다 북쪽에 위치한 성읍들이다. 그런데 이들이 전쟁이라는 불길한 소식을 듣고 당황하는 것은 북으로부터 오는 적(바벨론)의 침략을 암시한다.

24절은 이런 상황에 처한 다메섹 사람들의 모습을 보여준다.

'다메섹이 피곤하여 몸을 돌이켜 달아나려 하니 떨림이 그를 움켰다'고 한다. '피곤하다'는 히브리어 '라파'는 렘6:24, 38:4, 50:43에는 '약하여지다'로 번역된 말로 '기가 죽다, 기운이 떨어지다'는 의미다.

다메섹은 기가 죽어 몸을 돌이켜 도망치려 하지만 공포에 사로잡혀 있다. 이들의 모습을 하반절은 고통과 슬픔에 사로잡혀 있는 해산하는 여인과 같다고 표현하고 있다.

25절의 다메섹을 두고 '어찌하여'(엑) 찬송의 성읍, 나의 즐거운 성읍이 버린 것이 되고 말았는가라는 탄식은 학자들에 따라 여호와의 탄식으로 이해하기도 하고, 또는 다메섹 거민들의 탄식으로 이해하기도 한다.

여호와의 탄식으로 이해할 경우 다메섹이 '여호와의 찬송의 성읍과 즐거운 성읍'으로 표현되는 이유를 정확히 설명할 수 없으며, 이 탄식은 전쟁으로 인해 다메섹의 찬란한 영광이 사라지는 것에 대한 여호와의 안타까움을 나타낸 것으로 이해된다.

26절은 '그런즉'이라는 접속사로 시작되므로 25절을 여호와의 탄식으로 이해할 때, 이어서 '희망과 위로의 말씀'이 나올 것 같지만 이어지는 27절까지의 내용은 다메섹에게 닥칠 재난을 알려주는 내용이다.

그러므로 25절은 여호와의 탄식이라기보다는 다메섹 거민들의 탄식으로 이해하는 것이 합당하겠다. 거민들은 다메섹의 영광이 사라지는 것에 대해 탄식하지만 다메섹에 대한 여호와의 뜻은 젊은이와 군사들의 멸절과 왕궁을 불태우는 것이다. 젊은이들과 군사들은 제국을 지키는 사람들인데 이들이 멸절된다는 것은 적의 침략으로 완전히 패배함을 의미한다.

다메섹의 성벽과 벤하닷 궁전은 불타고 말 것이다. 벤하닷 Ben Hadad은 다메섹 왕들의 이름으로 구약성서에는 적어도 세 사람이 등장하며(벤하닷 1세—왕상15장, 벤하닷 II세—왕상20장, 왕하8:15, 벤하닷 III세—왕하13장, 15장 참조), 벤하닷 궁전이라는 것은 다메섹의 왕궁을 대표하는 말이다.(암1:4, 7, 10, 12, 14, 2:2 참조)

다메섹으로 대표되는 시리아는 예레미야 시대 훨씬 이전에 이미 아시리아에 패망하였다.

그러므로 23절의 동사가 히브리어 성서에서 완료형인 것은 우연이 아니며 26~27절이 나중에 본문에 삽입되어 지금의 본문이 되었을 것으로 보는 학자들의 주장은 이와 같은 시대적인 차이 때문으로 보인다.

시리아가 역사적으로 이스라엘과 긴밀한 관계를 갖고 있었기에 렘 46:1의 표제에서 말한 대로 열국 중 하나에 포함시켜 여호와의 심판 말씀을 받는 것으로 기술되었을 것이다.

다메섹을 향한 여호와의 심판은 왕하24:2이 기원전 601~598년에 유다에 대한 시리아의 적대감을 언급하고 있기는 하지만 그것이 심판의 이유였다고 판단할 근거는 전혀 없다. 또한 그들이 북쪽으로부터 오는 적인 바벨론에 대항하여 어떠한 행동을 취했다는 언급조차 나타나지 않는다.

또한 다른 이방나라에 대한 말씀과 달리 그들이 왜 여호와의 심판을 받아야 하는지 이유가 전혀 나타나지 않고 있다.

단지 본문은 다메섹의 운명도 다른 이방나라의 운명과 마찬가지로 여호와의 섭리 가운데 있다는 전형적인 여호와의 우주적 주권을 나타낼 뿐이다.(26~27절)

●●●아랍 부족들에 대한 여호와의 말씀 렘49:28~33

본문은 아랍부족인 게달 Kedal과 하솔 Hazor에 대한 여호와의 심판의 말씀이다. 게달에 대한 심판의 말씀은 이곳 외에 사21:16~17절에서도 발견된다.

게달은 창25:12~18에 의하면 하윌라 Havilah로부터 수르 Shur에 거하는 아브라함이 사라의 여종 이집트 여인 하갈 Hagar에게서 낳은 아들 이스마엘 Ishmael의 열두 자손 중 하나로 소개된다.

그들은 아라비아 북부에 사는 유목민으로(렘2:10) 광야에서 울타리가 없이 장막에 살며(사42:11, 시120:5, 아1:5) 주로 목축을 하며 살았고(사60:7) 이스라엘은 이들에게서 양과 염소를 공급받았다.(겔27:21) 이들은 짐을 싣는 짐승으로 낙타를 이용하고(렘49:29, 32) 활을 잘 쏘는 사람들로 알려져 있다.(사21:16~17)

이와 같은 자료에 근거하면 이스라엘은 게달과 그다지 긴밀하게 접촉하지 않았으며 또한 적대적 관계를 갖고 있다는 그 어떤 암시도 없다.

하솔은 구약성서에 가나안의 도시국가였으나 여호수아에 의해 점령된 곳으로(수11:1~10), 후에는 유다 지파에 속하거나(수15:23~25) 베냐민 지파에 속하는 성읍으로(느11:33) 나타난다.

그러나 본문의 하솔은 이러한 이스라엘의 한 성읍이 아닌 아라비아의 한 지역을 일컫는 말이다. 70인역 성경(LXX)은 하솔을 헬라어 '아울레'(궁전, 또는 정착이라는 의미)로 번역했는데 학자들은 '아울레'가 히브리어 '하체르'라는 단어를 연상시키는 말로 성벽으로 둘러싸여 있지 않은 촌락(레25:31)이나 게달이 거주하고 있던 촌락(사42:11)을 의미하는 '하체림'에 사는 사람들을 의미하는 것으로 본다.

유목인들의 이동 야영지와는 다르게 사막의 오아시스에 자리한 영구적인 정착지라는 의미이다. 그러므로 하솔은 아라비아 지역에 사는 '유목인 게달' 가까이에 사는 '반半유목민 부족'을 지칭한다.

그러나 게달은 이 이름 외에 '하솔 나라', '동방 자손들', '그 머리털을 모지게 깎은 사람들'로도 불리기에(렘49:28, 32) 하솔과는 구별될 수 없는 넓은 의미의 명칭이다.

28절은 표제로 게달과 하솔 나라들에 대한 심판 말씀의 배경을 알려준다. 이들이 느부갓네살의 공격을 받게 되었다. 바벨론 연대기에 의하면 기원전 599년에 느부갓네살은 바벨론의 서쪽 국경 지역을 노략질하는 눈의 가시 같은 존재로 여기던 아랍 부족들을 점령하는 원정을 단행했으며, 이듬해 기원전 598년에는 예루살렘을 포위 공격하였다.

이들에 대한 여호와의 첫 말씀은 '너희는 일어나 게달로 올라가서 동방 자손들을 황폐하게 하라'는 명령이었다. '너희'는 28절 상반절에 언급된 대로 느부갓네살의 군대다. '동방 자손들'은 직역하면 '게뎀의 아들들'인데, '동쪽'을 의미하는 게뎀은 아라비아 동부 지역, 곧 사막 지역을 일컫는다.

그러므로 동방 자손들이란 아라비아 사막에 사는 게달을 포함한 유목민들이나 하솔 사람과 같은 반 유목민인 아랍 부족들을 의미한다. 이들에게 닥치는 전쟁의 재난이 여호와에 의한 것임을 밝힌다.

29절은 28절의 공격명령에 따른 구체적인 지시다. 아랍 부족들의 장막과 양 떼를 빼앗고 휘장과 모든 기구(살림살이)와 낙타를 빼앗으라고 하신다. 아랍 부족들은 양, 염소, 낙타를 길렀다.(겔27:21)

이러한 가축들은 유목 생활을 하는 아랍 부족들에게는 생명과 같은 것들이다. 특히 낙타는 사막을 가로지르며 생활하는 이들의 운송 수단인 동시에 외부의 적에 대항할 때 사용하는 중요한 전투수단이었다.

그런데 이 모든 것들을 탈취하라는 명령은 그들의 생존을 불가능하게 만들라는 의미이다. 그러면서 적군에 둘러싸여 있는 절망의 상황을 표현하는 '두려움이 사방에 있다'(마골 밋사빕, 렘6:25, 20:3,10, 46:5 참조)라고 외치라고 한다.

28~29절이 공격하는 자(느부갓네살)에게 한 여호와의 명령이었다면 30절은 공격 대상인 하솔 거민에게 하신 여호와의 명령이다.

또한 28~29절이 유목인인 게달 사람들에 대한 공격 명령이었다면, 30절은 게달 사람들 근처에 정착 생활을 하는 반 유목인들에게 내리신 명령이다.

바벨론 왕 느부갓네살(70인역에는 느부갓네살이 없음)이 그들을 칠 계획을 짜 놓았으니 도망하여 멀리 가서 깊은 데 거하라고 하신다. 게달을 공격하는 느부갓네살의 침략이 하솔 거민으로 대표되는 아랍 부족 전반에 이르게 될 것이니 도피하라는 말씀이다.

31절은 여호와께서 느부갓네살에게 게달을 포함한 아랍 부족들을 공격하라는 또 다른 명령이다. 여호와는 아랍 부족들을 '고요하고도 평안히 사는 백성 곧 성문이나 문빗장이 없이 홀로 사는 국민'이라고 칭하며 느부갓네살에게 그들을 공격하라고 명령하신다.

아랍 부족들은 특별한 방어 시설을 갖추지 않고도 외적의 공격이 쉽지 않은 지리적 특성을 갖춘 곳에서 외부와 단절된 채 살고 있었던 것 같다. 그런데 여호와께서 느부갓네살에게 이렇게 마음 놓고 평안히 걱정 없이 살고 있었던 아랍 부족을 치라고 명령하신다.

32~33절은 아랍 부족들이 느부갓네살의 공격을 받게 되었을 때의 참상을 나타낸다. 낙타들과 가축들이 탈취를 당하게 될 것이며, 그 살쩍을 깎는 자들은 사방에 흩어지고, 재난이 여러 곳에서 오게 될 것이다. 또한 하솔은 승냥이나 사는, 사람이 살지 못하는 황폐한 곳이 될 것이

라고 하신다.

'살쩍을 깎는 자들'이란 관자놀이의 머리를 민 사람들로 이스라엘에서는 금지된 머리와 수염을 자르는 관습을(레19:27) 고수하던 아랍 부족을 가리킨다.(렘9:26, 25:23)

32절 하반절은 이와 같은 게달을 포함한 아랍 부족들이 당할 재난이 여호와께로부터 비롯되었음을 분명히 밝힌다. 즉 아랍 부족을 침략하여 재난을 닥치게 한 느부갓네살은 여호와의 계획을 실행하는 종(servant)임을 다시 못박는다.

학자들에 따라 32절의 '여호와의 말이니라'(네움 야훼)로 아랍 부족에 대한 말씀이 끝났고, 33절은 후대에 첨가된 것으로 보기도 한다.

이스라엘과 아랍 부족은 지속적으로 어떤 정치적 관계를 가지고 있지 않았고 접촉의 기회도 적었기에 열국에 대한 여호와의 말씀 가운데 아랍 부족에 관한 말씀이 포함되어 있는 것은 이상하다.

본문에는 게달이 무슨 죄를 지었기 때문이거나 이스라엘과의 적대적 감정으로 인해 심판을 받는다거나, 그들이 바벨론 세력에 대항했기 때문에 멸망당하게 될 것이라는 등의 내용은 전혀 나타나지 않는다.

오직 여호와께서 느부갓네살을 통해 그들을 멸하신다는 일방적인 사실만이 나타난다. 이것은 여호와께서 유다를 포함하여 이웃 나라들을 일정 기간 동안 바벨론을 섬기게 하시려는 계획 속에(렘27:6~7) 아랍 부족도 포함되어 있음을 의미한다.

느부갓네살의 아랍 정복 전쟁에는 세계 역사를 주관하시는 여호와 하나님이 작정하신 목적이 작용했으며, 아울러 세계의 주권은 여호와께서 쥐고 계신다는 사실을 나타낸다. 또한 스스로 안전하다고 믿는 인간적인 확신은 결코 자신의 안전을 보장해줄 수 없으며 하나님의 보호를 바라야 한다는 사실도 생각하게 한다.

인간의 이성으로 이해되지 않는 갖가지 사건들을 경험하며 사는 오늘날 그리스도인들의 고백은 '내 주여 뜻대로 행하시옵소서'(통일찬송가 431장)이어야 할 것이다.

●●●엘람에 대한 여호와의 말씀 렘49:34~39

엘람 Elam은 셈의 아들 이름이지만(창10:22), 지명으로는 이스라엘과는 멀리 떨어진 바벨론 동쪽에 위치한 나라이다. 기원전 3000년대부터 존속했으며 수도는 수사 Susa였다.

엘람에 대한 심판의 말씀은 예레미야서에 있는 열국에 관한 여호와의 심판 말씀 중 독특한 편이다.

본문에는 엘람에 관하여 활(케쉐트, 창9:13,14,16절에는 무지개로 번역되었음)을 사용한다는 것(35절, 사22:6 참조) 외에 그들의 생활과 문화에 대한 어떠한 정보도 제공하지 않는다. 그러나 이것조차 이들을 다른 백성들과 구별하는 특징은 아니다.(사21:17, 렘50:29, 51:3 참조)

또한 본문에는 이들을 심판하기 위해 오로지 여호와만이 활동하시며 사방 바람을 대리자로 사용하신다고 한다. 이에 반해 다른 열국의 심판에서 나타나는 여호와의 도구인 북방의 대리자(바벨론)의 역할은 축소되어 있다.

왜 여호와께서 엘람을 심판하시는지, 엘람의 잘못이 무엇인지도 밝히지 않는다. 다른 열국의 경우에 나타나는 공격 명령도 도피 명령도 없으며, 심판에 대한 엘람인의 반응이나 그들에 대한 여호와의 슬픔과 애도의 표현도 없다.

34절은 표제로 본문의 배경이 시드기야가 즉위한지 얼마 되지 아니한 때임을 밝혀준다. 느부갓네살이 고작 3개월 통치하던 여호야긴을 바벨론 포로로 잡아가고 시드기야를 왕위에 오르게 한 기원전 597년이었다.(왕하24:17 참조)

바벨론 연대기에 따르면 느부갓네살은 그 해(느부갓네살 9년) 대항하는 세력을 무장해제 시키기 위해 티그리스 강변을 따라 원정을 감행했다. 바벨론 연대기는 이 원정의 대상국이 어디인지를 밝히지 않고 있으나 학자들은 엘람으로 추측하며, 예레미야에게 하신 여호와의 엘람에 대한 심판의 말씀은 이 사건을 반영하는 것으로 본다.

35절은 여호와께서 엘람의 힘의 으뜸가는 활을 꺾어버리시겠다(삼상2:4, 호1:5 참조)고 하신다. 엘람인들이 활쏘기에 능숙하다는 사실은 사22:6과 그들의 활 쏘는 모습이 자주 등장하는 페르시아 시대의 부조浮彫를 통해서도 알 수 있다.

그러나 여호와는 그들을 무력화시키시겠다고 하신다. 36~38절은 엘람이 무력화되는 진행과정을 알려준다.

36절에서 여호와는 엘람에 사방의 바람을 이르게 하여 그들을 사방으로 흩으시겠다고 한다. 사방으로 흩으신다는 표현은 완전한 패망을 의미하는데(겔5:10,12, 12:14, 17:21 참조) 여호와께서는 사방에서 재난을 일으켜 그들을 멸망시키시겠다는 것이다. 그 결과 엘람인들은 고국에서 쫓겨나 사방으로 흩어지게 될 것이다.

37절은 이렇게 패망에 이르는 엘람인들이 그들의 원수, 곧 생명을 찾는 자 앞에서 두려움에 떨 것이며, 여호와는 그들에게 재앙을 내리어 멸망당할 때까지 칼이 뒤쫓게 하시겠다고 하신다.

엘람인들에 대한 여호와의 동정이나 한탄은 보이지 않고 철저하고 완전한 패망을 이루시려는 의지만이 엿보인다.

38절은 이렇게 완전히 패망한 엘람에게 여호와께서 하실 일을 밝힌다. 여호와께서 엘람에 당신의 위位(킷세, 왕좌)를 세우고 왕과 고관들을 없애겠다고 하신다.

구약성서에서 여호와의 왕좌는 예루살렘 성전(렘3:17, 14:21, 17:12,

겔43:7)이나 하늘(왕상22:19, 대하18:18, 시11:4, 사6:1, 14:13, 66:1)인데 이방 나라인 엘람에 당신의 왕좌를 베푸시겠다는 것은 여호와께서 엘람에 특별한 관심을 갖고 계시며 직접 다스리신다는 것을 의미한다.

본문에는 여호와의 일을 실행하는 인간 대리자(느부갓네살)의 역할은 축소되고 하늘 바람이 그 역할을 대신하는 것처럼 나타나지만, 렘43:10과 관련하여 볼 때 엘람 위에 느부갓네살을 새로운 통치자로 세우시겠다는 것으로 이해된다.

또한 이러한 국제정치적 사건이 여호와 하나님의 손길을 통해 이루어지는 것은 온 세계를 주관하시는 여호와의 절대주권을 나타내는 것이다.(렘23:24 참조)

39절은 렘46:26하, 48:47, 49:6처럼 후대 편집자의 첨가로 엘람의 회복에 대한 말씀이다. '말일'이란 세상의 종말보다는 '하나님이 정하신 때'라는 의미이며 그때가 되었을 때 엘람의 포로를 돌아오게 하리라는 것은 그들의 운명을 되돌려 놓으시겠다는 말씀이다.

그러나 이들의 회복은 35~38절에서 확인할 수 있듯이 엘람의 완전한 멸망 이후에 이루어지는 것으로 예레미야의 소명에도 이미 나타나 있다.(렘1:10 참조)

엘람에 대한 심판의 말씀은 39절 하반절의 '여호와의 말씀이니라'(네움 야훼)로 마감하므로 예언자 예레미야의 사적인 말이 아닌 여호와 하나님께 권위를 둔 말씀이다.

본문은 왜 엘람이 여호와께 심판을 받아야 하는지 그 이유에 대해 침묵하는 가운데 재난과 공포의 어휘로 가득 차 있다. 강조되는 것은 다른 열국의 경우처럼 여호와 하나님의 우주적 주권뿐이다.

왜 예레미야가 이스라엘과는 멀리 떨어져 있으며 특별한 이해관계를 갖지 아니한 엘람에 관심을 갖고 여호와의 심판의 말씀을 전했을까? 이스라엘과의 엘람과의 관계에 대해 성서에는 아브라함의 조카 롯이 소돔에 거할 때 엘람이 중심이었던 연합 전쟁에 포로가 되었다는 전승

(창14장) 외에 다른 적대적 감정은 나타나지 않는다.

학자들은 시드기야 통치 초기라는 역사적 배경이 엘람에 대한 심판 말씀이 예레미야서에 포함되는 이유라고 본다. 그때는 여호야긴과 많은 백성이 바벨론의 포로가 되어 잡혀간 상황으로(왕하24:14~16 참조), 유다는 바벨론 동쪽에 위치한 강력한 나라 엘람의 군사적 행동이 있으면 바벨론의 멍에를 벗어나리라는 기대를 했을 수 있다.

이와 같은 추측은 시드기야가 바벨론에 반기를 드는데(왕하24:20 하) 영향을 미쳤을 것이다. 그러나 여호와는 예레미야를 통해 엘람의 임박한 패망을 알리면서 엘람에 대한 유대인들의 기대가 하나님의 뜻이 아님을 밝히고 있다.

여호와의 뜻은 예레미야가 상징적 행동을 통하여 반바벨론 동맹에 참가한 유다, 에돔, 모압, 암몬, 두로, 시돈 왕에게 전했던 것처럼 일정 기간 동안 열방을 바벨론의 손에 맡기는 것이었으며(렘27:1~8), 엘람도 예외는 아니다.

그러나 때가 되면 엘람을 회복시켜 주실 여호와는 여전히 역사의 주관자이심을 밝힌다.

●●●바벨론에 대한 여호와의 말씀 렘50:1~51:64

렘46장부터 이어져 온 열국(학고임, 이방민족)에 대한 하나님의 심판의 말씀은 바벨론에 대한 발씀인 렘50~51장에서 절정을 이루며 마감된다. 바벨론에 대한 말씀은 110절로, 렘46~49장이 121절이기에 열국에 대한 전체 말씀 중 거의 절반을 차지한다.

이렇게 긴 렘50~51장의 주제는 단순하다. 바벨론 역시 앞에서 열거된 다른 나라들처럼 멸망할 것이다. 그러나 이 주제를 열거하는 짜임새는 매우 복잡하다. 여호와의 개입으로 흩어진 이스라엘이 귀환할 것이라는 또 다른 주제가 사이사이에 반복적으로 나타난다.

바벨론의 멸망에 대한 말씀은 사13장, 사21:1~10, 사47장에도 나타나며 이스라엘의 해방에 대한 말씀은 사14장에서도 발견된다.

렘50~51장의 구조를 분류하는 학자들의 견해는 매우 다양하다.

여기서는 '바벨론의 멸망'과 '이스라엘의 회복'이라는 두 가지 주제에 따라 내용적으로 분류한 것을 소개한다.(주석 성서 구약 14, 한국천주교주교회의, 한국천주교중앙협의회 발행 / 단 분류된 각 단원의 괄호 안의 내용은 서사의 독자적인 삽입임을 밝힌다.)

50:1절(표제), 50:2~3절(바벨론 멸망), 50:4~7절(이스라엘의 구원), 50:8~16절(바벨론에 대한 여호와의 복수), 50:17~20절(이스라엘의 회복과 용서), 50:21~27

절(바벨론의 황폐), 50:28절(이스라엘 사람들의 선포), 50:29~32절(교만한 바벨론의 멸망), 50:33~34절(여호와를 통한 이스라엘의 해방), 50:35~51:14절(황폐하게 될 바벨론의 운명), 51:15~19절(여호와에 대한 신앙고백), 51:20~33절(바벨론 멸망에 대한 거듭된 예언), 51:34~37절(이스라엘의 탄원과 여호와의 응답), 51:38~58절(바벨론의 영원한 패망), 51:59~64절(영원한 바벨론 멸망에 대한 상징적 행동)

바벨론에 대한 심판 말씀의 표제인 1절은 이전 열국에 대한 심판의 말씀 표제와는 다른 형태를 취하고 있다. 렘46:1, 49:34에는 '~에게 임한 여호와의 말씀이라', 렘49:1, 49:7, 49:23, 49:29에는 '~민족에 대한 말씀이라'였으나, 렘50:1절은 '여호와께서 선지자 예레미야로 ~에 대하여 하신 말씀'이다.

여기서 '예레미야로'의 '~로'는 '~를 통하여', '~의하여'(베야드)인데, 이것은 출9:35, 레8:36, 10:11에서 모세가 여호와의 말씀을 전달하는 통로의 역할을 한 것처럼 선지자 예레미야의 역할을 강조한다.

곧 여호와의 말씀을 전달하는 중간자로서의 역할을 강조하는 말씀이다.(학1:1,3, 2:1, 말1:1 참조) 즉 렘50~51장에 언급된 사건을 이루는 주체는 여호와이시며, 예레미야는 단지 그의 말씀을 전달하는 도구일 뿐임을 나타낸다.

2~3절은 렘50~51장의 중심 주제인 바벨론 멸망에 대한 말씀이다. 2절에서 바벨론의 함락을 열방 중에 알려야 할 '너희'는 어느 특정인이 아니다. 바벨론 함락이 기정사실이기에 '누구라도' 알려야 한다.

특히 벨(Bel, '주인'을 뜻하는 Baal에 상응하는 바벨론 신, 사46:1, 렘51:44 참조)이 수치를 당하고 므로닥 Merodach(바벨론의 수호신인 Marduk을 일컬음)이 부스러지며 그 신상들과 우상들이 부스러진다는 것은, 바벨론의 수호신마저 재난을 겪기에 바벨론의 운명은 더 이상 희망이 없음을 뜻한다.

3절은 이렇게 바벨론을 멸망시키는 적이 북쪽에서 나온 한 나라임을 밝힌다. 실제로 바벨론의 적은 페르시아 Persia로 북쪽이 아닌 남동쪽에서 왔다. 그러므로 여기에 언급된 '북쪽'은 실제적인 방향이라기보다는 예레미야서에서 북쪽을 '재난의 발원지'로 여기는 것에 대한 상징적 표현으로 보인다.(렘4:6, 6:1, 15:12, 47:2, 50:9,41, 51:48 참조)

4~7절은 렘50~51장의 또 다른 주제인 이스라엘의 회복에 대한 말씀이다. 렘50~51장에는 바벨론의 멸망과 이스라엘의 회복이라는 두 주제가 반복하여 나타나는데, 이것은 바벨론의 멸망이 여호와의 백성에게 미칠 영향을 나타내기 위함이다.

4절의 '그날 그때에'는 2~3절에서 언급된 바벨론이 멸망할 때이다. 그때에는 앞서 아시리아에 잡혀갔던 이스라엘과 바벨론에 잡혀갔던 유다가 함께 돌아올 것이다. 앞서 렘3:18, 23:6, 31:6의 예언대로 이스라엘이 여호와의 백성으로 온전히 회복되는 것을 의미한다.(사11:13, 겔37:15~28, 슥9:13, 10:6 참조)

그때에 이스라엘은 울며 그 길을 가며 그 하나님 여호와께 구할 것이라는 것은(4절) 지난 잘못에 대하여 회개하며 여호와께 돌아온다는 의미이다.(렘31:9 참조) 이들이 돌아오는 목적지는 시온, 곧 예루살렘이다. 돌아와 그들은 잊을 수 없는 영원한 언약으로 여호와와 연합할 것을 다짐한다.(5절)

여기서 '언약'이란 여호와가 이스라엘을 당신의 백성으로 선택하시고 맺으신 언약이다.(렘32:36~44 참조) 이스라엘이 이방에 포로가 되었던 것은 이 언약을 잊었기 때문이었으나 다시 돌아오게 될 때 이스라엘은 이 언약을 결코 잊지 않으리라고 다짐할 것이다.

과거 이스라엘은 목자들의 잘못으로 곁길로 나간 양(렘23:1~2, 겔34:1~6 참조)이 보호를 받지 못하고 사나운 짐승에 잡아먹히듯이 이방 민족들에게 포로로 잡혀갔다.(6절) 이방 민족들은 이스라엘을 포로로 잡아가면서, 이스라엘이 의로운 처소이시며 그 조상의 소망이신 여호와께 범죄하였기 때문이지 자신들은 무죄하다고 하였다.(7절)

그러나 여호와는 6절에서 이스라엘을 '내 백성'이라고 일컬으시며, 이스라엘은 여호와의 언약을 어기고 저버렸지만 여호와는 여전히 그들을 당신의 백성으로 잊지 않고 계신다고 한다. 이방 민족들이 이스라엘을 포로로 사로잡아 가면서 자신들은 무죄하고 이스라엘의 범죄 때문이라고 주장하지만, 여호와는 비록 이스라엘이 죄가 있을지라도, 그들을 해친 모든 자들이 도리어 해침을 입을 것이라는 약속대로(렘30:16 참조) 이방 민족을 멸하시고 당신의 백성 이스라엘을 구원하시겠는 것이다.

여호와는 바벨론에 있는 외국인 거주자들, 특히 유다 포로들에게 양 떼에 앞서가는 숫염소(히브리어로 '앗툿'는 숫양을 가리킬 수 있음)같이 바벨론 땅에서 나와 도망하라고 명령한다.(8절)

양의 우리가 열리면 앞서 나가는 숫양처럼 누구보다도 먼저 바벨론 땅을 벗어나야 한다는 비유인데, 유다 포로들이 북쪽에서 오는 거대한 연합군으로 인한 재앙을 피하라는 말씀이다.(9~10절)

여호와는 바벨론 사람들을 '나의 소유를 노략하는 자'라고 일컫는데(11절), '나의 소유'(나할라)는 이스라엘 땅(렘2:7, 3:19, 12:7,9,14,15, 16:18, 17:4)과 백성(렘10:16, 12:8)을 가리키므로 바벨론 사람들이 이스라엘을 침략하여 백성들을 포로로 잡아간 것은 하나님의 소유를 약탈했다는 말씀이다.

바벨론이 하나님의 산업인 이스라엘을 유린할 때 즐거워하며 송아지가 뛰고 말이 소리 지르듯 거칠게 승리의 노래를 불렀지만, 이제 여호와는 그들이 치욕을 당하게 할 것이다.

12절에서 바벨론은 '어머니'(호2:2, 5, 10:14, 사50:1 참조)와 '낳은 자'로 의인화되었다. 이들이 이제 치욕을 당하여 나라들 가운데 마지막이 되고 생명을 유지할 수 없는 마른 땅과 거친 계곡이 될 것이며 여호와의 진노로 인적이 끊긴 황무지가 되리라고 한다. 그곳을 지나가는 사람마다 그들의 재앙을 보고 놀라 탄식할 것이다.(13절) 경멸보다는 공포에 질려 경악을 금치 못한다는 의미이다.(렘18:16, 19:8, 25:9, 18, 49:17 참조)

여호와는 14~16절에서 바벨론으로 쳐들어갈 적군을 '활을 당기는 자들'로 부르며 명령하신다.

'바벨론을 에워싸고 전열을 갖추라! 화살을 아끼지 말고 쏘아라! 사방에서 그를 향하여 함성을 올려라! 그가 항복하였고, 요새(아슈야, '망대'를 일컬음)와 성벽이 무너졌는데 이것은 여호와의 보복(느카마)이니 그들이 행한 대로 그에게 갚으라! 파종하는 자와 추수하는 자를 없애버려라!'

특히 '그가 항복하다'의 히브리어 '웨라푸 야다이우'는 '손을 주다', '손이 약해지다'로 직역되는데, 왕하10:15에서는 '계약을 맺다'로, 겔17:18에서는 '계약을 파기하다'로, 대상29:24에서는 '복종하다'로, 애5:6에서는 '악수하다'로 번역되었다. 여기서는 항복의 표시로 손을 든다는 의미이다.

여호와는 이렇게 바벨론을 철저하게 무너뜨려 다시는 그들이 일어설 수 없게 하라고 하시며, 바벨론 포로가 되었넌 백성들에게 동족과 고향으로 도망하라고 하신다.

바벨론에 쳐들어온 적군들은 바벨론을 향한 여호와 하나님의 보복을 대신 집행하는 임무를 수행하는 대리자이며, 바벨론의 멸망은 과거 그들이 다른 나라들에게 행하였던 대로 되갚음을 받는 것임을 밝힌다.

여호와는 17절에서 이스라엘이 겪었던 아픈 과거 역사를 회상시킨다. 아시리아와 바벨론은 양을 추격하는 사자들로 묘사되어(아시리아는 사5:29, 바벨론은 렘4:7 참조) 아시리아 왕은 이스라엘을 삼켰고(기원전 722년의 사마리아 함락과 강제 이주, 왕하17장 참조), 바벨론 느부갓네살은 그 뼈를 꺾었다.(기원전 597, 587년의 예루살렘 함락과 포로, 왕하24:8~17, 25:1~21 참조)

아시리아가 하나님의 심판을 받아 멸망했던 것처럼 바벨론에 대한 심판이 임박했다.(18절) 양이 목장으로 돌아오듯이 이스라엘이 회복되어 쫓겨났던 곳 중 가장 비옥한 땅인 갈멜 Carmel과 바산 Bashan에서 풀을 뜯고, 요단 서편의 중심인 에브라임 Ephraim 산지와 요단 동편의 중심인 길르앗 Gilead 산지에서 배불리 먹게 될 것이다.(19절)

여기에 언급된 갈멜, 바산, 에브라임, 길르앗은 모두 북 이스라엘 지역에 속한 지명들이다. 바벨론이 멸망할 때 아시리아에 잡혀갔던 북 이스라엘 사람들이 고향으로 돌아와 편안히 살게 될 것이라는 말씀이다. 유다 지역이 언급되지 않은 것은 아마도 바벨론의 멸망으로 바벨론 포로들이 돌아오는 것은 당연하게 생각했기 때문으로 여겨진다.

20절은 북 이스라엘과 남 유다 백성들의 귀환은 고국으로의 귀환만을 의미하는 것이 아니라 이스라엘과 여호와의 관계가 회복될 것임을 알린다. 여호와 백성으로서 그들의 죄악을 여호와께서 일방적으로 용서하시므로 여호와는 그들의 하나님이 되시고 그들은 여호와의 백성이 되는 온전한 회복이 이루어지게 된다.(렘31:33~34 참조)

여호와는 바벨론의 적군에게 '므라다임 Merathaim으로 올라가라! 브곳 Peqod 주민을 진멸하라!'는 공격명령을 내리신다.(21절)

'므라다임'은 아카드 말로 '함몰된 땅'이라는 티그리스 강과 유프라테스 강의 하류 지역인 '마라팀'을 가리키지만, 여기서는 지형적 의미가 아니라 '이중의 고통' 또는 '이중의 배반'을 뜻하는 '므라다임'으로 읽으며 바벨론을 가리키는 별칭으로 사용되었다. 바벨론은 갑절이나 여호와를 거스르는 민족이라는 뜻이다.

'브곳'은 '마라팀'의 한 지역을 가리키는데(겔23:23 참조), 여기서는 브곳 역시 바벨론의 별칭으로 사용되었다. 여호와의 명령은 바벨론을 진멸하라는 것이다. 이 명령의 결과 바벨론 땅에 전쟁의 함성과 큰 파멸이 있게 되어(22절) 탄식과 조롱의 소리가 들려온다.

'온 세계의 방망이가 어찌 그리 꺾여 부서지고 깨졌으며, 어쩌다가 바벨론이 황무지가 되었는가?'(23절) 바벨론이 '온 세계의 방망이'(파티쉬)라는 표현은 렘51:20의 '나의 철퇴(마페츠) 곧 무기'라는 표현과 더불어 바벨론이 여호와께 쓰임 받는 도구임을 나타낸다.

그동안 여호와는 바벨론을 도구로 삼아 유다를 포함하여 주변 열방을 심판하였다. 그러나 이제 바벨론은 그들이 열방에 행하였던 것처럼 여호와가 보내는 적군에 의해 황폐하게 될 것이다.

24절은 이렇게 바벨론이 황폐하게 되는 이유가 그들이 여호와의 올무에 걸렸기 때문이라고 한다. 이것은 여호와의 기만행위를 의미하는 것이 아니라 바벨론의 어리석음을 나타내는 것이며, 그들이 어리석게 여호와의 올무에 걸린 까닭은 여호와와 싸웠기 때문이다. 여호와와 '싸우다'의 히브리어 '가라'는 '대적하다' '견주다'라는 뜻으로, 바벨론이 오만하게 여호와와 맞먹는 존재처럼 스스로 처신했음을 의미한다.

25절은 여호와의 말씀이 아니라 예언자의 말로, 앞서 언급된 바벨론의 멸망이 여호와의 진노로 말미암음을 밝히는 것이다.

여호와께서 당신의 창고(병기고)에서 진노의 병기들을 꺼내셨는데 갈대아인(Chaldeans, 티그리스와 유프라테스강 유역에 살고 있는 사람을 일컬으며 바벨론 사람들을 지칭함)의 땅(바벨론)에 행하실 일이 있기 때문이다. 여호와께서 행하실 일이란 바벨론을 멸망시키는 것이다.

구약성경에 나타난 여호와께서 사용하시는 진노의 무기는 시스라 Sisera와 싸웠던 '하늘의 별들'(삿5:20), '바람'(렘10:13, 51:1, 시135:7), '눈과 우박'(욥38:22), '범람하는 강'(사8:7~8), '여호와의 분노의 지팡이인 여호와의 도끼인 앗수르'(사10:5)다. 바벨론 역시 '여호와의 방망이'(렘50:23, 51:20~23)로 열방에 대한 진노의 병기 중 하나였다.

그런데 이제 여호와는 바벨론에게, 그들이 쳐부수어 복종시켰던 열방과 같은 운명을 맞이하도록 하나님의 진노의 무기인 '적군'(이방나라, 3절의 북방에서 나온 한 나라, 9절의 북방에서 일어난 큰 연합국, 21절의 진격명령을 받은 '너희')을 통하여 당하게 하겠다고 하신다.(사13:5 참조)

그리하여 26~27절에는 여호와의 진노의 무기인 적군에게 여호와께서 하신 명령이 나온다. '먼 곳('먼 데'라는 히브리어 미퀘츠, 직역하면 '끝으로부터'이지만 여기서는 '사방으로부터'라는 의미)으로부터 와서 바벨론을 쳐라! 곳간을 열어라! 그것을(히브리어 본문에는 바벨론을 지칭하는 '그녀를') 곡식더미처럼 쌓아 올려라! 진멸하라! 남기지 말라! 바벨론의 황소들(히브리어 '파르'는 문자 그대로 '황소'로 이해되기도 하고 나라의 '지도자들이나 정예부대'를 상징하기도 함, 사34:6~7 참조)을 죽여라! 그들을 도살장으로 끌고 가라!'

바벨론을 완전히 진멸하여 초토화시키라는 말씀이다.

'그들의 날, 그 벌 받는 때'가 이르렀다.

28절은 21~27절에 언급된 바벨론의 황폐가 절정을 이루는 구절로, 여기서 '바벨론 땅에서 도피한 자'란 바벨론의 멸망으로 고국으로 돌아온 이스라엘 사람들이다. 그런데 이들이 외치는 소리가 무엇인가? '우리 하나님 여호와께서 당신 성전을 위하여 보복하셨다'고 성전에서 선포하는 소리이다.

바벨론 멸망이 여호와의 보복이라는 말씀은 15절에도 나왔다. 여기에서는 여호와의 바벨론 멸망이 성전에 대한 보복임을 밝힌다. 예루살렘 성전은 여호와 하나님의 지상의 거처다. 이런 성전을 바벨론이 기원전 587년에 짓밟고 불태워 파괴시킨 것은 여호와에 대한 모독이었다. 이제 여호와는 바벨론에게 복수하여 그들을 멸망시키실 것이다.

바벨론의 멸망 원인이 예루살렘 시온 성전에 대한 모독임을 밝히며 또한 이스라엘의 구원은 바벨론 포로에서의 귀환이라는 물리적 귀환만이 아니라 여호와 하나님의 백성으로서의 온전한 회복임을 선포한 것이다.

29절에는 여호와의 명령이 나온다. '활 쏘는 자를 바벨론에 소집하라! 그곳에 진을 치고 아무도 빠져나가지 못하게 하라! 그가 일한 대로 갚고 그가 저지른 모든 짓에 따라 갚아 주어라!'

바벨론의 적군에게 내린 공격 명령이다. 왜 여호와께서 바벨론을 멸망시키는가? 바벨론이 이스라엘의 거룩하신 분 여호와께 교만했기 때문이다.(29절하) '교만하였다'라는 히브리어 '주드'는 24절의 '다투다'(가라)와 비슷한 의미로 '건방지게 굴다' '방자히 행하다'라는 뜻이다.

그들의 교만이 무엇인지 29절에는 나타나지 않는다. 아마도 이집트가 나일 강 유역의 풍요로움과 막강한 군사력을 자랑하고(렘46:7~9), 모압 또한 전투력을 믿고 안전함을 자랑했던 것처럼(렘48:11), 바벨론 역시 당시 근동의 패권을 휘두르는 막강한 군사력과 큰 강 유역의 비옥한 땅에서 얻어지는 풍요를(렘51:13) 자랑스럽게 여기며 교만했을 것이다.

이런 군사력과 풍요로움을 숭배하며 세상의 주인이신 여호와 하나님 앞에서 자신들이 마치 세상의 주인인 양 힘없고 미약한 주변 나라들을 침략하여 학대하고 억압했다. 그러나 29절의 명령에서 알 수 있듯이 적군이 공격하는 날, 바벨론의 청년들과 군사들이 멸절되는 재난을 겪게 될 것이다.(30절)

31절에서 여호와는 바벨론을 일컬어 '교만한 자'(히브리어 '자돈'으로 교만하다는 '주드'에서 파생됨)와 '대적한 자'라고 일컬으시며 그들을 징벌하시겠다고 하신다. 바벨론의 성읍들과 그 사면은 불태워질 것이며(32절), 이런 멸망이야말로 교만한 바벨론이 자신들이 행한 대로 당하는 여호와의 보복인 것이다.

바벨론의 멸망 원인은 '성전모독'(28절)에 이어 '교만' 때문이다.

33절의 '만군의 여호와께서 이와 같이 말씀하시니라'는 예언자가 여호와의 이름으로 전하는 말씀이다.

예언자는 북 이스라엘과 남 유다가 아시리아와 바벨론에게 겪은 학대를 언급하며 그들을 사로잡은 자들이 그들을 돌려보내려 하지 않았음을 상기시킨다.(사14:17 참조) 이들을 해방시킬 구원자(고엘)는 강하신 만군의 여호와(야훼 체바오트)이심을 밝힌다.

본문은 과거 이스라엘의 출애굽 사건을 회상시키는데 이집트는 이스라엘을 놓아주기를 거절하였고(출7:14 참조), 여호와는 이들의 구속자가 되어 해방시키셨다.(출6:6, 15:13 참조)

본문에서 여호와는 아시리아와 바벨론에게 억압을 받는 이스라엘과 유다 때문에 싸우신다.(34절) 여기서 '싸우다'의 히브리어는 '리브'로, '변론하다' '쟁론하다' '다투다'는 뜻으로 법정에서 시비를 가리는 것을 의미한다. 여호와가 쟁론하신다고 할 때에는 여호와께서 약자를 편들어 그들의 억울함을 풀어준다는 의미다.

다윗이 여호와께 재판장이 되시어 사울에게 억울하게 쫓기는 자신의 사정을 살펴 신원해 달라고 할 때(삼상24:15), 적으로부터 어려움을 겪는 시인이 여호와의 도움을 요청할 때(시43:1, 119:154), 여호와께서 약한 자들을 신원해 주신다고 할 때(잠22:22~23) 이 표현을 쓰는데, 특히 잠

23:10~11에는 약자(고아)의 구속자이신 여호와께서 그들을 신원하여 주신다고 한다.

과거 이집트의 '히브리'였던 이스라엘을 구속하신 것처럼 여호와께서는 강대국 아시리아와 바벨론의 억압을 받던 북 이스라엘과 남 유다에게 자유를 주어 이들의 땅을 평안하게 하시고 바벨론 사람들은 불안하게 하실 것이다.(34절) 이것은 출애굽 사건의 재현이다. 34절 하반절의 '평안함을 주다'와 '불안케 하리라'의 히브리어는 발음이 거의 동일한 '히르기아'지만 의미는 정반대로, 일종의 '언어유희'에 해당한다.

35~46절은 렘50~51장의 중심주제인 바벨론의 멸망에 대한 핵심 부분이라 할 수 있다. 35~38절은 바벨론에 재난이 닥칠 것을 예고하는 부분으로, 재난을 일으키는 여호와의 도구인 '칼'(헤레브)이 35~37절에 다섯 번, '가뭄'(호레브)이 38절에 한 번 나타나는데, 학자들은 '가뭄'도 '칼'로 읽기도 한다. 여호와께서는 칼(전쟁으로 인한 살해를 의미함)을 각계각층의 사람들에게 임하게 할 것이다.

주민들, 고관들(관리들), 지혜로운 자들(정치고문들, 렘8:8 참조), 자랑하는 자들(히브리어 '합밧딤'은 전쟁에 나가는 군대와 함께 하며 안전을 빌어주는 사람들이다. 겔21:18~23 참조), 용사들, 말들과 병거들, 여러 민족들(외국 용병들을 일컬음), 보물들 위에 여호와의 칼이 떨어지고 가뭄이 물 위에 내린다. 바벨론이 완전히 황폐하게 될 것이다.

신상들의 땅인 바벨론이 무서운 것을 보고 실성하였기 때문이다.(38절 하) 바벨론의 심판 원인이 '성전모독'(28절), '교만'(29~32절)과 함께 '우상숭배'임이 드러난다.

39~40절은 황폐하게 될 바벨론의 현실을 '소돔과 고모라'에 비유하며 알린다. 사람이든 짐승이든 생명 있는 것은 아무것도 살지 못하는 곳이 될 것이다.(사13:19~22 참조)

41~43절은 유다의 멸망에 대한 렘6:22~24 말씀을 적용하여, 여기서는 침략소식을 듣는 자가 '유다'가 아닌 '바벨론 왕'이다. 또 '북쪽에서 오는

큰 나라'는 유다에게는 바벨론이었지만, 바벨론 역시 '북쪽에서 오는' 동일한 적에 의해 두려움에 떨게 될 것이다.

44~46절은 에돔의 멸망에 대한 말씀이던 렘49:19~21을 바벨론에 적용한 말씀이다. 44절의 '그와 그들은' 렘49:19의 '에돔을 치러 올 적군'이 아니라 여기서는 '바벨론의 적군'이며, 또 멸망 소식을 듣는 대상이 렘49:21에서는 에돔의 지리적 위치 때문에 '홍해'였으나, 46절에는 '나라들'로 광범위하게 바뀌었다. 이제 바벨론은 과거 유다를 포함한 여러 나라에 행하였던 그대로 되갚음을 받게 될 것이다.(15, 29절 참조)

렘51:1 이하는 여호와의 이름으로 예언자가 바벨론의 멸망을 전하는 말씀이다. 1절은 여호와께서 멸망시키는 자의 심령('심령'을 뜻하는 히브리어 '레브'를 '바람'을 뜻하는 '루하르'로 옮기기도 함)을 부추겨 바벨론과 나(여호와)를 대적하는 자 중에 있는 자를 치시겠다고 하신다.

여기서 '나를 대적하는 자 중에 있는 자'라는 히브리어 표현은 '레브 콰마이'로 직역하면 '내게 맞서는 마음으로 사는 사람들'인데, 이것은 렘50:24에서 바벨론이 여호와와 다투었음을 상기시킨다.

'레브 콰마이'는 바벨론 사람을 일컫는 '갈대아인'을 뜻하는 히브리어 '카스딤 Kasdeem'의 아트바쉬 atbash다. '카스딤'의 다섯 자음은 k(11번째, 카프), s(21번째, 신), d(4번째, 달렙), y(10번째, 요드), m(13번째, 멤)인데, 이 순서를 거꾸로 헤아린 자음 l(12번째, 라멜), b(2번째, 베트), q(19번째, 코프), m(13번째, 멘), y(10번째, 요드)로 낱말을 만들면 '레브 콰마이'가 된다.(렘25:26, 51:41 참조) 여호와께서 멸망시키는 바람(이것은 일종의 여호와의 병기로 적군을 의미함)을 바벨론과 갈대아 사람들(바벨론 사람을 일컫는 레브 콰마이)에게 일으키시겠다는 의미이다.

2절은 바벨론을 멸망시키는 바람을 '키질하는 타국인'으로 묘사하며 이들로 바벨론을 황폐시키겠다고 하신다. '타국인'(낯선 사람들)이라는 히브리어는 '자림'인데, 학자들은 이 낱말의 첫 모음 '아'를 '오'로 바꿔 읽으면 '키질하는 자'를 뜻하는 '조림'이 되기에 이렇게 읽기를 권한다. '키질 하는 사람'(조림)을 보내어 키질하는 재난의 날에 그들이 사방에서 그 땅을 공격하여 비게 하리라(히브리어 '바콰크'는 황폐하게 하다는 뜻)는 말씀이다.

3절의 '활을 당기는 자를 향하며 갑옷을 입고 일어선 자를 향하여 쏘는 자는 그의 활을 당길 것이라'는 히브리어 본문은 쉽게 이해하기 어려운데, 학자들은 '바벨론의 활잡이가 시위를 당기지 못하게 하고 갑옷을 입고 일어서지 못하게 하라'로 번역하여, 바벨론을 공격하는 자들에게 하는 명령으로 이해한다. 이어 그 땅의 젊은이들을 불쌍히 여기지 말고 그 군대를 모두 없애라고 한다. 그들은 갈대아 땅에서 죽어 쓰러지고 거리에서 나뒹굴게 되리라는 말씀이다.(4절)

5~6절에는 3~4절의 여호와의 공격명령을 받는 바벨론과는 정반대로, 이스라엘과 유다는 여호와 하나님의 은총을 받는다는 말씀이 나온다.

> '이스라엘과 유다가 이스라엘의 거룩하신 이를 거역하므로 죄과가 땅에 가득하나 그의 하나님 만군의 여호와에게 버림 받은 홀아비는 아니니라' (5절)

이스라엘과 유다가 이스라엘의 거룩한 자에 대한 죄과(아샴)로 가득하지만 여호와께 버림받지 않았다. '이스라엘의 거룩한 자'란 여호와의 별칭으로 예레미야서에서는 렘50:29에 이어 여기에만 사용되었으나, 이사야서에는 30여 차례 사용된 중요한 용어다.(사1:4, 5:19,24, 10:20, 12:6, 17:7등 참조)

이스라엘과 유다는 거룩한 자이신 여호와의 백성으로 그분의 뜻에 순종하여 그분 앞에 거룩하게 살아야 했지만, 그분을 거스른 죄로 가득 차 있다. 그러나 결코 여호와께 버림받지 않는다는 말씀이다.

'버림받다'라는 히브리어 '알만'은 '과부'를 뜻하는 '알마나'의 남성형으로 '홀아비'를 의미한다. 이것은 여호와를 마치 '이스라엘과 유다의 아내'로 보며 그들과 여호와와의 긴밀한 관계를 강조하면서, 이스라엘과 유다의 죄과가 가득함에도 불구하고 그들이 여호와께 소박당하지 않는다는 뜻이다.

그래서 6절에서 이들에게 내려진 명령은 바벨론에서 도망쳐 나와서 생명을 구원하라는 것이다. 여호와께서 바벨론에게 복수(느카마)하시는 때에 바벨론의 죄로 말미암아 함께 죽지 말라는 의미이다.

7절은 이렇게 여호와의 보복을 받는 바벨론은 '여호와의 손에 잡혀 있어 온 세계가 취하게 하는 금잔'이라고 표현하며, 뭇 민족이 거기에 담긴 포도주를 마시고 취하여 미쳤다고 한다. 이것은 렘25:15~29 말씀을 연상하게 하는데, 여호와 하나님을 거슬러 교만하고, 재물과 군사력을 의지함으로 하나님의 심판을 받게 된 열방들에 대한 평가를 말한다. 이런 열방에 대한 심판은 렘46~49장에 이미 구체적으로 언급되었다.

열방들은 바벨론으로 상징되는 풍요로운 재물과 강력한 힘에 취하여 여호와 앞에 교만하다가 '온 세계의 방망이'(렘50:23)이며, '여호와의 철퇴 곧 병기'(렘51:20)인 바벨론에 의해 멸망을 당했다.

바벨론은 열방을 심판하시는 여호와 하나님의 도구였다. 그러나 바벨론 역시 금잔의 포도주에 취하여 미쳤기에 여호와의 심판을 받아 멸망당하게 된다.(렘25:26 참조)

8절에서 바벨론이 갑자기 넘어져 파멸되었다고 하는데, 이것은 온 세계를 심판하던 강력한 바벨론도 여호와의 심판 앞에서 무너질 수밖에 없다는 뜻이다. 이로 인하여 울고, 그 상처가 나을지도 모르니 유향을 구하라고 하신다. 이것은 바벨론의 구원을 기원하는 말이 아니라 바벨론의 멸망이 확정되었다는 조롱의 말이다.

9~10절은 바벨론의 멸망이 기정사실이 된 상황에서 바벨론에 사로잡혀와 살던 이스라엘 사람들의 말이다.

'우리가 바벨론을 치료하려 하여도 낫지 아니했다'는 이들의 말은, 바벨론의 멸망은 돌이킬 수 없게 되었으니 이제 바벨론에서 떠나자는 말이다. 바벨론을 향한 여호와의 화가 하늘에 미쳤고 구름에 이를 정도로 높아졌다. 이스라엘 사람들은 '여호와께서 우리 공의를 드러내셨으니 오라 시온에서 우리 하나님 여호와의 일을 선포하자!'고 한다.

여기서 '우리 공의를 드러냈다'는 말은 여호와께서 이스라엘 사람들이 의롭다는 것을 드러내셨다는 것이 아니라, 그들을 위하여 여호와께서 올바른 것, 곧 '구원'을 베푸셨다는 뜻이다. 그리하여 이제 이들은 이 구원사건을 여호와의 성읍인 예루살렘에서 선포하자고 한다. 바벨론의 멸망은 이스라엘에게는 여호와의 구원사건이다.

11절은 선지자가 여호와의 이름으로 바벨론을 쳐들어가는 적들에게 내리는 명령이다. '화살을 갈며 둥근 방패를 준비하라'에서 방패로 번역된 히브리어 '쉘라팀'은 '활집'을 말하는 것으로 활집에 화살을 가득 채우라는 명령이다. 이런 명령이 내려지는 까닭은 여호와께서 메대 Medes 왕들의 마음을 격동시켜 바벨론을 멸할 계획을 세우셨기 때문이다. 이 계획은 여호와 하나님의 성전을 위한 복수이다.(렘50:15, 28, 51:6 참조)

본문에서 메대 왕들이 바벨론을 멸망시키는 여호와의 도구라는 언급은 시대적으로 맞지 않는다. 메대는 기원전 670년 이후 아시리아에 반기를 들고 북서부 이란 지방에 독립 국가를 세운 민족으로 수도는 악메다 Achmetha(에6:1~2 참조, Ecbatana로 불리기도 함)이다. 메대는 기원전 612년 바벨론과 동맹하여 아시리아(니느웨)를 멸망시키며(나2:1~13 참조) 영토를 확장시켰다. 그러나 메대의 봉신이었던 고레스 Cyrus가 이끄는 페르시아의 군대에게 기원전 550년 악메다는 점령당하고, 결국 메대는 페르시아 제국에 합병된다.

그리고 바벨론은 메대가 패망한 후 기원전 539년에 페르시아에게 멸망당하였다. 여호와께서 메대를 통해 바벨론을 멸망시키려 하신다는 언급은 시대적 착오로 여겨지며, 메대가 가리키는 실제적 존재는 페르시아를 의미하는 것으로 보인다.

12절은 11절에 이어지는 명령이다. 바벨론 성벽을 향하여 기를 세우고(공격 신호) 경비를 튼튼히 하고, 파수꾼을 세우며, 매복을 시키라고 하신다. 바벨론을 완전하게 포위하라는 의미이다. 여호와께서 바벨론에 대하여 말씀하신 것을 그대로 실행하시기 위함이다.

13절에서 예언자는 바벨론을 '많은 물가에 거하여 재물이 많은 자'라고 부르며 네 재물의 한계 곧 네 끝이 이르렀다고 한다. 바벨론이 유프라테스 강의 풍부한 물과 기름진 토지로 엄청난 부를 이루었으나 이제 '재물의 한계'(히브리어로 '암마트 비츠에크'는 '목숨의 잘린 조각 한 큐빗', 곧 '목숨의 한계'를 의미함), 곧 네 끝 네 목숨 줄이 끊어질 때가 되었다는 것이다.

14절은 바벨론이 끝 날에 이를 수밖에 없는 이유를 밝힌다. 여호와께서 스스로 맹세하셨는데(확고하고 불변의 의지를 나타냄, 렘22:5, 44:26, 49:13 참조) 그 맹세는 사람을 메뚜기같이 바벨론 땅에 가득하게 하여 그들이 바벨론을 향하여 환성(승리의 함성)을 높이기 때문이다. 바벨론에 적군을 가득하게 불러들여 승리의 노래를 부르게 하리라는 말씀이다.

15~19절은 렘10:12~16을 반복하고 있다. 여호와는 사람들이 만든 우상과는 달리 세상을 창조하신 창조주라는 고백이다.

우상을 숭배하는 것은 어리석은 일로 징벌을 받을 것이며, 징벌 받을 때에 우상들도 사라질 것이다. 여호와는 이스라엘의 하나님이시며 이스라엘은 여호와께서 당신의 소유로 삼으신 백성이다.

그런데 본문이 여기에 반복되는 이유가 무엇일까? 본문의 앞(렘50:35~51:14)과 뒤(렘51:20~33)의 내용은 바벨론의 멸망에 대한 말씀이다. 그러므로 본문은 이러한 바벨론의 멸망을 이루실 여호와는 온 세상을 창조하신 역사의 주인이시기에 우상을 숭배하는 바벨론의 멸망은 그분의 손으로 분명히 진행되며, 여호와 하나님의 소유인 이스라엘의 구원 역시, 그분의 은총에 의해 이루어짐이 분명하다고 말한다.

20~33절을 이해함에 있어 20절의 '너'가 누구를 지칭하느냐는 중요한 문제다. 장신대 박동현 교수는 '너'의 히브리어가 '남성'으로, 렘50:24, 51:13에서 바벨론을 여성 '너'로 부른 것과 다르기에 장차 바벨론을 쳐부술 적군, 곧 페르시아로 이해한다. 20~23절을 앞으로 바벨론에 일어날 미래의 사건으로 본 것이다.(개역, 또 개역개정판 성경은 미래형으로, 공동번역과 새 번역은 과거형으로 번역됨)

그러나 대부분의 학자들은 '너'는 '바벨론'을 지칭하는 것으로 이해하여 20~23절까지의 사건들은 여호와께서 바벨론을 통하여 열방들에게 행하신 과거의 일로 본다. 여기서는 후자의 견해를 따르기로 한다.

여호와는 바벨론을 '나의 철퇴 곧 병기'라고 부른다. 렘50:23의 방망이(파티쉬)처럼 하나님이 사용하시는 무기(밀하마)라는 것이다. '철퇴'의 히브리어 '마페츠'는 '나파츠'(흩다, 부수다)에서 파생된 단어다. 20~23절에는 '내가 너로 ~를 부수며'(웨니파츠티 브카)라는 문구를 아홉 번이나 사용하여 여호와께서 당신의 철퇴인 바벨론으로 하여금 열방을 부수게 하였다는 사실을 밝히신다.

20절 하반절의 '나라들을 부수며', 21절의 '말과 기마병' '병거와 병거대' 22절의 '남자와 여자' '노년과 유년' '청년과 처녀' 23절의 '목자와 그 양 떼' '농부와 그 멍엣소' '도백과 태수들'을 분쇄하였다고 하신다.

그러나 24절에서 반전이 나타난다. 바벨론이 열방을 부수는 철퇴였을지라도 이제는 그들이 지켜보는 가운데 그들이 시온에서 저지른 악에 대하여 복수하시겠다고 하신다. 그동안 바벨론이 '여호와의 종'(렘27:6)이었을지라도 여호와께서는 그의 진노의 막대기인 아시리아 왕을 그 교만으로 말미암아 징벌하시듯이(사10:12~16 참조), 바벨론도 그 악에 대하여 보응 받게 하시겠다고 한다.

여기서 여호와의 보복을 받는 바벨론이 저지른 '악'은 특히 여호와의 성전을 더럽히고 파괴한 것이다.(렘50:28, 51:11 참조)

25절에서 여호와는 바벨론을 '온 세계를 멸한 멸망의 산'이라고 부른다. 바벨론이 하나님의 도구로서 열방을 파괴하고 말과 병거와 온갖 거민들을 부수었으니 참으로 이렇게 불릴 만하다.

여기서 바벨론을 '산'(하르)이라고 부른 것은 산악 지대가 없는 바벨론의 지리적 상황과 어울리지 않는다. 바벨론의 지구라트 Ziggurat나 신전탑인 '에–테멘–안–키 E–temen–an–ki'를 반영한 표현으로 보이는데, 이것은 바벨탑과 관련된 '교만 사상'(창11:1~9 참조)과 연관이 있다.

바벨론이 자신들의 막강한 군사력과 풍요를 믿으며 열방을 점령했다는 교만으로 가득 차 있다는 뜻이다. 여호와는 이제 그들과 맞서는 대적이 되어 당신의 손을 그의 위에 펼치시고 그들을 바위에서 굴리고 불탄 산으로 만드시겠다고 하신다. 교만한 바벨론에게 재난을 내려 완전히 멸망시키겠다고 하신다. 건축자가 그곳을 재건축할 때 사용하는 모퉁이돌이나 기초돌 하나도 취할 수 없는 영원한 황무지로 만들겠다고 하신다.(26절)

27~28절에서 여호와는 11~12절에서처럼 바벨론 적군에게 전쟁 명령을 내리신다. '땅에 기를 세우고 열방 중에 나팔을 불어 바벨론을 칠 민족들을 동원하고 대장을 세워 공격하라'

여기에 바벨론을 공격하는 민족으로 아라랏 Ararat(창8:4, 왕하19:37, 사37:38에 언급된 땅), 민니 Minni(바벨론 동북부 아르메니아 지역의 작은 왕국), 아스그나스 Ashkenaz(창10:3, 대상1:6절에는 인명으로 나타나지만 여기서는 흑해 북부 초원지대에 살던 스키타이를 가리킴, 골3:11에는 스구디아인으로 언급됨), 메대 Medes가 언급된다.

이들은 모두 바벨론 동북부에 위치해 있으며 메대에 의해 기원전 590년 전에 합병되었기에 11절에서 살펴본 대로 시대적으로 맞지 않는 내용으로, 역사적으로는 메대를 합병시킨 페르시아를 지칭하는 것이다.

29절은 공격받는 바벨론 땅을 '땅이 진동하고 소용돌이치나니'로 표현하여 전쟁으로 인한 괴로움과 몸부림이 심함을 나타내고 있다. 이로써 바벨론을 쳐서 사람이 없는 폐허로 만드시려는 여호와의 계획이 이루어졌다.

30~32절은 이런 적군의 공격에 대한 바벨론의 반응을 나타낸다. 바벨론 용사들은 전쟁을 포기하고 요새에 들어 앉아 기력을 잃은 여인처럼 되고, 집들은 불타고 성문의 빗장은 부서졌고, 연이어 만나는 보발꾼들은 바벨론 왕에게 성읍의 함락과 나루터가 점령되고 갈대밭이 불탔으며, 군사들이 겁에 질려 있음을 보고한다.

33절은 여호와께서 바벨론을 여성 인격체 '딸'로 부르며(사47:1, 시

137:8 참조) 그들이 처한 상황에 대하여 하신 말씀이다. 바벨론이 타작마당처럼 짓밟힐 때, 머지않아 추수 때가 이르렀다고 하신다. 추수 때에 곡식을 털기 위해 평평한 타작마당에 널어놓고 짓밟듯이 이제 여호와께서 바벨론을 심판하실 때가 되었다는 말씀이다.

34절에는 이스라엘이 '나'로 등장하여 바벨론 왕 느부갓네살이 자신들에게 한 행위를 여섯 가지로 고발한다.

'먹었다', '멸하였다', '빈 그릇이 되게 했다', '뱀(탄닌, 바다 괴물인 큰 물고기, 창1:21, 시74:13, 91:13, 148:7, 욥7:12, 사27:1, 51:9 참조)같이 삼켰다', '나의 좋은 음식으로 배를 채웠다', '쫓아냈다'는 것이다.

이스라엘은 말로 다할 수 없는 온갖 괴로움과 수탈을 당하고 포로로 잡혀갔다. 35절에서 시온 백성들은 자신들이 당한 폭행을 바벨론에게 되갚아 달라고, 예루살렘(도시가 아니라 유다백성 전체를 의미함)은 자신이 흘린 피를 갈대아 주민들에게 되갚아 달라고 탄원한다.

36~37절은 이스라엘의 탄원에 대한 여호와의 응답이다.

여호와는 이스라엘 사람들의 탄원을 들으시고 그들의 원수를 갚아주시겠다고 분명하게 응답하셨다. 바벨론의 바다와 샘을 말리고, 돌무더기가 되게 하고 승냥이의 거처가 되게 하여 '혐오의 대상과 탄식거리'(렘18:16 참조)가 되게 하리라고 하신다.

여기서 '바다와 샘'은 바벨론의 강, 곧 유프라테스 강을 가리키지만 실제적으로는 그것을 통해 얻어지는 풍요로움을 의미한다.(렘51:13 참조)

38~40절은 여호와께서 바벨론에게 연회를 베풀어 멸망에 이르게 하시겠다는 말씀이다.

38절의 '그들'은 바벨론이다. 바벨론이 모두 사자들처럼 으르렁대고 어린 사자처럼 울부짖는다는 것은 그들 앞에 닥친 멸망을 깨닫지 못하고 위세를 부리는 모습을 묘사한 것이다.

여호와는 이런 바벨론이 '열정이 일어날 때에' 곧 위세를 부리며 흥분해 있을 때에, 연회를 베풀어 취하게 하시고 기뻐하다가 영원히 잠들어

깨어나지 못하게 하시겠다고 한다.(39절)

여기서 여호와가 베푸시는 연회는 렘51:7의 '여호와의 손에 잡혀 있어 온 세계로 취하게 하는 금잔이라 뭇 민족이 그 포도주를 마심으로 미쳤도다'라는 말씀과 관련하여 볼 때 여호와 앞에 교만하게 하는 풍요로운 재물과 막강한 군사력을 의미한다. 바벨론에게 베푸시는 취하여 기뻐하다가 영원히 잠들게 하는 여호와의 연회란 바벨론을 보다 더 풍요롭고 강하게 만들어 주는 것을 뜻한다.

그러나 재물의 풍요와 군사력 증대는 바벨론에게 기쁨과 축하가 아닌 멸망에 이르게 하는 여호와의 심판이다. 그 잔에 취하였을 때 바벨론은 그들의 적에게 살육당하는 양과 같이 될 것이다.(40절)

바벨론의 풍요로운 재물과 막강한 군사력은 여호와의 심판 앞에 아무 쓸모가 없는 것이며, 결국 그들을 멸망에 이르게 했다.

41~43절은 바벨론의 멸망을 이미 완료된 것으로 표현하며 탄식한다. 여기 나오는 동사들이 모두 완료형인 것은 바벨론 멸망이 기정사실임을 나타낸다. 41절의 '슬프다'의 히브리어 '에크'는 '어찌하여'로 번역되며 '세삭'은 바벨론을 가리키는 암호(atbash)다.(렘25:26 참조)

41절은 '어찌하여 온 세상의 칭찬 받는 성읍 세삭이 함락되고 어쩌다가 바벨론이 여러 민족 가운데 놀람거리('황폐'의 히브리어 '샴마'는 '공포'라는 의미)가 되었는가?'라고 탄식하는 소리다.

42절의 '바다'는 침략자의 세력을 가리킨다.(렘46:7, 47:2 참조) 바벨론 왕이 시온 백성을 삼켰던 바다의 괴물이었으나(34절), 이제 그 바다와 같은 적이 바벨론을 삼키게 되었다. 성읍들은 폐허가 되고 사람이 살지도 못하고 지나다니지도 않는 메마른 사막이 되었다.(43절)

44절은 바벨론의 멸망이 여호와의 역사임을 밝힌다. 여호와께서 바벨론의 수호신 벨을 징벌하여 그가 삼킨 것을 입에서 끌어내고 열방들이 더 이상 그에게 흘러가지 않고 바벨론 성벽을 무너지게 하신다. 여기서 바벨론이 삼킨 것은 그들이 포로로 데려간 유대인들이며 입에서 끌어낸다는 것은 그들을 해방시키신다는 의미이다. 출애굽 사건처럼 '출-바벨론' 사건을 일으키신다는 뜻이다.

또한 '몰려가다'(나하르)는 '모이다'(사2:2, 미4:1)라는 의미로, 이제까지 바벨론이 세상의 중심처럼 열방이 몰려들었지만 더 이상 중심이 되지 않을 것이다. 바벨론의 성벽이 무너졌기 때문이다. '무너졌도다.'라는 동사도 히브리어로는 완료형으로 되어 있어 바벨론의 멸망이 확고부동한 사실임을 나타낸다.

45~46절에서 여호와는 바벨론의 유다 포로들을 '나의 백성'이라고 부르며 당신의 진노로 바벨론이 멸망당하기 전에 빠져나오라고 하신다.(렘50:8, 51:6 참조) 바벨론 통치자들 간의 전쟁과 국내 상황에 대한 상반된 소문(멸망하기 전 바벨론의 정치상황에 대해 갖가지 소문이 돌았음을 알 수 있음)으로 혼란에 빠져 낙심하거나 두려워하지 말고 도망하라는 것이다.

여호와께서 바벨론의 신상들을 징벌할 날이 이르렀기에 그들의 온 땅은 수치를 당하고 칼에 살육된 자들이 한가운데에 엎드려질 것이다.(47절) 신상들을 벌한다는 것은 바벨론의 신상들이 더 이상 그들을 보호하지 못하게 되어 멸망당한다는 의미다.

멸망의 날이 되면 하늘과 땅과 그 안에 있는 모든 것이 기뻐 노래할 것인데 북쪽에서 그들을 파멸시킬 자들이 오기 때문이다.(48절) 바벨론의 멸망을 온 누리가 기뻐한다는 것은 열방들이 바벨론으로부터 받은 억압이 어떠했는지를 암시한다.

49절은 히브리어 본문이 여러 가지로 번역이 가능하여 쉽게 이해하기 어렵다. 대부분의 학자들은 '그 땅의 살육당한 모든 자가 바벨론에게 엎드려진 것같이, 이제는 바벨론이 특히 이스라엘의 살육당한 자에게 엎드러질 것이다'로 이해한다. 바벨론은 그동안 열방을 심판하는 여호와의 도구로 많은 사람들을 살해했는데, 이제는 바벨론도 이스라엘 사람들을 죽인 것으로 인해 살해당한다.

50절의 '칼을 피한 자들'이란 예루살렘을 공격했던 바벨론의 침략 전쟁에서 죽지 않고 포로로 잡혀온 이스라엘 사람들이다. 예언자는 이들에게 '멈추지 말고 걸어가라 먼 곳에서 여호와를 생각하며 예루살렘을 너희 마음속에 떠올려라'고 명령한다. 이것은 임박한 여호와의 구원을 믿고 여호와를 향한 신앙을 회복하고 돌아갈 목적지가 예루살렘임을 기억하며 속히 바벨론을 떠나라는 것이다. 신앙적으로 행동하라는 말씀이다.

51절은 명령을 받은 이스라엘 사람들이 당했던 바벨론의 예루살렘 함락에 대한 치욕을 상기하는 말이다. 이들의 말은 한편, 예루살렘 성전을 짓밟은 바벨론의 잘못을 고발하는 말이기도 하다.

52~53절은 '여호와의 말씀이니라'(네움 야훼)로 시작하여 '여호와의 말씀이니라.'(네움 야훼)로 끝을 맺는데, 예언자는 여호와께서 바벨론을 멸망시키실 것이 분명함을 밝힌다.

바벨론이 섬기던 신상들을 징벌하고 모든 곳에 중상을 입은 자들의 신음소리가 나게 하고, 바벨론의 기세가 하늘까지 높고 성을 높이 쌓는다 해도 멸망시킬 자들을 보내어 '반드시' 멸망시키겠다고 하신다.

54~55절은 '소리'(콜)라는 단어를 세 번 사용하여 바벨론의 멸망 상황을 알린다.(54절의 '큰 파멸의 소리'에 '소리'가 없다.) 바벨론에서 커다란 파멸로 인하여 부르짖는 소리(콜)가 들리는데 여호와께서 대적으로 하여금 바벨론을 황폐하게 하사 그 떠드는 소리(콜)를 끊으시기 때문이다.

'떠드는 소리'란 열방을 점령하며 물질적 풍요와 막강 군사력을 자랑하던 교만한 바벨론 사람들이 흥청거리는 큰 소리다. 그러나 마치 요란한 소리(콜)를 내며 밀려드는 파도 같은 대적으로 인해 떠드는 소리는 끊어지고 파멸로 인해 부르짖는 소리만 들리게 될 것이다.

56절에서는 멸망시키는 자가 바벨론에 임할 때 용사들이 사로잡히고 그들의 활이 부러지게 되는데 이것은 여호와는 보복의 하나님이시며 반드시 갚으시기 때문이다.

57~58절은 렘50~51장의 바벨론에 대한 심판의 말씀 전체의 요약이다. 만군의 여호와이신 왕께서 바벨론의 고관들, 지혜 있는 자들, 도백

과 태수들(지방 관리들), 용사들(군인들)을 취하게 하여 영원히 깨어나지 못하게 하리라.

'만군의 여호와이신 왕'은 '여호와께서 온 세계를 통치하는 왕'이시라는 뜻으로(렘46:18 참조), 여호와께서 이전에는 바벨론을 통하여 열국을 심판하셨지만 이제는 바벨론의 적(페르시아)을 통해 바벨론의 정치, 종교, 군사 지도자들을 모두 진노의 잔에 취하게 하여 영원히 일어나지 못하게 하시겠다고 한다.

바벨론의 넓은 성벽은 완전히 허물어지고 높은 성문은 불타 없어지며, 백성들이 힘들여 한 일은 헛된 일이 되고 민족들이(바벨론에 속한 여러 민족이나 부족들을 의미하는 것으로 이해됨) 애써 이룬 것이 불에 타 재가 될 것이다.

59절은 '시드기야 4년 예레미야가 스라야 Seraiah에게 명령한 말'로 시작하는데, 59~64절의 배경이다.

마세야의 손자요 네리야의 아들이라 소개된 스라야는 렘32장, 36장, 45장에서 중요한 역할을 한 예레미야의 제자나 비서였을 바룩의 형제이다.(렘32:12) 또 스라야는 병참감으로 시드기야가 그의 통치 4년에 바벨론으로 갈 때 동행한 인물이다.

시드기야가 바벨론에 갈 때가 그의 통치 4년이라면 기원전 594년인데 왜 유다 왕인 그가 바벨론으로 가야 했을까? 시드기야 4년은 렘28:1에도 언급된 해로(렘27:1도 여호야김이 아닌 시드기야 때의 착오임) 유다 내부에 반바벨론 성향이 강했던 때였다. 대표적인 반 바벨론자는 거짓 선지자 하나냐였고 유다와 주변 나라들이 반바벨론 동맹을 맺었던 때였다.

이러한 때에 시드기야가 바벨론을 방문하게 된 것은 아마도 유다에 대한 반감이 높아진 강대국 바벨론에게 충성을 보여 군사적 보복을 피하려는 정치적 행보였을 것이다. 그러나 열왕기서에 시드기야의 방문에 대해 그 어떤 암시가 없는 것으로 보아 실제 역사적 사실인지는 확인할 수 없다.

스라야가 시드기야와 '함께'(에트) 갔다는 것을, 70인역에서는 시드기야를 '대신하여'(메에트)로 갔다고 이해한다. 어쨌든 이런 스라야에게 예레미야가 명령한 내용이 61~64절에 언급되어 있다.

60절은 예레미야가 바벨론에 임할 재앙을 선포한 모든 말씀을 기록한 책을 스라야에게 맡겼음을 밝힌다. 이것은 구체적으로 렘50:1~51:58의 말씀일 것이다.

예레미야는 이 책을 스라야의 손에 맡기며 바벨론에 이르러서 이 책의 모든 내용을 읽고는 여호와께서 바벨론의 사람이나 짐승이 다 멸망당해 영원히 폐허가 되리라고 하셨음을 알리고, 그 책에 돌을 매어 유프라테스 강에 던지라고 명령하였다.(61~63절)

이것은 돌을 묶은 책이 강 속에 가라앉아 다시 떠오를 수 없듯이 바벨론도 멸망하여 다시 재건될 수 없음을 상징적으로 나타내는 것이었다. 예레미야는 스라야에게 이런 상징적인 행동을 하면서 그런 행동을 해야 하는 이유를 밝히라고 하였다.(64절) 바벨론은 여호와의 재앙으로 물에 잠긴 책처럼 다시 떠오르지 않을 것임을 알린 것이다.

그리고 64절 하반절은 '예레미야의 말이 이에 끝나니라'로 마감된다. 이 말은 직역하면 '여기까지 예레미야의 말'로서, 좁게는 61절로부터 시작된 예레미야의 말이 끝난 것을 의미한다.

그러나 넓게는 렘50:1절이 '여호와께서 예레미야를 통해 하신 말씀'으로 시작하므로 렘50~51장의 바벨론에 대하여 예레미야가 전한 여호와의 심판의 말씀이 끝난 것을 의미하기도 하고, 렘1:1이 '예레미야의 말'이기에 렘1~51장까지의 모든 말씀이 마감된 것을 의미하기도 한다.

예레미야서에는 예레미야의 말을 기록한 책의 특별한 운명에 대하여 렘36장과 51장에 기록하고 있다. 두 책은 모두 바룩과 스라야라는 네리야의 아들들에게 맡겨졌는데, 그들이 책을 읽을 때 한 권은 불태워졌으나(렘36:20~26) 다시 기록되어 남겨졌고(렘36:27~32 참고), 다른 한 권은 깊은 강 속에 던져졌다.

불태워진 책은 예루살렘 왕궁과 성전을 상징하며(렘39:8, 52:13), 깊은 강 속에 던져진 책은 다시 재건되지 못할 바벨론을 상징한다.

59~64절은 중요한 신학적인 문제를 갖고 있다. 스라야를 통해 바벨론의 영원한 멸망을 상징적으로 선포하라고 한 예레미야의 명령이 시드기야 4년(기원전 594년)의 시대적 상황과 과연 일치될 수 있느냐의 문제다.

렘27~29장에 언급된 기원전 594년의 상황은 반바벨론 경향이 농후했던 시대로 '반바벨론 동맹'이 맺어지고(렘26:3 참조), 거짓 선지자 하나냐가 바벨론 멸망이 임박했음을 여호와의 뜻으로 전하던 때였다.

이러한 때에 예레미야는 멍에를 메는 상징적 행동으로 반바벨론 동맹을 반대하며 바벨론의 통치를 받아들일 것을 선포하였고(렘27장), 바벨론의 멸망을 외치는 하나냐가 거짓 선지자이기에 그의 말을 믿지 말라고 하면서 그를 죽음에까지 이르게 하였다.(렘28장)

그뿐 아니라 포로로 잡혀가 있는 백성들에게 편지를 보내어 바벨론의 평안을 위해 기도할 것을 권면했다. 또 속히 돌아오게 될 것이라고 말하는 거짓 예언을 믿지 말고, 그런 희망을 품지 말라고 했다. 바벨론의 멸망은 70년이 지나야 가능하다고 하였다.(렘29장)

그 시대의 예레미야는 친바벨론자임이 틀림없다. 그런데 본문에서처럼 바벨론이 이제 곧 영원히 멸망당할 것이라는 말씀을 기원전 594년이라는 동일한 시대에 동일한 인물인 예레미야가 선포했다는 것을 어떻게 이해해야 할 것인가? 예레미야의 선포 내용이 일관성이 없다는 의문을 갖게 한다. 이 문제에 대한 학자들의 견해는 일치되지 않는다.

여기서는 오랜 후에 바벨론의 종말(렘27:7, 29:10 참조)이 일어날 것이라는 예레미야의 예언은 바벨론 포로들에게는 살아서 그것이 실현되는 것을 보지 못하는 쓸모없는 것이기에, 예레미야의 제자들이 이들에게 희망을 주기 위해 바벨론의 임박한 멸망과 이스라엘의 회복이라는 렘50~51장을 후에 첨가하였을 것이라는 견해를 소개한다.

렘50~51장의 중심주제는 열방을 멸망시킨 바벨론에 대한 여호와의 심판 말씀이다. 아울러 바벨론이 멸망하게 되는 이유는 재물의 풍요와 강력한 군사력에 의한 교만(50:29~32, 51:25~26), 우상숭배(50:38, 51:17~18), 성전모독(50:28, 51:11), 하나님의 백성인 이스라엘을 학대하였기 때문이다.(51:35~37)

이 모든 것은 여호와께 심판받을 범죄였다.(렘50:14,24,29. 51:5)

바벨론은 참으로 강력하고(렘51:30, 58절의 '요새, 용사, 넓은 성벽, 높은 성문' 참조), 영광스런(렘51:41의 '온 세상의 칭찬받는 성' 참조) 나라임이 틀림없다. 여호와는 이들을 '온 세상의 망치'(렘50:23), '당신의 철퇴 곧 무기'(렘51:20), '당신의 손에 들린 온 세상이 취하게 하는 금잔'(렘51:7)으로 사용하시어 '온 세계를 멸망시키는 멸망의 산'(렘51:25)이 되게 하셨다.

바벨론이 자신들의 권세와 영광으로 여호와 앞에 교만하였을 때, 만군의 여호와께서 페르시아의 고레스를 메시아로 세워(사45:1 참조) 그들을 심판하셨던 것이다.

성서는 역사를 주관하시는 우주의 왕이 여호와이심을 선포한다. 이 선포는 예레미야 개인만이 아니라 하나님의 백성인 이스라엘의 신앙고백이다. 이스라엘은 열강의 틈바구니에 끼어 주변 강대국의 수탈과 지배를 받고 긴 세월 동안 포로생활을 해야 했던 지극히 작은 민족이다.

그러나 이들은 여호와가 그들의 하나님이시며 그들이 여호와의 백성이라고 고백한다. 그들은 비록 약하지만 여호와는 강하며, 그들은 제국의 힘에 좌지우지되는 지극히 미미한 존재이지만, 그들의 하나님 여호와는 모든 역사를 움직이시는 역사의 주인이시다. 그래서 이스라엘은 연약하고 미미하지 않다.

여호와의 백성으로 여호와의 뜻에 순종하며 살아가는 한, 세상에서 가장 강력하고 위대한 민족이다. 이와 같은 사실을 렘50~51장에서는 '바벨론에 대한 심판의 말씀'이라는 주제와 더불어 **'이스라엘의 구원'**이라는 또 다른 주제로 전하고 있다.

렘50~51장은 바벨론에 대한 심판이 중심주제가 아니라 오히려 이스라엘의 구원이 중심주제로 이스라엘에게 희망을 전해 주고 있다.

●●● 다윗 왕정의 몰락 렘52:1~16

예레미야서는 렘51:64이 '예레미야의 말이 이에 마치니라'로 되어 있어 렘51장으로 마감되는 것처럼 보인다. 그러나 부록과 같은 렘52장이 덧붙는데 여기에는 예레미야가 등장하지 않는다.

렘52장은 예레미야가 요시야 13년(기원전 627년)부터 시작하여(렘1:1) 이집트로 끌려가기까지(렘43장) 온갖 고통 속에서 사랑하는 조국 이스라엘을 향하여 눈물로 선포하였던 여호와 하나님의 말씀이 그대로 성취되는 현실과 또한 그런 고통스런 현실 속에 숨겨진 미래에 대한 희망의 징조들이 어떤 것인지 보여주고 있다.

렘52장은, '시드기야에 대한 평가'(1~3절), '예루살렘 함락'(4~16절), '바벨론의 예루살렘 성전 기물 탈취'(17~23절), '유다 지도자들의 살해와 포로민의 수'(24~30절), '여호야긴의 석방'(31~34절) 등 다섯 단락으로 구분할 수 있다.

두번째 단락(1~16절)까지는 '다윗왕정'이라는 주제를 다루고, 세번째 단락(17~23절)은 '예루살렘 성전'이라는 주제를 다루며, 나머지 단락(24~34절)에서는 '희망의 징조'라는 주제를 다룬다.

렘52장은 왕하24:18~25:30(대하36:11~21도 참조)의 내용과 거의 동일하다. 구약성서에 동일한 본문이 중복 사용된 경우는 스2:1~70과 느7:6~73, 사2:2~4과 미4:1~3, 사36~39장(38:9~20의 '히스기야의 감사 찬양' 제외)과 왕하18:13~20:19에서도 발견된다.

중복 본문 중 어느 것이 먼저 기록된 것인지에 대한 학자들의 연구는 일치하지 않는다. 중복 본문 연구에 있어 중요한 것은 동일한 본문이 각기 다른 곳에서 어떤 역할을 하며 어떤 의미를 전달하는지를 살피는 것이다. 여기서는 렘52장과 왕하24:18~25:30의 차이점을 통하여 렘52장이 예레미야서에서 어떤 역할과 의미를 전달하는지를 살펴본다.

왕하24:18~25:30과 렘52장을 비교해 보면 사소하지만 숫자에 대한 차이가 발견된다. 예루살렘 침공일이 렘52:12에는 '느부갓네살 19년 5월 10일'인데 왕하25:8에는 '19년 5월 7일'이며, 렘52:25에는 '왕의 시종 7인'인데 왕하25:19에는 '왕의 시종 5인'이며, 렘52:31에는 여호야긴의 석방일이 '12월 25일'인데 왕하25:27에는 '12월 27일'이다.

그러나 더 중요한 차이점이 눈에 띈다. 렘52장에는 10절의 '립나에서 유다의 모든 고관을 죽임', 11절의 '시드기야를 죽는 날까지 옥에 가둠', 15절의 '백성 중 가난한 자'(왕하25:11 비교)라는 왕하25장에 발견되지 않는 내용이 첨가되어 있다.

또 렘52:17~23까지 바벨론이 탈취해 간 성전 기물이 왕하25:13~17보다 상세하게 묘사되어 있으며, 렘52:28~30에는 왕하25장에서 발견되지 않는 세 번에 걸친 포로들에 대한 언급이 포함되어 있다. 그리고 렘52장에는 왕하25:22~26에 나타난 '이스마엘의 그다랴 살해 사건'은 생략되어 있다. 이와 같은 차이점이 나타나는 이유는 무엇일까?

남 유다는 '다윗 왕조의 영원성'이라는 여호와의 약속(삼하7:1~17 참조)에 의해 북 이스라엘과 달리 다윗 가문만이 왕위에 오를 수 있었다. 기원전 922년 통일왕국이 남과 북으로 분리된 후 아달랴 Athaliah(이스라엘 왕 아합과 그의 아내 이세벨의 딸로서 유다 왕 여호람과 결혼함)를 제외하고는 다윗의 후손만이 왕위에 올랐고 기원전 587년 시드기야를 마지막으로 남 유다 왕조는 마감되었다.

본문은 남 유다의 마지막 왕 시드기야의 최후를 다룬다. 21세에 왕위에 올라 11년간 유다를 통치한 시드기야는 여호야김의 모든 행위를 본받아 여호와 앞에 악을 행하여 여호와의 진노를 받아 여호와 앞에 쫓겨나게 되었다.(1~3절) 여호야김의 행위를 본받았다는 것은 여호야김처럼 선조들의 악행을 따라했다는 의미다.(왕하23:37 참조)

이어 바벨론에 대한 시드기야의 배반(3절하)으로 인한 느부갓네살의 예루살렘 침공(4~6절)과 시드기야와 그의 신하들의 비참한 최후(7~16절)에 대한 언급은, 여호와의 진노로 쫓겨나게 된 것이 무엇인지를 구체적으로 알려준다.

렘52:4~16에 기록된 느부갓네살의 예루살렘 함락과 시드기야의 체포, 그리고 그의 아들들의 살해와 유다의 모든 고관들을 살해한 내용은 동일한 내용을 다루는 렘39:1~10과 왕하25:1~12에도 기록되어 있다.

그러나 렘52:10~11에서 확인할 수 있는 립나에서 유다의 모든 고관이 죽임을 당하고 시드기야가 바벨론으로 끌려간 후 '죽는 날까지 옥에 갇히게 되었다'는 언급은 왕하 25:6~7에는 나타나지 않는다.

시드기야의 최후 보도와 함께 유다 왕정의 비참한 몰락을 알려주는 것은 렘52장뿐이다.(렘39장에도 시드기야가 죽는 날까지 옥에 갇혀 지냈다는 사실은 나타나지 않는다.)

이와 같이 유다 왕국의 비참한 최후는 다윗 왕조가 영원할 것이라는 약속만을 믿으며 언약 백성으로서의 책임을 외면한 시드기야와 그의 모든 고관들에게 내리실 여호와의 심판임을 예레미야가 앞서 예언했던 것이다.(렘34장, 특히21절 참조)

그러므로 유독 렘52장에서 시드기야의 최후 보도와 함께 유다 왕정의 비참한 몰락을 알리는 것은 예레미야를 통해 선포된 여호와의 말씀은 반드시 그대로 이루어진다는 사실을 증언하는 의미가 있다.

또한 렘52:15에서 느부사라단에게 끌려간 자를 언급할 때 렘39:9과 왕하25:11에 없는 '백성 중 가난한 자'가 들어 있다는 차이점도 특별한 의미를 준다.

렘52:15의 '가난한 자'(히브리어로 '달라')와 16절의 포로로 끌려가지 아니한 '가난한 백성'은 동일한 단어다. 렘39:10, 왕하25:12, 렘52:16에 의하면 느부사라단은 '가난한 백성'은 포로로 데려가지 않고 그 땅에 남겨 두었다. 그러나 렘52:15에서만은 16절의 남겨둔 사람들과 동일한 '백성 중 빈한한 자'는 포로로 데려갔다고 한다.

렘52장에서는 포로로 데려간 사람들이나 남겨둔 사람들 모두가 동일한 '가난한 자'(달라), 곧 '가난한 사람들'이지만 이 두 집단은 구별된다. 포로로 데려간 빈천한 사람들은 바벨론에 저항한 사람들이며, 남겨둔 성 밖의 사람들은 저항하지 않은 사람들이다.

느부사라단은 성안에서 저항하던 사람들은 방백이든 가난한 사람이든 모두 죽이거나 포로로 끌고 갔다.(10~15절)

렘52:15에만 나타나는 추가적인 언급은 성안에서 바벨론에 저항하던 사람들(이들은 여호와의 뜻을 거부하는 사람들임)에게는 예레미야가 선포한 여호와의 말씀대로 전면적인 재앙이 임하였음을 알려주고 있다.(렘27:1~13 참조)

●●●바벨론의 성전 기물 탈취 렘52:17~23

렘52:17~23은 바벨론 병사들과 시위대 장관이 탈취해간 성전 기물 종류(17~19절)와 그것들에 대한 설명(20~23절)이다. 왕하25:13~17과 비교하면 렘52장이 보다 상세하게 언급하고 있다.

렘52:17과 왕하25:13은 동일하고 렘52:18에는 왕하25:14에 없는 '주발들'이 더 포함되어 있으며, 시위대 장관이 탈취해간 금은 기물을 전하는 렘52:19은 왕하25:15이 '불 옮기는 그릇들과 주발들'을 언급한 것과는 달리 여러 종류의 기물들을 상세하게 언급하고 있다. 또한 솔로몬이 성전을 위하여 만든 것을 언급한 렘52:20에는 왕하25:16에 나타나지 않는 '열 두 놋소'(청동으로 만든 황소 열두 개)가 더 포함되어 있으며, 놋 기둥과 기둥머리의 장식에 대하여 언급한 렘52:21~23은 왕하25:17보다 상세하게 설명하고 있다.

렘52장이 이와 같이 바벨론에 탈취당한 성전 기물들에 대하여 자세하게 언급하며 설명하고 있는 이유는 무엇일까? 유다 백성은 두 차례에 걸친 예레미야의 성전 설교(렘7, 26장)에서 확인할 수 있듯이 하나님의 백성으로서의 거룩한 생활을 외면한 채 성전이 존재하고 그 성전에서 제사를 드리는 한 자신들은 안전하다고 믿었다.

예레미야는 악행을 버리고 여호와의 말씀에 순종하는 것만이 살 길임을 외쳤지만 백성들은 거짓 선지자들이 외치는 그릇된 평화 메시지에만 귀를 기울였다.(렘27:8~15) 아직 나라가 망하지 않았고, 예루살렘에는 성전 기물들이 여전히 남아 있으며(렘27:18~19), 이미 빼앗긴 성전 기물도 곧 돌아오게 될 것이라는 거짓 선지자 하나냐의 선포에(렘28:1~4) 귀를 기울여 회개하지 않고 그릇된 구원의 희망을 가졌다.

예레미야는 이런 백성들을 향해 남아 있는 기물마저 바벨론에 빼앗기게 될 것이라고 경고하였다.(렘27:16~22)

느부사라단이 성전을 파괴하고 바벨론의 군대와 시위대 장관이 성전 기물들을 훼파하여 녹여 바벨론으로 가져간 것은, 이스라엘이 믿고 의지하는 여호와 하나님의 무능력을 증명하기 위한 고의적인 신성모독이었음이 틀림없다. 이와 같은 바벨론에 의한 성전 기물 탈취는 예레미야의 예언이 고스란히 성취되었음을 보여준다.

시드기야 때(렘27:1의 '여호야김'은 '시드기야'에 대한 오류임)에 남아 있던 성전 기물들(렘27:19)은 예레미야의 예언대로 예루살렘 함락과 함께 모두 바벨론에게 약탈당했다.(렘52:17) 이것은 여호와의 말씀에 순종하는 삶을 외면한 채 성전이라는 '건물'과 제사라는 '제도'에 안전의식을 갖는 유다 백성들의 믿음이 허무한 것임을 알려주는 것이다.

유다 백성에게 바벨론에 의한 성전파괴와 성전기물들이 탈취당하는 것은 여호와 하나님께서 당신의 성소를 포기하는 것처럼 보였을 것이다.(애2:6~7 참조) 또한 여호와 하나님의 절대주권이 바벨론의 마르둑 앞에 무능함을 드러내는 것으로 여겨졌을 것이다.

그러나 이것은 여호와 하나님의 성전의 부정이나 포기가 아니며 여호와의 무능함을 드러낸 것도 아니다. 유다 백성을 향하여 세우신 여호와의 뜻을 이루기 위해 단순히 얼마 동안만 용도가 정지되었을 뿐이었다.(삼상4~6장 참조) 성전은 완전히 불타고 붕괴되었음에도 하나님의 영광과 임재는 사라지지 않았다.

얼마 후 바벨론에 탈취되었던 성전 기물이 유다 땅에 되돌아와 스룹바벨 성전이 건축될 때(기원전 515년) 제자리에 회복되는 것이 이 사실을 증명한다.(스1:1~11, 6:1~5 참조)

●●●유다에 대한 희망의 징조 렘52:24~34

렘52:24~27은 바벨론의 시위대 장관이 유다의 대제사장 스라야(대상 6:14에 의하면 힐기야의 손자라 여겨짐)를 포함하여 종교, 정치, 군사, 민간 지도자들을 검거하여 립나로 끌고 가서 처형한 내용을 전한다.

이들이 처형된 이유가 바벨론에 반역했기 때문이었는지는 확실하지 않으나 적어도 이들이 유력인사들이었기에 차후 백성을 선동할 것을 우려해 미리 차단하려 했을 수 있다.

렘52:24~27을 왕하25:18~21과 비교하면 체포된 '왕의 시종'(왕의 측근)의 수가 왕하25:19은 다섯 명이고 렘52:25은 일곱 명이라는 것 외에 차이점은 없다.

렘52:28~30은 세 번에 걸쳐 바벨론에 포로로 사로잡혀 간 유다백성의 숫자를 알려준다. 1차로 느부갓네살 7년(기원전 597년)에 3,023명, 2차로 느부갓네살 18년(기원전 587년)에 832명, 3차로 느부갓네살 23년(기원전 582년)에 745명, 도합 4,600명이 포로로 끌려갔다.

1차포로는 왕하24:10~16에 언급된 여호야긴과 함께 많은 백성이 포로로 잡혀간 사건을 가리킨다. 왕하24:12에는 그해가 느부갓네살 8년으로 포로로 끌려간 사람의 숫자는 왕의 모친, 아내, 신복, 방백들, 내시들을 제외하고도 용사 일만 명, 그 외 다른 용사 칠천, 공장과 대장장이

일천 명이나 되었다고 한다.(왕하24:14~16)

2차포로는 예루살렘이 멸망하던 때 시드기야와 더불어 백성들이 포로로 끌려간 사건을 가리킨다.(렘52:12에는 느부갓네살 19년으로 나타난다.) 이때 포로의 수가 1차포로 때보다 훨씬 적은 것은 유다의 멸망은 사실상 여호야긴의 1차포로 때 이루어졌음을 의미한다.

3차포로는 열왕기가 전혀 언급하지 않아 어떤 상황에서 이루어졌는지 알 수 없으나, 아마 이스마엘이 바벨론이 세운 총독 그다랴를 암살한 것에 대한 바벨론의 응징으로 보인다.(렘41장, 특히 18절 참조)

바벨론에 끌려간 포로의 숫자가 정확히 얼마인지는 알 수 없다. 렘52:28~30은 왕하24:14~16과 비교하면 적은 수지만 정확하고 상세하게 알리려고 한 것으로 보인다. 이렇게 정확하고 상세하게 알리는 이유가 무엇일까?

바벨론이 유다의 유력한 사람들 모두를 끌고 간 것이 아니라 그들 중에서도 가장 유력한 사람들, 특히 지역적으로는 예루살렘 출신들, 계층적으로는 지주 계급 중에서 중심 인사들만 끌고 갔음을 알리려는 것일까?

바벨론이 유다 땅을 경작할 노동력을 남겨두었다는 사실로 보아(렘52:16, 왕하25:12 참조) 이들을 다스릴 유력한 사람들도 함께 남겨놨어야 하고 가장 유력한 사람들을 인질로 억류하기 위해 포로로 끌고 갔을 수 있다.

그러나 렘52:28~30이 상세한 포로의 숫자를 밝히는 의미는, 이들이 바로 예레미야가 선포한 유다 땅에 다시 돌아와 '새 이스라엘'을 건설할 좋은 무화과 같은 사람들임을 알려주고자 함이다.(렘24:4~7 참조)

렘52장이 밝히는 포로들은 숫자는 비록 적지만 이들이야말로 유다의 새로운 희망의 미래를 열어 갈 토대임이 틀림없다. 그러므로 이들은 **'새 이스라엘'**을 배태胚胎한 '남은 자들'이었다.

렘52:31~34은 예레미야서의 마지막 단락으로 여호야긴의 석방에 대한 언급이다.

이 단락은 석방 날짜의 차이 외에는 왕하25:27~30을 그대로 반복하고 있다. 여호야긴이 사로잡혀 간 지 37년(기원전 561~560년)에 느부갓네살의 뒤를 이어 왕위에 오른 에윌므로닥 Evil–merodach(바벨론 말로는 아멜 마르둑, 곧 '마르둑의 사람'이라는 뜻)이 여호야긴을 석방하여 비록 나라를 잃은 포로의 신분이지만 왕에 상응하는 대접을 받게 하였다.

여호야긴의 석방은 새로운 왕의 즉위와 함께 장기수에게 베푸는 일종의 사면 조치일 수도 있으며, 즉위 초기의 불안정한 왕권을 안정시키기 위해 바벨론에 억류되어 있는 유명한 왕들에게 관대한 복권조치를 내림으로써 안팎의 지지를 얻으려는 의도일 수도 있다.

중요한 것은 에윌므로닥의 조치가 어떤 의도였는지가 아니라 바벨론에서 포로생활로 고통받던 유다 사람들이 그의 조치 안에서 무엇을 보았느냐이다. 여호야긴의 석방은 개인에게 국한된 회복이 아니라 바벨론의 속국이 되어 있고, 많은 유력인사들이 포로로 끌려가 있는 유다의 회복을 알리는 징조였음이 분명하다.

유다와 예루살렘은 예레미야가 반복하여 선포하였듯이 하나님의 심판을 받았다. 그럼에도 불구하고 유다 민족은 멸절되지 않았으며, 포로생활이라는 수치스럽고 고통스런 심판 중에서도 하나님은 그들의 미래를 건설하기 위한 희망의 토대를 구축할 자들을 남겨 두셨을 뿐만 아니라, 여호야긴의 석방을 통하여 하나님께서 다윗왕조에 대한 은총을 거두지 않으시고 새로운 미래를 열어주신다는 희망을 보여주셨다.

예레미야서는 이렇게 밝아오는 희망의 새벽을 보여주는 것으로 끝을 맺는다.

신실하신 사랑의 하나님 여호와여, 찬양받으소서!